书赠佳言精选

马增伦 编

中国言实出版社

图书在版编目（CIP）数据

书赠佳言精选 / 马增伦编. –– 北京：中国言实出
版社, 2016.1
　ISBN 978-7-5171-1769-8

　Ⅰ.①书… Ⅱ.①马… Ⅲ.①汉语–格言–汇编
Ⅳ.①H136.3

　中国版本图书馆 CIP 数据核字（2016）第 023050 号

出 版 人：王昕朋
责任编辑：胡　明
文字编辑：张凯琳
封面设计：张美玲

出版发行　中国言实出版社
　　　　　地　址：北京市朝阳区北苑路 180 号加利大厦 5 号楼 105 室
　　　　　邮　编：100101
　　　　　编辑部：北京市海淀区北太平庄路甲 1 号
　　　　　邮　编：100088
　　　　　电　话：64924853（总编室）64924716（发行部）
　　　　　网　址：www.zgyscbs.cn
　　　　　E-mail：zgyscbs@263.net
经　　销　新华书店
印　　刷　北京温林源印刷有限公司
版　　次　2016 年 4 月第 1 版　　2016 年 4 月第 1 次印刷
规　　格　710 毫米 × 1000 毫米　　1/16　　26.75 印张
字　　数　295 千字
定　　价　59.00 元　　　ISBN 978-7-5171-1769-8

编写说明

　　本书是在数万条名言警句、数千首古今诗词中，本着思想健康、言简意赅、文辞优美、适于书赠的原则精选编辑而成，共收录佳言 5 000 多条，包括古今中外名人智者的言论语录、诗词联语，也包括适于书法悬挂的单字、词组、成语、谚语、俗语，还包括时见于报刊的富有时代特色的词句短语。内容涉及对寿辰、婚庆、健康，乔迁、成就等的祝贺，对祖国、故乡、时代、人品、美德、才华、团结友谊等的赞美，对修身、处世、社交、励志、学习、勤奋、治学、治家、教育、公仆、团队等的警策，对愉悦、感恩、思恋、离别、致哀缅怀等情感的抒发。

　　本书在收录编辑过程中力求具备以下特点：

　　1.分类具有明确的目的性、实用性，便于查选。本书共分 5 篇。第一篇为祝贺篇，下分祝寿、贺喜等 9 类；第二篇为赞颂篇，下分祖国故乡情、时代颂、赞人品美德等 8 类；第三篇为警策篇，下分修身正己、处世为人、读书学习、公仆心、团队铭、哲理等 16 类；第四篇为情感篇，下分怡情、赠别、致哀缅怀等 6 类；第五篇为附录——文笔篇，下不分类。每篇每类中包含若干条佳言，均按英文字母排序。

　　2.所收佳言力求意美辞约、浅显易懂、意境深远、句式整齐且富有音韵感，易读易记，雅俗共赏。尽量适合书赠张挂、自励自勉或口头赠勉。但求其精，不求其全；但求其简，不求其长。

　　3.为便于读者查选使用，一言多义者有多种归类，不避重复。例如"不惑时尚"，可用于赞颂人品，可用于勉励潜心事业，还可用于警示为政清廉，因此，在"人品""治学科研""公仆心""团队铭"等类别中均可查到。所以，本书收录的 5 000 多条佳言出现在各篇类中共 12 000 多条次。

4.广泛的实用性。本书可作为书者选择书法内容的参考书，可作为教师、学生阅读学习的课外读物或抄赠互勉自励；可供各类文字工作者撰写文章书信时引用或启迪思维，还可供志庆、赞美、缅怀纪念时引用。另外，本书所选的佳言多数还可作为机关团体、企事业单位和宾馆酒家房间场所张贴装饰的文字内容。

5.尽量注明佳言的出处作者。实在查不到出处、作者的或单字、词组、成语、谚语、时语等则不注出处。

编者编辑本书自认为其具有便于查选的实用性，不敢私专，愿奉献给广大读者共享。

本书收录了若干条从图书报刊中摘录的现代、当代作者的佳言，编者不便向作者一一征求意见，在此谨致谢忱！如有著作权要求，可通过出版社与编者联系。在本书编录过程中，不少师友同学热情地推荐词条，在此特向他们表示衷心的感谢。

由于编者学识有限，本书的词条选择、分类、归类难免有不妥之处，敬请读者批评指正。

编者

2015 年 10 月

序

得知《书赠佳言精选》即将付梓，非常高兴。

我与增伦先生，幼时近邻，少年同窗，一起度过了起步人生的那段时光。那份著名的杂志——《知识就是力量》，曾伴随了他的成长。参加工作后，他从最基层做起，迈着坚实的脚步，步步前行。50多年来，增伦先生饱览群书，耕耘文字，与文学结缘。"知识决定高度"是他一直奉行的理念，厚重的文学积淀、锲而不舍的执着、笔耕不辍的勤奋、老骥伏枥志在千里的精神境界和幽默风趣童心未泯的豁达乐观，是年近古稀的同窗好友再相聚时对他最明显的感受。

增伦先生从出版社编辑岗位退休后，历时六年多，在数万条名言警句、数千首古今诗词中，本着思想健康、言简意赅、文辞优美、适于书赠的原则精选了佳言美句5 000多条。包括古今中外名人智者的言论语录、诗词联语，也包括适于书法悬挂的单字、成语、谚语、俗语，还包括时见于报刊的富有时代特色词句短语。按照祝贺、赞颂、警

1

策、情感、文笔等分类编排，内容涉及对寿辰、婚庆、健康，乔迁、成就等的祝贺，对祖国、故乡、时代、人品、美德、才华、团结友谊等的赞美，对修身、处世、社交、励志、学习、勤奋、治学、治家、教育、公仆、团队等的警策，对愉悦、感恩、思恋、离别、致哀缅怀等情感的抒发。这样的编排方式堪称新颖甚至独创，可以说是书写者的一本实用工具书。

我退休后经常参加水利部老年书法活动，曾向同好们展示该书稿的部分内容，深得大家好评，认为所选佳言意美辞约、浅显易懂、易查易找，方便快捷，希冀早日问世资用。

我想，这也正是增伦先生编写《书赠佳言精选》的良苦用心和初衷。

是为序。

李金禄

2016 年 2 月

目录
CONTENTS

目录
CONTENTS

祝 贺 篇

祝 寿

B

白发朱颜宜登上寿，丰衣足食乐享高龄。

　　　　　　　　　　　　　　佚名

百福具臻

百龄眉寿

柏节松心宜晚翠，童颜鹤发胜当年。

　　　　　　　　　　　　　　佚名

半辈光阴人未老，一生坎坷志弥坚。

　　　　　　　　　　　　　　佚名

宝刀不老

保持晚节

冰心与贪流争激，霜情与晚节弥茂。

　　梁－沈约《宋书·良吏传·陆徽》句

不老松

C

残月色不改，高贤德常新。

　　唐－孟郊《章仇将军弃功守贫》句

苍龙日暮还行雨，老树春深更著花。

　　清－顾炎武《又酬傅处士次韵》句

常乐寿自高　　　　　　　　谚语

垂头自惜千金骨，伏枥仍存万里心。

　　　　　　元－郝经《老马》句

D

春葩秋蕚临冬不衰，
老干新枝生意正浓。　　　　佚名

大德必得其寿　　　　　　　佚名

大德仁翁多福多寿，
南山松柏越老越坚。　　　　佚名

但得夕阳无限好，何须惆怅近黄昏。

　　　　　　现代－朱自清诗句

德高望重

德厚福深

德勤益寿，心阔延年。　　　佚名

德馨

德馨品高

东隅已逝，桑榆非晚。

　　　　唐－王勃《滕王阁序》句

1

F

发已千茎白，心犹一寸丹。

    宋－汪元量《杭州杂诗和林石田》句

风清尘不染，磊落德常存。   佚名

福海寿山

福临寿星门第，春驻年迈人家。

        佚名

福禄双全

福如东海，寿比南山。   佚名

福如东海长流水，寿比南山不老松。

        佚名

福如海阔，寿与天齐。   佚名

福寿康宁

福寿满门

福寿绵长

福寿年高

福寿齐天

福寿双全

福寿无疆

福同海阔，寿与天齐。   佚名

G

恭俭温良宜家受福，

仁爱笃厚获寿保年。   佚名

光明心地恒增寿，爽朗精神自健康。

        佚名

H

鹤发童心

鹤发童颜

鹤寿

厚德高寿

厚德载福

虎啸龙吟气势，松风竹韵精神。

        佚名

欢天喜地

焕发青春

黄昏多画意，晚霞满诗情。

        佚名

活到老，学到老。

        现代－徐特立语

J

吉祥长寿

健康长寿

戒嗔怒少思虑澄心静气，
忘怨恨祛忧烦心宽体健。　　　佚名

精气神

精神不蔽，四体常春。　　　佚名

K

康而乐

康乐宜年

科学养生

宽厚慈惠

L

兰馨松寿

兰幽香风远，松寒不改容。
　　唐－李白《于五松山赠南陵常赞府》句

老当益壮

老当益壮，宁移白首之心？
穷且益坚，不坠青云之志。
　　　唐－王勃《滕王阁序》句

老当益壮雄心未已，
晚节坚贞斗志弥坚。　　　佚名

老夫喜作黄昏颂，满目青山夕照明。
　　　现代－叶剑英诗句

老骥伏枥，志在千里。

烈士暮年，壮心不已。
　　三国魏－曹操《步出夏门行·龟虽寿》句

老牛力尽丹心在，志士年衰赤胆悬。
　　　　　　　　　　　　　佚名

老牛亦解韶光贵，不用扬鞭自奋蹄。
　　　现代－臧克家《老黄牛》句

老去才虽尽，穷来志益坚。
　　　宋－陆游《醉睡初觉偶记》句

老树著华

老有所乐

老枝新翠

乐观

龙行虎步

M

美意延年。
　　　　　战国－荀况《致士》句

名高北斗，寿比南山。　　　佚名

莫道桑榆晚，为霞尚满天。
　　　唐－刘禹锡《酬乐天咏老见示》句

N

乃冰其清乃玉其洁，
如山之寿如松之青。　　　佚名

乃文乃武乃寿，如竹如梅如松。 佚名

南山之寿

年高德劭

P

品正心常泰，德高寿自长。　　　　　佚名

Q

期颐之寿

耆年硕德

耆儒硕望

启童心忘年老逍遥快乐，
不悔前莫虑后享受今天。　　　　　佚名

乔松之寿

青春四海抒豪气，白首九州写壮怀。
　　　　　　　　　　　　　　　佚名

青春永驻

青山不老，绿水长流。

穷不忘道，老而能学。
　　　　宋－苏轼《黄州上文潞公书》句

穷当益坚，老当益壮。
　　　南朝宋－范晔《后汉书·马援传》句

秋丛绕舍似陶家，遍绕篱边日渐斜。
不是花中偏爱菊，此花开尽更无花。
　　　　　　　　　　唐－元稹《菊花》

R

绕膝承欢图开佳象，
齐眉至乐福备人间。　　　　　　　佚名

人歌上寿，天与遐龄。　　　　　　佚名

人间重晚晴。
　　　　　　　唐－李商隐《晚晴》句

人近百岁犹赤子，天留二老看玄孙。
　　　　　　　　　　　　　　　佚名

人生不在年龄，贵在心理年轻；
衣着不在时尚，贵在舒适合体；
膳食不在丰富，贵在营养均衡；
居室不在大小，贵在整洁舒畅；
养生不再刻意，贵在顺其自然；
锻炼不在夏冬，贵在持之以恒；
小病不在吃药，贵在心理调养；
作息不在早晚，贵在规律养成；
情趣不在雅俗，贵在保持童心；
贡献不在多少，贵在量力而行；
健身不在动静，贵在科学锻炼；
家庭不在贫富，贵在温馨和睦；
朋友不在多少，贵在情深意真。
　　　　　　　　　　　　　　　佚名

仁可增寿，德可延年。
　　　　　　　　　　　　明－吕坤语

仁者寿

如松如鹤，多寿多福。　　　　　　佚名

如意春光延福寿，舒心笑语乐天年。
　　　　　　　　　　　　　　　佚名

S

桑榆美景

山当秋老容偏瘦，菊到霜浓色更佳。
                                                    佚名

山到秋深红更多。   佚名

身心俱泰

神清骨秀

神清气朗

适者有寿

寿比南山

寿比松龄

寿而康

寿高德隆

寿祺

寿山福海

寿同山峦老，福共海天长。   佚名

寿同松柏

寿与德齐

树老多神韵，年高有雅情。   佚名

松柏老而键，芝兰清且香。   佚名

松苍柏翠，人寿年丰。   佚名

松高节更劲，梅老香益浓。   佚名

松龄长岁月，鹤语记春秋。   佚名

松龄鹤寿

松乔之寿

松荣石寿

松寿鹤年

素心常耐冷，晚节本无瑕。
                                    清－许廷荣《白菊》句

岁老根弥壮，阳骄叶更阴。
                                    宋－王安石《孤桐》句

T

体健堪为福，家和便是春。   佚名

体健身强宏开寿域，
孙贤子孝欢度晚年。   佚名

体健身壮，孙肖子贤。   佚名

天赐遐龄

天伦之乐

天意怜芳草，人间重晚晴。
                                    唐－李商隐《晚晴》句

天质自森森，孤高几百寻。
凌霄不屈己，得地本虚心。
岁老根弥壮，阳骄叶更阴。
明时思解愠，愿斫五弦琴。
　　　　　　宋－王安石《孤桐》

童心不泯没，百岁似少年。　　佚名

童颜鹤发

W

晚霞未必逊晨曦　　　　　　佚名

X

夕阳红

夕阳无限好。
　　　　唐－李商隐《乐游原》句

仙鹤千年寿，苍松万古春。　佚名

笑口常开

心底无私宜福寿，胸中有胆自康强。
　　　　　　　　　　　　佚名

心宽出少年　　　　健康谚语

心宽能增寿，德厚可延年。　佚名

休息取调节气血，不必成寐；
读书取畅适性灵，不必终卷。
　　　　　　宋－陆游《居室记》句

学问文章老更醇。
　　宋－王安石《王文公文集·西垣当直》句

Y

养德，养寿，
养神，养气。
　　　　　　　　　健康谚语

养怡之福，可得永年。
　　　三国魏－曹操《步出夏门行》句

颐神养寿

颐养天年

永葆青春

Z

芝兰君子性，松柏古人心。　佚名

知者动，仁者静；
知者乐，仁者寿。
　　　春秋－孔子门人《论语·雍也》句

只要夕阳好，何怕近黄昏。　佚名

志大年高一身干劲，
童颜鹤发满面春风。　　　佚名

智者不惑，勇者不惧，
适者有寿，仁者无敌。　　　佚名

朱颜鹤发

壮心不已

坐如钟，卧如弓，
站如松，行如风。　　健康谚语

贺 生 日

百福具臻

策马前途须努力，莫学龙钟虚叹息。
　　　　唐－李涉《岳阳别张祜》句

常思反哺之义，常怀感恩之心。　佚名

潮平两岸阔，风正一帆悬。
　　　　唐－王湾《次北固山下》句

雏凤清于老凤声。
　唐－李商隐《韩冬郎既席为诗相送因
　　　　　　　　　　　　成二绝》句

春风桃李花开日。
　　　　唐－白居易《长恨歌》句

春色不随流水去，花香时送好风来。
　　　　　　　　　　　　　　佚名

德智体美全面发展。

放飞希望，拥抱未来。　　　　佚名

奋发图强

风华正茂

高歌猛进

个性飞扬

更上一层楼。
　　　　唐－王之涣《登鹳雀楼》句

好好学习，天天向上。
　　　　　现代－毛泽东题词

鸿鹄之志。
　　　汉－司马迁《史记·陈涉世家》句

后生可畏。
　　　春秋－孔子门人《论语·子罕》句

虎啸龙吟气势，松风竹韵精神。　佚名

花迎喜气皆知笑，鸟识欢心亦解歌。
唐－王维《既蒙宥罪，旋复拜官，伏感圣
恩，窃书鄙意兼奉简新除使君等诸公》句

花枝春满

及时当勉励，岁月不待人。
　　　　晋－陶渊明《杂诗》句

坚定理想信念，增长知识本领，
锤炼品德意志，矢志奋斗拼搏。
　当代－胡锦涛《在中国共产党成立90
　　　　　　周年大会上的讲话》句

将相本无种，男儿当自强。
　　　　宋－汪洙《神童诗》句

L

乐观进取

P

品学兼优

Q

青春

青春长驻,笑口常开。

青春须早为,岂能长少年。
　　　　　　唐－孟郊《劝学》句

青春永驻

秋月春风

秋月春花

R

人生有迹,岁月无痕。　　　佚名

认真做事,严肃做人。　　　佚名

如花似锦

如意

睿智

S

生龙活虎

十分春色,万里鹏程。　　　佚名

数风流人物,还看今朝。
　　　　现代－毛泽东《沁园春·雪》句

T

天真烂漫

W

完善自我,奉献社会。

X

心灵手巧

心想事成

欣欣向荣

Y

艳装华外表,知识美心灵。　　佚名

英雄出少年

永葆青春

有志不在年高,无志空活百岁。
　　清－石玉昆《三侠五义》第八十一回句

玉汝于成

云程万里

Z

壮志凌云

自强不息

做贡献青春灿烂,勇登攀事业辉煌。
　　　　　　当代－庄则栋联语

做人以真,待人以善,示人以美。
　　　　　　　　　　　　佚名

贺 喜

B

白发情深

白头相守

白头偕老，同心永结。　　　佚名

百年恩爱双心结，千里姻缘一线牵。
　　　　　　　　　　　　佚名

百年好合

百年琴瑟好，千载凤麟祥。　　佚名

百年偕老

百岁之好

比翼连枝

比翼双飞

C

迟放异葩香更远，晚婚佳偶意尤长。
　　　　　　　　　　　　佚名

春葩秋萼临冬不衰，
老干新枝生意正浓。　　　　佚名

D

道同志和
地久天长

东风入户，喜气盈门。　　　佚名

E

恩爱夫妻青山不老，
幸福伴侣碧水长流。　　　　佚名

恩爱和谐

F

夫妻和睦

H

海阔天空双比翼，月圆花好两相知。
　　　　　　　　　　　　佚名

海枯石烂同心永结，
地广天高比翼齐飞。　　　　佚名

好侣伴相爱相让相勉相谅，
新青年互信互敬互助互学。　佚名

和谐幸福

互敬、互爱、互助、互勉、
互信、互慰、互让、互谅。

互敬互帮创大业，相亲相爱树新风。
　　　　　　　　　　　　佚名

花好月圆

花开并蒂,缘结同心。　　　　佚名

花迎喜气皆知笑,鸟识欢心亦解歌。
唐－王维《既蒙宥罪,旋复拜官,伏感圣
恩,窃书鄙意兼奉简新除使君等诸公》句

花烛交心同励志,白头到老共图强。
　　　　　　　　　　　　　佚名

J

佳偶天成

结发为夫妻,恩爱两不疑。
　　　　　　　　　《汉·乐府》句

金屋光辉花并蒂,玉楼春暖月初圆。
　　　　　　　　　　　　　佚名

K

伉俪情深

L

郎才女貌

连枝比翼

连珠合璧

莲开并蒂

良日良辰良偶,佳男佳女佳缘。　佚名

良缘佳偶

龙凤双喜

鸾俦凤侣

鸾飞凤舞

鸾凤和鸣

M

梅开二度花复艳,月缺重圆光更明。
　　　　　　　　　　　　　佚名

美满婚姻情深意重,
幸福生活地久天长。　　　　佚名

美满幸福

美满姻缘

门书喜字乾坤大,户进新人岁月甜。
　　　　　　　　　　　　　佚名

鸣琴乐佳偶,鼓瑟缔良缘。　佚名

N

男尊女女尊男男帮女助,
夫敬妻妻敬夫夫德妻贤。　　佚名

女貌郎才

Q

千里姻缘一线牵　　　　　　俗语

琴瑟和谐

琴瑟之好

情深意厚,志同道合。

情投意合

S

赏心悦事，美景良辰。　　　　　佚名

笙磬同音

书声喜有琴声伴，翰墨新添黛墨香。
　　　　　　　　　　　　　　　佚名

T

天长地久

天假良缘

天作之合

同心同德家道盛，相亲相爱情谊长。
　　　　　　　　　　　　　　　佚名

W

万里云天争比翼，
百年事业结同心。　　　　　　　佚名

X

喜结连理

喜气盈门

相敬如宾

相亲相爱

相濡以沫，相敬如宾。

相视而笑，莫逆于心。
　　　战国－庄周《庄子·大宗师》句

相守偕老

心心相印

新鸳鸯看比翼，好夫妇结同心。　佚名

新知长相知知心知意知冷暖，
老伴永作伴伴读伴游伴春秋。　　佚名

行为心灵双美好，才华事业两风流。
　　　　　　　　　　　　　　　佚名

Y

燕侣莺俦

瑶琴再鼓，宝镜重圆。　　　　　佚名

一朝喜结千年侣，百岁不移半寸心。
　　　　　　　　　　　　　　　佚名

一对佳偶深情厚爱，
两个青年立业同心。　　　　　　佚名

一门喜庆三春暖，两姓欣成百世缘。
　　　　　　　　　　　　　　　佚名

一世良缘同地久，百年佳偶共天长。
　　　　　　　　　　　　　　　佚名

莺歌燕舞日，花好月圆时。　　　佚名

永结莺俦

永结同心

永偕伉俪，久缔良缘。　　佚名

永浴爱河

鱼水和谐

鸳鸯比翼，夫妇同心。　　佚名

鸳鸯对舞，鸾凤和鸣。　　佚名

月圆花好，凤舞龙飞。　　佚名

云天比翼

Z

知音相逢千里，佳偶好合百年。佚名

执手偕老

志同道合

志同感情好，道合幸福多。　　佚名

志同配佳偶，道合结良缘。　　佚名

珠联璧合

贺 居

A

安居乐业

B

傍水依山景中胜境，
朝南坐北画里新居。　　　　佚名

笔拥江山气，窗含桃李风。　　佚名

别有洞天

C

出谷迁乔

春风化雨艳桃李，瑞霭盈屋旺子孙。
　　　　　　　　　　　　　　佚名

D

大厦凌霄汉，风光展画图。　　佚名

大雅之堂

淡饭粗茶有真味，
明窗净几是安居。　　　　　　佚名

德门积庆

德门生辉

典雅

东风入户，喜气盈门。　　　　佚名

斗室乾坤大，寸心天地宽。　　佚名

F

房宽不如心宽　　　　　　　　谚语

风景这边独好。
　　　现代－毛泽东《清平乐·会昌》句

福地杰人

福临吉地，春满华堂。

福星高照

G

古风犹存

H

翰墨飘香

合意友来情不厌，知心人至话投机。
　　明－冯梦龙《古今小说·新桥市韩王卖
春情》句

户外一峰秀，阶前众壑深。
　　　　唐－孟浩然《题义公禅房》句

花木清香庭院翠，琴书雅趣书堂幽。
　　　　　　　　　　　　　　佚名

花香入室春风霭，瑞气盈门淑景新。
　　　　　　　　　　　　　　佚名

华堂喜对山河秀，福宅欣迎日月辉。
　　　　　　　　　　　　　　佚名

J

吉祥

吉祥如意

吉星高照，福地呈祥。

几净云生砚，窗明月映书。　　佚名

家居绿水青山畔，人在春风和气中。
　　　　　　　　　　　　　　佚名

家声卓越，世德清华。

家种吉祥草，宅开幸福门。　　佚名

居之安山明水秀，人之和地久天长。
　　　　　　　　　　　　　　佚名

L

兰馨素室

兰芷之室

乐在其中

里有仁风春日永，家余德泽福星明。
　　　　　　　　　　　　　　佚名

楼台近水，花木向阳。　　　　佚名

陋室有文史，高门有笙竽。
　　唐－韩愈《长安交游者赠孟郊》句

绿满窗前

绿树村边合，青山郭外斜。
　　唐－孟浩然《过故人庄》句

M

满门欢乐

满堂生辉

美酒盈樽佳客醉，清风绕宅瑞云生。
　　　　　　　　　　　　　　佚名

门含紫气，室染秋香。　　　　佚名

门前清且洁，家道泰而康。　　佚名

门无客至唯风月，山外人归带夕阳。
　　　　　　　　　　　　　　佚名

门迎春夏秋冬福，户纳东西南北祥。
　　　　　　　　　　　　　　佚名

名流不杂，既入芙蓉之池；
君子有邻，还得芝兰之室。
　　唐－陈子昂《薛大夫山亭宴序》

P

朴素大方新宅第，勤劳节俭好人家。
　　　　　　　　　　　　　　佚名

Q

奇石尽含千古秀，异花长占四时春。
　　　　　　　　　　　　　　佚名

千金只为买乡邻。

明-冯梦龙《醒世恒言·乔太守乱点鸳鸯谱》句

清廉门第忧烦少，和睦家庭幸福多。

佚名

泉清鳞影见，林密鸟声幽。

唐-崔翘《郑郎中山亭》句

R

仁风春日照，德泽福星明。　　佚名

日丽新居暖，风和甲地安。　　佚名

日照新居添锦绣，花栽院圃吐芬芳。

佚名

人家不必论贫富，
惟有读书声最佳。

唐-翁承赞《书斋谩兴二首》句

瑞霭佳地，福蕴新居。　　佚名

瑞启德门

瑞气盈门

瑞气盈庭诗韵雅，祥云满室笔花香。

佚名

S

三径香风飘玉蕙，一庭明月照金兰。

清-曹雪芹《红楼梦》句

山不在高，有仙则名。
水不在深，有龙则灵。

斯是陋室，惟吾德馨。

唐-刘禹锡《陋室铭》句

山环水绕，人杰地灵。

身安不如心安，心宽强如屋宽。

清-石成金《传家宝》句

身安茅屋稳，心安菜根香。

明-洪应明《菜根谭》句

深院尘稀书韵雅，明窗风静墨花香。

佚名

诗礼人家

诗情画意，琴韵书声。　　佚名

室雅何须大，花香不在多。

清-郑板桥联语

室雅兰香

室雅人和

书存金石气，室有蕙兰香。　　佚名

书香门第

淑气和风光栋宇，银花玉树染门庭。

佚名

谁谓一身小，其安若泰山。
谁谓一室小，宽如天地间。

宋-邵雍《心安吟》句

15

四顾山光接水光，凭栏十里芰荷香。
清风明月无人管，并作南楼一味凉。

　　　　　宋 - 黄庭坚《鄂州南楼书事》

四时佳景，满座高朋。　　　　　佚名

松竹梅岁寒三友，桃梨杏春风一家。

　　　　　　　　　　　　　　佚名

T

台痕上阶绿，草色入帘青。

　　　　　唐 - 刘禹锡《陋室铭》句

谈笑有鸿儒，往来无白丁。

　　　　　唐 - 刘禹锡《陋室铭》句

W

温馨

温馨和谐

五福临门

X

喜气盈门

祥光临福地，喜气满新居。　　佚名

晓色半窗迎鸟语，午阴满院落蝉声。

　　　　　　　　现代 - 姚雪垠诗句

心安身自安，身安室自宽，
心与身俱安，何事能相干？

　　　　　　宋 - 邵雍《心安吟》句

心远地自偏。

　　　　　晋 - 陶渊明《饮酒》句

旭日临门早；春风及第先。　　佚名

Y

檐前花复地，竹外鸟窥人。

　　唐 - 祖泳《清明宴司勋刘郎中别业》句

一帘疏雨琴书润，满座清风枕簟凉。

　　　　　　　　　　　　　　佚名

一门瑞气，万里和风。　　　　佚名

一榻清风书叶舞，半窗明月墨花香。

　　　　　　　　　　　　　　佚名

Z

择里仁为美，安居德有邻。　　佚名

芝兰之室

座上客常满，樽中酒不空。

　　　　南朝宋 - 范晔《后汉书·孔融传》句

16

祝 健 康

A

安神宜悦乐，惜气保和纯。　　　佚名

安时而处顺，哀乐不能入。
　　　　　战国－庄周《庄子·养生主》句

按时作息，规律生活。　　健康谚语

傲不可长，欲不可纵，
乐不可极，志不可满。
　　　　　唐－吴兢《贞观政要·慎终》句

B

柏节松心宜晚翠，童颜鹤发胜当年。
　　　　　　　　　　　　　　佚名

保生者寡欲，保身者避名。
　　　　　　　宋－林逋《省心录》句

病从口入，祸从口出。
　　　　　　　晋－傅玄《口铭》句

病自饮食出，健从运动来。　　佚名

不饱食以终日，不弃功于寸阴。
　　　　东晋－葛洪《抱朴子·爵学》句

不饥强食则脾劳，
不渴强饮则胃伤。　　　　　　佚名

不极饥而食，食不过饱；

不极渴而饮，饮不过多。
　　　东晋－葛洪《抱朴子·极言》句

不乐损年，常愁养病。
　　　　　北周－庾信《闲居赋》句

不能改变环境就适应环境，
不能改变别人就改变自己。　佚名

不攀比不计较知足常乐，
顺时势顺天意随遇而安。　佚名

不役世俗之乐，唯求我心所安。
　　　　　　　　　　　　　　佚名

C

财富难买健康，健康胜于财富。
　　　　　　　　　　　　　　佚名

常乐寿自高　　　　　　　　谚语

常亲小劳则身健。
　　　　清－申涵光《荆园小语·序》句

常笑益寿，常学益智。　　　佚名

澄心清神

吃得下，睡得着，
拉得净，放得开。　　　　　佚名

17

吃暖食忌生冷,
热不灼唇,冷不冰齿。　　　　佚名

宠辱不惊,闲看庭前花开花落;
去留无意,漫随天外云卷云舒。
　　　　明－洪应明《菜根谭》句

春葩秋蕚临冬不衰,
老干新枝生意正浓。　　　　佚名

慈俭和静。
　　　　清－张英《聪训斋语》养生句意

聪明的人不爱生气,
爱生气的人不聪明。　　　　佚名

D

大德必得其寿。　　　　佚名

大德仁翁多福多寿,
南山松柏越老越坚。　　　　佚名

大事不糊涂,小事不计较。　　佚名

但得夕阳无限好,何须惆怅近黄昏。
　　　　现代－朱自清诗句

淡泊寡欲

淡泊宁静

淡名利,淡交游,淡饮食;
忘恩怨,忘是非,忘年龄。　　佚名

当饮清淡之茶,勿贪花色之酒。　佚名

德勤益寿,心阔延年。　　　　佚名

冬不欲极温,夏不欲穷凉。
　　　　东晋－葛洪《抱朴子·极言》句

冬吃萝卜夏吃姜,不劳医生开药方。
　　　　健康谚语

动静不失其时。
　　　　周－《周易·艮卦》句

动则不衰,用则不退。　　　　佚名

动则不衰,乐则长寿。　　　　佚名

度形而衣,容身而游,适情而行。
　　　　汉－刘安《淮南子·精神训》句

锻炼是灵丹,卫生是妙药。　　佚名

多欲伤生

F

发常梳,面常搓,鼻常揉,肢常伸,
目常运,齿常叩,腹常旋,耳常弹,
肛常提,肤常沐,背常暖,言常简,
神常存。　　　　健康谚语

发怒是对自己的惩罚。　　　　佚名

发宜常梳,面宜多擦,目宜常运,
耳宜常弹,舌宜抵腭,齿宜数叩,
津宜数咽,浊宜常呵,背宜常暖,
胸宜常护,腹宜常摩,谷道宜常撮,

肢节宜常摇，足心宜常擦，
皮肤宜常干沐浴，大小便宜闭口勿言。

明－汪昂《勿药元诠》句

凡事顺其自然，遇事处之泰然，
得意之时淡然，失意之时坦然，
艰辛曲折必然，历尽沧桑悟然。

佚名

饭后百步走。 健康谚语

饭前喝汤，苗条健康。 健康谚语

房宽不如心宽 谚语

风从项后入，寒从脚底生。

健康谚语

福寿康宁

俯仰无愧，心旷神怡。

腹宜常摩，可祛百病。 健康谚语

G

高官不如高薪，高薪不如高寿，
高寿不如高兴，高兴不如高尚。

佚名

恭俭温良宜家受福，
仁爱笃厚获寿保年。 佚名

寡言养气，寡视养神，
寡思养精，寡忿养性。 佚名

管住嘴，迈开腿。 健康谚语

光明心地恒增寿，爽朗精神自健康。

佚名

过载者沉其舟，欲胜者杀其身。

东晋－葛洪《抱朴子·微旨》句

H

好事多做，心中欢乐。 佚名

合理膳食，适当运动，
戒烟限酒，心理平衡。 健康谚语

和谐恬静的情绪，均衡合理的营养。

佚名

呼吸吐纳，服食养身。

三国魏－嵇康《养生论》句

豁达

J

饥不暴食，渴不狂饮。 健康谚语

疾病是吃出来的，健康是走出来的。
烦恼是想出来的，快乐是找出来的。

健康谚语

坚持走路，基本吃素。
劳逸结合，待人和睦。
情绪稳定，心胸大度。 佚名

健康胜于财富。 谚语

健康使人快乐，快乐使人健康。

健康谚语

节酒慎言。
唐－房玄龄等《晋书·凉武昭王李玄盛传》句

节食以去病，寡欲以延年。 健康谚语

节食则无疾，择言则无祸。
宋－何坦《西畴老人常言》句

节饮食以养胃，多读书以养胆。 佚名

节欲

戒暴怒以养其性，少思虑以养其神，
省言语以养其气，绝私念以养其心。
明－胡文焕《续附·养生要诀》句

戒嗔怒少思虑澄心静气，
忘怨恨祛忧烦心宽体健。 佚名

经络畅通，百病不生。 健康谚语

精气神

精神不蔽，四体常春。 佚名

精神不运则愚，气血不运则病。
清－魏裔介《琼琚佩语·摄生》句

精神畅快，心气和平；
饮食有节，寒暖当心；
起居以时，劳役均匀。
现代－梅兰芳语

精神内守身堪健，动静协和寿自高。
佚名

精盈则气盛，气盛则神全，
神全则身健，身健则病少。
明－张介宾《类经》句

静心，静气，静神。 佚名

静心宁神

酒常知节狂言少，心不能清乱梦多。
佚名

酒要少饮，事要多知。 佚名

居心要宽，持身要严。
清－申居郧《西岩赘语》句

K

开口便笑，笑古笑今，凡事付之一笑；
大肚能容，容天容地，于人何所不容。
佚名

开心才见胆，破腹任人钻。
腹中天地阔，常有渡人船。
现代－朱德诗句

看破放下清净自在，
慈悲忍辱平等正觉。 佚名

康而乐

口之所嗜不可随，心之所欲不可恣。
健康谚语

口中言少，心头事少。
肚中食少，自然睡少。
依此四少，神仙可了。 佚名

苦茶久饮可以益思。　　　健康谚语

快乐是最好的补品。　　　健康谚语

宽厚待人，严格律己，
知足常乐，不攀不比。　　　　佚名

L

劳逸结合，动静结合，炼养结合。
　　　　　　　　　　　　　佚名

乐不可极，欲不可纵。
　　　元－忽思慧《饮膳正要》句

乐观豁达

乐天知命。
　　　周－《周易·系辞上》句

理明怀乃裕，心定气自清。　　佚名

理性平和

立得正行得直，
拿得起放得下，
看得透想得开。　　　　　　佚名

流水不腐，户枢不蠹。
　　　秦－吕不韦《吕氏春秋·尽数》句

M

美好的心情，比十副良药更能解除生
理上的疲惫和痛楚。
　　　　　　　　德国－马克思语

美酒不过量，好菜不过食。　　谚语

美味腐腹，好色溺心。　　　健康谚语

美意延年。
　　　　　　战国－荀况《致士》句

内疾不生，外患不入。
　　　东晋－葛洪《抱朴子·论仙》句

N

乃文乃武乃寿，如竹如梅如松。　佚名

恼一恼，老一老；
笑一笑，少一少。　　　　　健康谚语

脑子要用，身体要动，
心胸要宽，饮食要控。　　　健康谚语

能付出爱心就是福，
能消除烦恼就是慧。　　　　　佚名

宁静淡泊

怒伤肝，喜伤心，忧悲伤肺，
思伤脾，惊恐伤肾。　　　　　佚名

P

培根而去蠹，木之寿矣；
清心而寡欲，人之寿矣。
　　　　　　宋－崔敦礼《刍言》句

平生修得随缘性，粗茶淡饭也知足。
　　　　　　　　　　　　　佚名

平心尝世味，含笑看人生。　　佚名

平心静气

Q

启童心忘年老逍遥快乐，
不悔前莫虑后享受今天。　　　　　　佚名

起居时，饮食节，寒暑适，
则身利而寿命益。
　　　　　　春秋－管仲《管子·形势解》句

起居宜适，饮食称时。　　　　　　佚名

气忌盛，心忌满，才忌露。
　　　　　　明－吕坤《呻吟语·人品》句

气欲柔不欲强，欲顺不欲逆，
欲定不欲乱，欲聚不欲散。
　　　　　　明－袁黄《摄生三要》句

亲近自然，动静相济。　　　　　　佚名

勤劳养身，淡泊养心，
身心泰然，健康来临。　　　　　　佚名

权力是一时的，财产是后人的，
健康是自己的，知识是有用的，
情谊是珍贵的，声誉是长远的。　佚名

R

人老心不老。
　　　　　　明－《增广贤文》句

人生不在年龄，贵在心理年轻；
衣着不在时尚，贵在舒适合体；
膳食不在丰富，贵在营养均衡；
居室不在大小，贵在整洁舒畅；
养生不再刻意，贵在顺其自然；
锻炼不在夏冬，贵在持之以恒；

小病不在吃药，贵在心理调养；
作息不在早晚，贵在规律养成；
情趣不在雅俗，贵在保持童心；
贡献不在多少，贵在量力而行；
健身不在动静，贵在科学锻炼；
家庭不在贫富，贵在温馨和睦；
朋友不在多少，贵在情深意真。　佚名

人生无苦乐，适意即为美。
　　　　　　宋－司马光《晚归书室呈钱君倚》句

人之养生亦当如是，
游于空虚之境，顺乎自然之理。
　　　　　　战国－庄周《庄子·养生主》句

仁可增寿，德可延年。
　　　　　　明－吕坤语

仁者寿

日出东海落西山，
愁也一天喜也一天；
遇事不钻牛角尖，
心也舒坦身也舒坦；
少荤多素日三餐，
粗也香甜细也香甜；
新衣旧衣一样穿，
好也御寒赖也御寒；
工薪物价由其变，
高也喜欢低也喜欢；
常和朋友谈淡天，
古也谈谈今也谈谈；
心宽体健勤锻练，
忙也乐观闲也乐观；
家庭和睦乐陶然，
老也安然少也安然；

幸福生活比蜜甜，
不是神仙胜似神仙。
　　　　　现代－赵朴初《宽心谣》

若要身体安，三分饥与寒。　健康谚语

S

三餐有节食不过饱，
五谷俱食营养均衡。　　　　佚名

少量之酒，健康之友；
多量之酒，罪魁祸首。　　健康谚语

少盐多醋，少糖多果，少肉多菜，
少药多食，少睡多行，少忧多眠。
　　　　　　　　　　健康谚语

身安不如心安，心宽强如屋宽。
　　　　　清－石成金《传家宝》句

身安茅屋稳，心安菜根香。
　　　　　明－洪应明《菜根谭》句

神凝则气聚，神散则气消。
　　　　　明－袁黄《摄生三要》句

神躁则心荡，心荡则形伤。　佚名

慎言语，节饮食，知止足，避嫌疑。
　　　唐－刘子元《思慎赋(并序)》句

生命在于平衡。　　　　　佚名

生命在于运动。　法国－伏尔泰语

生气催人老，笑口变年少。健康谚语

生气，是拿别人的错误惩罚自己。
　　　　　　　　　　　　佚名

食不偏，合五味。　　　佚名

食不厌精，脍不厌细。
　　　春秋－孔子门人《论语·乡党》句

食不语，寝不言。
　　　春秋－孔子门人《论语·乡党》句

食淡能知味，心清可悟真。　佚名

食能以时，身必无灾。
　　　秦－吕不韦《吕氏春秋·尽数》句

食唯半饱无兼味，酒止三分莫过频。
　　　　　　　　　　　　佚名

食无求饱。
　　　春秋－孔子门人《论语·学而》句

事处其劳，居从其陋，
位安其卑，养甘其薄。
　　　　　汉－王符《潜夫论》句

事理通达，心气和平。　　佚名

事能知足心常惬，人到无求品自高。
　　　　明－洪应明《菜根谭》句

事能知足心常泰，人到无求品自高
　　　　　　清－陈伯崖联语

适者有寿　　　　　　　佚名

23

手脚要动，头脑要用。　　　健康谚语

寿与德齐

书画怡且乐，金石寿而康。　　　佚名

书画益寿，金石延年。　　　佚名

睡得好，起得早；七分饱，常跑跑；
多笑笑，莫烦恼；天天忙，永不老。
　　　　　　　　　　　　　　佚名

思虑伤精神　　　　　　健康谚语

松柏老而键，芝兰清且香。　　　佚名

素甘淡泊心常泰，曾履忧危体愈坚。
　　　　　　　　　　　现代 - 启功联语

素食常宜

素食则气不浊，独窗则神不浊，
默坐则心不浊，读书则口不浊。
　　　　　　　清 - 朱锡绶《幽梦续影》句

随富随贫且欢乐，不开口笑是痴人。
　　　　　　　　　　　　　　佚名

随缘

T

提得起，放得下，算得到，
做得完，看得破，撇得开。
　　　　　　　　　　　　　　谚语

体健堪为福，家和便是春。　　　佚名

恬淡虚无，真气从之；
精神内守，病安从来？
　　　　　　　　　《黄帝内经》句

童心，蚁食，龟欲，猴行。　　　佚名

童心不泯没，百岁似少年。　　　佚名

头要常凉，脚要常热，
身要常动，心要常静。　　　健康谚语

W

万事随缘皆有味，一生知足不多求。
　　　　　　　　　　　　　　佚名

忘掉过去，珍惜现在，
享受今天，乐观未来。　　　健康谚语

忘记年龄，忘记疾病，忘记恩怨。
　　　　　　　　　　　　　健康谚语

伟大的事业基于高深的学问，
坚强的意志在于强健的体魄。
　　　　　　　　　　　现代 - 孙中山语

未病自己防　　　　　　健康谚语

未曾吃饭先喝汤，一生到老胃不伤。
　　　　　　　　　　　　　健康谚语

温和，善良，宽宏，幽默。

温良恭俭让。
　　　　　春秋 - 孔子门人《论语·学而》句

我们改变不了事实，

但可以改变心情。　　　　　佚名

无病不疑病，得病不惧病，
绝症心不病，豁达治百病。　佚名

无病休投铺，有恙早就医。　佚名

无求便是安心法，不饱真为却病方。
　　　　　　　　清－张之洞联语

五谷为养，五果为助，
五畜为益，五菜为充。《黄帝内经》句

勿使悲欢极，长宜饮食匀。　佚名

X

喜怒哀乐不入胸次。
　　战国－庄周《庄子·外篇·田子方》句

消未起之患，治未病之疾。
　　　　东晋－葛洪《抱朴子·地真》句

小病不治，大病难医。　　健康谚语

笑口常开，健康常在。　　健康谚语

笑声是世上最好的维生素。
　　　　　　俄－列·列昂诺夫语

笑一笑，十年少。　　　　健康谚语

谢事养生道，清心却病方。　佚名

心安身自安，身安室自宽，
心与身俱安，何事能相干？
　　　　　　宋－邵雍《心安吟》句

心存清白真快乐，事留余地自逍遥。
　　　　　　　　　　　　佚名

心存仁德

心底无私宜福寿，胸中有胆自康强。
　　　　　　　　　　　　佚名

心宽出少年　　　　　　健康谚语

心宽能增寿，德厚可延年。　佚名

心里痛快百病消。　　　　健康谚语

心平气和，千祥云集；
行仁好义，百福骈臻。　　佚名

心神欲静，骨力欲动，
胸怀欲开，筋骸欲硬，
脊梁欲直，肠胃欲净，
舌端欲卷，脚跟欲定，
耳目欲清，精魄欲正。　　佚名

心无结怨，口无烦言。
　　　　战国－韩非《韩非子·大体》句

心无俗虑精神爽，室有清淡智慧开。
　　　　　　　　　　　　佚名

心胸豁达少动怒。　　　　健康谚语

休息取调节气血，不必成寐；
读书取畅适性灵，不必终卷。
　　　　　　宋－陆游《居室记》句

虚邪贼风，避之有时。　《黄帝内经》句

25

血脉流通，病不得生。
　　西晋－陈寿《三国志·魏书·吴普传》句

血脉要通，心气要通，
胃肠要通。　　　　　健康谚语

Y

养德，养寿，养神，养气。　健康谚语

养身在动，养心在静。　　　　佚名

养生必先养心　　　　　　健康谚语

养生莫若养性　　　　　　健康谚语

养生以少恼怒为本。
　　清－曾国藩《赠文正公家书》卷上句

养心莫如寡欲，至乐无如读书。
　　　　　　　　　清－郑成功联语

养怡之福，可得永年。
　　　三国魏－曹操《步出夏门行》句

要笑，要跳，要闹，要俏，要掉。
　　　　　　　　　　　健康谚语

一个人的快乐，不是因为他拥有的
多，而是因为他计较的少。　佚名

一勤生百巧，一懒生百病。健康谚语
饮食保健，动静养生。　　　　佚名

饮食有节，起居有常，
适度锻炼，动静结合，
心胸开阔。　　　　　　健康谚语

营养适度，无过不及，
青菜豆腐，最为适宜。　健康谚语

有病早治，无病早防。　健康谚语

有病找医生，健康靠自己。健康谚语

有大德必得其寿。
　　　　　　春秋－子思《中庸》句

与其救疗于有病之后，
不若摄养于无疾之先。
　　　　　元－朱震亨《丹溪心法》句

欲得长生，肠中常清；
欲得不死，肠中无滓。　健康谚语

欲得长寿腹中清。　　　健康谚语

欲得小儿安，三分饥与寒。健康谚语

欲寡精神爽，思多血气衰。　　佚名

欲静则平气，欲神则顺心。
　　　　战国－庄周《庄子·知北游》句

运动使人苗壮，读书使人贤达。
　　　　　　　　美国－爱迪生语

Z

早饭吃好，午饭吃饱，晚饭吃少。
　　　　　　　　　　　健康谚语

早饭好而少，午饭厚而饱，
晚饭淡而少。　　　　　健康谚语

早漱不如晚漱，晚食岂若早餐。
节饮自然脾健，少餐必定神安。
　　　　　明－胡文焕《类修要诀》句

止怒莫若诗，去忧莫若乐。
　　　　　春秋－管仲《管子·内业》句

制怒

智者不惑，勇者不惧，
适者有寿，仁者无敌。　　　　佚名

竹因虚受益，松以静延年。　　佚名

助人为乐，知足常乐，自得其乐。
　　　　　　　　　　　　　　佚名

走路使你童颜常在，
运动使你青春永驻。　　　　　佚名

最好的心情是宁静，
最好的运动是步行。　　　　　佚名

坐如钟，卧如弓，
站如松，行如风。　　　　健康谚语

贺 成 就

B

百尺竿头须进步。

    宋－释道原《景德传灯录》卷十句

宝刀不老

笔补造化天无功。

    唐－李贺《高轩过》句

彪炳千秋

彪炳青史

别具匠心

别树一帜

博采众长独辟蹊径，
陶铸千古自成一家。   佚名

博大精深

不飞则已，一飞冲天；
不鸣则已，一鸣惊人。

    汉－司马迁《史记·滑稽列传》句

不同凡响

不足与荣耀齐飞   佚名

C

苍龙日暮还行雨，

老树春深更著花。

    清－顾炎武《又酬傅处士次韵》句

超凡脱俗

超今冠古

超群拔类

超然不群

超越

承前启后，继往开来。

出新意于法度之中，
寄妙理于豪放之外。

    宋－苏轼《书吴道子画后》句

雏凤清于老凤声。

    唐－李商隐《韩冬郎既席为诗相
送因成二绝》句

创新

此曲只应天上有，人间能得几回闻。

    唐－杜甫《赠花卿》句

D

大家风范

大气磅礴

大器晚成。
　　春秋－老聃《老子》第四十一章句

大巧若拙。
　　春秋－老聃《老子》第四十五章句

德艺双馨

登峰造极

典范

点石成金

独步古今

独步天下

独占鳌头

F

发前人所未能发，言腐儒所不敢言。
　　现代－郭沫若撰王国维故居联

放之四海而皆准。
　　西汉－戴德《礼记·祭义》句

丰碑

丰功伟绩

风景这边独好。
　　现代－毛泽东《清平乐·会昌》句

风韵天成

G

敢为人先

格高意远

个性飞扬

更上一层楼
　　唐－王之涣《登鹳雀楼》句

功德无量

功夫不负有心人。　　谚语

功高泰岱，德被苍生。

功以才成，业由才广。
　　西晋－陈寿《三国志·蜀书·董允传》句

光彩夺目

光前裕后

光照日月，气壮山河。　　佚名

鬼斧神工

国威

H

海到无边天作岸，山登绝顶我为峰。
　　　　　　　　　　　　　佚名

29

好事流芳千古，良书播惠九州。
　　　　　　　现代 - 郭沫若语

河山再造，日月重光。　　　　佚名

横空出世
鸿鹄高飞，一举千里。
　　　　　汉 - 刘邦《鸿鹄歌》句

鸿篇巨帙

鸿儒巨擘

虎啸龙吟气势，松风竹韵精神。佚名

虎跃龙腾

华彩飞扬

化腐朽为神奇。
　　　　战国 - 庄周《庄子·知北游》句

化干戈为玉帛。
　　　　汉 - 刘安《淮南子·原道训》句

会当凌绝顶，一览众山小。
　　　　　　唐 - 杜甫《望岳》句

J

济世益人

继往开来

寂寞铸就辉煌　　　　　　　　佚名

艰难困苦，玉汝于成。　　　　佚名

江山代有才人出，各领风骚数百年。
　　　　　清 - 赵翼《论诗绝句》句

匠心独运

巾帼不让须眉

锦上添花

进取

惊世骇俗

精彩纷呈

精美

精妙绝伦

究天人之际，通古今之变，成一家之言。
　　　　　汉 - 司马迁《报任安书》句

K

楷模

看似寻常最奇崛，成如容易却艰辛。
　　　　宋 - 王安石《题张司业诗》句

慷慨吐清音，明转出天然。
　　　唐 - 陆龟蒙《大子夜歌二首》句

可歌可泣

苦吟成绝唱。
　　　　宋 - 欧阳修《六一诗话》句

L

力拔山兮气盖世。

秦－项羽《垓下歌》句

立德，立功，立言。

周－左丘明《左传·襄公二十四年》句

立地参天

琳琅满目

凌云

凌云健笔。

汉－司马迁《史记·司马相如列传》句

凌云健笔意纵横。

唐－杜甫《戏为六绝句》句

流光溢彩

龙腾虎跃

龙吟虎啸

炉火纯青

论道求真

M

妙不可尽之于言，事不可穷之于笔。

晋－郭璞《江赋》句

妙趣横生

P

平凡孕育伟大，淡然彰显崇高。　佚名

铺锦列绣

Q

旗开得胜，马到成功。　　　　佚名

气势磅礴

气势如虹

气象万千

气壮山河，义薄云天。　　　　佚名

千古绝唱

千秋笔墨惊天地，万里云山入画图。

佚名

千秋伟业

巧夺天工

巧手慧心

青史流芳

清水出芙蓉，天然去雕饰。

唐－李白《经乱离后天恩流夜郎忆旧游书怀赠江夏韦太守良宰》句

群芳争艳

融古汇今

S

神韵

师造化，尚自然。　　　　　　　　佚名

十年磨一剑。

唐-贾岛《剑客》句

石破天惊

史无前例

始于精心，成于精采。　　　　　　佚名

数风流人物，还看今朝。

现代-毛泽东《沁园春·雪》句

水唯善下能成海，山不争高自及天。
　　　　　　　　　　　　　　　　佚名

思接千载，意通万里。　　　　　　佚名

T

叹为观止

桃李满天下。

北宋-司马光《资治通鉴·唐纪·武后
久视元年》句

天道酬勤

天造地设，鬼斧神工。　　　　　　佚名

通古今之变，成一家之言。

汉-司马迁《史记·太史公自序》句

推陈出新，饶有别致。

清-戴延年《秋灯丛话·忠勇祠联》句

W

外师造化，中得心源。

唐-张彦远《历代名画记》卷十句

挽狂澜于既倒。

唐-韩愈《进学解》句

万紫千红

唯有牡丹真国色，花开时节动京城。

唐-刘禹锡《赏牡丹》句

伟业

文韬武略

文治武功

X

嬉笑怒骂，皆成文章。

宋-黄庭坚《东坡先生真赞》句

胸藏万汇凭吞吐，笔有千钧任翕张。

现代-郭沫若诗句

雄才伟略

雄风

学问文章老更醇。

宋-王安石《王文公文集·西垣当直》句

Y

雅俗共赏

演绎精彩

一鸣惊人

艺苑繁花沐春雨，文坛异彩赖新秀。

佚名

逸群绝伦

因难见巧，唯熟乃精。　　佚名

英雄出少年

勇立时代潮头，引领社会进步。佚名

勇攀高峰

誉满神州

运筹帷幄之中，决胜千里之外。
　　汉－司马迁《史记·高祖本纪》句

Z

折桂攀蟾

振聋发聩

震古烁今

震撼

至善至美

致广大而尽精微。
　　西汉－戴德《礼记·中庸》句

卓尔不群

卓绝

卓越

贺升迁

A

爱国敬民

B

百尺竿头须进步。
　　宋－释道原《景德传灯录》卷十句

秉公用权，廉洁从政。　　　　佚名

不惑时尚

不矜威益重，无私功自高。
　　　　　　现代－赵朴初联语

C

常修为政之德，常思贪欲之害，
常怀律己之心。　　　　　　佚名

潮平两岸阔，风正一帆悬。
　　　　唐－王湾《次北固山下》句

乘风破浪

雏凤清于老凤声。
　　唐－李商隐《韩冬郎既席为诗相
　　　　　　　　送因成二绝》句

从官重恭慎，立身贵廉明。
　　　　唐－陈子昂《座右铭》句

D

大展宏图

当官常念民之苦，凡事求其心所安。
　　　　　　　　　　　　　佚名

当官一阵子，做人一辈子。　　佚名

得贤者昌，失贤者亡。
　　　　汉－韩婴《韩诗外传·五》句

多谋善断

F

法必明，令必行。
　　　　战国－商鞅《商君书·画策》句

风清尘不染，磊落德常存。　　佚名

奉献

G

干净做事，清白为官。　　　　佚名

高歌猛进

更上一层楼。
　　　　唐－王之涣《登鹳雀楼》句

躬先表率

苟利于民，不必法古；
苟周于事，不必循旧。
　　　　汉－刘安《淮南子·氾论训》句

官以谏争为职。
　　　　　汉－班固《汉书·鲍宣传》句

广开言路，博采众谋。
　　　　　明－俞汝楫《礼部志略》句

贵不易交

H

海纳百川，有容乃大。
壁立千仞，无欲则刚。
　　　　　　　清－林则徐联语

鸿鹄高飞，一举千里。
　　　　　　汉－刘邦《鸿鹄歌》句

后来者居上。
　　　汉－司马迁《史记·汲黯列传》句

后生可畏
　　　春秋－孔子门人《论语·子罕》句

虎啸龙吟气势，松风竹韵精神。 佚名

J

将相本无种，男儿当自强。
　　　　　　　宋－汪洙《神童诗》句

讲政治人民至上，求真理实践第一。
　　　　　当代－李瑞环《务实求理》句

洁己奉公

洁身自爱

戒骄戒躁

锦绣前程

近贤远谗

进不失廉，退不失行。
　春秋－晏婴《晏子春秋·内篇问上》句

进取

敬贤如大宾，爱民如赤子。
　　　　　汉－班固《汉书·路温舒传》句

敬业

绢帕麻菇与线香，本资民用反为殃。
清风两袖朝天去，免得闾阎话短长。
　　　　　　　明－于谦《入京》

L

牢记宗旨，心系群众。　　　　佚名

立身不忘做人之本，
为政不移公仆之心，
用权不谋一己之私。
　　当代－胡锦涛《在中国共产党成立90
　　　　　周年大会上的讲话》句

廉洁养正气，奉献修大成。　　佚名

廉洁奉公

临财不苟

临财毋苟得，临难毋苟免。
　　　　　西汉－戴德《礼记·曲礼上》句

M

名利淡如水，事业重如山。　　　佚名

N

鸟爱碧山远，鱼游江海深。
　　　唐－李白《留别王司马嵩》句

P

贫贱时，眼中不着富贵；
富贵时，意中不忘贫贱。
　　　清－申涵光《荆园小语》句

贫贱之交不可忘。
　　南朝宋－范晔《后汉书·宋弘传》句

Q

谦虚谨慎，戒骄戒躁。

勤廉正俭　　　　　　　　　　佚名

清慎勤明

情为民所系，权为民所用，
利为民所谋。

R

人生结交在始终，莫以升沉中路分。
　　　唐－贺兰进明《行路难》句

任重道远

S

三思知进退，一笑对乾坤。　　佚名

上交不谄，下交不渎。
　　　周－《周易·系辞下》句

少说空话，多干实事。

身当浊世，自处清流。
　　　明－吕坤《呻吟语·品藻》句

数风流人物，还看今朝。
　　　现代－毛泽东《沁园春·雪》句

W

为人民服务。
　　　　　　　现代－毛泽东语

为政以德

唯大英雄能本色，是真名士自风流。
　　　明－洪应明《菜根谭》句

唯德唯廉唯实，尽心尽力尽职。佚名

畏天爱民

X

秀干终成栋，精钢不作钩。
　　北宋－张田《包拯集·明刻本附录》句

Y

一身正气，两袖清风。　　　　佚名

一言一行莫忘公仆形象，
一举一动常思百姓冷暖。　　　佚名

以德修身，以德服众，
以德领才，以德润才。
　　当代－胡锦涛《在中国共产党成立90
　　　　　周年大会上的讲话》句

以人为本，执政为民。

Z

真诚倾听群众呼声，
真实反映群众愿望，
真情关心群众疾苦，
真心保障群众权益。　　　　佚名

知民情，解民忧，暖民心。
　　当代－胡锦涛《在中国共产党成立90
　　　　周年大会上的讲话》句

执法如山，守身如玉。
　　　　清－金兰生《格言联璧·从政》句

众望所归

自重，自省，自警，自励。　　佚名

做人德为本，当官清为上。　　佚名

做人一身正气，为官纤尘不染。佚名

祝顺遂吉祥

B

百折不挠

败棋有胜招。　　　　　　　谚语

半辈光阴人未老，一生坎坷志弥坚。
　　　　　　　　　　　　　　佚名

榜上无名，脚下有路。
　　　　　　　　　　　　　　佚名

宝剑锋从磨砺出，梅花香自苦寒来。
　　　　　　　　　　　　　　佚名

不骄不躁

不能改变环境就适应环境，
不能改变别人就改变自己。　佚名

不攀比不计较知足常乐，
顺时势顺天意随遇而安。　　佚名

不屈不挠

不是一番寒彻骨，争得梅花扑鼻香？
　　　　　元－高明《琵琶记·旌表》句

不为穷变节，不为贱易志。
　　　　　汉－桓宽《盐铁论·地广》句

不幸，是天才的进身之阶、
信徒的洗礼之水、能人的无价之宝、
弱者的无底之渊。
　　　　　　　法国－巴尔扎克语

不幸是一所最好的大学。
　　　　　　　俄国－别林斯基语

C

长才暂屈，佳境必来。　　　佚名

长风破浪会有时，直挂云帆济沧海。
　　　　　　　唐－李白《行路难》句

潮平两岸阔，风正一帆悬。
　　　　　　　唐－王湾《次北固山下》句

成功＝艰苦的工作＋休息＋少说废话
　　　　　德国－爱因斯坦的成功公式

成功的秘密在于随时把握时机。
　　　　　　　英国－迪斯雷利语

春色不随流水去，花香时送好风来。
　　　　　　　　　　　　　　佚名

聪明人跌倒一次，从中吸取教训；
愚蠢人跌倒一次，从此不再爬起来。
　　　　　　　　　　　　　　佚名

挫折是通向成功的门槛。
　　　　　　　英国－拜伦语

D

大鹏一日同风起,扶摇直上九万里。

唐－李白《上李邕》句

大器晚成。

春秋－老聃《老子》第四十一章句

大雪压青松,青松挺且直。
要知松高洁,待到雪化时。

现代－陈毅《冬夜杂咏·青松》

得意不可忘形,失意不可失志。 佚名

得意淡然,失意泰然。　　　　　佚名

德业常看胜于我者,则愧耻增;
境遇常看不及我者,则怨尤息。 佚名

对于强者,失败是开始;
对于弱者,失败是终结。　　　　佚名

多福集于大度者,成功率在小心人。

佚名

F

发愤图强

凡事顺其自然,遇事处之泰然,
得意之时淡然,失意之时坦然,
艰辛曲折必然,历尽沧桑悟然。佚名

粉身碎骨浑不怕,要留清白在人间。

明－于谦《石灰吟》句

风正好扬帆

浮生适意即为乐　　　　　　　　佚名

富贵不能淫,贫贱不能移,
威武不能屈。

春秋－孟轲《孟子·滕文公下》句

G

贵在坚持

H

好事多磨

后悔过去,不如奋斗未来。　　　佚名

后来者居上。

汉－司马迁《史记·汲黯列传》句

虎瘦雄心在,人贫志气存。

元－万松老人《从容录》句

环境何曾困志士,艰难到底助英雄。

佚名

患难困苦是磨练人格之最高学校。

近代－梁启超语

灰心生失望,失望生动摇,
动摇生失败。

英国－弗朗西斯·培根语

祸与福邻

J

机遇总是偏爱那些有准备的头脑。

现代－钱三强语

机缘不能只是坐等，
而是要自己去创造。
日本－池田大作语

吉祥如意

疾风知劲草，烈火见真金。　　　佚名

几番磨炼方成器，十载耕耘自见功。
佚名

坚忍不拔

艰难困苦，玉汝于成。　　　佚名

将相本无种，男儿当自强。
宋－汪洙《神童诗》句

精诚所至，金石为开。
南朝宋－范晔《后汉书·广陵思王荆
传》句

精金百炼

K

苦难是人生的老师。
法国－巴尔扎克语

苦中乐

困苦能孕育灵魂和精神的力量。
法国－雨果语

困难是动摇者和懦夫掉队回头的便
桥，也是勇敢者前进的脚踏石。
美国－爱默生语

L

兰生幽谷，不为莫服而不芳；
君子行义，不为莫知而止休。
汉－刘安《淮南子·说山训》句

兰幽香风远，松寒不改容。
唐－李白《于五松山赠南陵常赞府》句

老当益壮，宁移白首之心？
穷且益坚，不坠青云之志。
唐－王勃《滕王阁序》句

乐观豁达

乐观进取

乐自苦生

立大事者，不惟有超世之才，亦必有
坚忍不拔之志。
宋－苏轼《晁错论》句

立得正行得直，拿得起放得下，
看得透想得开。　　　佚名

良好的开端，等于成功的一半。
古希腊－柏拉图语

烈火见真金，逆境出英雄。
古罗马－塞内加语

临大事静气为先，遇险阻宁静致远。
佚名

隆冬到来时，百花迹已绝，
红梅不屈服，树树立风雪。

现代－陈毅《冬夜杂咏·红梅》

路随心宽　　　　　　　　　佚名
乱极则治，暗极则光。

太平天国－洪秀全《原道醒世训》句

M

梅碾香犹在，丹磨赤自存。
石焚洁似雪，玉碎质还真。

当代－马凯《气节赞》

没有比脚更长的路，
没有比人更高的山。

当代－汪国真《山高路远》句

每一种创伤都是一种成熟。　　佚名

N

能创造机会，要利用机会，
勿错过机会。　　　　　　　佚名

能付出爱心就是福，
能消除烦恼就是慧。　　　　佚名

能去能就，能柔能刚，
能进能退，能弱能强。

明－罗贯中《三国演义》第一百回句

O

偶然，不会帮助准备不周的人。

法国－巴斯德语

P

拼搏

否极泰来

平静的湖面，练不出精悍的水手；
安逸的环境，造不出时代的伟人。

俄国－列别捷夫语

蒲柳之姿，望秋而先落；
松柏之质，逢霜而弥盛。

南朝宋－刘义庆《世说新语·言语》句

Q

旗开得胜，马到成功。　　　佚名

千淘万漉虽辛苦，吹尽狂沙始到金。

唐－刘禹锡《浪淘沙九首》句

穷不失义，达不离道。

战国－孟轲《孟子·尽心上》句

穷不忘操，贵不忘道。

唐－皮日休《六箴序》句

穷且益坚，不坠青云之志。

唐－王勃《滕王阁序》句

R

人老心不老，人穷志莫穷。

明－《增广贤文》句

人生无苦乐，适意即为美。

宋－司马光《晚归书室呈钱君》句

忍辱方能负重　　　　　　　佚名

荣勿昂首，辱不弯腰。　　　佚名

如果没有勤奋，没有机遇，
没有热情的提携者，
人就是再有天才，
也只能默默无闻。

　　　　古罗马－小普林尼语

S

塞翁失马，焉知非福。

　　　汉－刘安《淮南子·人间训》句

三思方举步，百折不回头。

　　　　　现代－吴阶平联语

山当秋老容偏瘦，菊到霜浓色更佳。

　　　　　　　　佚名

山重水复疑无路，柳暗花明又一村。

　　　宋－陆游《游山西村》句

胜败乃兵家常事，悲喜乃人之常情。

　　　　　　　　佚名

胜不骄败不馁。

　　战国－商鞅《商君书·战法》句意

胜而不骄，败而不怨。

　　　　战国－商鞅《商君书》句

失败的次数愈多，成功的机会愈近。

　　　　　法国－费德鲁斯语

失败是成功之母。　　　谚语

失意休馁，得势莫狂。　　佚名

什么是路？就是从没有路的地方践踏出

来的，从只有荆棘的地方开辟出来的。

　　　　　现代－鲁迅语

石可破也，不可夺其坚；
丹可磨也，不可夺其赤。

　　秦－吕不韦《吕氏春秋·诚廉》句

时穷节乃见，一一垂丹青。

　　　宋－文天祥《正气歌》句

士运穷时弥见节，柳枝到处可成荫。

　　　　　清－左宗棠句

事到盛时须警省，境当逆处要从容。

　　　　　　　　佚名

水到渠成

水唯善下能成海，山不争高自及天。

　　　　　　　　佚名

顺境中的美德是自制，
逆境中的美德是不屈不挠。

　　英国－弗朗西斯·培根语

顺其自然，随遇而安。

岁寒，然后知松柏之后凋。

　　春秋－孔子门人《论语·子罕》句

岁寒才知松柏茂，隆冬方显傲霜梅。

　　　　　　　　佚名

T

天地宽

天将降大任于斯人也，
必先苦其心志，劳其筋骨，
饿其体肤，空乏其身，行弗乱其所为，
所以动心忍性，增益其所不能。

　　　　　战国－孟轲《孟子·告子下》句

天朗气清，惠风和畅。

　　　　　晋－王羲之《兰亭集序》句

天下不如意事常十居其八九。

　　　　　唐－房玄龄等《晋书·羊祜传》句

W

万事随缘皆有味，一生知足不多求。

　　　　　　　　　　　　　佚名

为者常成，往者常至。

　　春秋－晏婴《晏子春秋·内篇杂下》句

伟大的抱负造就伟大的人。

　　　　　　　　英国－托·富勒语

无限风光在险峰。

　现代－毛泽东《七绝·为李进同志题所
　　　　　　设庐山仙人洞照》句

物无不变，变无不通。

　　　　　　宋－欧阳修《明用》句

X

现实是此岸，理想是彼岸，
中间隔着湍急的河流，
行动则是架在川上的桥梁。

　　　　　　　俄国－克雷洛夫语

心宽路自宽　　　　　　　　佚名

Y

咬定理想，守住寂寞。　　　　佚名

咬定青山不放松，立身原在破崖中。
千磨万击还坚劲，任尔东南西北风。

　　　　　　　清－郑燮《竹石》

阴天晴天都是好天，
逆境顺境同为佳境。　　　　　佚名

应知天地宽，何处无风云？应知山水
远，到处有不平。应知学问难，在乎
点滴勤。尤其难上难，锻炼品德纯。

　现代－陈毅《示丹淮，并告昊苏、小鲁、
　　　　　　　　　　　小珊》句

有志者事竟成。

　　　　南朝宋－范晔《后汉书·耿弇传》句

欲除烦恼先忘我，历尽艰难好做人。

　　　　　　　　　　　　　佚名

遇顺境处之淡然，遇逆境处之泰然。

　　　　　　　　　　　　　佚名

月缺不改光，剑折不改钢；
月缺魄易满，剑折铸复良。

　　　　　　　宋－梅尧臣《古意》

越山千重志不懈，征程万里勇如初。

　　　　　　　　　　　　　佚名

运到盛时须儆省，境至逆处要从容。

　　　　　　　　　　　　　佚名

Z

丈夫落魄纵无聊，壮志依然抑九霄，
非同泽柳新稊绿，偶受春风即折腰。

现代-徐特立诗句

执着

竹开霜后翠，梅动雪前香。

唐-虞世南《侍宴归燕堂》句

卓越的人一大优点是：在不利与艰难
的遭遇里百折不挠。

德国-贝多芬语

自古成功在尝试。

现代-胡适语

节 庆 致 意

B

白雪红梅增画意，青山绿水动诗情。

　　　　　　　　　　　佚名

爆竹一声除旧；春联万户更新。　佚名

C

春风瑞雪，盛世华年。　　　　佚名

春风舒冻柳，瑞雪兆丰年。　　佚名

春风桃李花开日。

　　　　唐－白居易《长恨歌》句

春和宜赏景，风正好扬帆。　　佚名

春回大地；福满人间。　　　　佚名

春回大地，千山竞秀；
日暖神州，万木争荣。　　　　佚名

春满人间

春染千江碧，梅燃万里红。　　佚名

春色不随流水去，花香时送好风来。

　　　　　　　　　　　佚名

春色九州催笔意，和风万里激诗情。

　　　　　　　　　　　佚名

春色满园关不住。

　　　　宋－叶绍翁《游园不值》句

D

大地千林翠，家园万象新。　　佚名

但愿人长久，千里共婵娟。

　　宋－苏轼《水调歌头·明月几时有》句

F

风和桃李秀，日暖山河春。　　佚名

风清月朗，海阔天空。

风移兰气入，春逐鸟声开。　　佚名

福寿康宁

福同海阔，寿与天齐。

H

海上生明月，天涯共此时。

　　　　唐－张九龄《望月怀远》句

寒雪梅中尽，春风柳上归。

　　　　唐－李白《宫中行乐词》句

和风吹绿柳，时雨润春苗。　　佚名

红花香千里，春风暖万家。　　佚名

花好月圆

花迎喜气皆知笑，鸟识欢心亦解歌。

唐－王维《既蒙宥罪,旋复拜官,伏感圣
恩,窃书鄙意兼奉简新除使君等诸公》句

惠风和畅。

晋－王羲之《兰亭集序》句

J

吉祥如意

九天萦瑞气，四野沐清风。　　　佚名

旧岁有枝皆硕果，新春无树不繁花。

佚名

L

朗月清风

良辰美景

绿杨烟外晓寒轻，红杏枝头春意闹。

宋－宋祁《玉楼春·春景》句

龙腾虎跃；燕舞莺歌。

乱花渐欲迷人眼。

唐－白居易《钱塘湖春行》句

M

梅绽香风远，柳摇春意浓。　　佚名

木欣欣以向荣，泉涓涓而始流。

晋－陶渊明《归去来兮辞》句

N

暖日熏杨柳，浓春醉海棠。

宋－陈与义《放慵》句

P

普天同乐

普天同庆

Q

千秋岁月千秋美，万里江山万里春。

佚名

乾坤祥瑞

清风迎盛世，旭日耀新春。　　佚名

晴云秋月

R

人逢喜事精神爽，月到中秋分外明。

明－冯梦龙《醒世恒言》句

人和政通千秋永，岁稔年丰百业兴。

佚名

日照三春暖，花开九州红。　　佚名

瑞彩祥云

S

山青水秀风光好，人寿年丰喜庆多。

佚名

赏心悦事，美景良辰。　　　佚名

神州织锦绣，华夏奏和谐。　　佚名

盛世清平乐，新春满庭芳。　　佚名

时雨润红桃千树，春风染绿柳万枝。

佚名

松苍柏翠，人寿年丰。　　佚名

T

天朗气清，惠风和畅。

晋－王羲之《兰亭集序》句

天上冰轮满；人间彩灯明。　　佚名

天增岁月人增寿，春满乾坤福满门。

佚名

添福增寿

W

万事亨通

万事如意

X

喜临教师门第，花驻园丁人家。

佚名

喜看春来六畜兴旺，
笑望秋后五谷丰登。　　佚名

祥云瑞彩

杏雨千山绿，春联万户红。　　佚名

幸福春常在，和谐人永安。　　佚名

学高为师，德高为范。　　佚名

学高为师，身正为范。　　佚名

雪里江山美，花间岁月新。　　佚名

Y

艳阳照大地，春色满人间。　　佚名

莺歌燕舞，普天同庆；
鸟语花香，大地皆春。　　佚名

莺歌燕舞日，花好月圆时。　　佚名

迎春纳福

有天皆丽日，无地不春风。　　佚名

云霞成异彩，杨柳动春风。　　佚名

Z

竹松添翠色；桃李绽新蕾。　　佚名

赞 颂 篇

祖国故乡情

A

爱国是文明人的首要美德。

　　　　　　法国－拿破仑语

爱我中华

C

赤子之心

　　　　战国－孟轲《孟子·离娄下》句

床前明月光，疑是地上霜。
举头望明月，低头思故乡。

　　　　　　唐－李白《静夜思》

春潮奔涌随龙舞，朝气升腾伴凤飞。

　　　　　　　　　　　佚名

此时故乡远，宁知游子心。

　　　　唐－王勃《深湾夜宿》句

此夜曲中闻折柳，何人不起故园情。

　　　唐－李白《春夜洛城闻笛》句

丛菊两地他日泪，孤舟一系故园心。

　　　　唐－杜甫《秋兴八首》句

D

大有作为新岁月，无边春色好江山。

　　　　　　　　　　　佚名

F

繁荣昌盛

繁荣富强

风景这边独好。

　　　　现代－毛泽东《清平乐·会昌》句

逢人渐觉乡音异，却恨莺声似故山。

　　　　唐－司空图《漫书五首》句

G

恭敬桑梓

孤客一身千里外，未知归日是何年。

　　　　唐－崔涂《望韩公堆》句

故乡今夜思千里，愁鬓明朝又一年。

　　　　　唐－高适《除夜作》句

故园东望路漫漫，双袖龙钟泪不干。
马上相逢无纸笔，凭君传语报平安。

　　　　　唐－岑参《逢入京使》

故园柳色催南客，春水桃花待北归。

　　唐－刘长卿《时平后春日思归》句

归梦如春水，悠悠绕故乡。

　　　　　唐－刘虚《句》句

国泰民安

国正天心顺，官清民自安。
　明－冯梦龙《警世通言·金令史美婢酬
秀童》句

H

海畔尖山似剑芒，秋来处处割愁肠。
若为化作身千亿，散上峰头望故乡。
　唐－柳宗元《与浩初上人同看山寄京
华亲故》

寒衣针线密，家信墨痕新。
　清－蒋士铨《岁暮到家》句

蝴蝶梦中家万里，杜鹃枝上月三更。
　唐－崔涂《春夕旅怀》句

华夏龙腾

还家万里梦，为客五更愁。
　唐－张谓《同王征君湘中有怀》句

J

羁鸟恋旧林，池鱼思故渊。
　晋－陶渊明《归园田居五首》句

家居绿水青山畔，人在春风和气中。
　佚名

江山如此多娇。
　现代－毛泽东《沁园春·雪》句

江山如画

江水三千里，家书十五行。

行行无别语，只道早还乡。
　明－袁凯《京师得家书》

锦天绣地

锦绣江山

锦绣中华

捐躯赴国难，视死忽如归。
　三国魏－曹植《白马篇》句

君自故乡来，应知故乡事，
来日绮窗前，寒梅著花未？
　唐－王维《杂诗三首》

K

科学没有国界，科学家有祖国。
　俄国－巴甫洛夫语

客里不知春去尽，满山风雨落桐花。
　宋－林表明《新昌道中》句

客似秋叶飞，飘飘不言归。
　唐－李白《拟古十二首》句

L

离别家乡岁月多，近来人事半消磨。
惟有门前镜湖水，春风不改旧时波。
　唐－贺知章《回乡偶书》之二

龙凤织文神州焕彩，
鲲鹏展翅华夏腾飞。　佚名

露从今夜白，月是故乡明。
　唐－杜甫《月夜忆舍弟》句

旅馆寒灯独不眠，客心何事转凄然？
故乡今夜思千里，霜鬓明朝又一年。

唐－高适《除夜》

旅馆无良伴，凝情自悄然。
寒灯思旧事，断雁警愁眠。
远梦归侵晓，家书到隔年。
沧江好烟月，门系钓鱼船。

唐－杜牧《旅宿》

洛阳城里见秋风，欲作家书意万重。
复恐匆匆说不尽，行人临发又开封。

唐－张籍《秋思》

M

梦绕边城月，心飞故国楼。

唐－李白《太原早秋》句

民风淳朴

民富国强

民康物阜

木性根土，人性根祖。

清－袁枚《龙昌府龙陵同知金公墓志
铭》句

N

南风吹归心，飞堕酒楼前。

唐－李白《寄东鲁二稚子》句

鸟近黄昏皆绕树，人当岁暮定思乡。

宋－崔岱齐《岁暮送戴衣闻还苕溪》句

P

凭添两行泪，寄向故园流。

唐－岑参《西过渭州见渭水思秦川》句

Q

千里作远客，五更思故乡，
寒鸦数声起，窗外月如霜。

清－沈受宏《客晓》

千秋岁月千秋美，万里江山万里春。

佚名

乔木展旧国之思，行云有故山之恋。

唐－刘禹锡《谢裴相公启》句

情系神州

秋至满山多秀色，春来无处不花香。

明－《增广贤文》句

劝君更尽一杯酒，西出阳关无故人。

唐－王维《送元二使安西》句

R

人归落雁后，思发在花前。

隋－薛道衡《人日思归》句

人情怀旧乡，客鸟思故林。

晋－王赞《杂诗》句

人作殊方语，莺为故国声。

唐－王维《晓行巴峡》句

日暮乡关何处是？烟波江上使人愁

唐－崔颢《黄鹤楼》句

若为化得身千亿，散上峰头望故乡。

　　　　唐－柳宗元《寄京华亲故》句

S

塞花飘客泪，边柳挂乡愁。

　　唐－岑参《武威春暮闻宇文判官西使

　　　　　　　　　　还已到晋昌》句

神州开圣宇，华夏沐尧天。　　　　佚名

神州织锦绣，华夏奏和谐。　　　　佚名

瘦马恋秋草，征人思故乡。

　　　　　唐－刘长卿《代边将有怀》句

树高千丈，落叶归根。　　　　　　谚语

谁家玉笛暗飞声，散入春风满洛城。
此夜曲中闻折柳，何人不起故园情。

　　　　唐－李白《春夜洛城闻笛》句

思归如汾水，无日不悠悠。

　　　　　　唐－李白《太原早秋》句

思旧故以想象兮，长太息而掩涕。

　　　　战国楚－屈原《楚辞·远游》句

T

他乡生白发，旧国见青山。

　　　唐－司空曙《贼平后送人北归》句

他乡有明月，千里照相思。

　　　　唐－李峤《送崔主簿赴沧州》句

天福中华

天下兴亡，匹夫有责。

　　　　　　清－顾炎武《正始》句

W

外地见花终寂寞，异乡闻乐更凄凉。

　　　　　　　唐－韦庄《思归》句

万里人南去，三春雁北飞，
不知何岁月，得与儿同归。

　　　　唐－韦承庆《南中咏雁诗》句

唯余故乡月，远近必随人。

　　　　南朝梁－朱超《舟中望月》句

位卑未敢忘忧国。

　　　　　宋－陆游《病起书怀》句

W

我唯一的遗憾是，我只有一个生命奉
献给祖国。

　　　　　　德国－黑格尔语

五湖四海皆春色，万水千山尽德辉。

　　　　　　　　　　佚名

物华天宝，人杰地灵。

　唐－王勃《秋日登洪府滕王阁饯别序》句

X

昔我往矣，杨柳依依；
今我来思，雨雪霏霏。

　　　　　《诗经·小雅·采薇》句

乡路眇天外，归期如梦中。

　　　　唐－岑参《安西馆中思长安》句

乡书何处达？归雁洛阳边。
　　　　唐－王湾《次北固山下》句

乡心正无限，一雁度南楼。
　　　　唐－赵瑕《寒塘》句

兴邦有策人民福，报国无私赤子心。
　　　　　　　　佚名

Y

一寸山河一寸金。
　　　　元－脱脱等《金史·左企弓传》句

一时今夕会，万里故乡情。
　唐－杜甫《季秋苏五弟缨江楼夜宴崔
　　十三评事韦少府侄三首》句

一枝何足贵，怜是故园春。
　　　　唐－张九龄《折杨柳》句

有情知望乡，谁能鬓不变？
　南朝齐－谢朓《晚登三山还望京邑》句

月是故乡明。
　　　　唐－杜甫《月夜忆舍弟》句

Z

早秋惊落叶，飘零似客心，
翻飞未肯下，犹言惜故林。
　　　　唐－孔绍安《落叶》

振兴中华

征夫怀远路，游子恋故乡。
　　　　　汉－苏武诗句

只解沙场为国死，何须马革裹尸还。
　　　　清－徐锡麟《出塞诗》句

中华崛起

祖国腾飞

祖国万岁

时 代 颂

A

安居乐业

B

罢不能，废无用，损不急之官，
塞私门之请。
　　　　西汉－刘向《战国策·秦策二》句

百废俱兴

百花齐放，推陈出新。　　　　佚名

百卉含英

百卉千葩

百家争鸣

包容

包容互鉴，合作共赢。

奔腾

别开生面

拨乱兴治

波澜壮阔

不足与荣耀齐飞　　　　佚名

C

姹紫嫣红

长风万里

长治久安

畅所欲言

超越

朝多君子，野无遗贤。
　　　　唐－姚思廉《陈书·武帝纪》句

潮平两岸阔，风正一帆悬。
　　　　唐－王湾《次北固山下》句

承前启后，继往开来。

崇尚道德

崇尚科学

除旧布新

创新

春潮奔涌随龙舞，朝气升腾伴凤飞。
　　　　　　　　佚名

春风得意花千树，政策归心福万家。
　　　　　　　　佚名

春风拂柳枝枝绿，雨露润花朵朵红。

佚名

春风桃李花开日。

唐－白居易《长恨歌》句

春风万里

春风无语暖人心。

佚名

春风杨柳万千条。

现代－毛泽东《七律二首·送瘟神》句

春和宜赏景，风正好扬帆。

佚名

春满人间

春色不随流水去，花香时送好风来。

佚名

春色九州催笔意，和风万里激诗情。

佚名

春色满园关不住。

宋－叶绍翁《游园不值》句

D

大道之行也，天下为公。

西汉－戴德《礼记·礼运》句

大有作为新岁月，无边春色好江山。

佚名

丹青绘盛世，翰墨颂辉煌。

佚名

道不拾遗，民不妄取。

西汉－刘向《战国策·秦策一》句

道之所在，天下归之。

周－吕望《六韬·文韬·文师》句

鼎新革故

汉－魏伯阳《君臣御政章第四》句

F

法必明，令必行。

战国－商鞅《商君书·画策》句

法不阿贵，绳不挠曲。

战国－韩非《韩非子·有度》句

法治

繁花似锦

风和桃李秀，日暖山河春。

佚名

风景这边独好。

现代－毛泽东《清平乐·会昌》句

风清气正

风清月朗，海阔天空。

风正好扬帆

富强、民主、文明、和谐，自由、平等、公正、法治，爱国、敬业、诚信、友善。

社会主义核心价值观

G

改过不吝，从善如流。
　　　　宋－苏轼《上皇帝书》句

高歌猛进

革故鼎新

公平正义

苟得其人，不患贫贱；
苟得其材，不嫌名迹。
　　　　汉－王符《潜夫论·本政》句

苟日新，日日新，又日新。
　　　　西汉－戴德《礼记·大学》句

官不私亲，法不遗爱。
　　　　战国赵－慎到《慎子·君臣》句

广开进贤之路，汇纳天下英才。

广开言路，博采众谋。
　　　　明－俞汝楫《礼部志略》句

广纳群贤，人尽其才。

广直言之路，开纳善之门。
　　　　唐－邢巨《应文辞雅丽科对策》句

国家繁荣昌盛，人民幸福安康。

国泰民安

国正天心顺，官清民自安。
　明－冯梦龙《警世通言·金令史美婢酬秀童》句

H

海阔随鱼跃，天高任鸟飞。　　　佚名

好借廉风舒画卷，常将正气壮诗情。
　　　　　　　　　　　　　　　佚名

和谐

和谐似锦心中织，幸福如花脸上开。
　　　　　　　　　　　　　　　佚名

河清海晏

红花香千里，春风暖万家。　　　佚名

红杏枝头春意闹。
　　　　宋－宋祁《玉楼春·春景》句

忽如一夜春风来，千树万树梨花开。
　　唐－岑参《白雪歌送武判官归京》句

虎啸龙吟

虎啸龙吟气势，松风竹韵精神。
　　　　　　　　　　　　　　　佚名

虎跃龙腾

花迎喜气皆知笑，鸟识欢心亦解歌。
　　唐－王维《既蒙宥罪，旋复拜官，伏感
　　圣恩，窃书鄙意兼奉简新除使君等诸
　　　　　　　　　　　　　　　公》句

惠风和畅
　　　　晋－王羲之《兰亭集序》句

J

激浊扬清，疾恶好善。
　　　　唐－吴兢《贞观政要·任贤》句

吉祥

继往开来

江山盛世春光里，日月新天画图中。
　　　　　　　　　　　　　　　佚名

讲文明，讲礼貌，讲卫生，将秩序，
讲道德。
　　　当代－"五讲四美"之"五讲"

教化可以美风俗。
　　　宋－王安石《明州慈溪县学记》句

锦天绣地

尽忠益时者虽仇必赏，
犯法怠慢者虽亲必罚。
　西晋－陈寿《三国志·蜀书·诸葛亮传》句

精彩纷呈

敬贤如大宾，爱民如赤子。
　　　　汉－班固《汉书·路温舒传》句

九天萦瑞气，四野沐清风。　　佚名

举贤任能

君子善能拔士故无弃人，
良将善能运斤故无弃材。
　　　　北齐－刘昼《刘子·适才》句

K

开敢谏之路，纳逆己之言。
　　　　晋－傅玄《傅子·通志》句

开天下之口，广箴谏之路。
　　　汉－路温舒《尚德缓刑书》句

开拓创新

科学发展

科学民主

匡风正气培净土。　　　　　　佚名

L

老有所终，壮有所用，幼幼所长，矜
寡孤独废疾者皆有所养。
　　　西汉－戴德《礼记·礼运》句

乐在其中

礼及身而行修，义及国而政明。
　　　　战国－荀况《荀子·致士》句

令行禁止。
　　　　战国－荀况《荀子·议兵》句

令在必信，法在必行。
　宋－欧阳修《司门员外郎李公谨等磨
　　　　　　　　　　　　勘改官制》句

龙凤织文神州焕彩，
鲲鹏展翅华夏腾飞。　　　　　佚名

龙腾虎跃

龙腾虎跃，燕舞莺歌。　　　　佚名

龙吟虎啸

绿杨烟外晓寒轻，红杏枝头春意闹。
　　　　宋－宋祁《玉楼春·春景》句

乱花渐欲迷人眼。
　　　　唐－白居易《钱塘湖春行》句

M

满园春色

妙不可尽之于言，事不可穷之于笔。
　　　　晋－郭璞《江赋》句

民和年稔

民康物阜

民力尽而爵随之，功立而赏随之。
　　　　战国－商鞅《商君书·错法》句

民俗转淳邦有道，世风趋正国无忧。
　　　　佚名

民殷国富

明法制，去私恩，令必行，禁必止。
　　　　战国－韩非《韩非子·饰邪》句

明君在上，下多直辞；
君上好善，民无讳言。
　　　　春秋－晏婴《晏子春秋·内篇杂上》句

P

破旧立新

普奏华章

Q

气象万千

千秋岁月千秋美，万里江山万里春。
　　　　佚名

清风迎盛世，旭日耀新春。　　　佚名

清平政治，朗朗乾坤。

清正清廉清明

庆赏以劝善，刑罚以惩恶。
　　　　汉－贾谊《治安策》句

求真务实

驱天下之人而尽用之；仁者使效其
仁，勇者使效其勇，智者使效其智，
力者使效其力。
　　　　宋－苏辙《栾城应召集·君术》句

群芳争艳，人才辈出。

R

人和政通千秋永，岁稔年丰百业兴。
　　　　佚名

人尽其才，才尽其用。

人心所归

仁风春日照，德泽福星明。　　佚名

日新月异

日照三春暖，花开九州红。　　佚名

如花似锦

如诗如画

S

山青水秀风光好，人寿年丰喜庆多。
　　　　　　　　　　　　　　佚名

尚德

神州开圣宇，华夏沐尧天。　　佚名

神州争飞跃，英雄勇攀登。　　佚名

神州织锦绣，华夏奏和谐。　　佚名

盛世昌运

盛世清平乐，新春满庭芳。　　佚名

十分春色，万里鹏程。　　　　佚名

时和气清，红酣绿醉。　　　　佚名

时和岁稔

时雨润红桃千树，春风染绿柳万枝。
　　　　　　　　　　　　　　佚名

守正创新

数风流人物，还看今朝。
　　　　现代－毛泽东《沁园春·雪》句

顺天应人

舜日尧天

舜日尧天万民增福泽，
和风甘雨四海沐春晖。　　　　佚名

四海升平

四时花似锦，万众面皆春。　　佚名

似画风光常醉我，如诗岁月总开心。
　　　　　　　　　　　　　　佚名

所憎者，有功必赏；
所爱者，有罪必罚。
　　　　周－吕望《六韬-盈虚》句

T

太平盛世

腾飞

天朗气清，惠风和畅。
　　　　晋－王羲之《兰亭集序》句

天下归心

天下敬职，万邦以宁。
　　　　汉－马融《忠经·观风》句

天下为公
　　　　西汉－戴德《礼记·礼运》句

59

天下有道，则庶人不议。
　　春秋－孔子门人《论语·季氏》句

W

外举不弃仇，内举不失亲。
　　周－左丘明《左传·襄公二十一年》句

万管玉箫歌盛世，千支神笔赞新风。
　　　　　　　　　　　　　　佚名

万马奔腾

万象更新

万紫千红总是春。
　　　　　　宋－朱熹《春日》句

王道得，贤才遂，百姓治。
　　春秋－管仲《管子·君臣上》句

王子犯法，庶民同罪。
　　清－夏敬渠《野叟曝言》六十七回句

唯才是举
　　西晋－陈寿《三国志·魏书·武帝纪》句

我劝天公重抖擞，不拘一格降人才。
　　　　清－龚自珍《己亥杂诗》句

无功不赏，无罪不罚。
　　　　战国－荀况《荀子·王制》句

无故无新，唯贤是亲。
　　汉－刘安《淮南子·主术训》句

无幽不烛

五谷丰登

五湖四海皆春色，万水千山尽德辉。
　　　　　　　　　　　　　　佚名

物阜民安

物尽其用，人尽其才。　　　　佚名

X

洗绿轻梳柳，滴红细润颜。
尘埃一扫尽，清气满人间。
　　　　　　当代－马凯《沐雨》

下顺民心，上合天意。
　　北宋－司马光《资治通鉴·汉纪三十》句

祥和

小康圆梦家家乐，大地同春处处歌。
　　　　　　　　　　　　　　佚名

心灵美，语言美，行为美，环境美。
　　　　当代－"五讲四美"之"四美"

欣欣向荣

信仰法律，崇尚道德。　　　　佚名

兴利除弊

刑过不避大臣，赏善不遗匹夫。
　　　　战国－韩非《韩非子·有度》句

幸福春常在，和谐人永安。　　佚名

选天下之才，任天下之事。
　　清－王夫之《读通鉴论·二十二》句

学有所教，劳有所得，病有所医，老有所养，住有所居。

Y

艳阳照大地，春色满人间。　　佚名

以道为常，以法为本。
　　战国－韩非《韩非子·饰邪》句

以热爱祖国为荣，以危害祖国为耻；
以服务人民为荣，以背离人民为耻；
以崇尚科学为荣，以愚昧无知为耻；
以辛勤劳动为荣，以好逸恶劳为耻；
以团结互助为荣，以损人利己为耻；
以诚实守信为荣，以见利忘义为耻；
以遵纪守法为荣，以违法乱纪为耻；
以艰苦奋斗为荣，以骄奢淫逸为耻。
　　当代－胡锦涛《牢固树立社会主义荣辱观》句

以人为本。
　　唐－陆贽《均节赋税恤百姓第一》句

艺苑繁花沐春雨，文坛异彩赖新秀。
　　　　佚名

因民之利而导之，顺民之意而通之。
　　清－王韬《上当路论时务书》句

吟竹诗含翠，画梅笔带香。　　佚名

有天皆丽日，无地不春风。　　佚名

与时俱进

雨润山野碧，风和湖海平。　　佚名

月圆花好，凤舞龙飞。　　佚名

云霞成异彩，杨柳动春风。　　佚名

Z

朝气蓬勃

真诚倾听群众呼声，真实反映群众愿望，真情关心群众疾苦，真心保障群众权益。
　　　　佚名

真理，正义，人道，自由，平等，博爱，进步，和平，幸福。　　佚名

真善美

政通人和。
　　宋－范仲淹《岳阳楼记》句

知民情，解民忧，暖民心。
　　当代－胡锦涛《在中国共产党成立90周年大会上的讲话》句

中华崛起

周公吐哺，天下归心。
　　三国魏－曹操《短歌行》句

壮丽山河迎晓日，风流人物数中华。

佚名

追求卓越

尊贤任能，信忠纳谏。

汉－王符《潜夫论·思贤》句

尊重差异，包容多样。　　　佚名

尊重劳动，尊重知识，
尊重人才，尊重创造。

当代－胡锦涛《在中国共产党成立90
周年大会上的讲话》句

座上清茶依旧，国家景象常新。

现代－胡耀邦联语

赞 人 品

A

爱憎分明

安贫乐道

安危不贰其志，险易不革其心。
　　　　唐－魏徵《群书治要·昌言》句

傲骨豪气

B

白头如新，倾盖如故。
　　　　汉－班固《汉书·邹阳传》句

白玉不雕，美珠不文。
　　　　汉－刘安《淮南子·说林训》句

板凳要坐十年冷，文章不写一句空。
　　　　现代－范文澜语

半辈光阴人未老，一生坎坷志弥坚。
　　　　　　　　　　佚名

饱学之士

抱诚守真

抱朴

卑己而尊人，小心而畏义。
　　　　西汉－戴德《礼记·表记》句

笔底诗联能益世，胸中肺腑敢容天。
　　　　　　　　　　佚名

遍野无声长，悬崖有隙生。
雪压根不死，春到绿乾坤。
　　　　　当代－马凯《劲草》

冰壶玉尺，纤尘不染。
　　　　明－宋濂《元史·黄溍传》句

冰魂雪魄

冰清玉洁

冰雪林中著此身，不同桃李混芳尘。
　　　　　元－王冕《白梅》句

秉德无私
　　　　战国－庄周《庄子》句

博学多才

博学而不穷，笃行而不倦。
　　　　西汉－戴德《礼记·儒行》句

不背俗以骄逸，不趋时以沽名。
　　　唐－白居易《陈中师除太常少卿制》句

不惑时尚

不矜威益重，无私功自高。
　　　　　　　　现代－赵朴初联语

不愧于人，不畏于天。
《诗经·小雅·何人斯》句

不媚时俗

不俗即仙骨，多情乃佛心。　　佚名

不为积习蔽，不为时尚惑。　　佚名

不为穷变节，不为贱易志。
汉－桓宽《盐铁论·地广》句

不为五斗米折腰。
唐房玄龄等《晋书·陶潜传》句

不向炎凉逐世情。
宋－曾巩《刁景纯挽歌词》句

不要人夸颜色好，只留清气满乾坤。
元－王冕《墨梅》句

不以物喜，不以己悲。
宋－范仲淹《岳阳楼记》句

不诱于誉，不恐于诽。
战国－荀况《荀子·非十二子》句

布衣本色

C

才高行洁

才华横溢

才貌双全

残月色不改，高贤德常新。
唐－孟郊《章仇将军弃功守贫》句

草木秋死，松柏独在。
汉－刘向《说苑·说丛》句

超凡脱俗

赤诚

赤胆忠心

赤子之心
战国－孟轲《孟子·离娄下》句

充海阔天高之量，养先忧后乐之心。
佚名

崇高

宠辱不惊

宠辱不惊，闲看庭前花开花落；
去留无意，漫随天外云卷云舒。
明－洪应明《菜根谭》句

出淤泥而不染，濯清涟而不妖。
宋－周敦颐《爱莲说》句

春蚕到死丝方尽，蜡炬成灰泪始干。
唐－李商隐《无题》句

春风大雅能容物，秋水文章不染尘。
清－邓石如联语

此马非凡马，房星本是星。

向前敲瘦骨，犹自带铜声。
          唐－李贺《马诗》之一

从容入世，清淡出尘。   佚名

从善如流。
          宋－苏轼《上皇帝书》句

D

大慧若痴

大家风范

大朴不雕

大巧若拙
     春秋－老聃《老子》第四十五章句

大雪压青松，青松挺且直。
要知松高洁，待到雪化时。
     现代－陈毅《冬夜杂咏－青松》

大勇若怯。
     宋－苏轼《贺欧阳少师致仕启》句

大智若愚。
     宋－苏轼《贺欧阳少师致仕启》句

但得众生皆得饱，不辞羸病卧残阳
          宋－李钢《病牛》句

淡如秋菊何妨瘦，清到梅花不畏寒。
          佚名

但伤民病痛，不识时忌讳。
     唐－白居易《伤唐衢二首》句

但愿苍生俱饱暖，不辞辛苦出山林。
          明－于谦《咏煤炭》句

但愿人皆健，何妨我独贫。   佚名

当仁不让，见义勇为。   佚名

德才兼备

德高望重

德馨

德馨品高

德艺双馨

典范

栋梁

都无做官意，唯有读书声。
          现代－蔡元培联语

笃信好学
     春秋－孔子门人《论语·泰伯》句

多才之士才储八斗，
博学之儒富五车。
     清－程允升《幼学琼林·文事》句

E

恶绝于心，仁形于色。
     唐－韩愈《郓州溪堂诗序》句

F

发前人所未能发，言腐儒所不敢言。
现代－郭沫若撰王国维故居联

发已千茎白，心犹一寸丹。
宋－汪元量《杭州杂诗和林石田》句

非求宫律高，不务文字奇，
唯歌生民病，愿为天子知。
唐－白居易《寄唐生》句

粉身碎骨浑不怕，要留清白在人间。
明－于谦《石灰吟》句

风流儒雅

风流潇洒

风清尘不染，磊落德常存。 佚名

风雨送春归，飞雪迎春到。已是悬崖
百丈冰，犹有花枝俏。俏也不争春，
只把春来报。待到山花烂漫时，她在
丛中笑。
现代－毛泽东《卜算子·咏梅》

奉献

俯首甘为孺子牛。
现代－鲁迅《自嘲》句

富贵不能淫，贫贱不能移，
威武不能屈。
春秋－孟轲《孟子·滕文公下》句

腹有诗书气自华。
宋－苏轼《和董传留别》句

G

改过不吝，从善如流。
宋－苏轼《上皇帝书》句

肝胆照人如雪色，文章掷地作金声。
佚名

敢为人先

敢自嘲者真名士。 佚名

刚直不阿

高才大德

高风亮节

高峰入云，清流见底。
南朝梁－陶弘景《答谢中书书》句

高洁

高尚

高雅

公正无私
汉－刘安《淮南子·脩务训》句

功成不居

功高不泯忠贞志，位显更坚公仆心。
佚名

苟利国家生死以，岂因祸福避趋之。
　　清－林则徐《赴戍登程口占示家人》句

古风犹存

故旧不遗。
　　　　春秋－孔子门人《论语·泰伯》句

光明磊落

贵不易交

贵人而贱己，先人而后己。
　　　　西汉－戴德《礼记·坊记》句

H

海纳百川，有容乃大，
壁立千仞，无欲则刚。
　　　　　　　清－林则徐联语

好善嫉恶

好善乐施

好学而不厌，好教而不倦。
　　　秦－吕不韦《吕氏春秋·尊师》句

和而不流。
　　　　西汉－戴德《礼记·中庸》句

和而不同。
　　　春秋－孔子门人《论语·子路》句

和光同尘

和若春风

横眉冷对千夫指，俯首甘为孺子牛。
　　　　　　现代－鲁迅《自嘲》句

鸿儒巨擘

虎瘦雄心在，人贫志气存。
　　　　　　元－万松老人《从容录》句

虎啸龙吟气势，松风竹韵精神。　佚名

怀德

怀真抱素

蕙心兰质

浑金璞玉

豁达

J

激浊扬清，疾恶好善。
　　　唐－吴兢《贞观政要·任贤》句

急公好义

坚毅

坚贞不渝

见德思齐

见善必行，闻过必改。
　　　明－钱琦《钱公良测语上·徭庚》句

见善思齐
　　唐－吴兢《贞观政要·教诫太子诸王》句

见善思齐，见恶内省。　　　　　　佚名

见贤思齐
　　春秋－孔子门人《论语·里仁》句

贱货贵德

江山代有人才出，各领风骚数百年。
　　　　　清－赵翼《论诗绝句》句

交不为利，仕不谋禄。
　　　　三国魏－嵇康《卜疑集》句

交不遗旧，言不崇华。　　　　　　佚名

洁己爱人

襟怀坦白

锦心绣口。
　　　　　唐－柳宗元《乞巧文》句

近智近仁近勇，立德立言立功。　佚名

进不求名，退不避罪。
　　　春秋－孙武《孙子兵法·地形篇》句

进不失廉，退不失行。
　　　春秋－晏婴《晏子春秋·内篇问上》句

精金美玉

镜破不改光，兰死不改香。

始知君子心，交久道益彰。
　　　　　唐－孟郊《赠别崔纯亮》句

居处恭，执事敬，与人忠。
　　　　春秋－孔子门人《论语·子路》句

居身不使白玉玷，立志宜与青云齐。
　　　　　　近代－华世奎联语

菊残犹有傲霜枝。
　　　　　宋－苏轼《赠刘景文》句

捐躯赴国难，视死忽如归。
　　　　　三国魏－曹植《白马篇》句

绝顶人来少，高松鹤不群。
　　　　　唐－贾岛《宿山寺》句

君子固穷
　　春秋－孔子门人《论语·卫灵公》句

K

开心才见胆，破腹任人钻，
腹中天地阔，常有渡人船。
　　　　　现代－朱德诗句

楷模

看得透想得开，拿得起放得下，
立得正行得直。　　　　　　　　佚名

可使寸寸折，不能绕指柔。
　　　　　唐－白居易《李都尉古剑》句

克己奉公

宽厚包容

宽厚待人，严格律己，
知足常乐，不攀不比。　　　佚名

L

兰心蕙性

兰薰桂馥

兰幽香风远，松寒不改容。
　唐－李白《于五松山赠南陵常赞府》句

老当益壮，宁移白首之心？
穷且益坚，不坠青云之志。
　　　　　唐－王勃《滕王阁序》句

老当益壮雄心未已，
晚节坚贞斗志弥坚。　　　　佚名

老骥伏枥，志在千里。
烈士暮年，壮心不已。
　三国魏－曹操《步出夏门行·龟虽寿》句

老牛力尽丹心在，志士年衰赤胆悬。
　　　　　　　　　　　　　佚名

立德齐今古，藏书教子孙。　佚名

立己达人

立身不忘做人之本，为政不移公仆之
心，用权不谋一己之私。
　当代－胡锦涛《在中国共产党成立90
　　　　　　周年大会上的讲话》句

立身有高节，满卷多好诗。
　　　　　唐－顾况《哭从兄苌》句

利居人后，责在人先。
　　　　　唐－韩愈《送穷文》句

廉洁自律心无病，务实求真业有成。
　　　　　　　　　　　　　佚名

廉洁奉公

廉正

良师益友

两鬓多年作雪，寸心至死如丹。
　　　　　宋－陆游《感事六言》句

两袖清风

两袖清风方能凛然正气，
一心为公自会宠辱不惊。　　佚名

零落成泥碾作尘，
只有香如故。
　　　　　宋－陆游《卜算子·咏梅》句

留取声名万古香。
　　　　　宋－文天祥《沁园春》句

留取丹心照汗青
　　　　　宋－文天祥《过零丁洋》句

留正气给天地，遗清名于乾坤。
　　　　　　　　　　　　　佚名

M

梅碾香犹在，丹磨赤自存。
石焚洁似雪，玉碎质还真。
　　　　　当代 - 马凯《气节赞》

魅力四射

门如市，心如水。
　　　　　明 - 何良俊《语林·言语》句

面含慈悲，心存智慧。　　　　佚名

名利淡如水，事业重如山。　　佚名

名应不朽轻仙骨，理到忘机近佛心。
　　　　　唐 - 司空图《山中》句

N

内方外圆

内怀冰清，外涵玉润。
　　　　　唐 - 姚崇《冰壶诫序》句

乃冰其清乃玉其洁，
如山之寿如松之青。　　　　　佚名

乃文乃武乃寿，如竹如梅如松。　佚名

能白更兼黄，无人亦自芳。
寸心原不大，容得许多香。
　　　　　明 - 张羽《咏兰花》

能去能就，能柔能刚，
能进能退，能弱能强。
　　　　　明 - 罗贯中《三国演义》第一百回句

宁静淡泊

宁可抱香枝上老，不随黄叶舞秋风。
　　　　　宋 - 朱淑真《黄花》句

宁可清贫自乐，不作浊富多忧。
　　　　　宋 - 道原《景德传灯录》句

宁人负我，无我负人。
　　　　　唐 - 房玄龄等《晋书·沮渠蒙逊载记》句

宁为宇宙闲吟客，怕作乾坤窃禄人。
　　　　　唐 - 杜荀鹤《自叙》句

宁为玉碎，不为瓦全。
　　　　　唐 - 李百药《北齐书·安景元传》句

P

贫而无谄，富而无骄。
　　　　　春秋 - 孔子门人《论语·宪问》句

贫贱不移，宠辱不惊。　　　　佚名

品高德厚

品学兼优

平凡孕育伟大，淡然彰显崇高。
　　　　　　　　　　佚名

Q

七星降人间，仙姿实可攀。
久居高要地，仍是发冲冠。
开心才见胆，破腹任人钻。
腹中天地广，常有渡人船。
　　　　　现代 - 朱德《游七星岩》

千锤万凿出深山，烈火焚烧若等闲。
粉身碎骨浑不怕，要留清白在人间。

明－于谦《石灰吟》

谦和好礼

乾坤容我静，名利任人忙。

清－苏曼殊联语

勤廉正俭　　　　　　　　　　　佚名

勤谦敬恕

清风劲节

清风明月

清气如兰，虚怀若竹。

清慎勤明

清水出芙蓉，天然去雕饰。
唐－李白《经乱离后天恩流夜郎忆旧游
　　　书怀赠江夏韦太守良宰》句

穷不失义，达不离道。

战国－孟轲《孟子·尽心上》句

穷不忘操，贵不忘道。

唐－皮日休《六箴序》句

穷不忘道，老而能学。

宋－苏轼《黄州上文潞公书》句

穷达尽为身外事，升沉不改故人情。

佚名

穷且益坚，不坠青云之志。

唐－王勃《滕王阁序》句

穷则独善其身，达则兼济天下。

战国－孟轲《孟子·尽心上》句

取静于山寄情于水，
虚怀若竹清气若兰。　　　　　佚名

R

人品若山极崇峻，情怀与水同清幽。

佚名

仁义为友，道德为师。

清－史襄哉《中华谚海》句

仁者爱人。

战国－孟轲《孟子·离娄上》句

仁者无敌。

战国－孟轲《孟子·梁惠王上》句

认真做事，严肃做人。　　　　佚名

日月经天，江河行地。

南朝宋－范晔《后汉书·冯衍传》句

孺子牛

S

三思知进退，一笑对乾坤。　　佚名

上交不谄，下交不渎。

周－《周易·系辞下》句

少无适俗韵，性本爱丘山。
　　　晋-陶渊明《归园田居五首》句

身当浊世，自处清流。
　　　明-吕坤《呻吟语·品藻》句

身无半亩心忧天下，
读破万卷神交古人。
　　　清-左宗棠联语

诗从肺腑出，心与水月清。　　佚名

诗无入俗句，胸有济世心。　　佚名

石可破也，不可夺其坚；
丹可磨也，不可夺其赤。
　　　秦-吕不韦《吕氏春秋·诚廉》句

实言，实行，实心。
　　　明-吕坤《呻吟语·诚实》句

事理通达，心气和平。　　佚名

事能知足心常惬，人到无求品自高。
　　　明-洪应明《菜根谭》句

书读今古，学贯中西。　　佚名

疏财重义

水唯善下能成海，山不争高自及天。
　　　　　佚名

松柏本孤直，难为桃李颜。
　　　唐-李白《古风五十九首》句

松柏老而键，芝兰清且香。　　佚名

素甘淡泊心常泰，曾履忧危体愈坚。
　　　现代-启功联语

素心常耐冷，晚节本无瑕。
　　　清-许廷锣《白菊》句

素心若雪

岁寒才知松柏茂，隆冬方显傲霜梅。
　　　　　佚名

岁老根弥壮，阳骄叶更阴。
　　　宋-王安石＜孤桐》句

泰而不骄。
　　　春秋-孔子门人《论语·子路》句

潭深波浪静，学广语声低。　　佚名
天质自森森，孤高几百寻。
凌霄不屈己，得地本虚心。
岁老根弥壮，阳骄叶更阴。
明时思解愠，愿斫五弦琴。
　　　宋-王安石《孤桐》

T

铁骨柔肠

铁肩担道义，妙手著文章。
　　　现代-李大钊联语

铁面无私

通古博今

童心未泯

推诚而不欺，守信而不疑。
　　　　　　宋－林逋《省心录》句

吞纳山川之气，俯仰古今之怀。
　　　　　　宋－叶梦得《石林诗话》句

W

外柔内刚

为草当作兰，为木当作松。
兰幽香风远，松寒不改容。
　宋－李白《于五松山赠南陵常赞府》句

为官唯廉，从政唯勤。
处事唯公，做人唯实。　　　佚名

为人民服务一腔热血，
替群众理财两袖清风。　　　佚名

为人师表

为天地立心，为生民立命。
为往圣继绝学，为万世开太平。
　　　　宋－张载《张子全书》卷十四句

唯大英雄能本色，是真名士自风流。
　　　　　　明－洪应明《菜根谭》句

未出土前先有节，凌云高处仍虚心。
　现代－肖劲光为贺晋年《将军竹》画册
　　　　　　　　　　　　题诗句

位卑未敢忘忧国。
　　　　　　宋－陆游《病起书怀》句

位卑未泯济民志，权重不移公仆心。　佚名

温良恭俭让。
　　　　春秋－孔子门人《论语·学而》句

闻过即改，从谏如流。
　　　　唐－吴兢《贞观政要·灾详》句

闻过则喜，嫉恶如仇。　　　佚名

闻过则喜，闻善则拜。
　　　战国－孟轲《孟子·公孙丑上》句

闻誉恐，闻过欣。
　　　　　　　　　《弟子规》句

我自横刀向天笑，去留肝胆两昆仑。
　　　　　　清－谭嗣同《狱中题壁》句

无私无畏处事，有情有义待人。佚名

无私者无畏。　　　　　　　佚名

无瑕堪比玉，有态欲羞花。　　佚名

无瑕人品清于玉，不俗文章淡似仙。
　　　　　　　　清－陈希曾联语

物贵天然，人贵自然。　　　佚名

X

侠肝义胆

仙风道骨

73

先天下之忧而忧，后天下之乐而乐。

宋－范仲淹《岳阳楼记》句

闲云野鹤

显贵浮云去，虚名逐浪沉。
淡泊心守静，抱璞我归真。

当代－马凯《淡泊人生》

心底无私天地宽。

现代－陶铸诗句

心若怀冰

心随朗月高，志与秋霜洁。

唐－李世民《经破薛举战地》句

心同野鹤与尘远，诗似冰壶见底清。

唐－韦应物《赠王信御》句

兴邦有策人民福，报国无私赤子心。

佚名

行不苟合

行军万里身犹健？历尽千艰胆未寒。
可有尘瑕须佛试，敞开心肺给人看。

现代—谢觉哉《在解放军总医院透视
戏占》

行为心灵双美好，才华事业两风流。

佚名

胸中有灼见，眼底辨秋毫。　　　佚名

虚怀若谷

虚心高节

虚心效竹节，人品似兰馨。　　　佚名

学而不厌，诲人不倦。

春秋－孔子门人《论语·述而》句

学富五车

学高为师，德高为范。　　　　　佚名

学高为师，身正为范。　　　　　佚名
学为人师，行为世范。

现代－启功题写北京师范大学校训

Y

严以律己，宽以待人。

言不苟出，行不苟为。

汉－刘安《淮南子·主术训》句

言不过辞，行不过则。

西汉－戴德《礼记·哀公问》句

言不过行，行不过道。

西汉－戴德《礼记·文王官人》句

言行一致

言忠信，行笃敬。

春秋－孔子门人《论语·卫灵公》句

养天地正气，法古今完人。

现代－孙中山手书联语

咬定青山不放松，立身原在破崖中。

千磨万击还坚劲,任尔东南西北风。
　　　　　　清－郑燮《竹石》

一尘不染

一代风流

一代楷模

一颗心似火,三寸笔如枪,
流言真笑料,豪气自文章。
　　　　　　现代－郭小川诗句

一片冰心在玉壶
　　　唐－王昌龄《芙蓉楼送辛渐》句

一身正气,两袖清风。　　　　　佚名

以天下为己任

义薄云天

驿外断桥边,寂寞开无主。
已是黄昏独自愁,更著风和雨。
无意苦争春,一任群芳妒。
零落成泥碾作尘,只有香如故。
　　　　宋－陆游《卜算子·咏梅》句

游与邪分歧,居与正为邻。
　　　　　唐－白居易《续座右铭》句

有德名声远,无私威望高。　　佚名

有公德乃大,无私品自高。　　佚名

有容德乃大,无求品自高。
　　　　　　清－林则徐联语

有容乃大,无欲则刚。　　清－林则徐联语
有志肝胆壮,无私天地宽。　　佚名

与道为际,与德为邻。
　　　汉－刘安《淮南子·精神训》句

玉洁冰清

云山风度,松柏精神。　　　　　佚名

Z

责在人先,利居众后。
　　　　　　现代－黄炎培语

增之一分则太长,减之一分则太短;
著粉则太白,施朱则太赤。
　　　战国楚－宋玉《登徒子好色赋》句

赠必固辞,求无不应。
　　　　唐－韩愈《祭裴太常文》句

丈夫落魄纵无聊,壮志依然抑九霄。
非同泽柳新稊绿,偶受春风即折腰。
　　　　　　现代－徐特立《言立》

真善美

真心凌晚桂,劲节掩寒松。
　　　　　唐－骆宾王《浮槎》句

芝兰君子性,松柏古人心。　　佚名

芝兰生于深林,不以无人而不芬。
　　　　　《孔子家语·在厄》句

知者虚怀如水静，高人清品与山齐。
　　　　　　　　　　　　佚名

至宝有本性，精刚无与俦。
可使寸寸折，不能绕指柔。
　　唐－白居易《李都尉古剑》句

至廉而威
　汉－董仲舒《春秋繁露·五行相生》句

至善至美

志强智达

志于道，据于德，依于仁，游于艺。
　　春秋－孔子门人《论语·述而》句

质朴无华

智圆行方

忠诚

忠诚牛品格，奋勇虎精神。　佚名

忠信

竹梅品格，龙马精神。　　　佚名

助人为乐

著书岂在求名利，提笔总为益世人。
　　　　　　　　　　　　佚名

壮志怀远略。
　　唐－李白《送张秀才从军》句

卓尔不群

做人德为本，当官清为上。　佚名

做人一身正气，为官纤尘不染。　佚名

赞 美 德

A

爱岗敬业

爱国敬民

爱国是文明人的首要美德。
法国－拿破仑语

安贫乐道

B

白圭玷可灭，黄金诺不轻。
唐－陈子昂《座右铭》句

包容

抱诚守真

报恩忘怨

表里如一

冰壶玉尺，纤尘不染。
明－宋濂《元史·黄溍传》句

冰清玉洁

秉德无私
战国－庄周《庄子》句

博爱

不为穷变节，不为贱易志。
汉－桓宽《盐铁论·地广》句

不向炎凉逐世情。
宋－曾巩《刁景纯挽歌词》句

布衣本色

C

恻隐之心，仁之端也；
羞恶之心，义之端也；
辞让之心，礼之端也；
是非之心，智之端也。
战国－孟轲《孟子·公孙丑上》句

常思反哺之义，常怀感恩之心。 佚名

成仁取义

成人之美
春秋—孔子门人《论语·颜渊》句

诚信

出淤泥而不染，濯清涟而不妖。
宋－周敦颐《爱莲说》句

处世无奇唯忠唯恕，
治家有道克勤克俭。　　　佚名

传家有道惟存厚，处世无奇但率真。
清－胡雪岩故居楹联

77

纯真

淳朴

D

丹青不知老将至，富贵于我如浮云。
　　　　唐－杜甫《丹青引赠曹将军霸》句

但愿人皆健，何妨我独贫。　　　　佚名

淡泊名利

当仁不让，见义勇为。　　　　佚名

道德和才艺是远胜于富贵的资产。
　　　　　　　英国－莎士比亚语

德不孤，必有邻。
　　　春秋－孔子门人《论语·里仁》句

德馨

德者，本也；财者，末也。
　　　　西汉－戴德《礼记·大学》句

德者事业之基。
　　　　明－洪应明《菜根谭》句

F

粉身碎骨浑不怕，要留清白在人间。
　　　　　明－于谦《石灰吟》句

风清尘不染，磊落德常存。　　　　佚名

奉献

俯首甘为孺子牛。
　　　　　　现代－鲁迅《自嘲》句

富贵不能淫，贫贱不能移，
威武不能屈。
　　　春秋－孟轲《孟子·滕文公下》句

富润屋，德润身。
　　　　西汉－戴德《礼记·大学》句

G

改过不吝，从善如流。
　　　　　宋－苏轼《上皇帝书》句

高峰入云，清流见底。
　　南朝梁－陶弘景《答谢中书书》句

高尚

公正无私。
　　　　汉－刘安《淮南子·脩务训》句

功成不居

功高不泯忠贞志，位显更坚公仆心。
　　　　　　　　　　　　佚名

古风犹存

故旧不遗
　　　春秋－孔子门人《论语·泰伯》句

光明磊落

归真返璞，则终身不辱。
　　　　西汉－刘向《战国策·齐策》句

贵不易交

贵人而贱己，先人而后己。
　　　　西汉－戴德《礼记·坊记》句

果欲结金兰，但看松柏林。
经霜不坠地，岁寒无异心。
　　　　南朝－乐府古辞《子夜四时歌》

H

海纳百川，有容乃大，
壁立千仞，无欲则刚。
　　　　　　　清－林则徐联语

何以报知音，永存坚与贞。
　　　　唐－孟郊《答郭郎中》句

厚德载物
　　　　　周－《易经·坤卦》句

J

积善成德

己所不欲勿施于人。
　春秋－孔子门人《论语·卫灵公》句

己欲立而立人，己欲达而达人。
　春秋－孔子门人《论语·雍也》句

济苦怜贫

坚忍不拔

坚毅

坚贞不渝

艰苦朴素

俭，德之共也；侈，恶之大也。
　周－左丘明《左传·庄公二十四年》句

俭以养德

俭以养廉
　　　　清－金兰生《格言联璧·从政》句

见德思齐

见利思义

见善必行，闻过必改。
　　　明－钱琦《钱公良测语上·徭庚》句

见善思齐
　唐－吴兢《贞观政要·教诫太子诸王》句

见善思齐，见恶内省。　　　　佚名

见贤思齐
　　春秋－孔子门人《论语·里仁》句

见义勇为

讲文明，讲礼貌，讲卫生，将秩序，
讲道德。
　　　　　当代－"五讲四美"之"五讲"

交不遗旧，言不崇华。　　　　佚名

洁己爱人

襟怀坦白

敬老慈幼

敬老怜贫

敬老尊贤

敬业

居处恭，执事敬，与人忠。
　　　春秋－孔子门人《论语·子路》句

鞠躬尽瘁，死而后已。
　　　三国蜀－诸葛亮《后出师表》句

菊残犹有傲霜枝。
　　　宋－苏轼《赠刘景文》句

聚爱成善

绢帕麻菇与线香，本资民用反为殃。
清风两袖朝天去，免得闾阎话短长。
　　　　　　明－于谦《入京》

君子固穷
　　　春秋－孔子门人《论语·卫灵公》句

君子贵人而贱己，先人而后己。
　　　西汉－戴德《礼记·坊记》句

君子谋道不谋富。
　　　唐－韩愈《吏商》句

君子忧道不忧贫。
　　　春秋－孔子门人《论语·卫灵公》句

K

可使寸寸折，不能绕指柔。
　　　唐－白居易《李都尉古剑》句

可使食无肉，不可居无竹。
　　　宋－苏轼《於潜僧绿筠轩》句

克己奉公

克俭节用，实弘道之源；崇侈恣情，
乃败德之本。
　　　唐－吴兢《贞观政要·规谏太子》句

克勤克俭，无怠无荒。
　　　宋－郭茂倩《乐府诗集·梁太庙乐舞
　　　　　　　　　　　　　　辞》句

克勤于邦，克俭于家。
　　　　　　《尚书·大禹谟》句

宽厚包容

宽以待人，严以律己。

L

兰生幽谷，不为莫服而不芳；
君子行义，不为莫知而止休。
　　　汉－刘安《淮南子·说山训》句

兰幽香风远，松寒不改容。
　　　唐－李白《于五松山赠南陵常赞府》句

老吾老，以及人之老；
幼吾幼，以及人之幼。
　　　战国－孟轲《孟子·梁惠王上》句

礼让宽容

礼义廉耻

立德

立己达人

利居人后，责在人先。
　　　　唐－韩愈《送穷文》句

廉洁奉公

谅人之过，念人之功。
怜人之苦，济人之危。
助人之短，扬人之长。　　　　佚名

临财不苟

临财毋苟得，临难毋苟免。
　　　　西汉－戴德《礼记·曲礼上》句

临事须替别人想，论人先把自己评。
　　　　近代－弘一法师语

隆冬到来时，百花迹已绝，
红梅不屈服，树树立风雪。
　　　　现代－陈毅《冬夜杂咏·红梅》

M

梅碾香犹在，丹磨赤自存。
石焚洁似雪，玉碎质还真。
　　　　当代－马凯《气节赞》

美德大都包含在良好的习惯之内。
　　　　美国－帕利克语

美德即是灵魂的健康。
　　　　德国－尼采语

名节重泰山，利欲轻鸿毛。
　　　　明－于谦《无题》句

名利淡如水，事业重如山。　　　　佚名

N

内怀冰清，外涵玉润。
　　　　唐－姚崇《冰壶诫序》句

乃冰其清乃玉其洁，
如山之寿如松之青。　　　　佚名

你帮过谁，不必记住；
谁帮过你，一定记牢。　　　　佚名

宁人负我，无我负人。
　　唐－房玄龄等《晋书·沮渠蒙逊载记》句

宁为玉碎，不为瓦全。
　　　　唐－李百药《北齐书·安景元传》句

P

贫而无谄，富而无骄。
　　　　春秋－孔子门人《论语·宪问》句

贫贱难移，威武不屈。　　　　佚名

贫贱时，眼中不着富贵；
富贵时，意中不忘贫贱。
　　　　清－申涵光《荆园小语》句

贫能节俭，富不奢华。　　　　佚名

品正心常泰，德高寿自长。　　　佚名

Q

千锤万凿出深山，烈火焚烧若等闲。
粉身碎骨浑不怕，要留清白在人间。
　　　　　　　　明 - 于谦《石灰吟》

千经万典，孝义为先。　　　　　谚语

谦，德之柄也。
　　　　　　周 -《易经·系辞下》句

谦和好礼

谦虚的人常思己过，
骄傲的人只论人非。　　　　　　谚语

谦虚谨慎，戒骄戒躁。

勤廉正俭　　　　　　　　　　　佚名

勤谦敬恕

清气如兰，虚怀若竹。

穷不失义，达不离道。
　　　　　　战国 - 孟轲《孟子·尽心上》句

穷不忘操，贵不忘道。
　　　　　　　　唐 - 皮日休《六箴序》句

穷且益坚，不坠青云之志。
　　　　　　　　唐 - 王勃《滕王阁序》句

取静于山寄情于水，
虚怀若竹清气若兰。　　　　　　佚名

R

人家帮我，永志不忘；
我帮人家，莫记心上。
　　　　　　　　现代 - 华罗庚诗句

人无德不立，国无德不兴。　　　佚名

仁可增寿，德可延年。
　　　　　　　　　　　明 - 吕坤语

仁义礼智信，谓之五常，废一不可。
　　　　　　唐 - 吴兢《贞观政要·诚信》句

仁者无敌。
　　　　　　战国 - 孟轲《孟子·梁惠王上》句

S

三军可夺帅也，匹夫不可夺志也。
　　　　春秋 - 孔子门人《论语·子罕》句

山以仁静，水以智流。
　　　　　　唐 - 李延寿《北史·郭祚传》句

上善若水，水善利万物而不争。
　　　　　　　　春秋 - 老聃《老子》句

舍己为人

身体力行

石可破也，不可夺其坚；
丹可磨也，不可夺其赤。
　　　　秦 - 吕不韦《吕氏春秋·诚廉》句

实言，实行，实心。
　　　　　　明 - 吕坤《呻吟语·诚实》句

恕

谁言寸草心，报得三春晖。
　　　　唐－孟郊《游子吟》句

顺境中的美德是自制，逆境中的美德
是不屈不挠。
　　　　英国－弗郎西斯－培根语

私仇不及公。
　　　　周－左丘明《左传·哀公五年》句

松柏老而键，芝兰清且香。　　佚名

T
天下有道，以道殉身；
天下无道，以身殉道。
　　　　战国－孟轲《孟子·尽心上》句

推诚而不欺，守信而不疑。
　　　　宋－林逋《省心录》句

推心置腹，开诚布公。
　　　　唐－张九龄《亲贤》句

退思补过

W
为草当作兰，为木当作松。
兰幽香风远，松寒不改容。
　唐－李白《于五松山赠南陵常赞府》句

唯德唯廉唯实，尽心尽力尽职。　佚名

唯德自成邻。
　唐－祖泳《请明宴司勋刘郎中别业》句

唯宽可以容人，唯厚可以载物。
　　明－薛瑄《薛文清公读书录·器量》句

伟人多谦虚，小人多骄傲。
太阳穿一件朴素的光衣，
白云却披着灿烂的裙裾。
　　　　印度－泰戈尔语

未出土前先有节，凌云高处仍虚心。
　现代－肖劲光为贺晋年《将军竹》画册
　　　　　　　　　　　题诗句

位卑未敢忘忧国。
　　　　宋－陆游《病起书怀》句

温良恭俭让
　　春秋－孔子门人《论语·学而》句

闻恶能改
　唐－吴兢《贞观政要·教诫太子诸王》句

闻过则喜，嫉恶如仇。　　　　佚名

闻过则喜，闻善则拜。
　　战国－孟轲《孟子·公孙丑上》句

闻誉恐，闻过欣。
　　　　　　《弟子规》句

我有功于人不可念，而过则不可不念；
人有恩于我不可忘，而怨则不可不忘。
　　　　明－洪应明《菜根谭》句

X
相信爱，追求美，奉行善。　　佚名

孝悌忠信

心底无私天地宽。
现代－陶铸诗句

心宽能增寿，德厚可延年。　　佚名

行义不顾毁誉。
西汉－刘向《战国策·秦策》句

修身立德

修身如执玉，积德胜遗金。　　佚名

修身正己

虚怀若谷

虚心使人进步，骄傲使人落后。
现代－毛泽东语

虚心效竹节，人品似兰馨。　　佚名

言必信，行必果。
春秋－孔子门人《论语·子路》句

言忠信，行笃敬。
春秋－孔子门人《论语·卫灵公》句

羊有跪乳之恩，鸦有反哺之义。
明－《增广贤文》句

一粥一饭，当思来处不易；
半丝半缕，恒念物力维艰。
明－朱柏庐《治家格言》句

以爱对恨，以德化仇。　　佚名

以德修身，以德服众，
以德领才，以德润才。
当代－胡锦涛《在中国共产党成立90
周年大会上的讲话》句

以热爱祖国为荣，以危害祖国为耻；
以服务人民为荣，以背离人民为耻；
以崇尚科学为荣，以愚昧无知为耻；
以辛勤劳动为荣，以好逸恶劳为耻；
以团结互助为荣，以损人利己为耻；
以诚实守信为荣，以见利忘义为耻；
以遵纪守法为荣，以违法乱纪为耻；
以艰苦奋斗为荣，以骄奢淫逸为耻。
当代－胡锦涛《牢固树立社会主义荣
辱观》句

以直报怨，以德报德。
春秋－孔子门人《论语·宪问》句

Y

义薄云天

忧国忧民

有大德必得其寿。
春秋－子思《中庸》句

有德名声远，无私威望高。　　佚名

有公德乃大，无私品自高。　　佚名

有容德乃大，无求品自高。
清－林则徐联语

有容乃大，无欲则刚。

清－林则徐联语

与道为际，与德为邻。

汉－刘安《淮南子·精神训》句

与人为善

Z

择里仁为美，安居德有邻。　　　佚名

责人之心责己，恕己之心恕人。

明－《增广贤文》句

责在人先，利居众后。

现代－黄炎培语

真心凌晚桂，劲节掩寒松。

唐－骆宾王《浮槎》句

真有才能的人总是善良的、坦白的、爽直的，绝不矜持。

法国－巴尔扎克语

真正有知识的人谦虚、谨慎，只有无知的人才冒昧、武断。

英国－格兰维尔语

芝兰君子性，松柏古人心。　　　佚名

知耻尚荣

知恩图报

至德为恕

忠诚

忠、孝、仁、爱、信、义、和、平。

佚名

忠厚传家久，诗书继世长。　　　佚名

忠信廉洁，立身之本。

宋－林逋《省心录》句

重义轻财

竹死不变节，花落有余香。

唐－邵谒《金谷园》句

竹因虚受益，松以静延年。　　　佚名

助人为乐

赞才华技能

B

八斗之才

白也诗无敌，飘然思不群。
　　　　唐－杜甫《春日怀李白》句

白玉不雕，美珠不文。
　　　　汉－刘安《淮南子·说林训》句

百代文宗

宝刀不老

笔补造化天无功。
　　　　唐－李贺《高轩过》句

笔到精处，汉魏遗风。

笔底生花

笔底诗联能益世，胸中肺腑敢容天。
　　　　　　　　　　　　　　佚名

笔端通造化，意表出云霞。　　佚名

笔精墨妙

笔落惊风雨，诗成泣鬼神。
　　　　唐－杜甫《寄李十二白二十韵》句

笔墨成趣

笔墨酣畅

笔启自然

笔扫千军

笔挟风雷，墨凝忧患。　　　　佚名

笔拥江山气，窗含桃李风。　　佚名

笔永健，艺常青。　　　　　　佚名

笔走龙蛇

别具匠心

博采众长独辟蹊径，
陶铸千古自成一家。　　　　　佚名

博大精深

博古通今

博学

不出尊俎之间，而折冲于千里之外。
　　　　春秋－晏婴《晏子春秋·杂上》句

不飞则已，一飞冲天；
不鸣则已，一鸣惊人。
　　　　汉－司马迁《史记·滑稽列传》句

不著一字，尽得风流。
　　唐－司空图《二十四诗品·含蓄》句

C

才华横溢

超今冠古

超群拔类

出类拔萃

出神入化

出新意于法度之中，
寄妙理于豪放之外。
　　宋－苏轼《书吴道子画后》句

窗含春色墨生艳，笔吐豪情诗出新。
　　　　　　　　　　　　　佚名

D

捶字坚而难移，结响凝而不滞。
　　南朝梁－刘勰《文心雕龙·风骨》句

词华典赡

词句警人，余香满口。　　　佚名

词严义密

词源倒流三峡水，笔阵独扫千人军。
　　唐－杜甫《醉歌行》句

辞丰意雄

辞简意足

辞微旨远

辞约而旨达。
　　南朝宋－刘义庆《世说新语·文学》句

此曲只应天上有，人间能得几回闻。
　　　　　　　唐－杜甫《赠花卿》句

此时无声胜有声。
　　　　　　　唐－白居易《琵琶行》句

大方之家

大家风范

大气磅礴

大巧若拙
　　春秋－老聃《老子》第四十五章句

丹青落纸化春色，彩墨从心题妙诗。
　　　　　　　　　　　　　佚名

丹青意造本无法，画圣胸中常有诗。
　　　　　　　　　　　　　佚名

淡墨写作无声诗。
　　宋－黄庭坚《次韵子瞻、子由题憩寂
　　　　　　　　　　　　　图》句

道法自然

登峰造极

点画皆有筋骨，字体自然雄媚。
  唐－颜真卿《述张长史笔法十二意》句

雕金琢玉，镂月裁云。　　　　佚名

读书破万卷，下笔如有神。
  唐－杜甫《奉赠韦左丞丈二十二韵》句

读万卷书，行万里路，经万件事，
师万人长，抒万般情，拓万丈胸。
　　　　　　　　　　　　　佚名

独辟蹊径

独步古今

多才之士才储八斗，
博学之儒学富五车。
　　　清－程允升《幼学琼林·文事》句

E

耳听八极，目睹四方。
　　　　　汉－陆贾《新语·道基》句

F

发前人所未能发，言腐儒所不敢言。
　　　现代－郭沫若撰王国维故居联

法贵天真

法取兰亭存气韵，书随时代见精神。
　　　　　　　　　　　　　佚名

风入寒松声自古，水归沧海意皆深。
  唐－刘威《欧阳方·新诗因贻四韵》句

风韵天成

G

肝胆照人如雪色，文章掷地作金声
　　　　　　　　　　　　　佚名

敢为人先

高瞻远瞩

格高意远

个性飞扬

功精笔健出佳作，意兴力勤生妙篇。
　　　　　　　　　　　　　佚名

功以才成，业由才广。
　　西晋－陈寿《三国志·蜀书·董允传》句

攻书百氏尽，落墨四座惊。　　佚名

鬼斧神工

H

海到无边天作岸，山登绝顶我为峰。
　　　　　　　　　　　　　佚名

翰墨惊天地，诗书通古今。　　佚名

翰逸神飞

横雨斜风，落纸烟云。　　　　佚名

虎啸龙吟气势，松风竹韵精神。
　　　　　　　　　　　　　佚名

化腐朽为神奇。
　　　　战国－庄周《庄子·知北游》句

华佗再世，扁鹊重生。　　　　佚名

挥毫落纸如云烟。
　　　　唐－杜甫《饮中八仙歌》句

会当凌绝顶，一览众山小。
　　　　唐－杜甫《望岳》句

浑然天成

J
激情澎湃

济世良方祛邪扶正，
回春妙术固本清源。　　　　佚名

江山代有人才出，各领风骚数百年。
　　　　清－赵翼《论诗绝句》句

匠心独运

借虚事指点实事，托古人提醒今人。
　　　　佚名

金声玉振

锦心绣口。
　　　　唐－柳宗元《乞巧文》句

经纬事业，锦绣文章。　　　　佚名

精金美玉

精妙绝伦

精骛八极，心游万仞。
　　　　晋－陆机《文赋》句

究天人之际，通古今之变，
成一家之言。
　　　　汉－司马迁《报任安书》句

K
看似寻常最奇崛，成如容易却艰辛。
　　　　宋－王安石《题张司业诗》句

慷慨吐清音，明转出天然。
　　　　唐－陆龟蒙《大子夜歌二首》句

苦心求妙术，圣手去沉疴。　　　　佚名

苦吟成绝唱。
　　　　宋－欧阳修《六一诗话》句

昆山玉碎凤凰叫，芙蓉泣露香兰笑。
　　　　唐－李贺《李凭箜篌引》句

L
来如雷霆收震怒，罢如江海凝清光。
唐－杜甫《观公孙大娘弟子舞剑器行》句

乐而不淫，哀而不伤。
　　　　春秋－孔子门人《论语－八佾》句

力透纸背

丽句与深采并流，偶意共逸韵俱发。
　　　　南朝梁－刘勰《文心雕龙·丽辞》句

凌云健笔

汉－司马迁《史记－司马相如列传》句

凌云健笔意纵横。

唐－杜甫《戏为六绝句》句

龙文百斛鼎，笔力可独扛。

唐－韩愈《病中赠张十八》句

龙吟虎啸

笼天地于形内，挫万物于笔端。

晋－陆机《文赋》句

镂月为歌扇，裁云作舞衣。

唐－李义府《堂堂词》句

炉火纯青

罗甲兵于胸内，吐才气于毫端。 佚名

M

满腹经纶

面壁功深

妙笔生花

妙不可尽之于言，事不可穷之于笔。

晋－郭璞《江赋》句

妙趣横生

敏捷诗千首，飘零酒一杯。

唐－杜甫《不见》句

墨醉花香动，文成剑气豪。 佚名

N

怒骂笑啼皆学问，悲欢归去尽人情。

佚名

O

偶拈诗笔已如神。

宋－苏轼《十二月二十八日，蒙恩责授检校水部员外郎黄州团练副使二首》句

P

喷珠吐玉

翩若惊鸿，婉若游龙。
荣曜秋菊，华茂春松。

三国魏－曹植《洛神赋》句

飘若浮云，矫若惊龙。

唐－房玄龄等《晋书·王羲之传》句

铺锦列绣

Q

奇辞解吐万言策，敏思能吟七步诗。

元－耶律楚材《和王正之韵》

奇思妙想

奇文瑰句

气势磅礴

气象万千

千古绝唱

千秋笔墨惊天地，万里云山入画图。
佚名

巧夺天工

巧手慧心

清水出芙蓉，天然去雕饰。
　唐－李白《经乱离后天恩流夜郎忆旧
　　　游书怀赠江夏韦太守良宰》句

清新隽永诗书气，朴素天真翰墨情。
佚名

清言宣至理，古意发高文。　　佚名

R

人人意中所有，人人语中所无。
佚名

如椽笔

如诗如画

如闻其声，如见其人。
　　唐－韩愈《独孤申叔哀辞》句

如怨如慕，如泣如诉。
余音袅袅，不绝如缕。
　　　宋－苏轼《前赤壁赋》句

入木三分诗思锐，散霞五色物华新。
　清－赵翼《杨雪珊自长垣归来出示近
　　　作叹赏不足诗以志爱》句

入圣超凡

S

删繁就简三秋树，领异标新二月花。
清－郑板桥书斋联语

涉笔成趣

深文隐蔚，余味曲包。
　南朝梁－刘勰《文心雕龙·隐秀》句

神韵

声飞霄汉云皆驻，响入深潭鱼出游。
佚名

声振林木，响遏行云。
　　周－列御寇《列子·汤问》句

师造化，尚自然。　　　　佚名

诗情也似并刀快，剪得秋光入卷来。
宋－陆游《秋思》句

诗是无形画，画是有形诗。
　　宋－张舜民《跋百之诗画》句

诗无入俗句，胸有济世心。　　佚名

诗中有画，画中有诗。
　　宋－苏轼《题王维兰关烟雨图》句

视之则锦绘，听之则丝簧，
味之则甘腴，佩之则芬芳。
　　南朝梁－刘勰《文心雕龙·总术》句

书痴者文必工，艺痴者技必良。

　　　清－蒲松龄《聊斋志异·阿宝》句

书读今古，学贯中西。　　　　佚名

思接千载，意通万里。　　　　佚名

T

谈欢则字与笑并，论戚则声共泣偕。

　　　南朝梁－刘勰《文心雕龙·夸饰》句

叹为观止

天籁之声

天趣盎然

天造地设，鬼斧神工。

通古今之变，成一家之言。

　　　汉－司马迁《史记·太史公自序》句

推陈出新，饶有别致。

　　　清－戴延年《秋灯丛话·忠勇祠联》句

推窗观日月，挥笔起云烟。　　佚名

W

外师造化，中得心源。

　　　唐－张彦远《历代名画记》卷十局

挽狂澜于既倒。

　　　唐－韩愈《进学解》句

唯有牡丹真国色，花开时节动京城。

　　　唐－刘禹锡《赏牡丹》句

文不按古，匠心独妙。

　　　唐－王士源《孟浩然集序》句

文若春华，思若涌泉。

　　　三国魏－曹植《王仲宣诔》句

文思泉涌

文已尽而意无穷。　　　　　　佚名

文章华国，诗礼传家。　　　　佚名

文姿笔态云山里，画意诗情烟树中。

　　　　　　　　　　　　　　佚名

无瑕人品清于玉，
不俗文章淡似仙。

　　　　　　　　清－陈希曾联语

无言先立意，未啸已生风。　　佚名

物色尽而情有余。

　　　南朝梁－刘勰《文心雕龙·物色》句

X

嬉笑怒骂，皆成文章。

　　　宋－黄庭坚《东坡先生真赞》句

下笔如有神。

　　　唐－杜甫《奉赠韦左丞丈二十二韵》句

下笔则烟飞云动，落纸则鸾回凤惊。

　　　唐－卢照邻《释疾文·粤若》句

响遏行云

心同野鹤与尘远，诗似冰壶见底清。
唐－韦应物《赠王信御》句

信手拈来世已惊，三江滚滚笔头倾。
金－王若虚《论诗诗》句

兴酣落笔摇五岳，诗成笑傲凌沧洲。
唐－李白《江上吟》句

胸藏万汇凭吞吐，笔有千钧任翕张。
现代－郭沫若诗句

胸中藏宇宙，笔下走风雷。　　　佚名

胸中有灼见，眼底辨秋毫。　　　佚名

学贯中西，名驰华夏。　　　佚名

学问文章老更醇。
宋－王安石《王文公文集·西垣当直》句

寻常言语寻常事，味尽人生绝妙诗。
佚名

Y

雅俗共赏

烟华落纸将动，风彩带字欲飞。
南朝梁－庾肩吾《书品》句

言简意赅

言皆去旧，理必求新。　　　佚名

言皆有物，语不离宗。　　　佚名

言近而旨远，辞浅而意深。
唐－刘知几《史通·叙事》句

言近旨远

言有尽而意无穷。
宋－严羽《沧浪诗话·诗辩》句

演绎精彩

一语天然万古新，豪华落尽见真淳。
元－元遗山《论诗三十首》句

一枝生花笔，满怀镂雪思。
清－赵翼《书怀》

衣襟半染烟霞气，诗卷长留天地间。
佚名

艺臻化境

意飘云物外，诗入画图中。　　　佚名

意新语工
宋－欧阳修《留意诗话》句

意旨高远

因难见巧，唯熟乃精。　　　佚名

吟哦出新意，坦率见真情。　　　佚名

吟咏之间，吐纳珠玉之声；
眉睫之前，舒卷风云之色。
南朝梁－刘勰《文心雕龙·神思》句

英辞雨集，妙句云来。
　　　　　汉－钟长统《昌言·杂篇》句

有声画谱描人物，
无字文章写古今。　　　　　佚名

阅书百纸尽，落笔四座惊。
　唐－杜甫《赠左仆射郑国公严公武》句

韵出高山流水，曲追白雪阳春。
　　　　　　　　　　　　佚名

云山起翰墨，星斗焕文章。　佚名

运筹帷幄之中，决胜千里之外。
　　　汉－司马迁《史记·高祖本纪》句

Z

志深而笔长。
　　南朝梁－刘勰《文心雕龙·时序》句

志足而言文，情信而辞巧。
　　南朝梁－刘勰《文心雕龙·征圣》句

质朴无华

致广大而尽精微。
　　　西汉－戴德《礼记·中庸》句

掷地当作金石声。
　　唐－房玄龄等《晋书·孙绰传》句

状难写之景，如在目前；
含不尽之意，见于言外。
　　　　宋－欧阳修《六一诗话》句

综览宇宙，俯仰古今。　　佚名

赞豪情壮志

A

傲骨豪气

傲雪凌霜

B

白首壮心驯大海，青春浩气走千山。
　　　　　现代－林伯渠诗句

北国风光，千里冰封，万里雪飘。
望长城内外，惟余莽莽；大河上下，
顿失滔滔。山舞银蛇，原驰蜡象，
欲与天公试比高。须晴日，
看红装素裹，分外妖娆。
江山如此多娇，引无数英雄竞折腰。
惜秦皇汉武，略输文采；
唐宗宋祖，稍逊风骚。
一代天骄，成吉思汗，
只识弯弓射大雕。
俱往矣，数风流人物，还看今朝。
　　　　　现代－毛泽东《沁园春·雪》

笔挟风雷，墨凝忧患。　　　　佚名

遍野无声长，悬崖有隙生。
雪压根不死，春到绿乾坤。
　　　　　当代－马凯《劲草》

不到长城非好汉。
　　　现代－毛泽东《清平乐·六盘山》句

不让古人，是谓有志；

不让今人，是谓无量。　　　　佚名

不为浮云遮望眼，自缘身在最高层。
　　　　　宋－王安石《登飞来峰》句

长风破浪会有时，直挂云帆济沧海。
　　　　　唐－李白《行路难》句

C

朝登剑阁云随马，夜渡巴江雨洗兵。
　　　　唐－岑参《奉和相公发益昌》句

乘风破浪

叱咤风云

充海阔天高之量，养先忧后乐之心。
　　　　　　　　　　　　佚名

垂头自惜千金骨，伏枥仍存万里心。
　　　　　元－郝经《老马》句

词源倒流三峡水，笔阵独扫千人军。
　　　　　唐－杜甫《醉歌行》句

D

大风起兮云飞扬，威加海内兮归故乡。
　　　　汉－司马迁《史记·高祖本纪》句

大江歌罢掉头东，邃密群科济世穷。
面壁十年图破壁，难酬蹈海亦英雄。
　　　　　现代－周恩来《无题》

大鹏一日同风起，扶摇直上九万里。
> 唐－李白《上李邕》句

但得众生皆得饱，不辞羸病卧残阳。
> 宋－李钢《病牛》句

蹈海言犹在，移山志不衰。
> 宋－陆游《杂感》句

登泰山而小天下。
> 春秋－孟轲《孟子·尽心上》句

读万卷书，行万里路。
> 清－钱泳《履园丛说》句

读万卷书，行万里路，经万件事，
师万人长，抒万般情，拓万丈胸。
> 佚名

独立寒秋，湘江北去，橘子洲头。看
万山红遍，层林尽染；漫江碧透，百
舸争流。鹰击长空，鱼翔浅底，万类
霜天竞自由。怅寥廓，问苍茫大地，
谁主沉浮？携来百侣曾游。忆往昔峥
嵘岁月稠。恰同学少年，风华正茂；
书生意气，挥斥方遒。指点江山，激
扬文字，粪土当年万户侯。曾记否，
到中流击水，浪遏飞舟？
> 现代－毛泽东《沁园春·长沙》

断头今日意如何？创业艰难百战多。
此去泉台招旧部，旌旗十万斩阎罗。
> 现代－陈毅《梅岭三章》之一

F

繁霜尽是心头血，洒向千峰秋叶丹。
> 明－戚继光《望阙台》句

粉身碎骨浑不怕，要留清白在人间。
> 明－于谦《石灰》句

风萧萧兮易水寒，壮士一去兮不复还。
> 西汉－刘向《战国策·燕策三》句

富贵不能淫，贫贱不能移，
威武不能屈。
> 春秋－孟轲《孟子·滕文公下》句

G

敢为人先

高歌猛进

高谈满四座，一日倾千觞。
> 唐－李白《赠刘都使》句

古之立大事者，不惟有超世之才，亦
必有坚忍不拔之志。
> 宋－苏轼《晁错论》句

国仇未报壮士老，匣中宝剑夜有声。
> 宋－陆游《长歌行》句

H

海到无边天作岸，山登绝顶我为峰。
> 佚名

豪情满怀

好借廉风舒画卷，

常将正气壮诗情。　　　　　佚名

横扫千军如卷席。
　　现代－毛泽东《渔家傲·反第二次大围剿》句

鸿鹄高飞，一举千里。
　　　　汉－刘邦《鸿鹄歌》句

鸿鹄之志
　　　汉－司马迁《史记·陈涉世家》句

虎瘦雄心在，人贫志气存。
　　　　元－万松老人《从容录》句

虎啸龙吟气势，松风竹韵精神。　佚名

黄沙百战穿金甲，不破楼兰终不还。
　　　唐－王昌龄《从军行七首》句

会当凌绝顶，一览众山小。
　　　　　唐－杜甫《望岳》句

J

剑一人敌，不足学，学万人敌。
　　　唐－司马迁《史记·项羽本纪》句

将相本无种，男儿当自强。
　　　　　宋－汪洙《神童诗》句

居身不使白玉玷，立志宜与青云齐。
　　　　　　近代－华世奎联语

捐躯赴国难，视死忽如归。
　　　　三国魏－曹植《白马篇》句

K

看剑豪生胆，读书香到心。　　佚名

快磨三尺剑，欲斩佞臣头。
　　　　　宋－黄中辅《满庭芳》句

狂歌遇形胜，得醉即为家。
　　唐－杜甫《陪王侍御宴通泉东山野亭》句

鲲鹏万里

L

兰幽香风远，松寒不改容。
　　唐－李白《于五松山赠南陵常赞府》句

老当益壮

老当益壮，宁移白首之心？
穷且益坚，不坠青云之志。
　　　　　唐－王勃《滕王阁序》句

老当益壮雄心未已，
晚节坚贞斗志弥坚。　　　　　佚名

老夫喜作黄昏颂，满目青山夕照明。
　　　　　　现代－叶剑英诗句

老骥伏枥，志在千里。
烈士暮年，壮心不已。
　　三国魏－曹操《步出夏门行·龟虽寿》句

老马嘶风

老牛力尽丹心在，志士年衰赤胆悬。
　　　　　　　　　　　佚名

老牛亦解韶光贵，不待扬鞭自奋蹄。

现代－臧克家《老黄牛》句

老去才虽尽，穷来志益坚。

宋－陆游《醉睡初觉偶作》句

力拔山兮气盖世。

秦－项羽《垓下歌》句

立大志，做大事，探讨大学问。

现代－陶行知语

良骥不好枥，美玉不恋山。

清－吴嘉纪《自淘上至竹西》句

留得声名万古香。

宋－文天祥《沁园春》句

隆冬到来时，百花迹已绝，
红梅不屈服，树树立风雪。

现代－陈毅《冬夜杂咏·红梅》

罗甲兵于胸内，吐才气于毫端。

佚名

N

男儿何不带吴钩，收取关山五十州。
请君暂上凌烟阁，若个书生万户侯。

唐－李贺《南园十三首》句

南国烽烟正十年，此头须向国门悬。
后死诸君多努力，捷报飞来当纸钱。

现代－　陈毅《梅岭三章》之二

鸟爱碧山远，鱼游江海深。

唐－李白《留别王司马嵩》句

宁可抱香枝上老，不随黄叶舞秋风。

宋－朱淑真《黄花》句

宁为玉碎，不为瓦全。

唐－李百药《北齐书·安景元传》句

怒发冲冠，凭栏处，潇潇雨歇。抬望眼，仰天长啸，壮怀激烈。三十功名尘与土，八千里路云和月。莫等闲，白了少年头，空悲切。靖康耻，犹未雪；臣子恨，何时灭！驾长车，踏破贺兰山缺。壮志饥餐胡虏肉，笑谈渴饮匈奴血。待从头，收拾旧山河，朝天阙。

宋－岳飞《满江红》句

P

葡萄美酒夜光杯，欲饮琵琶马上催。
醉卧沙场君莫笑，古来征战几人回。

唐－王翰《凉州词》

Q

骐骥志千里

气冲斗牛

气贯长虹

气凌霄汉

气壮山河，义薄云天。　　佚名

弃燕雀之小志，慕鸿鹄以高翔。

南朝梁－丘迟《与陈伯之书》句

千锤万凿出深山，烈火焚烧若等闲。

青春四海抒豪气，白首九州写壮怀。
　　　　　　　　　　　　　佚名

青海长云暗雪山，孤城遥望玉门关。
黄沙百战穿金甲，不破楼兰终不还。
　　　　唐－王昌龄《从军行》句

穷当益坚，老当益壮。
　　南朝宋－范晔《后汉书·马援传》句

穷且益坚，不坠青云之志。
　　　　唐－王勃《滕王阁诗序》句

R

人生自古谁无死，留取丹心照汗青。
　　　　宋－文天祥《过零丁洋》句

S

三军可夺帅也，匹夫不可夺志也。
　　春秋－孔子门人《论语·子罕》句

三思方举步，百折不回头。
　　　　　　现代－吴阶平联语

生当作人杰，死亦为鬼雄。
　　　　　宋－李清照《绝句》句

世上无难事，只要肯登攀。
　　现代－毛泽东《水调歌头·重上井冈
　　　　　　　　　　　　　山》句

世事沧桑心事定，胸中海岳梦中飞。
　　　　　　　　现代－冰心诗句

数风流人物，还看今朝。
　　　现代－毛泽东《沁园春·雪》句

四海为家

T

天下兴亡，匹夫有责。
　　　　清－顾炎武《正始》句

天下有道，以道殉身；
天下无道，以身殉道。
　　战国－孟轲《孟子·尽心上》句

投生革命即为家，血雨腥风应有涯。
取义成仁今日事，人间遍种自由花。
　　现代－陈毅《梅岭三章》之三

吞纳山川之气，俯仰古今之怀。
　　　　宋－叶梦得《石林诗话》句

吞舟之鱼，不游枝流；
鸿鹄高飞，不集污池。
　　　周－列御寇《列子·杨朱》句

W

挽狂澜于既倒。
　　　　唐－韩愈《进学解》句

威风所振，烈火之遇鸿毛；
旗鼓所临，冲风之卷秋叶。
　　　北周－庾信《贺平邺都表》句

为天地立心，为生民立命。
为往圣继绝学，为万世开太平。
　　宋－张载《张子全书》卷十四句

为有牺牲多壮志，敢教日月换新天。
　　现代－毛泽东《七律·到韶山》句

伟大的抱负造就伟大的人。

英国－托·富勒语

我自横刀向天笑，去留肝胆两昆仑。

清－谭嗣同《狱中题壁》句

X

无限风光在险峰。

现代－毛泽东《七绝·为李进同志题所
设庐山仙人洞照》句

无言先立意，未啸已生风。　　　佚名

笑傲江湖

心随朗月高，志与秋霜洁。

唐－李世民《经破薛举战地》句

兴酣落笔摇五岳，诗成笑傲凌沧洲。

唐－李白《江上吟》句

行军万里身犹健？历尽千艰胆未寒。
可有尘瑕须佛试，敞开心肺给人看。

现代－谢觉哉《在解放军总医院透视
戏占》

胸藏万汇凭吞吐，笔有千钧任翕张。

现代－郭沫若诗句

胸中藏宇宙，笔下走风雷。　　　佚名

雄心志四海，万里望风尘。

晋－傅玄《豫章行·苦相》句

秀干终成栋，精钢不作钩。

北宋－张田《包拯集·明刻本附录》句

Y

咬定青山不放松，立身原在破崖中。
千磨万击还坚劲，任尔东南西北风。

清－郑燮《竹石》

一点浩然气，千里快哉风。

宋－苏轼《水调歌头·黄州快哉亭
赠张偓佺》句

一颗心似火，三寸笔如枪。
流言真笑料，豪气自文章。

现代－郭小川诗句

一腔热血勤珍重，洒去犹能化碧涛。

清－秋瑾《对酒》句

以天下为己任

勇攀高峰

勇往直前

有志肝胆壮，无私天地宽。　　　佚名

鱼虾浮浅水，鸿鹄搏高云。　　　佚名

与有肝胆人共事，从无字句处读书。

现代－周恩来青年时代自勉联

欲上青天揽明月。

唐－李白《宣州谢朓楼饯别校书叔云》句

愿乘风破万里浪，
甘面壁读十年书。

现代－孙中山联语

愿得斩马剑，先断佞臣头。
　　　　　唐－卢照邻《咏史四首》句

月缺不改光，剑折不改钢；
月缺魄易满，剑折铸复良。
　　　　　宋－梅尧臣《古意》

跃马扬鞭

越山千重志不懈，征程万里勇如初。
　　　　　　　　　　　　　佚名

Z

丈夫落魄纵无聊，壮志依然抑九霄，
非同泽柳新稀绿，偶受春风即折腰。
　　　　　现代－徐特立诗句

丈夫志四海，万里犹比邻。
　　　　　三国魏－曹植《赠白马王彪》句

直上青云揽日月，欲倾东海洗乾坤。
　　　　　现代－徐悲鸿联语

只解沙场为国死，何须马革裹尸还。
　　　　　清－徐锡麟《出塞诗》句

只争朝夕

志当存高远。
　　　　　三国蜀－诸葛亮《诫外甥书》句

志士仁人，无求生以害仁，有杀身以成仁。
　　　　　春秋－孔子门人《论语·卫灵公》句

壮士何慷慨，志欲威八荒。
　　　　　三国魏－阮籍《咏怀》之一

壮心不已

壮心未与年俱老，死去犹能作鬼雄。
　　　　　宋－陆游《书愤》句

壮志怀远略。
　　　　　唐－李白《送张秀才从军》句

壮志凌云

纵情诗酒，飞扬翰墨。　　　　　佚名

赞和睦团结友谊

A

爱人者，人恒爱之；
敬人者，人恒敬之。

战国－孟轲《孟子·离娄下》句

B

白头如新，倾盖如故。

汉－班固《汉书·邹阳传》句

百将一心，三军同力。

战国－荀况《荀子》句

不攻人短，莫恃己长。　　　　佚名

不以人之坏自成，不以人之卑自高。

西晋－陈寿《三国志·魏志·文帝传》句

财富不是朋友，而朋友却是财富。

希腊－斯托贝语

C

谗不自来，因疑而来；
间不自入，乘隙而入。

明－刘基《诚意伯文集》句

诚意待人终有得，平心应事自无争。

佚名

崇人之德，扬人之美。

战国－荀况《荀子·不苟》句

春风无语暖人心。　　　　佚名

D

单调难成曲，群擎可柱天。

现代－徐特立诗句

单丝不线，孤掌难鸣。　　　谚语

道义相砥，过失相规。

明－苏浚《鸡鸣偶记》句

独木不成林。　　　　　谚语

度尽劫波兄弟在，相逢一笑泯恩仇。

现代－鲁迅诗句

多一个真正的朋友，就多一块陶冶情
操的砺石，多一份战胜困难的力量，
多一个锐意进取的伴侣。

英国－弗朗西斯·培根语

E

二人同心，其利断金；
同心之言，其臭如兰。

周－《易经·系辞上》句

F

风雨同舟

父慈子孝，兄友弟恭，夫和妇顺。

清－黄宗羲《明儒学案》句

父子笃，兄弟睦，夫妇和，家之肥也。

西汉－戴德《礼记·大学》句

父子有亲，君臣有义，夫妇有别，
长幼有序，朋友有信。

    春秋－孟轲《孟子·滕文公上》句

G

肝胆相照

更待菊黄家酿熟，共君一醉一陶然。

    唐－白居易《与梦得沽酒闲饮且约后
期》句

攻人之恶毋太恶，要思其堪受；
教人之善毋过高，当使其可从。

    明－洪应明《菜根谭》句

孤举者难起，众行者易趋。

    清－魏源《默觚·治篇八》句

孤则易折，众则难摧。

    北宋－司马光《资治通鉴·宋记》句

故旧不遗。

    春秋－孔子门人《论语·泰伯》句

贵不易交

贵人而贱己，先人而后己。

    西汉－戴德《礼记·坊记》句

果欲结金兰，但看松柏林。
经霜不坠地，岁寒无异心。

    南朝－乐府古辞《子夜四时歌》

H

海内存知己，天涯若比邻。

    唐－王勃《送杜少府之任蜀州》句

合意友来情不厌，知心人至话投机。

    明－冯梦龙《古今小说·新桥市韩五卖
春情》句

何以报知音，永存坚与贞。

    唐－孟郊《答郭郎中》句

和而不流。

    西汉－戴德《礼记·中庸》句

和而不同。

    春秋－孔子门人《论语·子路》句

和睦和善和平

和乃不流有定节，敏而好学无常师。

    佚名

和气致一家祥瑞，恶声起万重风云。

    佚名

和若春风

和为贵

    春秋－孔子门人《论语·学而》句

和为贵，善为本，诚为先。   佚名

和以处众，宽以接下，恕以待人。

    宋－李邦献《省心杂言》句

互敬、互爱、互助、互勉、互信、互
慰、互让、互谅。

患难之交情意深。　　　　佚名

J

家和万事兴。　　　　　　谚语

结交有味贫何害，薄酒虽村饮亦豪。
　　　宋 - 刘过《同许从道登圜翠阁》句

镜破不改光，兰死不改香。
始知君子心，交久道益彰。
　　　　　唐 - 孟郊《赠别崔纯亮》句

酒逢知己千杯少。　　　《名贤集》句

居必择邻，交必良友。　《名贤集》句

君子淡如水，岁久情愈真。
　　　明 - 方孝孺《逊志斋集·朋友》句

K

宽以待人，严以律己。

困难的处境是友谊的试金石。　佚名

L

李白乘舟将欲行，忽闻岸上踏歌声。
桃花潭水深千尺，不及汪伦送我情。
　　　　　　　　唐 - 李白《赠汪伦》

理解促进宽容。
　　英国 - 雷蒙德·弗思《人文类型》句

理性平和

良言一句三冬暖，恶语伤人六月寒。
　　　　　　　　　　《名贤集》句

谅人之过，念人之功，怜人之苦，
济人之危，助人之短，扬人之长。
　　　　　　　　　　　　佚名

临事须替别人想，论人先把自己评。
　　　　　近代 - 弘一法师语

落地为兄弟，何必骨肉亲。
　　　晋 - 陶渊明《杂诗十二首》句

内睦者家道昌，外睦者人事济。
　　　　宋 - 林逋《省心录》句

难得是诤友，当面敢批评。
　　　　　现代 - 陈毅诗句

能勤德业唯良友，有益身心在读书。
　　　　　　　　　　　佚名

逆耳之辞难受，顺心之说易从。
　　　唐 - 唐太宗《帝苑 - 去谗》句

贫贱之交不可忘
　　南朝宋 - 范晔《后汉书·宋弘传》句

清风高谊

清廉门第忧烦少，和睦家庭幸福多。
　　　　　　　　　　　佚名

情深恭敬少，知己笑谈多。　佚名

穷达尽为身外事，升沉不改故人情。
　　　　　　　　　　　佚名

求同存异

劝君更尽一杯酒，西出阳关无故人。

　　　　唐－王维《送元二使安西》句

劝善规过

绕膝承欢图开佳象，
齐眉至乐福备人间。　　　　佚名

热情友善

人和万事兴

人间岁月闲难得，天下知交老更亲。

　　　　　　　　　　　　佚名

人居两地，情发一心。

　　　　清－曹雪芹《红楼梦》句

人善我，我亦善之；
人不善我，我亦善之。

　　　　汉－韩婴《韩诗外传》句

人生贵相知，何必金与钱。

　　　　唐－李白《赠友人》句

人心齐，泰山移。　　　　谚语

人遇误解休怨恨，事逢得意莫轻狂。

　　　　明－《增广贤文》句

荣辱与共

容人之过，却非顺人之非。

　　　　清－陈宏谋《训俗遗规》卷四句

身无彩凤双飞翼，心有灵犀一点通。

　　　　唐－李商隐《无题二首》句

实言，实行，实心。

　　　　明－吕坤《呻吟语·诚实》句

谁要求没有缺点的朋友，谁就没有
朋友。　　　　　　　　佚名

四海之内皆兄弟。

　　　　春秋－孔子门人《论语·颜渊》句

同心山成玉，协力土变金。　佚名

同心同德

同心同德家道盛，相亲相爱情谊长。

　　　　　　　　　　　　佚名

土相扶为墙，人相扶为王。

　　　　唐－李百药《北齐书·尉景传》句

推心置腹，开诚布公。

　　　　唐－张九龄《亲贤》句

万人丛中一握手，使我衣袖三年香。

　　　　清－龚自珍《投宋于庭》句

为爱清香频入座，欣同知己细谈心。

　　　　　　　　　　　　佚名

唯德自成邻。

　　唐－祖泳《请明宴司勋刘郎中别业》句

唯宽可以容人，唯厚可以载物。

　　　明－薛瑄《薛文清公读书录·器量》句

温良恭俭让。

　　　　春秋－孔子门人《论语·学而》句

105

温柔敦厚，《诗》教也。
　　　　西汉－戴德《礼记－经解》句

贤人常克己，俗子不饶人。　　　佚名

相识于缘，相知于诚。　　　　　佚名

相视而笑，莫逆于心。
　　　　战国－庄周《庄子·大宗师》句

相知无远近，万里尚为邻。
　　　　唐－张九龄《送韦城李少府》句

新知长相知知心知意知冷暖，
老伴永作伴伴读伴游伴春秋。　　佚名

兄爱而友，弟敬而顺。
　　周－左丘明《左传·昭公二十六年》句

兄弟敦和睦，朋友笃信诚。
　　　　唐－陈子昂《座右铭》句

兄须爱其弟，弟必恭其兄。
勿以纤毫利，伤此骨肉情。
　　清－玄烨《古今图书集成·家典范》句

严以律己，宽以待人。

一手独拍，虽疾无声。
　　　　战国－韩非《韩非子·功名》句

一丝不线，单木不林。　　　　谚语

友善

有朋自远方来，不亦乐乎？
　　　春秋－孔子门人《论语·学而》句

鱼水情

与人善言，暖于布帛；
伤人以言，深于矛戟。
　　　　战国－荀况《荀子·荣辱》句

远亲不如近邻。
　　　　　　明－《增广贤文》句

在责备中带安慰，在批评中带肯定，
在训诫中带勉励，在命令中带帮助。
　　　　　　　　　　　　佚名

赠人以言，重于珠玉；
伤人以言，甚于剑戟。　　　　佚名

至白涅不缁，至交淡不疑。
　　　　　　唐－孟郊《劝友》句

治家严，家乃和；居乡恕，乡乃睦。
　　　　清－王豫《蕉窗日记》卷二句

106

赞 聚 会

B

笔酣诗意厚，墨舞友情深。　　佚名

C

春风桃李花开日。

唐－白居易《长恨歌》句

F

风景这边独好。

现代－毛泽东《清平乐·会昌》句

风云际会

G

恭逢其盛

H

壶容天下茶，缘逢知心友。　　佚名

欢歌笑语

L

乐在其中

M

满座风生

Q

其乐融融

情深恭敬少，知己笑谈多。　　佚名

情深谊长

情怡心醉

群贤毕至，少长咸集。

晋－王羲之《兰亭集序》句

群英集萃

S

赏心悦事，美景良辰。　　佚名

T

陶陶然乐在其中。

唐－杨炯《登秘书省阁诗序》句

W

万管玉箫歌盛世，千支神笔赞新风。

佚名

Y

一时今夕会，万里故乡情。

唐－杜甫《季秋苏五弟缨江楼夜宴崔
十三评事、韦少府侄三首》句

意酣兴浓

莺歌燕舞日，花好月圆时。　　佚名

Z

座上清茶依旧，国家景象常新。

现代－胡耀邦联语

警 策 篇

修 身 正 己

A

傲不可长，欲不可纵。
乐不可极，志不可满。
唐－吴兢《贞观政要·慎终》句

B

抱诚守真

博学而不穷，笃行而不倦。
西汉－戴德《礼记·儒行》句

博学之，审问之，
慎思之，明辨之，笃行之。
西汉－戴德《礼记·中庸》句

不尤人则德益弘，能克己则学益进。
清－蒲松龄《聊斋志异·司文郎》句

不知则问，不能则学。
汉－董仲舒《春秋繁露·执贽》句

C

恻隐之心，仁之端也；羞恶之心，义之端也；辞让之心，礼之端也；是非之心，智之端也。
战国－孟轲《孟子·公孙丑上》句

充海阔天高之量，养先忧后乐之心。
佚名

慈俭和静。
清－张英《聪训斋语》养生句意

从善改过
唐－魏征《群书治要·周易·益》句

从善如流
宋－苏轼《上皇帝书》句

D

大其心容天下之物，虚其心受天下之善，平其心论天下之事，潜其心观天下之理，定其心应天下之变。
清－金兰生《格言联璧·存养》句

待人要绝对诚实，律己务十分严正。
佚名

道由心悟

德无常师，主善为师。
《尚书·咸有·德》句

德行者本也，文章者末也。
东晋－葛洪《抱朴子·文行》句

德业常看胜于我者，则愧耻增；境遇常看不及我者，则怨尤息。
佚名

读好书，交益友。　　　　　　　谚语

读书必自期，责己何敢宽。
　　清－高斌《次韵奉和西林先生》句

读书即未成名，究竟人高品雅；
修德不期获报，自然梦稳心安。
　　　　清－金兰生《格言联璧》句

读有字书，识无字理。
　　　　明－鹿善继《四书说约》句

睹松竹则思贞操之贤，
临清流则贵廉洁之行。
　　唐－房玄龄等《晋书·张天锡传》句

F

反求诸己

非淡泊无以明德，非宁静无以致远，
非宽大无以兼覆，非慈厚无以怀众，
非平正无以制断。
　　　　汉－刘安《淮南子·主术训》句

非淡泊无以明志，非宁静无以致远。
　　　　三国蜀－诸葛亮《诫子书》句

非礼勿视，非礼勿听，
非礼勿言，非礼勿动。
　　　春秋－孔子门人《论语·颜渊》句

非莫非于饰非，过莫过于文过。
　　五代－贯休《续姚梁公座右铭并序》句

G

改过不吝，从善如流。

宋－苏轼《上皇帝书》句

告我以吾过者，吾之师也。
　　　　唐－韩愈《答冯宿书》句

古之欲明德于天下者，先治其国；欲
治其国者，先齐其家；欲齐其家者，
先修其身；欲修其身者，先正其心；
欲正其心者，先诚其意；欲诚其意
者，先致其知；致知在格物。
　　　　西汉－戴德《礼记·大学》句

H

好学近乎知，力行近乎仁，
知耻近乎勇。
　　　　西汉－戴德《礼记·中庸》句

回思往事难全是，
静看来今好自为。　　　　　　佚名

活到老学到老。
　　　　　　　现代－徐特立语

J

坚持公私分明，先公后私，
克己奉公。坚持崇廉拒腐，
清白做人，干净做事。
坚持尚俭戒奢，艰苦朴素，
勤俭节约。坚持吃苦在前，
享受在后，甘于奉献。
　　　　　　中共党员廉洁自律规范

俭以养德

见德思齐

见善必行，闻过必改。

明－钱琦《钱公良测语上·徭庚》句

见善思齐。

唐－吴兢《贞观政要·教诫太子诸王》句

见贤思齐

春秋－孔子门人《论语·里仁》句

骄傲来自浅薄，狂妄出于无知。 佚名

洁身自爱

戒骄戒躁

近朱者赤，近墨者黑。

晋－傅玄《太子少傅箴》句

敬畏

静思明事理，诚朴贯人生。 佚名

静以修身，俭以养德。

三国蜀－诸葛亮《诫子书》句

静以修身，俭以养性。

唐－李延寿《南史·陆慧晓传》句

救寒莫如重裘，止谤莫如自修。

西晋－陈寿《三国志·魏志·王昶传》句

居身不使白玉玷，立志宜与青云齐。

近代－华世奎联语

居心要宽，持身要严。

清－申居郧《西岩赘语》句

绝苟且之友，怀检点之心。 佚名

君子求诸己，小人求诸人。

春秋－孔子门人《论语·卫灵公》句

君子养心莫善于诚。

战国－荀况《荀子·不苟》句

君子有九思：视思明，听思聪，色思温，貌思恭，言思忠，事思敬，疑思问，忿思难，见得思义。

春秋－孔子门人《论语·季氏》句

君子之过也，如日月之食焉：过也，人皆见之；更也，人皆仰之。

春秋－孔子门人《论语·子张》句

君子之学，博于外而尤贵精于内，论诸理而尤贵达于事。

明－王廷相《慎言·潜心》句

K

可有尘瑕须拂拭，敞开心肺给人看。

现代－谢觉哉诗句

渴不饮盗泉水，热不息恶木阴。

晋－陆机《猛虎行》句

克己复礼为仁。

春秋－孔子门人《论语·颜渊》句

L

乐而不荒

理明怀乃裕，
心定气自清。 佚名

力学笃行

立德，立功，立言。
　　周－左丘明《左传·襄公二十四年》句意

立德践言，行全操清。
　　　　东晋－葛洪《抱朴子·广譬》句

立身以立学为先，立学以读书为本。
　　　　宋－欧阳修《欧阳文忠公文集》句

立志言为本，修身行乃先。
　　　　　唐－吴叔达《言行相顾》句

立志不随流俗转，留心学到古人难。
　　　　　　　　　　　　　佚名

砺德身心正，求知耳目聪。　　佚名

廉洁从政，自觉保持人民公仆本色。
廉洁用权，自觉维护人民根本利益。
廉洁修身，自觉提升思想道德境界。
廉洁齐家，自觉带头树立良好家风。
　　　中共党员领导干部廉洁自律规范

临事须替别人想，论人先把自己评。
　　　　　近代－弘一法师语

论先后，知为先；论轻重，行为重。
　　　　宋－朱熹《朱子语类辑略》句

M
美德大都包含在良好的习惯之内。
　　　　　美国－帕利克语

莫做无聊事，多读有益书。　　佚名

目失镜，则无以正须眉，
身失道，则无以知迷惑。
　　　　战国－韩非《韩非子·观行》句

N
内怀冰清，外涵玉润。
　　　　唐－姚崇《冰壶诫序》句

内省不疚，何忧何惧。
　　　春秋－孔子门人《论语·颜渊》句

内正其心，外正其容。
　　　　　宋－欧阳修《辨左氏》句

宁静而致远，淡泊以清心。
　　　　　三国蜀－诸葛亮语意

Q
器不饰则无以为美观，
人不学则无以有懿德
　　　　汉－徐干《中论·治学》句

乾坤容我静，名利任人忙。
　　　　　清－苏曼殊联语

勤攻吾之缺。
　　　　　三国蜀－诸葛亮语

清心寡欲

取人之长，补己之短。

去谗远色，贱货而贵德。
　　　　西汉－戴德《礼记·中庸》句

R

让状态形成习惯，让习惯化为品质，
让品质变成个性，让个性决定命运。

佚名

人美在心，话美在真。　　　　佚名

人无鉴于水，当求鉴于人；
水鉴见人貌，人鉴见人神。

宋－邵雍《求鉴吟》句

仁义礼智信，谓之五常，废一不可。

唐－吴兢《贞观政要·诚信》句

任何改正，都是进步。

英国－达尔文语

日省其身，有则改之，无则加勉。

宋－朱熹《四书集注》句

日习则学不忘，自勉则身不堕。

三国魏－徐干《中论·治学》句

S

三人行，必有我师焉。择其善者而从
之，其不善者而改之。

春秋－孔子门人《论语·述而》句

山以仁静，水以智流。

唐－李延寿《北史·郭祚传》句

善不可失，恶不可长。

周－左丘明《左传·隐公六年》句

善观人者索其终，善修己者履其始。

明－郑心材《郑敬中摘语》句

善欲人知，不是真善；
恶恐人知，便是大恶。

明－朱柏庐《治家格言》句

身是菩提树，心如明镜台。
时时勤拂拭，莫使染尘埃。

唐－神秀《偈》

慎独

慎独慎微，慎始慎终。　　　　佚名

慎微防萌

汉－王符《潜夫论·浮侈》句

圣人无常师。

唐－韩愈《师说》句

视其善者，取以为师，从之如不及；
视其恶者，用以为戒，畏之如扬汤。

明－张居正《进帝鉴图说疏》句

水能性淡为吾友，竹节心虚是我师。

唐－白居易《池上竹》句

铄金索坚贞，洗玉求明洁。

唐－孟郊《投所知》句

素食则气不浊，独窗则神不浊，
默坐则心不浊，读书则口不浊。

清－朱锡绶《幽梦续影》句

虽居世网常清静，夜对高僧无一言。

唐－韦应物《县内闲居赠温公》句

T

陶冶情操，净化灵魂。　　　　　佚名

天行健，君子以自强不息。
　　　　　　　周 - 《易经·乾》句

痛莫大于不闻过，辱莫大于不知耻。
　　　　隋 - 王通《文中子·关朗》句

土积而成山阜，水积而成江海，行积
而成君子。
　　　　汉 - 桓宽《盐铁论·执务》句

退思补过

W

唯正己可以化人，唯尽己可以服人。
　　　　　　清 - 申居郧《西岩赘语》句

闻恶能改。
　　唐 - 吴兢《贞观政要·教诫太子诸王》句

闻过则喜，嫉恶如仇。　　　　　佚名

闻过则喜，闻善则拜。
　　　　战国 - 孟轲《孟子·公孙丑上》句

闻毁勿戚戚，闻誉勿欣欣。
自顾行何如，毁誉安足论。
　　　　　唐 - 白居易《续座右铭》句

闻一善言，见一善事，行行唯恐不及；
闻一恶言，见一恶事，远远唯恐不速。
　　　　　　　唐·马总《意林》句

闻誉恐，闻过欣。　　　《弟子规》句

无事常思己过，闲谈莫论人非。佚名

吾日三省吾身。
　　　　春秋 - 孔子门人《论语·学而》句

X

习惯成自然。　　　　　　　　谚语

先学做人，后学做事。　　　　　佚名

贤者，吾敬之以为法；不贤者，吾敬
之以为戒。
　　　　　　　宋 - 崔敦礼《刍言》句

小善虽无大益而不可不为，
细恶虽无近祸而不可不去。
　　　　东晋 - 葛洪《抱朴子·君道》句

心不清则无以见道，
志不确则无以立功。
　　　　　　　宋 - 林逋《省心录》句

修己以清心为要，涉世以慎言为先。
　　　　　　　　　　　　　　佚名

修身践言，谓之善行。
　　　　西汉 - 戴德《礼记·曲礼上》句

修身洁行。
　　　　　　　宋 - 王安石《命解》句

修身岂为名传世，做事常思利及人。
　　　　　　　　　　　　　　佚名

修身如执玉，积德胜遗金。　　　佚名

114

修身正己

学而不厌，诲人不倦。
　　　春秋－孔子门人《论语·述而》句

学贵心悟。
　　　宋－张载《张子全书·学大原》句

学贵要，虑贵远，信贵笃，行贵果。
　　　明－方孝孺《逊志斋集》句

学以养德

Y

雅趣

严以修身、严以用权、严以律己；
谋事要实、创业要实、做人要实。
　　当代－习近平《关于推进作风建设的
　　　　　　讲话》句（三严三实）

言之者无罪，闻之者足戒。
　　　　　　《诗经·大序》句

养其心莫善于诚。
　　　唐－魏徵《群书治要·体论》句

养天地正气，法古今完人。
　　　　　现代－孙中山手书联语

以古为镜，可以知兴替；
以人为镜，可以明得失。
　　　唐－吴兢《贞观政要·任贤》句

以仁安人，以义正己。
　　　汉－董仲舒《春秋繁露·仁义法》句

以责人之心责己，则寡过；
以恕己之心恕人，则全交。
　　　　　宋－林逋《省心录》句

与其喜闻人之过，不若喜闻己之过；
与其乐道己之善，不若乐道人之善。
　　　　明－吕坤《呻吟语·修身》句

欲修其身者，先正其心；
欲正其心者，先诚其意；
欲诚其意者，先致其知。
　　　西汉－戴德《礼记·大学》句

Z

朝过夕改

正心诚意

正则用之，邪则去之，
是则行之，非则改之。
　　　　　宋－苏轼《论时政状》句

知耻近乎勇
　　　西汉－戴德《礼记·中庸》句

知耻尚荣

直从萌芽拔，高自毫末始。
　　　唐－白居易《云居寺孤桐》句

止谤莫如修身。
　　　三国魏－徐幹《中论·虚道》句

制怒

115

忠，孝，仁，爱，信，义，和，平。

佚名

忠信廉洁，立身之本。

宋－林逋《省心录》句

种树者必培其根，种德者必养其心。

明－王守仁《传习录》句

重精神，贵德育。

近代－梁启超《南海康先生传》句

昼之所为，夜必思之；
有善则乐，有过则惧。

宋－林逋《省心录》句

自强不息

自重不可自大，自谦不可自卑。

佚名

自重，自省，自警，自励

处 世 为 人

A

爱而知其恶，憎而知其善。
　　　　西汉－戴德《礼记·正义》句

爱人者，人恒爱之；
敬人者，人恒敬之。
　　　　战国－孟轲《孟子·离娄下》句

安常处顺

安分身无辱，防非口慎开。　　佚名

安贫乐道

傲不可长，欲不可纵，
乐不可极，志不可满。
　　　　唐－吴兢《贞观政要·慎终》句

B

白圭玷可灭，黄金诺不轻。
　　　　唐－陈子昂《座右铭》句

白头如新，倾盖如故。
　　　　汉－班固《汉书·邹阳传》句

帮助别人，快乐自己。　　佚名

包容

饱而知人之饥，温而知人之寒，逸而
知人之劳。
　　　　春秋－晏婴《晏子春秋·内篇谏上》句

保生者寡欲，保身者避名。
　　　　宋－林逋《省心录》句

抱素怀朴，安性约身。　　　佚名

报恩忘怨

豹死留皮，人死留名。
　　　　宋－欧阳修《新五代史·王彦章传》句

卑己而尊人，小心而畏义。
　　　　西汉－戴德《礼记·表记》句

卑己尊人

秉德无私
　　　　战国－庄周《庄子》句

秉正

博爱

博学而不穷，笃行而不倦。
　　　　西汉－戴德《礼记·儒行》句

博学之，审问之，慎思之，
明辨之，笃行之。
　　　　西汉－戴德《礼记·中庸》句

不傲才以骄人，不以宠而作威。
　　　　三国蜀－诸葛亮《将戒》句

不饱食以终日，不弃功于寸阴。
　　　东晋－葛洪《抱朴子·爵学》句

不背俗以骄逸，不趋时以沽名。
唐－白居易《陈中师除太常少卿制》句

不蔽人之善，不言人之恶。
　　　西汉－刘向《战国策·楚策》句

不谄上而慢下，不厌故而敬新。
　　　汉－王符《潜夫论·交际》句

不攻人短，莫恃己长。　　　　佚名

不患位之不尊，而患德之不崇。
　南朝宋－范晔《后汉书·张衡列传》句

不惑时尚

不矜细行，终累大德。
　　　　　　《尚书·旅獒》句

不可以己心之爱憎，诬人以善恶。
　　　唐－魏征《群书治要·礼记》句

不愧于人，不畏于天。
　　　　《诗经·小雅·何人斯》句

不媚时俗

不能改变环境就适应环境，
不能改变别人就改变自己。　　佚名

不念旧恶

不攀比不计较知足常乐，

顺时势始天意随遇而安。　　　佚名

不受虚言，不听浮术，
不采华名，不兴伪事。
　　　　汉－荀悦《申鉴·俗嫌》句

不受虚誉，不祈妄福，不避死义。
　　　　隋－王通《文中子·礼乐》句

不妄求则心安，不妄做则身安。佚名

不为不可成，不求不可得；
不处不可久，不行不可复。
　　　春秋－管仲《管子·牧民》句

不为积习蔽，不为时尚惑。　　佚名

不为穷变节，不为贱易志。
　　　　汉－桓宽《盐铁论－地广》句

不为五斗米折腰。
　　　唐－房玄龄等《晋书·陶潜传》句

不为已甚

不向炎凉逐世情。
　　　　宋－曾巩《刁景纯挽歌词》句

不要人夸颜色好，只留清气满乾坤。
　　　　　　元－王冕《墨梅》句

不以求备取人，不以己长格物。
　　　唐－吴兢《贞观政要·任贤》句

不以人之坏自成，不以人之卑自高。
　西晋－陈寿《三国志·魏志·文帝传》句

不以物喜，不以己悲。
　　　　宋－范仲淹《岳阳楼记》句

不义而富且贵，于我如浮云。
　　　　春秋－孔子门人《论语·述而》句

不役世俗之乐，唯求我心所安。　佚名

不因果报方行善，岂为功名始读书。
　　　　　　　　　　　　　　佚名

不诱于誉，不恐于诽。
　　　　战国－荀况《荀子·非十二子》句

不责人所不及，不强人所不能，
不苦人所不好。
　　　　隋－王通《文中子·魏相篇》句

不责人小过，不发人隐私，
不念人旧恶。
　　　　明－洪应明《菜根谭》句

不知则问，不能则学。
　　　　汉－董仲舒《春秋繁露·执贽》句

不自重者取辱，不自畏者招祸。
　　　　宋－林逋《省心录》句

不自作聪明就是最聪明。
　　　　英国－佩里安德语

不作无补之功，不为无益之事。
　　　　春秋－管仲《管子·禁藏》句

C

才不及人凡事让，学能知命此心安。
　　　　　　　　　　　　　　佚名

采善不逾其美，贬恶不溢其过。
　　　　汉－王充《论衡·感类》句

藏锋守拙

操存要有真宰，应用要有圆机。
　　　　明－洪应明《菜根谭·应酬》句

常思反哺之义，常怀感恩之心。
　　　　　　　　　　　　　　佚名

沉默并非总是智能的表现，但唠叨却
永远是一项愚蠢的行动。
　　　　美国－富兰克林语

沉默容易使人跟朋友疏远，热烈的诉
说和自由则使人们互相接近。
　　　　现代－巴金语

成大事者不恤小耻，
立大功者不拘小谅。
　　　明－冯梦龙《东周列国志》第十六回句

成人之美
　　　　春秋—孔子门人《论语·颜渊》句

成事在理不在势，服人以诚不以言。
　　　　宋－苏轼《拟进士对御试策》句

诚无垢，思无辱。
　　　　汉－刘向《说苑·敬慎》句

诚无悔，恕无怨，和无仇，忍无辱。
宋－林逋《省心录》句

诚心敬意

诚信

诚意待人终有得，平心应事自无争。
佚名

吃亏是福

充海阔天高之量，养先忧后乐之心。
佚名

崇人之德，扬人之美。
战国－荀况《荀子·不苟》句

宠辱不惊，闲看庭前花开花落；
去留无意，漫观天外云卷云舒。
明－洪应明《菜根谭》句

出言贵审慎，则无纰缪；
行路贵庄重，则不轻佻。　　佚名

处其厚，不居其薄；
处其实，不居其华。
春秋－老聃《老子》句

处人不可任己意，要悉人之情；
处事不可任己意，要悉事之理。
明－吕坤《呻吟语·识见》句

处顺境宜静，处逆境宜忍。
遇大事宜平，遇急事宜缓。　　佚名

处世忌太洁，至人贵藏辉。
唐－李白《沐浴子》句

处世让一步为高，
退步即进步的张本；
待人宽一分是福，
利人实利己的根基。
明－洪应明《菜根谭》句

处世无奇惟忠惟恕，
治家有道克勤克俭。　　佚名

处事以智，不如守正。
清－申居郧《西言赘语》句

处逸乐而欲不放，居贫苦而志不倦。
汉－王充《论衡·自纪》句

传家有道惟存厚，处世无奇但率真。
清－胡雪岩故居楹联

慈悲做人，智慧做事。　　佚名

从官重恭慎，立身贵廉明。
唐－陈子昂《座右铭》句

从来有名士，不用无名钱。　　佚名

从容入世，清淡出尘。　　佚名

从善改过。
唐－魏征《群书治要·周易·益》句

从善如流。
宋－苏轼《上皇帝书》句

聪明人跌倒一次，从中吸取教训；
愚蠢人跌倒一次，从此不再爬起来。

                    佚名

聪明者戒太察，刚强者戒太暴，温良
者戒无断。

      清－金兰生《格言联璧》句

D

大辩若讷。

      春秋－老聃《老子》第四十五章句

大其心容天下之物，虚其心受天下之
善，平其心论天下之事，潜其心观天
下之理，定其心应天下之变。

      清－金兰生《格言联璧·存养》句

大巧若拙。

      春秋－老聃《老子》第四十五章句

大巧在所不为，大知在所不虑。

      战国－荀况《荀子·天论》句

大人者，言不必信，行不必果，惟义
所在。

      战国－孟轲《孟子·离娄下》句

大事不糊涂，小事不计较。　　佚名

大行不顾细谨，大礼不辞小让。

      汉－司马迁《史记·项羽本纪》句

大勇若怯。

      宋－苏轼《贺欧阳少师致仕启》句

大智若愚。

      宋－苏轼《贺欧阳少师致仕启》句

待人宽三分是福，处事退一步为高。

                    佚名

待人要绝对诚实，律己务十分严正。

                    佚名

但攻吾过，勿议人非。

      清－陈确《陈确集·别集·不乱说》句

但立直标，终无曲影。

     五代后晋－刘昫《旧唐书·崔彦昭传》句

但知行好事，莫要问前程。

           五代－冯道《天道》句

淡泊名利

淡饭粗茶有真味，明窗净几是安居。

                    佚名

当默用言，言是垢；
当言任默，默为尘。

          宋－邵雍《言默吟》句

当仁不让，见义勇为。　　　　佚名

道不同，不相为谋。

      春秋－孔子门人《论语·卫灵公》句

得黄金百斤，不如得季布一诺。

      汉－司马迁《史记·季布·栾布列传》句

得理要饶人，理直气要和。　　佚名

得人则安，失人则危。
　　　三国魏－曹丕《秋湖行二首》句

得人者兴，失人者崩。
　　　汉－司马迁《史记·商君列传》句

得荣思辱，身安思危。
　　　　　　　　《名贤集》句

得意不可忘形，失意不可失志。　佚名

得意淡然，失意泰然。　　　　　佚名

得意时，不可作骄傲语；
失意时，不可作激愤言。　　　　佚名

德业常看胜于我者，则愧耻增；
境遇常看不及我者，则怨尤息。
　　　　　　　　　　　　　　佚名

滴水之恩涌泉相报。　　　　　　谚语

敌人要从宽认定，朋友要从严录取。
　　　　　　　　　当代－李敖语

动必三省，言必三思。
　　　　　唐－白居易《策林》句

动静不失其时。
　　　　周－《周易·艮卦》句

动静屈伸，唯变所适。
　　　三国魏－王弼《周易略例》句

动则三思，虑而后行。
　西晋－陈寿《三国志·魏志·杨阜传》句

读好书，交益友。　　　　　　　谚语

读圣贤书行仁义事，
立修齐志存忠孝心。　　　　　　佚名

读书可以广智，宽恕可以交友。
　　　　　法国－罗曼·罗兰语

读书要能自出见解，
处世无过善体人情。　　　　　　佚名

读书应提要，处事须通情。　　　佚名

笃信好学。
　　　春秋－孔子门人《论语·泰伯》句

妒前无亲。
　　　北宋－司马光《资治通鉴·魏纪》句

杜悦耳之邪说，甘苦口之忠言。
　　　唐－吴兢《贞观政要·刑法》句

度德而处之，量力而行之。
　周－左丘明《左传·隐公十一年》句

度德而师，易子而教。
　　　隋－王通《文中子·立命》句

对骄傲的人不要谦虚，
对谦虚的人不要骄傲。　　　　　佚名

对所有的人以诚相待，同多数人和睦
相处，和少数人常来常往，只跟一个
人亲密无间。
　　　　　美国－富兰克林语

对忧人勿乐，对哭人勿笑，
对失意人勿矜。

明－吕坤《呻吟语·应务》句

敦亲睦邻

多读古人书，静思天下事。

佚名

多福集于大度者，成功率在小心人。

佚名

多难始应彰劲节，至公安肯为虚名。

唐－韩偓《息兵》句

多言不可与远谋，多动不可与久处。

隋－王通《文中子·魏相》句

多知世事胸襟阔，阅尽人情眼界宽。

佚名

E

恶绝于心，仁形于色。

唐－韩愈《郓州溪堂诗序》句

恶言不出于口，忿言不反于身。

西汉－戴德《礼记·祭义》句

耳不闻人之非，目不视人之短，口不言人之过。

宋－林逋《省心录》句

F

发乎情，止乎礼义。

《毛诗序》句

凡事顺其自然，遇事处之泰然，
得意之时淡然，失意之时坦然，
艰辛曲折必然，历尽沧桑悟然。

佚名

反求诸己

非淡泊无以明德，非宁静无以致远，
非宽大无以兼覆，非慈厚无以怀众，
非平正无以制断。

汉－刘安《淮南子·主术训》句

非淡泊无以明志，非宁静无以致远。

三国蜀－诸葛亮《诫子书》句

非分之想莫萌，无益之事莫做。

佚名

非礼勿视，非礼勿听，
非礼勿言，非礼勿动。

春秋－孔子门人《论语·颜渊》句

逢人只说三分话，未可全抛一片心。

明－冯梦龙《警世通言·杜十娘怒沉百宝箱》句

浮生适意即为乐。

佚名

父子有亲，君臣有义，夫妇有别，长幼有序，朋友有信。

春秋－孟轲《孟子·滕文公上》句

富观其所与，贫观其所取，
达观其所好，穷观其所为。

隋－王通《文中子·王道》句

富贵不能淫，贫贱不能移，
威武不能屈。
　　　春秋－孟轲《孟子·滕文公下》句

富贵一时，名节千古。　　　佚名

G

改过不吝，从善如流。
　　　　宋－苏轼《上皇帝书》句

高官不如高薪，高薪不如高寿，
高寿不如高兴，高兴不如高尚。 佚名

公正无私。
　　　汉－刘安《淮南子·脩务训》句

攻人之恶毋太恶，要思其堪受；
教人之善毋过高，当使其可从。
　　　　　明－洪应明《菜根谭》句

恭而有礼。
　　　春秋－孔子门人《论语·颜渊》句

恭为德首，慎为行基。
　　　　　晋－羊祜《诫子书》句

恭者不侮人，俭者不夺人。
　　　战国－孟轲《孟子·离娄上》句

故旧不遗。
　　　春秋－孔子门人《论语·泰伯》句

瓜田不纳履，李下不整冠。
　　　　　　　汉－《乐府》句

官以清为贵，民以勤为贵。　　佚名

归真返璞，则终身不辱。
　　　西汉－刘向《战国策·齐策》句

贵不凌贱

贵不易交

贵人而贱己，先人而后己。
　　　　西汉－戴德《礼记·坊记》句

贵视其所举，富视其所与，
贫视其所不取，穷视其所不为。
　　　　　汉－刘向《说苑·臣术》句

H

海纳百川，有容乃大，
壁立千仞，无欲则刚。
　　　　　　　清－林则徐联语

好而知其恶，恶而知其美。
　　　　西汉－戴德《礼记·大学》句

好胜者必争，贪勇者必辱。
　　　　　宋－林逋《省心录》句

好学近乎知，力行近乎仁，
知耻近乎勇。
　　　　西汉－戴德《礼记·中庸》句

和而不流。
　　　　西汉－戴德《礼记·中庸》句

和而不同。
　　　春秋－孔子门人《论语·子路》句

和若春风和为贵。

和为贵。
　　春秋－孔子门人《论语·学而》句

和为贵，善为本，诚为先。　　佚名

和以处众，宽以接下，恕以待人。
　　宋－李邦宪《省心杂言》句

横眉冷对千夫指，俯首甘为孺子牛。
　　现代－鲁迅《自嘲》句

华而不实，耻也。
　　战国－《国语·晋语》句

话多不如话少，话少不如话好。佚名

诲人不倦。
　　清－王夫之《周易内传》句

毁人者，自毁之；誉人者，自誉之。
　　唐－皮日休《鹿门隐书》句

祸不入慎家之门。
　唐－王勃《平台秘略赞十首·规讽九》句

祸从口出

祸福无门，吉凶由己。
　唐－吴兢《贞观政要·教诫太子诸王》句

祸之至也，人自生之；
福之来也，人自成之。
　　北齐－刘昼《刘子·慎隙》句

J

机缘不能只是坐等，
而是要自己去创造。
　　　　　　　日本－池田大作语

激浊扬清，疾恶好善。
　　唐－吴兢《贞观政要·任贤》句

己所不欲勿施于人。
　　春秋－孔子门人《论语·卫灵公》句

己欲立而立人，己欲达而达人。
　　春秋－孔子门人《论语·雍也》句

记人之长，忘人之短。
　　唐－张九龄《敕渤海王大武艺书》句

坚持公私分明，先公后私，克己奉
公。坚持崇廉拒腐，清白做人，干净
做事。坚持尚俭戒奢，艰苦朴素，勤
俭节约。坚持吃苦在前，享受在后，
甘于奉献。
　　　　　　中共党员廉洁自律规范

兼听则明，偏信则暗。
　　汉－王符《潜夫论·明暗》句

见富贵而生谄容者最可耻，
遇贫穷而作骄态者贱莫甚。
　　　　　　　　　《名贤集》句

见利思义

见善思齐。
　　唐－吴兢《贞观政要·教诫太子诸王》句

见善思齐，见恶内省。　　　　　佚名

见贤思齐
　　春秋－孔子门人《论语·里仁》句

见义勇为

讲文明，讲礼貌，讲卫生，
讲秩序，讲道德。
　　当代－"五讲四美"之"五讲"

交不为利，仕不谋禄。
　　三国魏－嵇康《卜疑集》句

交不遗旧，言不崇华。　　　　　佚名

交善人，读善书，
听善言，从善行。　　　　　　　佚名

交善人者道德成，存善心者家里宁，
为善事子孙兴。
　　　　明－方孝孺《柱铭》句

交友须带三分侠气，
做人要存一点素心。
　　　　明－洪应明《菜根谭》句

节酒慎言。
　唐－房玄龄等《晋书·凉武旺王李玄盛
传》句

节食则无疾，择言则无祸。
　　　　宋－何坦《西畴老人常言》句

洁己爱人

结交须择善，非识莫与心。
　　唐－王梵志《结交须择善》句

结有德之朋，绝无义之交。
　　　　　　　　《名贤集》句

戒骄戒躁

金以刚折，水以柔全。
　　　　东晋－葛洪《抱朴子·广譬》句

谨慎为安全之母，思索是谨慎之母。
　　　　　　　　　　　　　　佚名

谨言不出错，慎行少跌跤。　　　佚名

尽人事而待天命。
　　　　宋－胡寅《致堂读书管见》句

近贤远谗

进不失廉，退不失行。
　　春秋－晏婴《晏子春秋·内篇问上》句

敬而无失。
　　春秋－孔子门人《论语·颜渊》句

敬静净

敬畏

敬贤而勿慢，使能而勿贱。
　　　　汉－刘向《说苑·说丛》句

敬业
静思明事理，诚朴贯人生。　　　佚名

126

久与贤人处则无过。

　　　　战国－庄周《庄子·德充符》句

酒要少饮，事要多知。　　　　　佚名

居安思危，有备无患。

　　周－左丘明《左传·襄公十一年》句

居必择地，行必依贤。

　　　　　　唐－皮日休《足箴》句

居必择邻，交必良友。

　　　　　　　　　《名贤集》句

居处恭，执事敬，与人忠。

　　春秋－孔子门人《论语·子路》句

居身不使白玉玷，立志宜与青云齐。

　　　　　　近代－华世奎联语

居心要宽，持身要严。

　　　　清－申居郧《西岩赘语》句

举大体而不论小事，
务实效而不为虚名。

　　　　　宋－苏轼《贺杨龙图启》句

举善而任之，择善而从之。

　　　　唐－吴兢《贞观政要·公平》句

举止大方

绝苟且之友，怀检点之心。　　佚名

君子爱财，取之有道。

　　　　　　明－《增广贤文》句

君子不以其所能者病人，
不以人之所不能者愧人。

　　　　西汉－戴德《礼记·表记》句

君子不以色亲人

　　　　西汉－戴德《礼记·表记》句

君子不以言举人，不以人废言。

　　春秋－孔子门人《论语·卫灵公》句

君子成人之美，不成人之恶。

　　春秋－孔子门人《论语·颜渊》句

君子防悔尤，贤人诚行藏。
嫌疑远瓜李，言动慎毫芒。

　　　　　　唐－白居易《杂感》

君子固穷

　　春秋－孔子门人《论语·卫灵公》句

君子贵人而贱己，先人而后己。

　　　　西汉－戴德《礼记·坊记》句

君子忌苟合，择交如求师。

　　唐－贾岛《送沈秀才下第东归》句

君子绝交，不出恶声。

　　汉－司马迁《史记·乐毅列传》句

君子谋道不谋富。

　　　　　　唐－韩愈《吏商》句

君子求诸己，小人求诸人。

　　春秋－孔子门人《论语·卫灵公》句

君子食无求饱，居无求安，
敏于事而慎于言，就有道而正焉，
可谓好学也。
　　春秋－孔子门人《论语·学而》句

君子坦荡荡，小人常戚戚。
　　春秋－孔子门人《论语·述而》句

君子以行言，小人以舌言。
　　　　　《孔子家语·颜回》句

君子忧道不忧贫。
　　春秋－孔子门人《论语·卫灵公》句

君子欲讷，吉人寡辞。
　　　　　唐－姚崇《口箴》句

君子喻于义，小人喻于利。
　　春秋－孔子门人《论语·里仁》句

君子之交淡若水，小人之交甘若醴。
　　　战国－庄周《庄子－山木》句

君子之言，信而有征。
　　　周－左丘明《左传·昭公八年》句

君子周而不比，小人比而不周。
　　春秋－孔子门人《论语·为政》句

K

开诚心，布公道。
西晋－陈寿《三国志·蜀书·诸葛亮传》句

看得透想得开，拿得起放得下，立得
正行得直。　　　　　　　　佚名

渴不饮盗泉水，热不息恶木阴。
　　　　晋－陆机《猛虎行》句

克己奉公

克俭节用，实弘道之源；
崇侈恣情，乃败德之本。
　　唐－吴兢《贞观政要·规谏太子》句

宽厚包容

宽厚待人，严格律己；
知足常乐，不攀不比。　　　佚名

宽以待人，严以律己。

L

兰生幽谷，不为莫服而不芳；
君子行义，不为莫知而止休。
　　　汉－刘安《淮南子·说山训》句

老当益壮，宁移白首之心？
穷且益坚，不坠青云之志。
　　　　唐－王勃《滕王阁序》句

老吾老，以及人之老；
幼吾幼，以及人之幼。
　　　战国－孟轲《孟子·梁惠王上》句

乐不可极，欲不可纵。
　　　元－忽思慧《饮膳正要》句

乐不忘忧

乐而不荒

乐观

乐天知命。
　　　周 -《周易·系辞上》句

礼貌周全不花钱，却比什么都值钱。
　　　西班牙·塞万提斯语

礼尚往来。
　　　西汉 - 戴德《礼记·曲礼上》句

理正气和，义正辞缓。　　　佚名

立德，立功，立言。
周 - 左丘明《左传·襄公二十四年》句意

立德践言，行全操清。
　　　东晋 - 葛洪《抱朴子·广譬》句

立德齐今古，藏书教子孙。　　佚名

立得正行得直，拿得起放得下，看得
透想得开。　　　　　　　　佚名

立定脚跟撑起脊，展开眼界放平心。
　　　　　　　　　　　　　　佚名

立身苦被浮名累，涉世无如本色难。
　　　　　　　　　　现代 - 启功联语

利不可以虚受，名不可以苟得。
　　　汉 - 挚峻《报司马子长书》句

利居人后，责在人先。
　　　唐 - 韩愈《送穷文》句

利可共而不可独，谋可寡而不可众。
　　　　　　　　宋 - 林逋《省心录》句

利一而害百，君子不趋其利；
害一而利百，君子不辞其害。
　　　清 - 陈确《葬书·深葬说下》句

良马不念秣，烈士不苟营。
　　　　　　　唐 - 张籍《西州》句

良言一句三冬暖，恶语伤人六月寒。
　　　　　　　　　　　《名贤集》句

两袖清风方能凛然正气，
一心为公自会宠辱不惊。　　佚名

量力而行之，相时而动。
　　　周 - 左丘明《左传·隐公十一年》句

量小非君子，德高乃丈夫。
　　　　　　　　　　　《名贤集》句

谅人之过，念人之功，
怜人之苦，济人之危，
助人之短，扬人之长。　　　佚名

临财不苟

临财毋苟得，临难毋苟免。
　　　西汉 - 戴德《礼记·曲礼上》句

临大事而不乱。
　　　　　　宋 - 苏轼《策略·四》句

临大事静气为先，遇险阻宁静致远。
　　　　　　　　　　　　　　佚名

129

临事而惧,好谋而成。
　　　春秋－孔子门人《论语·述而》句

临事勿躁,待人以诚。　　　　　　佚名

临事须替别人想,
论人先把自己评。
　　　　　　近代－弘一法师语

临行而思,临言而择。
　　　　　宋－王安石《仁智》句

临渊羡鱼,不如退而结网。
　　　　汉－班固《汉书·董仲舒传》句

路径窄处,留一步与人行;
滋味浓的,减三分让人食。
　　　明－洪应明《菜根谭·概论》句

律己宜带秋风,处事宜带春风。
　　　　　清－张潮《幽梦影》句

虑事贵明,处事贵断。
　　　明－余继登《典故纪闻·三》句

乱世羞富贵。
　　　　隋－王通《文中子·礼乐》句

论交游,当亲君子而远小人;
论度量,当敬君子而容小人;
论学术,当法君子而化小人。　　佚名

M

满则虑谦,平则虑险,安则虑危。
　　　　战国－荀况《荀子·仲尼》句

满招损,谦受益。
　　　　　《尚书·大禹谟》句

面折其过,退称其美。
　　　　清－申居郧《西岩赘语》句

敏事慎言。
　　　春秋－孔子门人《论语·学而》句意

名高速谤,气盛招尤。
　　　清－官修《明史·顾宪成等传赞》句

名节重泰山,利欲轻鸿毛。
　　　　　　明－于谦《无题》句

名利淡如水,事业重如山。　　　佚名

名声清似水,人格重如山。　　　佚名

明者防祸于未萌,智者图患于将来。
　　西晋－陈寿《三国志·吴书·吕蒙传》句

明者慎言,故无失言;
暗者轻言,自至害灭。
　　　　北齐－刘昼《刘子·慎言》句

明者因时而变,知者随世而制。
　　　汉－桓宽《盐铁论·忧边》句

明智的人因为有话要说才说话,
愚蠢的人则为了必须说话而说话。
　　　　　　古希腊－柏拉图语

铭心镂骨,感德难忘;
结草衔环,知恩必报。
　　　　清－程允升《幼学琼林》句

莫取不义之财，休生非分之想。　佚名

莫做无聊事，多读有益书。　　　佚名

目不淫于炫耀之色，
耳不乱于阿谀之辞。
　　　　唐-魏徵《群书治要·新语》句

N

内方外圆

内怀冰清，外涵玉润。
　　　　　唐-姚崇《冰壶诫序》句

内睦者家道昌，外睦者人事济。
　　　　　宋-林逋《省心录》句

难得糊涂。　　　　清-郑板桥语

能创造机会，要利用机会，
勿错过机会。　　　　　　佚名

能付出爱心就是福，
能消除烦恼就是慧。　　　佚名

能去能就，能柔能刚，
能进能退，能弱能强。
　明-罗贯中《三国演义》第一百回句

能受苦乃为志士，肯吃亏不是痴人。
　　　　　　　　　　　佚名

你帮过谁，不必记住；
谁帮过你，一定记牢。　　佚名

宁静淡泊

宁可抱香枝上老，不随黄叶舞秋风。
　　　　宋-朱淑真《黄花》句

宁可清贫自乐，不作浊富多忧。
　　　　宋-道原《景德传灯录》句

宁可穷而有志，不可富而失节。　佚名

宁人负我，无我负人。
　唐-房玄龄等《晋书·沮渠蒙逊载记》句

宁为鸡口，勿为牛后。
　　　　西汉-刘向《战国策·韩策一》句

宁为宇宙闲吟客，怕作乾坤窃禄人。
　　　　　唐-杜荀鹤《自叙》句

宁为玉碎，不为瓦全。
　　　唐-李百药《北齐书·安景元传》句

怒不变容，喜不失节。
　　西晋-陈寿《三国志·魏志·后妃传》句

P

怕人知道休做，要人敬重勤学。
　　　　　　　　　《名贤集》句

旁门勿进，正道直行。　　　佚名

拼搏

贫而无谄，富而无骄。
　　　春秋-孔子门人《论语·宪问》句

贫贱不移，宠辱不惊。　　　佚名

贫贱时，眼中不着富贵；
富贵时，意中不忘贫贱。
　　　　　清－申涵光《荆园小语》句

贫贱之交不可忘。
　　南朝宋－范晔《后汉书·宋弘传》句

贫能节俭，富不奢华。　　　　佚名

平心尝世味，含笑看人生。　　佚名

平则虑险，安则虑危。
　　　　　战国－荀况《荀子·仲尼》句

Q

欺人是祸，饶人是福。　　　　谚语

其交也以道，其接也以礼。
　　　　战国－孟轲《孟子·万章下》句

骑马莫轻平地上，收帆好在顺风时。
　　　　　　　　清－袁枚《示儿》句

岂能尽如人意，但求不愧我心。
　　　　　　　现代－陈独秀联语

气忌盛，心忌满，才忌露。
　　　　明－吕坤《呻吟语·人品》句

谦虚的人常思己过，
骄傲的人只论人非。　　　　谚语
谦虚谨慎，戒骄戒躁。
　　　　　　　　　　　　佚名

谦虚使人进步，骄傲使人落后。
　　　　　　　现代－毛泽东语

钱财如粪土，仁义值千金。
　　明－冯梦龙《警世通言·桂员外途穷忏
悔》句

强不犯弱，众不暴寡。
　　　　西汉－戴德《礼记·祭义》句

巧伪不如拙诚
　　北齐－颜之推《颜氏家训·名实》句

勤

勤攻吾之缺。
　　　　　三国·蜀－诸葛亮语

轻财足以聚人，律己足以服人，
量宽足以得人，身先足以率人。
　　　　　　宋－林逋《省心录》句

轻乎细事，必有重忧。
　　　　清－申居郧《西岩赘语》句

清贫常乐，浊富多忧。　　　　佚名

穷不失义，达不离道。
　　　　战国－孟轲《孟子·尽心上》句

穷不忘操，贵不忘道。
　　　　唐－皮日休《六箴序》句

穷不忘道，老而能学。
　　宋－苏轼《黄州上文潞公书》句

穷达尽为身外事，升沉不改故人情。
　　　　　　　　　　　　佚名

穷且益坚，不坠青云之志。
　　　　　唐－王勃《滕王阁序》句

穷则独善其身，达则兼济天下。
　　　　　战国－孟轲《孟子·尽心上》句

求人不如求己。
　　　　　清－郑板桥《题画·篱竹》句

求学不为虚名，只求学以致用；
待人不在圆滑，但求无愧于心。
　　　　　　　　　　　　　佚名

去谗远色，贱货而贵德。
　　　　　西汉－戴德《礼记·中庸》句

R

让人非我弱，得志莫离群。　　佚名

人不可有傲气，但不可无傲骨。
　　　　　　　　　现代－徐悲鸿语

人而无信，不知其可也。
　　　　　春秋－孔子门人《论语·为政》句

人贵有自知之明。

人好刚，我以柔胜之；
人用术，我以诚感之；
人使气，我以理屈之。
　　　　　清－金兰生《格言联璧·接物》句

人家帮我，永志不忘；
我帮人家，莫记心上。
　　　　　　　　现代－华罗庚诗句

人老心不老，人穷志莫穷。
　　　　　　　　明－《增广贤文》句

人美在心，话美在真。　　　　佚名

人善我，我亦善之；
人不善我，我亦善之。
　　　　　汉－韩婴《韩诗外传》句

人生不在年龄，贵在心理年轻；
衣着不在时尚，贵在舒适合体；
膳食不在丰富，贵在营养均衡；
居室不在大小，贵在整洁舒畅；
养生不在刻意，贵在顺其自然；
锻炼不在夏冬，贵在持之以恒；
小病不在吃药，贵在心理调养；
作息不在早晚，贵在规律养成；
情趣不在雅俗，贵在保持童心；
贡献不在多少，贵在量力而行；
健身不在动静，贵在科学锻炼；
家庭不在贫富，贵在温馨和睦；
朋友不在多少，贵在情深意真。
　　　　　　　　　　　　　佚名

人生结交在始终，莫以升沉中路分。
　　　　　唐－贺兰进明《行路难》句

人无礼则不生，事无礼则不成，
国家无礼则不宁。
　　　　　战国－荀况《荀子·修身》句

人无癖不可与之交，以其无真情也；
人无疵不可与之交，以其无真气也。
　　　　　明－张岱《陶庵梦忆》句

133

人无远虑，必有近忧。

　　春秋－孔子门人《论语·卫灵公》句

人有德于我也，不可忘也；
吾有德于人也，不可不忘也。

　　西汉－刘向《战国策·魏策四》句

人遇误解休怨恨，事逢得意莫轻狂。

　　明－《增广贤文》句

仁不轻绝，智不轻怨。

　　西汉－刘向《战国策·燕策三》句

仁人者送人以言。

　　汉－司马迁《史记·孔子世家》句

仁义礼智信，谓之五常，废一不可。

　　唐－吴兢《贞观政要·诚信》句

仁义为友，道德为师。

　　清－史襄哉《中华谚海》句

仁者爱人，有礼者敬人。爱人者，人
恒爱之；敬人者，人恒敬之。

　　战国－孟轲《孟子·离娄上》句

仁者必敬人。

　　战国－荀况《荀子·臣道》句

仁者不忧，智者不惑，勇者不惧。

　　春秋－孔子门人《论语·宪问》句

仁者不忧，智者不惑，
勇者不惧，达者不恋。

　　现代－陶行知语

忍得一时之气，免得百日之忧。

　　明－《增广贤文》句

忍辱方能负重。　　　　　　佚名

忍一时风平浪静，退一步海阔天空。

　　明－《增广贤文》句意

认真做事，严肃做人。　　　佚名

日出东海落西山，愁也一天喜也一天；
遇事不钻牛角尖，心也舒坦身也舒坦；
少荤多素日三餐，粗也香甜细也香甜；
新衣旧衣一样穿，好也御寒赖也御寒；
工薪物价由其变，高也喜欢低也喜欢；
常和朋友谈淡天，古也谈谈今也谈谈；
心宽体健勤锻炼，忙也乐观闲也乐观；
家庭和睦乐陶然，老也安然少也安然；
幸福生活比蜜甜，不是神仙胜似神仙。

　　现代－赵朴初《宽心谣》

荣勿昂首，辱不弯腰。　　　佚名

容人之过，却非顺人之非。

　　清－陈宏谋《训俗遗规》卷四句

容直言，广视听。

　　唐－元稹《献事表》句

柔戒弱，刚戒躁。　　　　　佚名

入境而问禁，入国而问俗，
入门而问讳。

　　西汉－戴德《礼记·曲礼》句

入世须才更须节，

传家积德还积书。　　　　　佚名

S

三思而后行。
　　春秋－孔子门人《论语·公冶长》句

三思方举步，百折不回头。
　　　　　　现代－吴阶平联语

三思有益，一忍为高。　　　佚名

三思知进退，一笑对乾坤。　佚名

三思终有益，百忍永无忧。　佚名

上不怨天，下不尤人。
　　西汉－戴德《礼记·中庸》句

上交不谄，下交不渎。
　　　　周－《周易·系辞下》句

少说空话，多干实事。　　　佚名

身贵而愈恭，家富而愈俭，
胜敌而愈戒。
　　　战国－荀况《荀子·儒效》句

慎独

慎独慎微，慎始慎终。　　　佚名

慎言语，节饮食，
知止足，避嫌疑。
　　　　唐－刘子元《思慎赋》句

慎重和怯懦不是同义语，正如勇敢并

不等于鲁莽一样。
　　　　美国－艾森豪威尔语

生活守铁则，学习贵精专。
　　　　　　现代－徐特立诗句

胜不骄败不馁。
　　战国－商鞅《商君书·战法》句意

胜而不骄，败而不怨。
　　　　战国－商鞅《商君书》句

失信不立。
　　周－左丘明《左传·成公八年》句

失意休馁，得势莫狂。　　　佚名

时开方便之门，谨闭是非之口。佚名

识时务者为俊杰。
　　清－程允升《幼学琼林·人事》句

实言，实行，实心。
　　　　明－吕坤《呻吟语·诚实》句

士为知己者死，女为悦己者容。
　　西汉－刘向《战国策·赵策一》句

世事洞明皆学问，人情练达即文章。
　　清－曹雪芹《红楼梦》第五回句

世事洞明莫玩世，人情练达应助人。
　　　　　　　　　　　　　佚名

世事让三分天宽地阔，
心田留半亩子种孙耕。　　　佚名

135

世事如棋，让一着不为亏我；
心田似海，纳百川方见容人。　　佚名

事不三思终有悔，人能百忍自无忧。
　　明－冯梦龙《醒世恒言》卷三十四句

事处其劳，居从其陋，
位安其卑，养甘其薄。
　　汉－王符《潜夫论》句

事到盛时须警省，境当逆处要从容。
　　佚名

事繁勿慌，事闲勿荒，有言必信，
无欲则刚，和若春风，肃若秋霜，
取像于钱，外圆内方。
　　现代－黄炎培句

事贵善始，尤当善终。
　　明－海瑞《处补练兵银疏》句

事理通达，心气和平。　　佚名

事难行，故要敏；言易出，故要慎。
　　宋－黎靖德《朱子语类》句

事以急而败者，十常七八。
　　宋－程颢\程颐《二程粹言·论子》句

事遇机关须退步，人逢得意早回头。
　　明－兰陵笑笑生《金瓶梅词话》句

势不可使尽，福不可享尽，便宜不可
占尽，聪明不可用尽。
　　明－冯梦龙《警世通言·王安石三难苏
学士》句

守拙

受人之托，终人之事。
　　元－高则诚《琵琶记》句

树荆棘得刺，树桃李得阴。
　　明－冯梦龙《警世通言·老门生三世报
恩》句

树老怕空，人老怕松，
戒空戒松，从严以终。
　　现代－华罗庚为金坛县中学题词

树文德于庭户，立操学于衡门。
　　南朝宋－谢晦《悲人道》句

水至清则无鱼，人至察则无徒。
　　汉－班固《汉书·东方朔传》句

顺境中的美德是自制，逆境中的美德
是不屈不挠。
　　英国－弗兰西斯－培根语

顺理而举易为力，背时而动难为功。
　　唐－房玄龄等《晋书·宣帝纪李世民评
语》句

说话心平气和，处事老成持重。佚名

私仇不及公。
　　周－左丘明《左传·哀公五年》句

思其艰以图其易，言有物而行有恒。
　　佚名

驷不及舌。
　　春秋－孔子门人《论语·颜渊》句

随缘

缩小自己，放大别人；
放低自己，抬高别人。　　　　佚名

　　　　　T
太刚则折，太柔则废。
　　汉－班固《汉书·隽不疑传》句

泰而不骄
　　春秋－孔子门人《论语·子路》句

贪满者多损，谦卑者多福。
　　　宋－欧阳修《易或问》句

提得起，放得下，算得到，
做得完，看得破，撇得开。　　谚语

天下有大勇者，卒然临之而不惊，无
故加之而不怒。
　　　宋－苏轼《留侯论》句

天下有道，以道殉身；
天下无道，以身殉道。
　　战国－孟轲《孟子·尽心上》句

天下有道，则与物皆昌；
天下无道，则修德就闲。
　　战国－庄周《庄子·天地》句

天下有道则见，无道则隐。
　　春秋－孔子门人《论语·泰伯》

天下之事，成于慎而败于忽。
　　　宋－吕祖谦《东莱集》句

甜当思苦，乐不忘忧。　　　佚名

投我以桃，报之以李。
　　　　《诗经·大雅·抑》句

推诚而不欺，守信而不疑。
　　　宋－林逋《省心录》句

推心置腹，开诚布公。
　　　唐－张九龄《亲贤》句

退一步前程更远，让三分后路还宽。
　　　　　　　　佚名

　　　　　W
外柔内刚

玩人丧德，玩物丧志。
　　　《尚书－旅獒》句

万事随缘皆有味，一生知足不多求。
　　　　　　　　佚名

危邦不入，乱邦不居。
　　春秋－孔子门人《论语·泰伯》句

为官唯廉，从政唯勤。
处事唯公，做人唯实。　　　佚名
为善最乐，读书最佳。
　　　清－阮葵生《茶余客话》句

为文有时趣，做事借古风。　　佚名

137

唯宽可以容人，唯厚可以载物。
　　明－薛瑄《薛文清公读书录·器量》句

位卑未敢忘忧国。
　　　　　　宋－陆游《病起书怀》句

温良恭俭让。
　　春秋－孔子门人《论语·学而》句

闻恶能改。
　　唐－吴兢《贞观政要·教诫太子诸王》句

闻过则喜，闻善则拜。
　　战国－孟轲《孟子·公孙丑上》句

闻毁勿怒，待人以诚，治事以敬。
　　　　　　当代－马英九家传古训

闻毁勿戚戚，闻誉勿欣欣。
自顾行何如，毁誉安足论。
　　　　　唐－白居易《续座右铭》句

闻誉恐，闻过欣。
　　　　　　　　　　《弟子规》句

我爱我师，我更爱真理。
　　　　　　古希腊－亚里士多德语

我有功于人不可念，而过则不可不念；
人有恩于我不可忘，而怨则不可不忘。
　　　　　　明－洪应明《菜根谭》句

无恻隐之心，非人也；无羞耻之心，
非人也；无辞让之心，非人也；无是
非之心，非人也。
　　　　战国－孟轲《孟子·公孙丑上》句

无道人之短，无说己之长；施人慎勿
念，受恩慎勿忘。
　　　南朝梁－萧绎《金楼子·戒子篇》句

无德不贵，无能不官。
　　　　　战国－荀况《荀子·王制》句

无事常如有事时提防，有事常如无事
时镇静。
　　　　　　明－钱琦《钱子语训》句

无事常思己过，闲谈莫论人非。　佚名

无事则深忧，有事则不惧。
　　　　宋－苏辙《颖滨遗老传上》句

无私无畏处事，有情有义待人。　佚名

无为其所不为，无欲其所不欲。
　　　　战国－孟轲《孟子·尽心上》句

毋意，毋必，毋固，毋我。
　　春秋－孔子门人《论语·子罕》句

勿轻小事，小隙沉舟；
勿轻小物，小虫毒身。
　　　　　　　　《关尹子·九药》句

勿贪意外之财，勿饮过量之酒。
　　　　　　明－朱柏庐《治家格言》句

勿以恶小而为之，勿以善小而不为。
　　北宋－司马光《资治通鉴·世祖文皇
　　　　　　　　　　　　　　帝下》句

勿以己才而笑不才。

　　唐－房玄龄等《晋书·殷仲堪传》句

勿以人负我而隳为善之心。

　　　　清－申涵光《荆园小语》句

勿以身贵而贱人，勿以独见而违众。

　　　三国蜀－诸葛亮《将苑·出师》句

勿以小恶弃人大美，
勿以小怨忘人大恩。

　　　　清－申居郧《西岩赘语》句

务实

物贵天然，人贵自然。　　　　佚名

物忌坚芳，人讳明洁。

　　　梁－沈约《宋书·颜延之传》句

悟则明，惧则恭，奋则勤，立则勇，
容则宽。

　　　　　　宋－苏洵《谏论上》句

X

喜时百念易忽，不可无详慎心；
怒时百念易决，不可无舒徐心。佚名

下不以傲接，上不以意迎。
　宋－梅尧臣《依韵和达观禅师赠别》句

贤人常克己，俗子不饶人。　　佚名

相信爱，追求美，奉行善。　　佚名

消未起之患，

治未病之疾。

　　　东晋－葛洪《抱朴子·地真》句

小不忍则乱大谋。

　　　春秋－孔子门人《论语·卫灵公》句

小人固当远，断不可显为仇敌；
君子固当亲，亦不可曲为附和。

　　　　北齐－颜之推《颜氏家训》句

小人好恶以己，君子好恶以道。

　　　　清－黄宗羲《宋元学案》句

小善虽无大益而不可不为，
细恶虽无近祸而不可不去。

　　　东晋－葛洪《抱朴子·君道》句

孝子不谀其亲，忠臣不谄其君。

　　　战国－庄周《庄子·在宥》句

心存清白真快乐，事留余地自逍遥。

　　　　　　　　　　　　佚名

心存善念，身行好事。　　　　佚名

心灵美，语言美，行为美，环境美。

　　　当代－"五讲四美"之"四美"

心气要高姿态要低，
心胸要宽心态要平。　　　　佚名

心无结怨，口无烦言。

　　　战国－韩非《韩非子·大体》句

心有尺规行不乱，意存忠厚气堪平。

　　　　　　　　　　　　佚名

心欲小而志欲大，智欲圆而行欲方。

　　汉－刘安《淮南子·主术训》句

心志要苦，意趣要乐，
气度要宏，言动要谨。

　　近代－弘一法师语

行不得反求诸己，躬自厚薄责于人。

　　佚名

行不逾方，言不失正。

　　南朝宋－范晔《后汉书·班彪传》句

行成于思

行事莫将天理错，立身当与古人争。

　　佚名

行文简浅显，做事诚平恒。

　　现代－启功诗句

行一件好事，心中泰然；
行一件歹事，衾影抱愧。

　　清－申涵光《荆园小语》句

行义不顾毁誉。

　　西汉－刘向《战国策·秦策》句

兄弟敦和睦，朋友笃信诚。

　　唐－陈子昂《座右铭》句

修己以清心为要，涉世以慎言为先。

　　佚名

修身践言，谓之善行。

　　西汉－戴德《礼记·曲礼上》句

修身洁行。

　　宋－王安石《命解》句

修身岂为名传世，做事常思利及人。

　　佚名

修身如执玉，积德胜遗金。　　佚名

须披胸臆亲净友，莫让殷勤翳明眸。

　　佚名

学不必博，要之有用；
仕不必达，要之无愧。

　　宋－罗大经《鹤林玉露》卷十五句

学而不厌，诲人不倦。

　　春秋－孔子门人《论语·述而》句

学贵要，虑贵远，信贵笃，行贵果。

　　明－方孝孺《逊志斋集》句

Y

严以律己，宽以待人。　　佚名

严以修身、严以用权、严以律己；谋
事要实、创业要实、做人要实。

　　当代－习近平《关于推进作风建设的
讲话》句（三严三实）

言必当理，事必当务。

　　战国－荀况《荀子·儒效》句

言必信，行必果。

　　春秋－孔子门人《论语·子路》句

言不苟出，行不苟为。
汉－刘安《淮南子·主术训》句

言不过辞，行不过则。
西汉－戴德《礼记·哀公问》句

言不过行，行不过道。
西汉－戴德《礼记·文王官人》句

言不妄发，发必当理。
宋－黎靖德《朱子语类》句

言不中法者，不听也；行不中法者，
不高也；事不中法者，不为也。
战国－商鞅《商君书·君臣》句

言而不信，何以为言。
周－左丘明《左传·僖公二十二年》句

言顾行，行顾言。
西汉－戴德《礼记·中庸》句

言吾善者，不足为喜；
道吾恶者，不足为怒。
明－冯梦龙《警世通言·拗相公饮恨半
山堂》句

言行一致

言忠信，行笃敬。
春秋－孔子门人《论语·卫灵公》句

炎炎者灭，隆隆者绝。
汉－班固《汉书·杨雄传》句

眼要亮，亮不吃亏；

口要谨，谨不惹祸；
胆要小，小不妄为；
气要平，平不执拗。　　　　　佚名

扬长避短

扬长补短

仰不愧于天，俯不怍于人。
战国－孟轲《孟子·尽心上》句

峣峣者易缺，皎皎者易污。
南朝宋－范晔《后汉书·黄琼转》句

咬定青山不放松，立身原在破崖中。
千磨万击还坚劲，任尔东南西北风。
清－郑燮《竹石》

一己应为之事，勿求他人；
今日应为之事，勿待明天。
现代－孙中山语

一谦而四益。
汉－班固《汉书·艺文志》句

一切不属于你的，你都不必羡慕；
一切属于你的，你都应该爱惜。
当代－王蒙语

一忍可以制百勇，一静可以制百动。
宋－苏洵《心术》句

一身正气，两袖清风。　　　　　佚名
一言既出，驷马难追。
元－李寿卿《伍员吹箫》句

一言许人，千金不易。
　　北宋－司马光《资治通鉴·唐纪》句

一语为重万金轻。
　　宋－王安石《商鞅》句

以"淡"字交友，以"聋"止谤，以"刻"字责己。
　　近代－李叔同语

以爱对恨，以德化仇。　　　　佚名

以和蔼之容处人，以谦让之态对人，以恭敬之心待人，以赞美之言励人。
　　　　　　　　　　　　　　佚名

以热爱祖国为荣，以危害祖国为耻；
以服务人民为荣，以背离人民为耻；
以崇尚科学为荣，以愚昧无知为耻；
以辛勤劳动为荣，以好逸恶劳为耻；
以团结互助为荣，以损人利己为耻；
以诚实守信为荣，以见利忘义为耻；
以遵纪守法为荣，以违法乱纪为耻；
以艰苦奋斗为荣，以骄奢淫逸为耻。
　　当代－胡锦涛《牢固树立社会主义荣辱观》句

以人为戏弄，则丧其德，
以器为戏弄，则丧其志。
　　　　宋－司马光《稽古录》句

以仁安人，以义正己。
　　汉－董仲舒《春秋繁露·仁义法》句

以仁为富，以义为贵。
　　西晋－陈寿《三国志－魏书·曹爽传》句

以仁心说，以学心听，以公心辨。
　　　　战国－荀况《荀子·正名》句

以责人之心责己，则寡过；
以恕己之心恕人，则全交。
　　　　　　宋－林逋《省心录》句

义士不欺心，廉士不妄取。
　　　　汉－刘向《说苑·说丛》句

义则求之，不义则止；
可则求之，不可则止。
　　春秋－管仲《管子·形势解》句

意粗性躁，一事无成。
　　清－金兰生《格言联璧·存养》句

勇敢而不谨慎，就是鲁莽。
　　　　西班牙－塞万提斯语

用舍行藏

幽默

游与邪分歧，居与正为邻。
　　　　唐－白居易《续座右铭》句

友直友谅友多闻。
　　　　春秋－孔子门人《论语·季氏》句

有关家国书常读，
无益身心事莫为。
　　　　　　现代－徐特立诗句

有容德乃大，无求品自高。
　　　　　　清－林则徐联语

有容德乃大，无私心自安。　　佚名

有容乃大，无欲则刚。
　　　　　　　　清－林则徐联语

有退步时须退步，得饶人处且饶人。
　　　　　　　　　　　　　佚名

有则惜福，无则知足。　　　佚名

有志肝胆壮，无私天地宽。
　　　　　　　　　　　　　佚名

于安思危，于达思穷，于得思丧。
　　　秦－吕不韦《吕氏春秋·慎大》句

予人玫瑰手有余香。　　　　佚名

与道为际，与德为邻。
　　　汉－刘安《淮南子·精神训》句

与肩挑贸易勿占便宜，
见贫苦亲邻须多温恤。
　　　　　明－朱柏庐《治家格言》句

与朋友交，言而有信。
　　　春秋－孔子门人《论语·学而》句

与其喜闻人之过，不若喜闻己之过；
与其乐道己之善，不若乐道人之善。
　　　　　明－吕坤《呻吟语－修身》句

与人善言，暖于布帛；
伤人以言，深于矛戟。
　　　战国－荀况《荀子·荣辱》句

与人为善

与有肝胆人共事，从无字句处读书。
　　　现代－周恩来青年时代自勉联

语人之短不曰直，济人之恶不曰义。
　　　　　　宋－林逋《省心录》句

语言切勿刺人骨髓，
戏谑切勿中人心病。
　　　　　清－陆垅其《三龟堂集》句

欲除烦恼先忘我，历尽艰难好做人。
　　　　　　　　　　　　　佚名

欲人勿闻，莫若勿言；欲人勿知，莫
若勿为。　汉－班固《汉书·枚乘传》句

遇顺境处之淡然，遇逆境处之泰然。
　　　　　　　　　　　　　佚名

誉人不增其美，毁人不增其恶。
　　　　　　汉－王充《论衡·艺增》句

冤家宜解不宜结。　　　　　谚语

怨人不如自怨，求诸人不如求诸己。
　　　汉－刘安《淮南子·缪称训》句

运到盛时须儆省，境至逆处要从容。
　　　　　　　　　　　　　佚名

Z
在责备中带安慰，在批评中带肯定，
在训诫中带勉励，在命令中带帮助。
　　　　　　　　　　　　　佚名

择高处立，就平处坐，向宽处行。

佚名

择善必精，执中必固。

清－王夫之《尚书引义·太甲》句

择善而行

择善人而交，择善书而读，
择善言而行，择善行而从。　佚名

责己则攻短，论人则取长。

清－恽敬《大云山房文稿·与李汀州》句

责人之心责己，恕己之心恕人。

明－《增广贤文》句

责在人先，利居众后。

现代－黄炎培语

赠必固辞，求无不应。

唐－韩愈《祭裴太常文》句

赠人以言，重于金石珠玉。

战国－荀况《荀子·非相》句

真有才能的人总是善良的、坦白的、
爽直的，绝不矜持。

法国－巴尔扎克语

真正有知识的人谦虚、谨慎，只有无
知的人才冒昧、武断。

英国－格兰维尔语

正人之言，明知其为我也，
感而未必悦；

邪人之言，明知其佞我也，
笑而未必怒。

清－申涵光《荆园小语》句

正则用之，邪则去之，是则行之，非
则改之。

宋－苏轼《论时政状》句

芝兰生于深林，不以无人而不芬。

《孔子家语·在厄》句

知不足者好学，耻下问者自满。

宋－林逋《省心录》句

知耻尚荣

知恩图报

知过必改

知理，知惧，知足。　　　　佚名

知己之短，不掩人之长。

北宋－司马光《资治通鉴》句

知畏惧成人，知羞耻成人，
知艰难成人。

清－李光庭《乡言解颐·人》句

知行知止，能屈能伸。

宋－邵雍《代书寄前洛阳簿陆刚叔秘
校》句意

知行知止为贤者，能屈能伸是丈夫。

宋－邵雍《代书寄前洛阳簿陆刚叔秘
校》句

知之为知之，不知为不知，是知也。
　　　春秋－孔子门人《论语·为政》句

知止而后有定，定而后能静，静而后
能安，安而后能虑，虑而后能得。
　　　　　　　现代－沈钧儒语

知足不辱，知止不殆。
　　　春秋－老聃《老子》第四十四章句

知足常乐，能忍自安。
　　　　　清－金兰生《格言联璧》句

知足常乐，无欺自安。　　　　佚名

知足常足，终身不辱；
知止常止，终身不耻。
　　　　　　春秋－老聃《老子》句

知足之人心常乐，能忍气者身自安。
　　　　　　　　　　　　佚名

直是勇气，曲是智慧。　　　佚名

只取人看好，何益百年身。
　　宋－黄庭坚《丙寅十四首效韦苏州》句

只有大意吃亏，没有小心上当。谚语

至宝有本性，精刚无与俦。
可使寸寸折，不能绕指柔。
　　　　　唐－白居易《李都尉古剑》句

志不强者智不达，言不信者行不果。
　　　　　春秋－墨翟《墨子·修身》句

志道者少友，逐俗者多俦。
　　　　汉－王符《潜夫论·实贡》句

志于道，据于德，依于仁，游于艺。
　　　春秋－孔子门人《论语·述而》句

治家严，家乃和；居乡恕，乡乃睦。
　　　　　清－王豫《蕉窗日记》卷二句

智能、勤劳和天才，高于显贵和富有。
　　　　　　　德国－贝多芬语

智欲圆而行欲方，胆欲大而心欲小。
　　　　　清－程允升《幼学琼林》句

智圆行方

智者不惑，勇者不惧，
适者有寿，仁者无敌。　　　佚名

智者不锐，慧者不傲，
谋者不露，强者不暴。　　　佚名

智者不为非其事，廉者不求非其有。
　　　　汉－韩婴《韩诗外传》卷一居

忠信廉洁，立身之本。
　　　　　　　宋－林逋《省心录》句

众怒不可蓄。
　　　　周－左丘明《左传·昭公二年》句

周而不比。
　　　春秋－孔子门人《论语·为政》句

145

助人为乐

著书忌早，处事忌扰，立朝忌巧，居室忌好；制身欲方，行事欲圆，存心欲拙，作文欲华。　　　　佚名

浊富不如清贫。
　　宋－释道原《景德传灯录·招庆道匡》
　　　　　　　　　　　　　句意

自卑而尊人，先彼而后己。
　　　唐－范质《诫儿侄八百字》句

自强不息

自信不失谦虚，谦虚不失自信。
　　　　　　　　当代－李开复语

自信不自傲，自尊莫自负，果断不武断，严谨不拘谨，随和不随便，平常不平庸，放松非放纵，认真不较真，知足不满足。　　　　佚名

自知不自见，自爱不自贵。
　　　　　春秋－老聃《老子》句

自重不可自大，自谦不可自卑。
　　　　　　　　　　　　佚名

自重，自省，自警，自励。　佚名

走自己的路，让人家去说长道短。
　　　　　　　意大利－但丁语

作人，作文，以品为主。
　　　清－申居郧《西岩赘语》句

做人诚作本，谋事信为基。　佚名

做人要知足，做事要知不足，做学问要不知足。
　现代－中国科学院院士裘法祖的座右铭

做人一身正气，为官纤尘不染。佚名

做人以真，待人以善，示人以美。
　　　　　　　　　　　　佚名

做事必须踏实地，为人切莫务虚名。
明－冯梦龙《警世通言·况太守断死孩儿》句

做事须循天理，出言要顺人心。
　　　　　　明－《增广贤文》句

做事要留余地，责人切忌尽言。
　　　　　清－金兰生《格言联璧》句

养 性

A

安贫乐道

安时而处顺，哀乐不能入。
　　　　战国 - 庄周《庄子·养生主》句

B

闭耳可以除烦，闭目可以静思，
闭口可以远祸。　　　　　佚名

不会发怒是蠢人，
不愿发怒是聪明人。
　　　　　　　　　美国 - 谚语

不攀比不计较知足常乐，
顺时势顺天意随遇而安。　　佚名

不让古人，是谓有志；
不让今人，是谓无量。　　　佚名

不以物喜，不以己悲。
　　　　　宋 - 范仲淹《岳阳楼记》句

不役世俗之乐，唯求我心所安。
　　　　　　　　　　　　　佚名

不尤人则德益弘，能克己则学益进。
　　　清 - 蒲松龄《聊斋志异 - 司文郎》句

才不及人凡事让，学能知命此心安。
　　　　　　　　　　　　　佚名

C

朝乐朗日，啸歌丘林；
夕玩望舒，入室鸣琴。
　　　　　　晋 - 谢安《与王胡之诗》句

充海阔天高之量，养先忧后乐之心。
　　　　　　　　　　　　　佚名

宠辱不惊，闲看庭前花开花落；
去留无意，漫随天外云卷云舒。
　　　　　　明 - 洪应明《菜根谭》句

慈俭和静。
　　　　清 - 张英《聪训斋语》养生句意

从容入世，清淡出尘。　　　佚名

聪明的人不爱生气，
爱生气的人不聪明。　　　　佚名

D

待人宽三分是福，处事退一步为高。
　　　　　　　　　　　　　佚名

淡泊宁静

淡饭粗茶有真味，明窗净几是安居。
　　　　　　　　　　　　　佚名

德业常看胜于我者，则愧耻增；
境遇常看不及我者，则怨尤息。
　　　　　　　　　　　　　佚名

妒前无亲。

　　北宋－司马光《资治通鉴·魏纪》句

E

恶言不出于口，忿言不反于身。

　　西汉－戴德《礼记·祭义》句

F

发怒是对自己的惩罚。　　　　　　佚名

凡事顺其自然，遇事处之泰然，
得意之时淡然，失意之时坦然，
艰辛曲折必然，历尽沧桑悟然。佚名

非淡泊无以明德，非宁静无以致远，
非宽大无以兼覆，非慈厚无以怀众，
非平正无以制断。

　　汉－刘安《淮南子·主术训》句

非淡泊无以明志，非宁静无以致远。

　　三国蜀－诸葛亮《诫子书》句

富者能忍保家，贫者能忍免辱；
父子能忍慈孝，兄弟能忍义笃；
朋友能忍情长，夫妇能忍和睦。佚名

G

高官不如高薪，高薪不如高寿，
高寿不如高兴，高兴不如高尚。

　　　　　　　　　　　　　佚名

过载者沉其舟，欲胜者杀其身。

　　东晋－葛洪《抱朴子·微旨》句

H

海纳百川，有容乃大，

壁立千仞，无欲则刚。

　　　　　　清－林则徐联语

和

和为贵

　　春秋－孔子门人《论语·学而》句

患生于忿怒，祸起于纤微。

　　汉－韩婴《韩诗外传》句

豁达

J

节欲

戒骄戒躁

金以刚折，水以柔全。

　　东晋－葛洪《抱朴子·广譬》句

敬静净

敬为入德之门，傲为聚恶之府。

　　清－申居郧《西岩赘语》句

静而后能安，安而后能虑，
虑而后能得。

　　西汉－戴德《礼记·大学》句

静以修身，俭以养性。

　　唐－李延寿《南史·陆慧晓传》句

居心要宽，持身要严。

　　清－申居郧《西岩赘语》句

君子有九思：视思明，听思聪，色思温，貌思恭，言思忠，事思敬，疑思问，忿思难，见得思义。

春秋－孔子门人《论语·季氏》句

K

开口便笑，笑古笑今，
凡事付之一笑；
大肚能容，容天容地，
于人何所不容。　　　　　　　佚名

宽厚包容

L

乐观

乐天知命。

周－《周易·系辞上》句

理明怀乃裕，心定气自清。　　　佚名

理性平和

量小非君子，德高乃丈夫。

《名贤集》句

M

每临大事有静气，不信今时无大贤。

清－翁同和联语

门如市，心如水。

明－何良俊《语林·言语》句

名高速谤，气盛招尤。

清－官修《明史·顾宪成等传赞》句

名缰牵蠢客，利锁铐庸人。　　　佚名

名应不朽轻仙骨，理到忘机近佛心。

唐－司空图《山中》句

目送飞鸿，手挥五弦。
俯仰自得，游心太玄。

三国魏－嵇康《兄秀才公穆入军赠诗》句

N

宁静淡泊

宁静而致远，淡泊以清心。

三国蜀－诸葛亮语意

怒不变容，喜不失节。

西晋－陈寿《三国志·魏志·后妃传》句

P

平心尝世味，含笑看人生。　　　佚名

Q

气忌盛，心忌满，才忌露。

明－吕坤《呻吟语·人品》句

浅薄者把学问放在嘴上，
渊博者把学问放在心里。　　　　佚名

清心寡欲

取静于山寄情于水，
虚怀若竹清气若兰。　　　　　　佚名

R

人不知而不愠，不亦君子乎？

春秋－孔子门人《论语·学而》句

人生无苦乐，适意即为美。
　　宋－司马光《晚归书室呈钱君》句

人遇误解休怨恨，事逢得意莫轻狂。
　　　　　　　明－《增广贤文》句

忍得一时之气，免得百日之忧。
　　　　　　　明－《增广贤文》句

忍辱方能负重。　　　　　　佚名

忍一句，息一怒，
饶一着，退一步。
　　　　　　　明－《增广贤文》句

忍一时风平浪静，
退一步海阔天空。
　　　　　　　明－《增广贤文》句意

忍则安

柔弱胜刚强。
　　春秋－老聃《老子》三十六章句

S

三思有益，一忍为高。　　　佚名

三思终有益，百忍永无忧。　　佚名

善用威者不轻怒，善用恩者不妄施。
　　　　　　　近代－弘一法师

善欲人知，不是真善；
恶恐人知，便是大恶。
　　　　　　　明－朱柏庐《治家格言》句

上不怨天，下不尤人。
　　西汉－戴德《礼记·中庸》句

上善若水，水善利万物而不争。
　　　　春秋－老聃《老子》句

身安不如心安，心宽强如屋宽。
　　　　清－石成金《传家宝》句

身安茅屋稳，心安菜根香。
　　　　明－洪应明《菜根谭》句

生气，是拿别人的错误惩罚自己。
　　　　　　　　　　　　佚名

胜不骄败不馁。
　　战国－商鞅《商君书·战法》句意

胜而不骄，败而不怨。
　　　　战国－商鞅《商君书》句

失意休馁，得势莫狂。　　　佚名

食淡能知味，心清可悟真。　　佚名

世事让三分天宽地阔，
心田留半亩子种孙耕。　　　佚名

事不三思终有悔，人能百忍自无忧。
　　明－冯梦龙《醒世恒言》卷三十四句

事处其劳，居从其陋，
位安其卑，养甘其薄。
　　　　汉－王符《潜夫论》句

事能知足心常惬，人到无求品自高。
　　　　　明－洪应明《菜根谭》句

事能知足心常泰，人到无求品自高。
　　　　　　清－陈伯崖联语

是非只为多开口，
烦恼皆因强出头。
　　　　　　《名贤集》句

守本分而安岁月，
凭天理以度春秋。　　　　　　佚名

恕

谁谓一身小，其安若泰山。
谁谓一室小，宽如天地间。
　　　　　宋－邵雍《心安吟》句

水流心不竞，
云在意俱迟。
　　　　　　唐－杜甫《江亭》句

水能性淡为吾友，竹节心虚是我师。
　　　　　唐－白居易《池上竹》句

素食则气不浊，独窗则神不浊，
默坐则心不浊，读书则口不浊。
　　　　　清－朱锡绶《幽梦续影》句

素心若雪

虽居世网常清静，夜对高僧无一言。
　　　唐－韦应物《县内闲居赠温公》句

T

天下有大勇者，卒然临之而不惊，
无故加之而不怒。
　　　　　　宋－苏轼《留侯论》句

恬淡

W

万事随缘皆有味，一生知足不多求。
　　　　　　　　　佚名

唯宽可以容人，唯厚可以载物。
　　　明－薛瑄《薛文清公读书录·器量》句

畏天知命

闻毁勿怒，待人以诚，治事以敬。
　　　　　　当代－马英九家传古训

闻毁勿戚戚，闻誉勿欣欣。
自顾行何如，毁誉安足论。
　　　　　唐－白居易《续座右铭》句

我们改变不了事实，
但可以改变心情。　　　　　佚名

无穷名利无穷恨，有限光阴有限身。
　　　　　元－张养浩《中吕·喜春来》句

无欲则刚

无怨无悔

X

贤人常克己，俗子不饶人。　　　佚名

小不忍则乱大谋。

　　春秋－孔子门人《论语·卫灵公》句

笑口常开

心安身自安，身安室自宽，
心与身俱安，何事能相干？

　　　　　宋－邵雍《心安吟》句

心底无私天地宽。

　　　　　　现代－陶铸诗句

心孤欲近禅。

　　　　　　　　　佚名

心平气和，千祥云集；
行仁好义，百福骈臻。　　佚名

心气要高姿态要低，
心胸要宽心态要平。　　　佚名

心似浮云常自在，意如流水任西东。

　　　　　　　　　佚名

心无结怨，口无烦言。

　　战国－韩非《韩非子·大体》句

心无俗虑精神爽，室有清淡智慧开。

　　　　　　　　　佚名

心有尺规行不乱，意存忠厚气堪平。

　　　　　　　　　佚名

心远地自偏。

　　　晋－陶渊明《饮酒》句

虚心使人进步，骄傲使人落后。

　　　　　现代－毛泽东语

Y

养德，养寿，养神，养气。健康谚语

养生莫若养性。　　　　健康谚语

养心莫如寡欲，至乐无如读书。

　　　　　清－郑成功联语

养心莫善于寡欲。

　　战国－孟轲《孟子·尽心下》句

养性须修善，欺心莫吃斋。　佚名

一个人的快乐，不是因为他拥有的
多，而是因为他计较的少。　佚名

一忍可以制百勇，一静可以制百动。

　　　　宋－苏洵《心术》句

意粗性躁，一事无成。

　　清－金兰生《格言联璧·存养》句

有才而性缓，定属大才；
有智而气和，斯为大智。

　　　　近代－弘一法师语

有容德乃大，无私心自安。　佚名

欲除烦恼先忘我，历尽艰难好做人。

　　　　　　　　　佚名

欲静则平气，欲神则顺心。

　　战国－庄周《庄子·知北游》句

Z

躁则妄，惰则废。

宋 – 苏轼《风鸣驿记》句

芝兰君子性，松柏古人心。　　　佚名

枝间新绿一重重，小蕾深藏数点红。
爱惜芳心莫轻吐，且教桃李闹春风。

金 – 元好问《同儿辈赋未开海棠》

知乐者常足。　　　　　　　　佚名

知止而后有定，定而后能静，静而后
能安，安而后能虑，虑而后能得。

现代 – 沈钧儒语

知足常乐，能忍自安。

清 – 金兰生《格言联璧》句

知足之人心常乐，能忍气者身自安。

佚名

止怒莫若诗，去忧莫若乐。

春秋 – 管仲《管子·内业》句

制怒

知 人 社 交

A

爱出者爱反，福往者福来。
　　　唐－魏徵《群书治要·贾子》句

爱而知其恶，憎而知其善。
　　　西汉－戴德《礼记·正义》句

爱人者，人恒爱之；
敬人者，人恒敬之。
　　　战国－孟轲《孟子·离娄下》句

暗中劝诫你的朋友，一定是大庭广众
中称赞你的朋友。
　　　法国－瓦都语

B

百万买宅，千万买邻。
　　　唐－李延寿《南史·吕僧珍传》句

帮助别人，快乐自己。　　　佚名

帮助朋友，以保持友谊；
宽恕敌人，为争取感化。
　　　美国－富兰克林语

卑不谋尊，疏不间亲。
　　　汉－韩婴《韩诗外传》卷三句

卑己而尊人，小心而畏义。
　　　西汉－戴德《礼记·表记》句

博览知学浅，广交悟世深。　　佚名

不蔽人之善，不言人之恶。
　　　西汉－刘向《战国策·楚策》句

不谄上而慢下，不厌故而敬新。
　　　汉－王符《潜夫论·交际》句

不攻人短，莫恃己长。　　　佚名

不即不离，无缚无脱。
　　　唐－《圆觉经》卷上句

不能用人的长处，便是自己的短处。
　　　现代－陶行知语

不以求备取人，不以己长格物。
　　　唐－吴兢《贞观政要·任贤》句

不以人之坏自成，不以人之卑自高。
　　　西晋－陈寿《三国志·魏志·文帝传》句

不以小疵妨大材
　　　汉－班固《汉书·平帝纪》句

不以言举人，不以人废言。
　　　春秋－孔子门人《论语·卫灵公》句

不责人所不及，不强人所不能，不苦
人所不好。
　　　隋－王通《文中子·魏相篇》句

不责人小过，不发人隐私，

不念人旧恶。

　　　　明－洪应明《菜根谭》句

不知其人视其友。

　　　汉－司马迁《史记·冯唐列传》句

C

财富不是朋友，而朋友却是财富。

　　　　　　　希腊－斯托贝语

谗夫似贤，美言似信。

　　　汉－陆贾《新语·辅政》句

谗言巧，佞言甘，忠言直，信言寡。

　　　　　宋－林逋《省心录》句

谄媚者的艺术是：利用大人物的弱点，沿袭他们的错误，永不给与可能会使他烦恼的忠告。

　　　　　　　法国－莫里哀语

朝堂不论齿，乡党不论爵。　　佚名

沉默并非总是智能的表现，但唠叨却永远是一项愚蠢的行动。

　　　　　　美国－富兰克林语

沉默容易使人跟朋友疏远，热烈的诉说和自由则使人们互相接近。

　　　　　　　现代－巴金语

诚意待人终有得，平心应事自无争。

　　　　　　　　　　佚名

崇人之德，扬人之美。

　　　战国－荀况《荀子·不苟》句

处世之道，贵在礼尚往来。

　　　　　　美国－爱默生语

D

大行不顾细谨，大礼不辞小让。

　　　汉－司马迁《史记·项羽本纪》句

待人要绝对诚实，律己务十分严正。

　　　　　　　　　　佚名

待小人宜宽，防小人宜严。　　佚名

道不同，不相为谋。

　　　春秋－孔子门人《论语·卫灵公》句

得黄金百斤，不如得季布一诺。

　　汉－司马迁《史记·季布·栾布列传》句

得理要饶人，理直气要和。　　佚名

得人者兴，失人者崩。

　　　汉－司马迁《史记·商君列传》句

敌人要从宽认定，朋友要从严录取。

　　　　　　　当代－李敖语

读好书，交益友。　　　　　谚语

读书可以广智，宽恕可以交友。

　　　　　　法国－罗曼－罗兰语

妒前无亲。

　　北宋－司马光《资治通鉴·魏纪》句

杜悦耳之邪说，甘苦口之忠言。

　　　唐－吴兢《贞观政要·刑法》句

155

度德而处之，量力而行之。
周－左丘明《左传·隐公十一年》句

度德而师，易子而教。
隋－王通《文中子·立命》句

度尽劫波兄弟在，相逢一笑泯恩仇。
现代－鲁迅诗句

对骄傲的人不要谦虚，
对谦虚的人不要骄傲。　　佚名

对所有的人以诚相待，同多数人和睦
相处，和少数人常来常往，只跟一个
人亲密无间。
美国－富兰克林语

对忧人勿乐，对哭人勿笑，对失意人
勿矜。
明－吕坤《呻吟语·应务》句

多言不可与远谋，多动不可与久处。
隋－王通《文中子·魏相》句

E

恶而知其美，好而知其恶。
明－冯梦龙《警世通言·拗相公饮恨半
山堂》句

耳不闻人之非，目不视人之短，口不
言人之过。
宋－林逋《省心录》句

F

凡人不可貌相，海水不可斗量。
元－无名氏《小尉迟》第二折句

非我而当者，吾师也；是我而当者，
吾友也；谄谀我者，吾贼也。
战国－荀况《荀子·修身》句

风格就是人品。
法国－巴尔扎克语

逢人只说三分话，未可全抛一片心。
明－冯梦龙《警世通言·杜十娘怒沉百
宝箱》句

富观其所与，贫观其所取，达观其所
好，穷观其所为。
隋－王通《文中子·王道》句

G

高者未必贤，下者未必愚。
唐－白居易《涧底松》句

告我以吾过者，吾之师也。
唐－韩愈《答冯宿书》句

攻人之恶毋太恶，要思其堪受；
教人之善毋过高，当使其可从。
明－洪应明《菜根谭》句

恭者不侮人，俭者不夺人。
战国－孟轲《孟子·离娄上》句

苟得其人，不患贫贱；
苟得其材，不嫌名迹。
汉－王符《潜夫论·本政》句

苟得其人，虽仇必举；
苟非其人，虽亲不授。
西晋－陈寿《三国志·蜀书·许靖传》句

观操守，在利害时；

观精力，在饥疲时；

观度量，在喜怒时；

观镇定，在震惊时。

      清－金兰生《格言联璧》句

观其交游，则其贤不肖可察也。

      春秋－管仲《管子·权修》句

贵不易交

贵人而贱己，先人而后己。

      西汉－戴德《礼记·坊记》句

贵视其所举，富视其所与，贫视其所
不取，穷视其所不为。

      汉－刘向《说苑·臣术》句

H

好而知其恶，恶而知其美。

      西汉－戴德《礼记·大学》句

何以报知音，永存坚与贞。

      唐－孟郊《答郭郎中》句

和而不流。

      西汉－戴德《礼记·中庸》句

和而不同。

      春秋－孔子门人《论语·子路》句

和睦，和善，和平。   佚名

和乃不流有定节，
敏而好学无常师。   佚名

和为贵。

      春秋－孔子门人《论语·学而》句

和为贵，善为本，诚为先。   佚名

和以处众，宽以接下，恕以待人。

      宋－李邦献《省心杂言》句

横眉冷对千夫指，俯首甘为孺子牛。

      现代－鲁迅《自嘲》句

画虎画皮难画骨，知人知面不知心。

      佚名

患难之交情意深。   佚名

毁人者，自毁之；誉人者，自誉之。

      唐－皮日休《鹿门隐书》句

J

积爱成福，积怨成祸。   佚名

疾风知劲草，板荡识忠臣。

      南朝宋－范晔《后汉书·王霸传》句

疾风知劲草，烈火见真金。   佚名

记人之长，忘人之短。

      唐－张九龄《敕渤海王大武艺书》句

忌则多怨。

      周－左丘明《左传·僖公九年》句

兼听则明，偏信则暗。

      汉－王符《潜夫论·明暗》句

谏之双美，毁之两伤。
　　　　　　　　　《名贤集》句

鉴貌在乎止水，鉴己在乎哲人。
　　唐－吴兢《贞观政要·公平》句

交不为利，仕不谋禄。
　　　三国魏－嵇康《卜疑集》句

交不遗旧，言不崇华。　　　　佚名

交绝无恶声。
　　西晋－陈寿《三国志·蜀书·刘封传》句

交亲而不比。
　　　战国－荀况《荀子·不苟》句

交善人者道德成，存善心者家里宁，
为善事子孙兴。
　　　　　明－方孝孺《柱铭》句

交友须带三分侠气，
做人要存一点素心。
　　　　　明－洪应明《菜根谭》句

结交须择善，非识莫与心。
　　　唐－王梵志《结交须择善》句

结交有味贫何害，薄酒虽村饮亦豪。
　　宋－刘过《同许从道登圌翠阁》句

结有德之朋，绝无义之交。
　　　　　　　　《名贤集》句

近贤则聪，近愚则聩。
　　　　　唐－皮日休《耳箴》句

近朱者赤，近墨者黑。
　　　晋－傅玄《太子少傅箴》句

精诚所加，金石为开。
　　南朝宋－范晔《后汉书·广陵思王荆
　　　　　　　　　　　　　　传》句

敬而无失。
　　春秋－孔子门人《论语·颜渊》句

敬君子方显有德，怕小人不算无能。
　　　　　　　　　　　　　佚名

敬为入德之门，傲为聚恶之府。
　　　清－申居郧《西岩赘语》句

敬贤而勿慢，使能而勿贱。
　　　汉－刘向《说苑·说丛》句

久与贤人处则无过。
　　　战国－庄周《庄子·德充符》句

居必择地，行必依贤。
　　　　　唐－皮日休《足箴》句

居必择邻，交必良友。
　　　　　　　　《名贤集》句

居处恭，执事敬，与人忠。
　　春秋－孔子门人《论语·子路》句

居则视其所亲，富则视其所与，达则
视其所举，穷则视其所不为，贫则视
其所不取。
　　汉－韩婴《韩诗外传》卷三句

举善而任之，择善而从之。
　　　　唐－吴兢《贞观政要·公平》句

绝苟且之友，怀检点之心。　　　佚名

君子不以其所能者病人，
不以人之所不能者愧人。
　　　西汉－戴德《礼记·表记》句

君子淡如水，岁久情愈真。
　　　明－方孝孺《逊志斋集·朋友》句

君子贵人而贱己，先人而后己。
　　　西汉－戴德《礼记·坊记》句

君子忌苟合，择交如求师。
　　　唐－贾岛《送沈秀才下第东归》句

君子绝交，不出恶声。
　　　汉－司马迁《史记·乐毅列传》句

君子求诸己，小人求诸人。
　　　春秋－孔子门人《论语·卫灵公》句

君子坦荡荡，小人常戚戚。
　　　春秋－孔子门人《论语·述而》句

君子以行言，小人以舌言。
　　　　　《孔子家语·颜回》句

君子与君子以同道为朋，
小人与小人以同利为朋。
　　　　　宋－欧阳修《朋党论》句

君子欲讷，吉人寡辞。
　　　　　唐－姚崇《口箴》句

君子喻于义，小人喻于利。
　　　春秋－孔子门人《论语·里仁》句

君子之交淡若水，小人之交甘若醴。
　　　战国－庄周《庄子·山木》句

君子之言寡而实，小人之言多而虚。
　　　汉－刘向《说苑·谈丛》句

君子周而不比，小人比而不周。
　　　春秋－孔子门人《论语·为政》句

K

开诚心，布公道。
西晋－陈寿《三国志·蜀书·诸葛亮传》句

困难的处境是友谊的试金石。　　佚名

L

来说是非者，便是是非人。
　　　　　　　　　《名贤集》句

礼尚往来。
　　　　西汉－戴德《礼记·曲礼上》句

力微休负重，言轻莫劝人。　　　佚名

良言一句三冬暖，恶语伤人六月寒。
　　　　　　　　　《名贤集》句

良药苦口利于病，忠言逆耳利于行。
　　　三国魏－王肃《孔子家语·六本》句

谅人之过，念人之功，怜人之苦，
济人之危，助人之短，扬人之长。
　　　　　　　　　　　　佚名

159

路遥知马力，日久见人心。

明-《增广贤文》句

论交游，当亲君子而远小人；
论度量，当敬君子而容小人；
论学术，当法君子而化小人。　佚名

M

貌言，华也；至言，实也；
苦言，药也；甘言，疾也。

汉-司马迁《史记·商君列传》句

每因暂出犹思伴，岂得安居不择邻？

唐-白居易《欲与元八卜邻先有是赠》句

门内有君子，门外君子至。

明-冯梦龙《警世通言·俞伯牙摔琴谢
知音》句

面折其过，退称其美。

清-申居郧《西岩赘语》句

莫逆于心，遂相为友。

战国-庄周《庄子·大宗师》句

目不淫于炫耀之色，
耳不乱于阿谀之辞。

唐-魏徵《群书治要·新语》句

N

难得是诤友，当面敢批评。

现代-陈毅诗句

宁人负我，无我负人。

唐-房玄龄等《晋书·沮渠蒙逊载记》句

P

朋友间保持一定距离，可使友谊长存。

匈牙利-查尔卡语

贫贱之交不可忘。

南朝宋-范晔《后汉书·宋弘传》句

平生不做皱眉事，世上应无切齿人。

明-冯梦龙《警世通言·崔待诏生死冤
家》句

Q

欺人是祸，饶人是福。　谚语

其交也以道，其接也以礼。

战国-孟轲《孟子·万章下》句

岂能尽如人意，但求不愧我心。

现代-陈独秀联语

千金只为买乡邻。

明-冯梦龙《醒世恒言·乔太守乱点鸳
鸯谱》句

谦，美德也，过谦者怀诈；
默，懿行也，过默者藏奸。

清-金兰生《格言联璧·持躬》句

谦虚的人常思己过，
骄傲的人只论人非。　谚语

浅薄者把学问放在嘴上，
渊博者把学问放在心里。　佚名

轻诺必寡信，多易必多难。

春秋-老聃《老子》句

轻诺者信必寡，面誉者背必非。
　　　　　宋－林逋《省心录》句

轻誉者失实，轻诺者失言。
　　　　　宋－崔敦礼《刍言》句

情深恭敬少，知己笑谈多。　　佚名

情相亲者，礼必寡。
　　　　　宋－林逋《省心录》句

穷达尽为身外事，升沉不改故人情。
　　　　　　　　　　　　佚名

求师不专，则受益也不入；
求友不专，则博爱而不亲。
　清－曾国藩《致澄弟温弟沅弟季弟》句

求同存异

求学不为虚名，只求学以致用；
待人不在圆滑，但求无愧于心。 佚名

R

让人非我弱，得志莫离群。　　佚名

人不可貌相，海水不可斗量。
　明－冯梦龙《醒世恒言·卖油郎独占花
魁》句

人不易知，深心有山川之险；
物难求备，良材有大小之差。
　宋－田锡《咸平集·上开封府判书》句

人而无信，不知其可也。
　春秋－孔子门人《论语·为政》句

人善我，我亦善之；人不善我，我亦
善之。
　　　　　汉－韩婴《韩诗外传》句

人生贵相知，何必金与钱。
　　　　　唐－李白《赠友人》句

人生结交在始终，莫以升沉中路分。
　　　　　唐－贺兰进明《行路难》句

人生有新故，贵贱不相逾。
　　　　　汉－辛延年《羽林郎》句

人无癖不可与之交，以其无真情也；
人无疵不可与之交，以其无真气也。
　　　　　明－张岱《陶庵梦忆》句

人以类聚，物以群分。
　　　　西汉－刘向《战国策·齐策三》句

人有德于我也，不可忘也；
吾有德于人也，不可不忘也。
　　　　西汉－刘向《战国策·魏策四》句

人遇误解休怨恨，事逢得意莫轻狂。
　　　　　明－《增广贤文》句

人之相知，贵相知心。
　　　　　汉－李陵《与苏武书》句

仁不轻绝，智不轻怨。
　　　　西汉－刘向《战国策·燕策三》句

仁人者送人以言。
　　　　汉－司马迁《史记·孔子世家》句

任人之长，不强其短；
任人之工，不强其拙。
　　春秋－晏婴《晏子春秋·内篇问上》句

容人之过，却非顺人之非。
　　　　清－陈宏谋《训俗遗规》卷四句

容直言，广视听。
　　　　　唐－元稹《献事表》句

如果道德败坏了，
趣味也必然会堕落。
　　　　　　法国－狄德罗语

辱人终辱己，尊己务尊人。　　　佚名

S

善观人者索其终，善修己者履其始。
　　　　明－郑心材《郑敬中摘语》句

善人同处，则日闻嘉训；
恶人从游，则日生邪情。
　　南朝宋－范晔《后汉书·爰延传》句

善人者，人亦善之。
　　　　春秋－管仲《管子·霸形》句

善用人者能成事，能成事者善用人。
　　　　　　　　　　　　　　佚名

上交不谄，下交不渎。
　　　　　　周－《周易·系辞下》句

审其所好恶，则其长短可知也；
观其交游，则其贤不肖可察也。
　　　　春秋－管仲《管子·权修》句

声同则处异而相应，
德合则未见而相亲。
　　　　　汉－刘向《说苑·尊贤》句

士别三日，当刮目相看。
　　西晋－陈寿《三国志·吴志·吕蒙传》句

士为知己者死，女为悦己者容。
　　　西汉－刘向《战国策·赵策一》句

世乱识忠良。
　　南朝宋－鲍照《代出自蓟北门行》句

世事洞明皆学问，人情练达即文章。
　　　　清－曹雪芹《红楼梦》第五回句

世事如棋，让一着不为亏我；
心田似海，纳百川方见容人。　　佚名

势利之交难以经远。
　　　　　三国蜀－诸葛亮《论交》句

视其善者，取以为师，从之如不及；
视其恶者，用以为戒，畏之如扬汤。
　　　　明－张居正《进帝鉴图说疏》句

试玉要烧三日满，辨才须待七年期。
　　　　　唐－白居易《放言五首》句

树荆棘得刺，树桃李得阴。
　　明－冯梦龙《警世通言·老门生三世报
　　　　　　　　　　　　　　　　恩》句

谁要求没有缺点的朋友，
谁就没有朋友。　　　　　　　佚名

四海之内皆兄弟。

　　春秋－孔子门人《论语·颜渊》句

岁寒，然后知松柏之后凋。

　　春秋－孔子门人《论语·子罕》句

岁寒才知松柏茂，隆冬方显傲霜梅。

　　　　　　　　　　　　佚名

缩小自己，放大别人；

放低自己，抬高别人。　　佚名

T

天时不如地利，地利不如人和。

　　战国－孟轲《孟子·公孙丑下》句

天涯何处无芳草。

　　　　宋－苏轼《蝶恋花》句

听其言而观其行。

　　春秋－孔子门人《论语·公冶长》句

同病相怜，同忧相救。

　　东汉－赵晔《吴越春秋·阖闾内传》句

同德则同心，同心则同志。

　　　　战国－《国语·晋语》句

同声相应，同气相求。

　　　　周－《易经·乾》句

推诚而不欺，守信而不疑。

　　　　宋－林逋《省心录》句

推心置腹，开诚布公。

　　　　唐－张九龄《亲贤》句

W

唯宽可以容人，唯厚可以载物。

　　明－薛瑄《薛文清公读书录·器量》句

伟人多谦虚，小人多骄傲。

太阳穿一件朴素的光衣，

白云却披着灿烂的裙裾。

　　　　　　　印度－泰戈尔语

温良恭俭让。

　　春秋－孔子门人《论语·学而》句

文情不厌新，交情不厌旧。

　　明－汤显祖《得吉水刘年侄同升书唱

　　　　　　　　　　然二首》句

我有功于人不可念，而过则不可不念；

人有恩于我不可忘，而怨则不可不忘。

　　　　　　明－洪应明《菜根谭》句

无道人之短，无说己之长；

施人慎勿念，受恩慎勿忘。

　　南朝梁－萧绎《金楼子·戒子篇》句

无事常思己过，闲谈莫论人非。

　　　　　　　　　　　　佚名

勿以己才而笑不才。

　　唐－房玄龄等《晋书·殷仲堪传》句

勿以身贵而贱人，勿以独见而违众。

　　三国蜀－诸葛亮《将苑·出师》句

勿以小恶弃人大美，

勿以小怨忘人大恩。

　　　　清－申居郧《西岩赘语》句

物以类聚，人以群分。

周 -《易经·系辞上》句意

X

贤愚在心，不在贵贱；
信欺在性，不在亲疏。

汉 - 王符《潜夫论·本政》句

贤者，吾敬之以为法；
不贤者，吾敬之以为戒。

宋 - 崔敦礼《刍言》句

相识满天下，知心能几人。　　佚名

相识于缘，相知于诚。　　佚名

相知无远近，万里尚为邻。

唐 - 张九龄《送韦城李少府》句

响必应之于同声，道固从之于同类。

唐 - 骆宾王《萤火赋》句

向你搬弄是非的人，
也将搬弄你的是非。　　英国 - 谚语

小人固当远，断不可显为仇敌；
君子固当亲，亦不可曲为附和。

北齐 - 颜之推《颜氏家训》句

小人好恶以己，君子好恶以道。

清 - 黄宗羲《宋元学案》句

孝于亲则子孝，钦于人则众钦。

宋 - 林逋《省心录》句

信言不美，美言不信；

善者不辩，辩者不善；
知者不博，博者不知。

春秋 - 老聃《老子》第八十一章句

信以接物，宽以待下。

明 - 薛瑄《薛文清公从政录》句

兄弟敦和睦，朋友笃信诚。

唐 - 陈子昂《座右铭》句

须披胸臆亲诤友，
莫让殷勤翳明眸。　　佚名

Y

雅言诗书执礼，益友直谅多闻。　佚名

言而当，知也；默而当，亦知也。

战国 - 荀况《荀子·非十二子》句

言吾善者，不足为喜；
道吾恶者，不足为怒。

明 - 冯梦龙《警世通言·拗相公饮恨半
山堂》句

一个人倒霉至少有这么一点好处，可
以认清谁是真正的朋友。

法国 - 巴尔扎克语

一个天才的人多少总有点孩子气。

法国 - 巴尔扎克语

一念之慈，亦足以作福；
一言之戾，亦足以伤和。

清 - 申居郧《西岩赘语》句

一死一生，乃知交情；

一贫一富，乃知交态；
一贵一贱，交情乃见。
　　汉－司马迁《史记·汲郑列传》句

一言许人，千金不易。
　　北宋－司马光《资治通鉴·唐纪》句

一语为重万金轻。　宋－王安石《商鞅》句

以"淡"字交友，以"聋"止谤，以
"刻"字责己。　　近代－李叔同语

以和蔼之容处人，以谦让之态对人，
以恭敬之心待人，以赞美之言励人。
　　　　　　　　　　　　　　佚名

以权利合者，权利尽而交疏。
　　汉－司马迁《史记·郑世家赞》句

以仁安人，以义正己。
　　汉－董仲舒《春秋繁露·仁义法》句

以善相成谓之同德，
以恶相济谓之朋党。
　　　唐－吴兢《贞观政要·公平》句

以势交者，势倾则绝；
以利交者，利穷则散。
　　　隋－王通《文中子·礼乐》句

以文会友，以友辅仁。
　　春秋－孔子门人《论语·颜渊》句

以言取人，人饰其言；
以行取人，人竭其行。
　　　　　　《逸周书·芮良夫》句

以责人之心责己，则寡过；
以恕己之心恕人，则全交。
　　　　　　宋－林逋《省心录》句

义动君子，利动贪人。
　　南朝宋－范晔《后汉书·班固传》句

易得笑言友，难逢终始人。
　　　　　唐－李咸用《论交》句

易涨易退山溪水，易反易复小人心。
　　　　　　　明－《增广贤文》句

游与邪分歧，居与正为邻。
　　　　唐－白居易《续座右铭》句

友如作画须求淡，山似论文不喜平。
　　　　元－翁朗夫《尚湖晚步》句

友直友谅友多闻。
　　春秋－孔子门人《论语·季氏》句

有才而性缓，定属大才；
有智而气和，斯为大智。
　　　　　　　近代－弘一法师语

有大略者不问其短，
有厚德者不非小疵。
　　南朝宋－范晔《后汉书·陈宠传》句

有什么样的情趣，就有什么样的思
想；有什么样的学识和见解，就有什
么样的谈吐。
　　　英国－弗兰西斯·培根语

予人玫瑰手有余香。　　　　　　佚名

与道为际，与德为邻。
　　　汉－刘安《淮南子·精神训》句

与朋友交，言而有信。
　　　春秋－孔子门人《论语·学而》句

与人善言，暖于布帛；
伤人以言，深于矛戟。
　　　　战国－荀况《荀子·荣辱》句

与人为善

与善人居，如入兰芷之室，久而不闻
其香；与恶人居，如入鲍鱼之肆，久
而不闻其臭。
　　　　汉－刘向《说苑·杂言》句

与善人游，如行雾中，
虽不濡湿，潜自有润。
　　　东晋－葛洪《抱朴子·微旨》句

与有肝胆人共事，从无字句处读书。
　　　现代－周恩来青年时代自勉联
语人之短不曰直，济人之恶不曰义。
　　　　　宋－林逋《省心录》句

语言切勿刺人骨髓，
戏谑切勿中人心病。
　　　　清－陆垅其《三鱼堂集》句

欲知其人，观其所使。
　　　唐－陈子昂《上军国利害事》句

誉人不增其美，毁人不增其恶。

汉－王充《论衡·艺增》句

冤家宜解不宜结。　　　　　　　谚语

远不间亲，新不间旧。
　　　春秋－管仲《管子·乌辅》句

Z

在责备中带安慰，在批评中带肯定，
在训诫中带勉励，在命令中带帮助。
　　　　　　　　　　　　　　佚名

择善人而交，择善书而读，
择善言而行，择善行而从。　　佚名

责人时，要含蓄，忌太尽；要委婉，
忌太直；要疑似，忌太真。　　佚名

责人之心责己，恕己之心恕人。
　　　　　　　明－《增广贤文》句

赠人以言，重于金石珠玉。
　　　　战国－荀况《荀子·非相》句

赠人以言，重于珠玉；
伤人以言，甚于剑戟。　　　　佚名

真有才能的人总是善良的、坦白的、
爽直的，绝不矜持。
　　　　　　　法国－巴尔扎克语

正人之言，明知其为我也，
感而未必悦；
邪人之言，明知其佞我也，
笑而未必怒。
　　　　清－申涵光《荆园小语》句

知识使人文雅，交际使人完善。

英国－富勒语

知者不惑，仁者不忧，勇者不惧。

春秋－孔子门人《论语·子罕》句

直是勇气，曲是智慧。　　　佚名

至白涅不缁，至交淡不疑。

唐－孟郊《劝友》句

志不强者智不达，言不信者行不果。

春秋－墨翟《墨子·修身》句

志道者少友，逐俗者多俦。

汉－王符《潜夫论·实贡》句

志合者，不以山海为远，
道乖者，不以咫尺为近。

晋－葛洪《抱朴子·博喻》句

智者莫大于知人。

汉－刘安《淮南子·泰族训》句

忠言逆耳利于行。

唐－吴兢《贞观政要·公平》句

众怒不可蓄。

周－左丘明《左传·昭公二年》句

周而不比。

春秋－孔子门人《论语·为政》句

自卑而尊人，先彼而后己。

唐－范质《诫儿侄八百字》句

自后者人先之；自下者人高之。

汉－杨雄《法言·寡见》句

自疑者必疑人，信人者必自信也。

清－王夫之《读通鉴论·三》句

尊重差异，包容多样。　　　佚名

做事要留余地，责人切忌尽言。

清－金兰生《格言联璧》句

167

励 志

A

哀莫大于心死。

        战国－庄周《庄子·田子方》句

B

把握住今天，胜似两个明天。   佚名

百尺竿头须进步。

       宋－释道原《景德传灯录》卷十句

百炼成钢

宝剑锋从磨砺出，梅花香自苦寒来。

                         佚名

不安于小成，然后足以成大器；
不诱于小利，然后可以立远功。

        明－方孝孺《赠林公辅序》句

不到长城非好汉。

       现代－毛泽东《清平乐·六盘山》句

不是一番寒彻骨，争得梅花扑鼻香？

       元－高明《琵琶记·旌表》句

不为穷变节，不为贱易志。

       汉－桓宽《盐铁论·地广》句

C

策马前途须努力，莫学龙钟虚叹息。

       唐－李涉《岳阳别张祜》句

长风破浪会有时，直挂云帆济沧海。

       唐－李白《行路难》句

尘至微而结成山岳，
川不息而流作沧瀛。

       唐－王棨《跬步千里赋》句

持之以恒

刺骨情方励，偷光思益深。

       唐－孟简《惜分阴》句

聪明人跌倒一次，从中吸取教训；
愚蠢人跌倒一次，从此不再爬起来。

                佚名

D

蹈海言犹在，
移山志不衰。

       宋－陆游《杂感》句

滴自己的汗，吃自己的饭，
自己的事情自己干，
靠人靠天靠祖上，不算是好汉。

       现代－陶行知《自立歌》

东隅已逝，桑榆非晚。

       唐－王勃《滕王阁序》句

读圣贤书行仁义事，
立修齐志存忠孝心。   佚名

F

发愤识遍天下字，立志读尽人间书。

　　　　　　　　　宋－苏轼联语

发愤图强

非学无以广才，非志无以成学。

　　　　三国蜀－诸葛亮《诫子书》句

抚剑尝胆，枕戈泣血。

　　　　　　唐－李延寿《南史》句

富贵必从勤苦得，男儿须读五车书。

　　　　　唐－杜甫《柏学士茅屋》句

G

功崇惟志，业广惟勤。

　　　　　　　　《尚书·周官》句

古之欲明德于天下者，先治其国；
欲治其国者，先齐其家；
欲齐其家者，先修其身；
欲修其身者，先正其心；
欲正其心者，先诚其意；
欲诚其意者，先致其知；
致知在格物。

　　　　西汉－戴德《礼记·大学》句

贵有恒，何必三更眠五更起；
最无益，只怕一日曝十日寒。

　　　　　　　　明－胡居仁联语

贵在坚持

H

鸿鹄高飞，一举千里。

　　　　　　汉－刘邦《鸿鹄歌》句

鸿鹄之志。

　　　汉－司马迁《史记·陈涉世家》句

虎瘦雄心在，人贫志气存。

　　　　　元－万松老人《从容录》句

环境何曾困志士，艰难到底助英雄。

　　　　　　　　　　　　佚名

患难困苦是磨练人格之最高学校。

　　　　　　　　近代－梁启超语

皇天不负苦心人。

　　　明－戚继光《练将·正心术》句

灰心生失望，失望生动摇，
动摇生失败。

　　　　　英国－弗朗西斯·培根语

J

机遇总是偏爱那些有准备的头脑。

　　　　　　　　现代－钱三强语

及时当勉励，岁月不待人。

　　　　　　晋－陶渊明《杂诗》句

几番磨炼方成器，十载耕耘自见功。

　　　　　　　　　　　　佚名

坚忍不拔

坚毅

将勤补拙

将相本无种，男儿当自强。
　　　　　宋－汪洙《神童诗》句

将相出寒门。
　　　　　元－王实甫《西厢记》句

进取

精诚所加，金石为开。
　　南朝宋－范晔《后汉书·广陵思王荆
　　　　　　　　　　　　　传》句

精金百炼

居身不使白玉玷，立志宜与青云齐。
　　　　　　　近代－华世奎联语

君子不恤年之将衰，而忧志之有倦。
　　　　　汉－徐干《中论·治学》句

K
苦难是人生的老师。
　　　　　法国－巴尔扎克语

困苦能孕育灵魂和精神的力量。
　　　　　　　法国－雨果语

困难是动摇者和懦夫掉队回头的便
桥，也是勇敢者前进的脚踏石。
　　　　　　美国－爱默生语

L
兰幽香风远，松寒不改容。
　　唐－李白《于五松山赠南陵常赞府》句

老当益壮，宁移白首之心？
穷且益坚，不坠青云之志。
　　　　　唐－王勃《滕王阁序》句

乐不忘忧

立大事者，不惟有超世之才，亦必有
坚忍不拔之志。
　　　　　宋－苏轼《晁错论》句

立大志，做大事，探讨大学问。
　　　　　现代－陶行知语

立德，立功，立言。
　　周－左丘明《左传·襄公二十四年》句

立志当怀虎胆，求知莫畏羊肠。佚名

立志言为本，修身行乃先。
　　　　　唐－吴叔达《言行相顾》句

立志不随流俗转，
留心学到古人难。　　　　　　佚名

立志欲坚不欲锐，成功在久不在速。
　　　　　宋－张孝祥《论治体札子》句

烈火见真金，逆境出英雄。
　　　　　古罗马－塞内加语

零落成泥碾作尘，只有香如故。
　　　　　宋－陆游《卜算子·咏梅》句

流年莫虚掷，华发不相容。
　　　　　唐－方干《送从兄郜》句

隆冬到来时，百花迹已绝，
红梅不屈服，树树立风雪。
　　　　现代－陈毅《冬夜杂咏·红梅》

路漫漫其修远兮，吾将上下而求索。
　　　　战国楚－屈原《楚辞·离骚》句

M

梅碾香犹在，丹磨赤自存。
石焚洁似雪，玉碎质还真。
　　　　　当代－马凯《气节赞》

没有比脚更长的路，
没有比人更高的山。
　　　　当代－汪国真《山高路远》句

每一种创伤都是一种成熟。　　佚名

莫等闲白了少年头，空悲切。
　　　　　宋－岳飞《满江红》句

N

能受苦乃为志士，肯吃亏不是痴人。
　　　　　　　　　　　　佚名

逆水行舟，不进则退。

懦者能奋，与勇者同力也；愚者能
虑，与智者同识也；拙者能勉，与巧
者同功也。
　　　　宋－崔敦礼《刍言》卷中句

P

拼搏

平静的湖面，练不出精悍的水手；

安逸的环境，造不出时代的伟人。
　　　　　　　俄国－列别捷夫语

蒲柳之姿，望秋而先落；
松柏之质，逢霜而弥盛。
　　南朝宋－刘义庆《世说新语·言语》句

Q

骐骥一跃，不能十步；
驽马十驾，功在不舍。
　　　　战国－荀况《荀子·劝学》句

骐骥志千里。

弃燕雀之小志，慕鸿鹄以高翔。
　　　　南朝梁－丘迟《与陈伯之书》句

千里之行，始于足下。
　　　　春秋－老聃《老子》六十四章句

千淘万漉虽辛苦，吹尽狂沙始到金。
　　　　唐－刘禹锡《浪淘沙九首》句

锲而不舍，金石可镂。
　　　　战国－荀况《荀子·劝学》句

勤攻吾之缺。　三国－蜀－诸葛亮语

青春须早为，岂能长少年。
　　　　　　唐－孟郊《劝学》句

穷当益坚，老当益壮。
　　南朝宋－范晔《后汉书·马援传》句

穷且益坚，不坠青云之志。
　　　　唐－王勃《滕王阁诗序》句

171

R

人贵有志，学贵有恒。　　　　　　佚名

人老心不老，人穷志莫穷。
　　　　　　　　　明－《增广贤文》句

人生有迹，岁月无痕。　　　　　　佚名

人生在世，事业为重，
一息尚存，绝不松动。
　　　　　　　　　现代－吴玉章诗句

人生真正的幸福，不在于目标是否达
到，而在于达到目标的奋斗。
　　　　　　　　　　　　　　　佚名

S

三思方举步，百折不回头。
　　　　　　　　　现代－吴阶平联语

少壮不努力，
老大徒伤悲。
　　　　　　　　　汉－《乐府·长歌行》句

生活有时并不公正，但希望的大门对
每一个人永远是敞开的。　　　　佚名

生于忧患而死于安乐。
　　　　　　　战国－孟轲《孟子·告子下》句

胜不骄败不馁。
　　　　　　战国－商鞅《商君书·战法》句意

胜而不骄，败而不怨。
　　　　　　　战国－商鞅《商君书》句

绳锯木断，水滴石穿。
　　　宋－罗大经《鹤林玉露·一钱斩吏》句

盛年不重来，一日难再晨。
及时当勉励，岁月不待人。
　　　　　　　　　晋－陶渊明《杂诗》句

失败的次数愈多，成功的机会愈近。
　　　　　　　　　法国－费德鲁斯语

失败是成功之母。　　　　　　　谚语

失意休馁，得势莫狂。　　　　　佚名

什么是路？就是从没有路的地方践踏
出来的，从只有荆棘的地方开辟出
来的。
　　　　　　　　　现代－鲁迅语

石可破也，不可夺其坚；
丹可磨也，不可夺其赤。
　　　　秦－吕不韦《吕氏春秋·诚廉》句

矢志不渝

世上无难事，只怕有心人。
　　　　　　　　明－吴承恩《西游记》句

世上无难事，只要肯登攀。
　　　　现代－毛泽东《水调歌头·重上井冈
山》句

书破万卷，路行万里。　　　　　佚名

顺境中的美德是自制，
逆境中的美德是不屈不挠。
　　　　　　　英国－弗朗西斯·培根语

岁寒，然后知松柏之后凋。

　　春秋－孔子门人《论语·子罕》句

岁寒才知松柏茂，隆冬方显傲霜梅。

　　　　　　　　　　佚名

T

天将降大任于斯人也，必先苦其心志，劳其筋骨，饿其体肤，空乏其身，行弗乱其所为，所以动心忍性，增益其所不能。

　　战国－孟轲《孟子·告子下》句

天下兴亡，匹夫有责。

　　　　清－顾炎武《正始》句

天下有道，以道殉身；
天下无道，以身殉道。

　　战国－孟轲《孟子·尽心上》句

天行健，君子以自强不息。

　　　　周－《易经·乾》句

W

玩人丧德，玩物丧志。

　　　　《尚书·旅獒》句

为天地立心，为生民立命，
为往圣继绝学，为万世开太平。

　　宋－张载《张子全书》卷十四句

为学须先立志。

　　　　宋－朱熹《朱子语录》句

为者常成，往者常至。

　　春秋－晏婴《晏子春秋·内篇杂下》句

伟大的抱负造就伟大的人。

　　　　　英国－托－富勒语

伟大的事业基于高深的学问，
坚强的意志在于强健的体魄。

　　　　　　现代－孙中山语

闻鸡起舞

卧薪尝胆

无冥冥之志者，无昭昭之明。

　　战国－荀况《荀子·劝学》句

无限风光在险峰。

　现代－毛泽东《七绝·为李进同志题所
　　　　　　设庐山仙人洞照》句

无志难成易事，有心易克难关。佚名

X

现实是此岸，理想是彼岸，
中间隔着湍急的河流，
行动则是架在川上的桥梁。

　　　　　俄国－克雷洛夫语

心不清则无以见道，
志不确则无以立功。

　　　　　宋－林逋《省心录》句

心欲小而志欲大，智欲圆而行欲方。

　　汉－刘安《淮南子·主术训》句

行百里者半于九十。

　　西汉－刘向《战国策·秦策五》句

173

行之苟有恒，久久自芬芳。
汉－崔瑗《座右铭》句

雄心志四海，万里望风尘。
晋－傅玄《豫章行·苦相》句

学不可以已。
战国－荀况《荀子·劝学》句

学海无涯勤是路，云程有径志为梯。
佚名

学者，不患才之不赡，
而患志之不立。
汉－徐干《中论·治学》句

Y

养天地正气，法古今完人。
现代－孙中山手书联语

咬定理想，守住寂寞。　　　　佚名

咬定青山不放松，立身原在破崖中。
千磨万击还坚劲，任尔东南西北风。
清－郑燮《竹石》

要成就一件大事业，
必须从小事做起。
苏联－列宁语

一切壮丽的事业都是从零开始的。
佚名

以人为戏弄，则丧其德，
以器为戏弄，则丧其志。
宋－司马光《稽古录》句

以天下为己任

有勤心，无远道。
明－吕坤《呻吟语·修身》句

有志不在年高，无志空活百岁。
清－石玉昆《三侠五义》第八十一回句

有志肝胆壮，无私天地宽。　　　佚名

有志者事竟成。
南朝宋－范晔《后汉书·耿弇传》句

欲穷千里目，更上一层楼。
唐－王之涣《登鹳雀楼》句

愿乘风破万里浪，甘面壁读十年书。
现代－孙中山　　联语

越山千重志不懈，征程万里勇如初。
佚名

Z

丈夫落魄纵无聊，壮志依然抑九霄，
非同泽柳新稊绿，偶受春风即折腰。
现代－徐特立诗句

丈夫志四海，万里犹比邻。
三国魏－曹植《赠白马王彪》句

丈夫志四海，一室宜先治。
内行苟不修，焉能大有为。
清－张琳《励志诗》

只要功夫深，铁杵磨成针。　　谚语

志不强者智不达，言不信者行不果。

　　　　春秋－墨翟《墨子·修身》句

志当存高远。

　　　　三国蜀－诸葛亮《诫外甥书》句

志无休者，虽难必易；
行不止者，虽远必臻。

　　　　唐－王榮《跬步千里赋》句

志之所向，金石为开。

　　　　清－曾国藩《曾文公杂著》句

质愚勤可补，路远志须坚。

　　　　现代－谢觉哉诗句

壮士何慷慨，志欲威八荒。

　　　　三国魏－阮籍《咏怀》之一

壮志与毅力是事业的双翼。　　佚名

卓越的人一大优点是：在不利与艰难
的遭遇里百折不挠。

　　　　德国－贝多芬语

自古英雄多磨难，从来纨绔少伟男。

　　　　佚名

自强不息

读书学习

A

安贫忘岁月，救拙赖读书。　　佚名

B

百艺通，不如一艺精。　　谚语

笨鸟先飞早入林。
　　元－关汉卿《陈母教子》句

播种一个行动，收获一个习惯；
播种一个习惯，收获一个个性；
播种一个个性，收获一个命运。
　　塞内加尔－菩德吉语

博采众长

博观而约取，厚积而薄发。
　　宋－苏轼《杂说》句

博览多闻，学问习熟。
　　汉－王充《论衡·超奇》句

博览精思

博览群书

博览群书见多识广，
兼采百家耳聪目明。　　佚名

博览知学浅，广交悟世深。　　佚名

博学笃行

博学而不穷，笃行而不倦。
　　西汉－戴德《礼记·儒行》句

博学而笃志，切问而近思。
　　春秋－孔子门人《论语·子张》句

博学深思增智慧，更新除旧见精神。
　　　　佚名

博学之，审问之，慎思之，明辨之，
笃行之。
　　西汉－戴德《礼记·中庸》句

不薄今人爱古人，清词丽句必为邻。
　　唐－杜甫《戏为六绝句》句

不耻相师。
　　唐－韩愈《师说》句

不动笔墨不读书。
　　现代－徐特立语

不读书的家庭，
就是精神上残缺的家庭。
　　俄国－巴甫连柯语

不积跬步，无以致千里；
不积小流，无以成江海。
　　战国－荀况《荀子·劝学》句

不入虎穴焉得虎子。
　　南朝宋－范晔《后汉书·班超列传》句

不唯上，不唯书，只唯实。
　　　　　　　　现代－陈云语

不闻不若闻之，闻之不若见之，
见之不若知之，知之不若行之。
　　　　　战国－荀况《荀子·儒效》句

不学不成，不问不知。
　　　　　汉－王充《论衡·实知》句

不要企图无所不知，
否则你将一无所知。
　　　　　德国－德谟克利特语

不因果报方行善，岂为功名始读书。
　　　　　　　　　　　　佚名

不知道谬误，也不会懂得真理。
　　　　　　　　　　　　谚语

不知则问，不能则学。
　　　　汉－董仲舒《春秋繁露·执贽》句

不专心致志，则不得也。
　　　　战国－孟轲《孟子·告子上》句

C

藏古今学术瑰宝，聚中外文化精华。
　　　　　　　　　　　　佚名

操千曲而后晓声，观千剑而后识器。
　　　南朝梁－刘勰《文心雕龙·知音》句

彻底消化几本书，强如把几百本书放
在嘴里不咽下去。
　　　　　　　美国－奥斯本语

尘至微而结成山岳，
川不息而流作沧瀛。
　　　　唐－王棨《跬步千里赋》句

刺骨情方励，偷光思益深。
　　　　　唐－孟简《惜分阴》句

聪明睿智而守以愚者益，
博闻多记而守以浅者广。
　　　　汉－刘向《说苑·敬慎》句

聪明在于勤奋，天才在于积累。
　　　　　　　现代－华罗庚语

存志乎诗书，寓辞于咏歌。
　　　唐－韩愈《荆潭唱和诗·序》句

D

大道以多歧亡羊，学者以多方丧生。
　　　　周－列御寇《列子·说符》句

大凡学问，闻之知之皆不为得；得
者，须默识心通。
　　　宋－程颢/程颐《二程遗书》句

大志非才不就，大才非学不成。
　　　　明－郑心材《郑敬中摘语》句

德不优者，不能怀远；
才不大者，不能博见。
　　　　汉－王充《论衡·别通》句

登高而招，臂非加长也，而见者远；
顺风而呼，声非加疾也，而闻者彰。
　　　　战国－荀况《荀子·劝学》句

点烛为明，读书致用。　　　　　　　佚名

洞悉世事胸襟阔，阅尽人情眼界宽。
　　　　　　　　　　　　　　　　　佚名

都无做官意，唯有读书声。
　　　　　现代－蔡元培　　　联语

读了一本书，就像对生活打开了一扇
窗户。
　　　　　　　　　　苏联－高尔基语

读千赋则善赋。
　　　　　　汉－桓谭《新论·道赋》句

读圣贤书行仁义事，
立修齐志存忠孝心。　　　　　　　佚名

读史使人明智，读诗使人灵秀，数学
使人周密，科学使人深刻，伦理学使
人庄重，逻辑修辞之学使人善辩。凡
有所学，皆成性格。
　　　　　　英国－弗朗西斯·培根语

读书百遍，其义自见。
　　西晋－陈寿《三国志·魏志·王肃传》句

读书必自期，责己何敢宽。
　　　　清－高斌《次韵奉和西林先生》句

读书不可无师承，立论不可无依据。
　　　　　　　　清－王晫《今世说》句

读书当悟理，办事贵求真。　　　　佚名

读书得真趣，怀古生远思。　　　　佚名

读书点亮人生。　　　　　　　　　佚名

读书给人以乐趣，给人以光彩，给人
以才干。
　　　　　　　英国－弗朗西斯·培根语

读书好，好读书，读好书。
　　　　　　　　　　　现代－冰心语

读书好处心先觉，立雪深时道已传。
　　　　　　　清－袁枚《随园诗话》句

读书患不多，思义患不明。
患足已不学，既学患不行。
　　　　唐－韩愈《赠别元十八协律六首》句

读书即未成名，究竟人高品雅；
修德不期获报，自然梦稳心安。
　　　　　　清－金兰生《格言联璧》句

读书可以广智，宽恕可以交友。
　　　　　　　　法国－罗曼－罗兰语

读书觅佳句，润墨得风神。　　　　佚名

读书贫里乐，搜句静中忙。
　　　　　　　　　唐－裴说《句》句

读书破万卷，下笔如有神。
　　　唐－杜甫《奉赠韦左丞丈二十二韵》句

读书切忌在慌忙，涵泳工夫兴味长。
未晓不妨权放过，切身须要急思量。
　　　　　　　　　宋－陆九渊《读书》

读书穷理。
　　　　　宋－朱熹《学规类编》句

读书求甚解，做事必认真。　　佚名

读书使人充实，思考使人深邃，交谈使人清醒。
　　　　　美国－富兰克林语

读书是学习，摘抄是整理，
写作是创造。
　　　　　现代－吴晗语

读书万卷始通神。
　　宋－苏轼《柳氏二外甥求笔迹》句

读书心存远志，实践悟出真知。佚名

读书要能自出见解，
处世无过善体人情。　　　　佚名

读书要四到，一是眼到，
二是口到，三是心到，四是手到。
　　　　　现代－胡适语

读书宜早，著述宜晚。　　　佚名

读书应提要，处事须通情。　佚名

读书之法，莫贵于循序而致精。
　　　　　宋－朱熹《性理精义》句

读书足以怡情，足以博采，
足以长才。
　　　　　英－弗郎西斯·培根语

读死书会变成书呆子，
甚至于成为书橱。
　　　　　现代－鲁迅语

读万卷书，行万里路。
　　　　清－钱泳《《履园丛说》》句

读万卷书，行万里路，经万件事，
师万人长，抒万般情，拓万丈胸。
　　　　　　　　　　佚名

读未见书如得良友，
见已读书如逢故人。
　　清－金兰生《格言联璧·学问》句

读一本好书，
就是和许多高尚的人谈话。
　　　　　德国－歌德语

读一本好书，如同与以往时代最优秀
的人们交谈。
　　　　　法国－笛卡尔语

读有字书，识无字理。
　　　　明－鹿善继《四书说约》句

独学而无友，则孤陋而寡闻。
　　　　西汉－戴德《礼记·学记》句

笃信好学。
　　春秋－孔子门人《论语·泰伯》句

睹一事于句中，反三隅于字外。
　　　　唐－刘知几《史通·叙事》句

杜门闲客散，开卷古人来。　　佚名

对于浏览的东西，要随时作笔记，把要点记下来。

现代－吴晗语

多读古人书，静思天下事。　佚名

多闻而体要，博见而善择。

东晋－葛洪《抱朴子·微旨》句

多知世事胸襟阔，阅尽人情眼界宽。

佚名

耳闻不如目见之，目见不如足践之。

汉－刘向《说苑·政理》句

F

发愤识遍天下字，立志读尽人间书。

宋－苏轼联语

发愤早为好，苟晚休嫌迟。
最忌不努力，一生都无知。

现代－华罗庚诗句

发展独立思考和独立判断的一般能力，应当始终放在首位，而不应当把获得专业知识放在首位。

德国－爱因斯坦语

非尽百家之美，不能成一人之奇；
非取法至高之境，不能开独造之域。

元－刘开《与阮芸台宫保论文书》句

非识无以断其义，非才无以善其文，
非学无以练其事。

清－章学诚《文史通义》句

非学无以广才，非志无以成学。

三国蜀－诸葛亮《诫子书》句

富贵必从勤苦得，男儿须读五车书。

唐－杜甫《柏学士茅屋》句

腹有诗书气自华。

宋－苏轼《和董传留别》句

G

功夫在诗外。　宋－陆游《示子遹》句

功夫自难处做去，学问从苦中得来。

明－洪应明《菜根谭·修省》句

功以才成，业由才广。

西晋－陈寿《三国志·蜀书·董允传》句

苟日新，日日新，又日新。

西汉－戴德《礼记·大学》句

古今之成大事业、大学问者，必经过三种之境界："昨夜西风凋碧树，独上西楼，望尽天涯路"，此第一境也；"衣带渐宽终不悔，为伊消得人憔悴"，此第二境也；"众里寻他千百度，蓦然回首，那人却在灯火阑珊处"，此第三境也。

现代－王国维语

古人学问无遗力，少壮工夫老始成。
纸上得来终觉浅，绝知此事要躬行。

宋－陆游《冬夜读书示子聿》

古之欲明德于天下者，先治其国；欲治其国者，先齐其家；欲齐其家者，先修其身；欲修其身者，先正其心；欲正其心者，先诚其意；欲诚其意者，先致其知；致知在格物。

西汉－戴德《礼记·大学》句

观书者当观其意，慕贤者当慕其心。

唐－刘禹锡《辩迹论一首》句

光阴给我们经验，读书给我们知识。

苏联－奥斯特洛夫斯基语

广学而博，专一而精。　　　　佚名

贵有恒，何必三更眠五更起；
最无益，只怕一日曝十日寒。

明－胡居仁联语

H

海以合流为大，君子以博识为弘。

西晋－陈寿《三国志·蜀书·秦宓传》句

好好学习，天天向上。

现代－毛泽东题词

好记性不如烂笔头。　　　　谚语

好书不厌百回读，熟读深思精义见。

佚名

好问则裕，自用则小。

《尚书·仲虺之诰》句

好学不倦

好学而不厌，好教而不倦。

秦－吕不韦《吕氏春秋·尊师》句

好学近乎知，力行近乎仁，
知耻近乎勇。

西汉－戴德《礼记·中庸》句

好学深思

和乃不流有定节，敏而好学无常师。

佚名

黑发不知勤学早，白首方悔读书迟。

唐－颜真卿《劝学》句

黄金非宝书为宝，万事皆空善不空。

当代－马英九家祖传家训

汇人间群书博览者，何其好也；
集天下英才教育之，不亦乐乎。

佚名

活到老学到老。

现代－徐特立语

J

积学以储宝，酌理以富才。

南朝梁－刘勰《文心雕龙·神思》

及时当勉励，岁月不待人。

晋－陶渊明《杂诗》句

即使和本业毫不相干的，也要泛览，譬如学理科的，偏看看文学书，学文学的偏看看科学书，看看别人在那里研究的，究竟是怎样一回事。

现代－鲁迅语

纪事者必提其要，纂言者必钩其玄。
唐－韩愈《进学解》句

技无大小，贵在能精。
清－李渔《闲情偶寄·结构》句

加紧学习，抓住中心，
宁精勿杂，宁专勿多。
德国－歌德语

家有余粮鸡犬饱，户多书籍子孙贤。
明－施耐庵《水浒传》第二回句

兼收并蓄，待用无遗。
唐－韩愈《进学解》句

简练于学，成熟于师。
汉－王充《论衡·量知》句

骄傲来自浅薄，狂妄出于无知。 佚名

教学相长。
西汉－戴德《礼记·学记》句

节饮食以养胃，多读书以养胆。 佚名

尽小者大，积微者著。
战国－荀况《荀子·大略》句

尽信书，则不如无书。
战国－孟轲《孟子·尽心下》句

近水知鱼性，近山识鸟音。
明－《增广贤文》句

经验是真知与灼见之母。
英国－欧文语

酒要少饮，事要多知。 佚名

旧书不厌百回读，熟读深思子自知。
宋－苏轼《送安秀才失解西归》句

旧学商量加邃密，新知培养转深沉。
宋－朱熹《次陆子寿韵》句

君子之学，博于外而尤贵精于内，
论诸理而尤贵达于事。
明－王廷相《慎言·潜心》句

开卷群言雅，挥毫六气清。 佚名

开卷有益

开口能谈天下事，读书先得古人心。
佚名

开篇玩古，则千载共朝；
削简传今，则万里对面。
梁－庚肩吾《书品序》句

K

看剑豪生胆，读书香到心。 佚名

看书多撷一部，游山多走几步。
倘非广见博闻，总觉光阴虚度。
清－袁枚《随园诗话补遗》句

苦读千年史，笑吟万家诗。 佚名

L

劳于读书，逸于作文。

元－程瑞礼《程氏家塾读书分年日程》句

乐在书中游，常得思之趣。　　　　佚名

理论联系实际

理想中的学者，既能博大，又能精深。精深的方面，是他的专门学问。博大的方面，是他的旁搜博览。博大要几乎无所不知，精深要几乎唯他独尊，无人能及。　　　　现代－胡适语

力行而后知之真。

清－王夫之《四书训义》句

力学笃行

力学如力耕，勤惰尔自知。
但使书种多，会有岁稔时。

宋－刘代《书院》句

立身以立学为先，立学以读书为本。

宋－欧阳修《欧阳文忠公文集》句

立志当怀虎胆，求知莫畏羊肠。　佚名

利人莫大于教，成身莫大于学。

秦－吕不韦《吕氏春秋·尊师》句

砺德身心正，求知耳目聪。　　　佚名

两刃相割，利钝乃知；
二论相订，是非乃见。

汉－王充《论衡·案书》句

临渊羡鱼，不如退而结网。

汉－班固《汉书·董仲舒传》句

路漫漫其修远兮，吾将上下而求索。

战国楚－屈原《楚辞·离骚》句

论先后，知为先；论轻重，行为重。

宋－朱熹《朱子语类辑略》句

M

绵世泽莫如为善，振家声还是读书。

佚名

敏而好学，不耻下问。

春秋－孔子门人《论语·公冶长》句

模仿是最初步的学习。

现代－茅盾语

莫做无聊事，多读有益书。　　　佚名

N

男儿须读五车书。

唐－杜甫《题柏学士茅屋》句

能读千赋则善赋，能观千剑则晓剑。

唐－马总《意林》卷三句

能够发现问题是识，能够占有材料是学，能够驾驭材料是才。

现代－吕叔湘《丁声树同志的学风》句

能勤德业唯良友，有益身心在读书。

佚名

鸟欲高飞先振翅，人求上进早读书。

现代－李苦禅联语

P

怕人知道休做，要人敬重勤学。

《名贤集》句

Q

奇文共欣赏，疑义相与析。

晋－陶渊明《移居》句

器不饰则无以为美观，
人不学则无以有懿德。

汉－徐干《中论·治学》句

谦虚使人进步，骄傲使人落后。

现代－毛泽东语

强学力行。

唐－韩愈《后十九日复上宰相书》句

勤能补拙，学可医愚。　　　佚名

勤学如春起之苗，不见其增，
日有所长；
辍学如磨刀之石，不见其损，
日有所亏。

晋－陶渊明句

穷不忘道，老而能学。

宋－苏轼《黄州上文潞公书》句

求师不专，则受益也不入；
求友不专，则博爱而不亲。

清－曾国藩《致澄弟温弟沅弟季弟》句

求学不为虚名，只求学以致用；
待人不在圆滑，但求无愧于心。

佚名

求学将为致用，读书贵在虚心。　佚名

求知可以作为消遣，可以作为装潢，
也可以增长才干。

英国－弗朗西斯·培根语

求知无厌知无尽，治学有恒学有成。

佚名

缺少知识就无法思考，缺少思考就不
会有知识。

德国－歌德语

R

人贵有志，学贵有恒。　　　佚名

人之才，成于专而毁于杂。

宋－王安石《上皇帝万言书》句

认真是成功的秘诀，
粗心是失败的伴侣。　　　佚名

日习则学不忘，自勉则身不堕。

三国魏－徐干《中论·治学》句

如切如磋，如琢如磨。

《诗经·卫风·淇奥》句

人家不必论贫富，唯有读书声最佳。

唐－翁承赞《书斋谩兴二首》句

入世须才更须节，传家积德还积书。
　　　　　　　　　　　　　　佚名

S

三更灯火五更鸡，正是男儿读书时。
黑发不知勤学早，白首方悔读书迟。
　　　　　　　唐－颜真卿《劝学》

三人行，必有我师焉。择其善者而从
之，其不善者而改之。
　　　　春秋－孔子门人《论语·述而》句

山光清眼界，书味润心田。　　　佚名

善学者尽其理，善行者究其难。
　　　　　　战国－荀况《荀子·大略》句

少而好学，如日出之阳；
壮而好学，如日中之光；
老而好学，如炳烛之明。
　　　　　　汉－刘向《说苑·建本》句

少年易学老难成，一寸光阴不可轻。
未觉池塘春草梦，阶前梧叶已秋声。
　　　　　　　　宋－朱熹《劝学》

少应酬，多读书。

少则得，多则惑。
　　　　春秋－老聃《老子》二十二章句

少壮不努力，老大徒伤悲。
　　　　　　汉－《乐府·长歌行》句

身无半亩心忧天下，读破万卷神交古人。
　　　　　　　　　清－左宗棠句

生活是无字的书。　　　　　　佚名

生活守铁则，
学习贵精专。
　　　　　　　现代－徐特立诗句

生也有涯，而知也无涯。
　　　　战国－庄周《庄子·养生主》句

圣人无常师。
　　　　　　　唐－韩愈《师说》句

失之东隅，收之桑榆。
　　　　南朝宋－范晔《后汉书·冯异传》句

师其意，不师其辞。
　　　　　　唐－韩愈《答刘正夫书》句

时因酒色亡国家，几见诗书误好人。
　　　　　　明－冯梦龙《醒世恒言》句

实践

世人三日不读书，则面目可憎，语言
无味。
　　　　　明－东鲁古狂生《醉醒石》句

世事洞明皆学问，人情练达即文章。
　　　　　清－曹雪芹《红楼梦》第五回句

仕而优则学，学而优则仕。
　　　　春秋－孔子门人《论语·子张》句

嗜书如嗜酒，知味乃笃好。
　　　　宋－范成大《寄题王仲显读书楼》句

185

手披目视，口咏其言，心惟其义。
　　　　唐－韩愈《上襄阳于相公书》句

书痴者文必工，艺痴者技必良。
　　　　清－蒲松龄《聊斋志异·阿宝》句

书到用时方恨少，事非经过不知难。
　　　　　　　　　　　　　　　　佚名

书读今古，学贯中西。　　　　　佚名

书籍是人类进步的阶梯。
　　　　　　　　　苏联－高尔基语

书卷多情似故人，晨昏忧乐每相亲。
眼前直下三千字，胸次全无一点尘。
　　　　　　　　　　明－于谦《观书》

书林漫步，学海遨游。　　　　　佚名

书破万卷，路行万里。　　　　　佚名

书山觅宝，学海泛舟。　　　　　佚名

书山有路勤为径，学海无涯苦作舟。
　　　　　　　　明－《增广贤文》句

书味在胸中，甘于饮陈酒。
　　　　　　清－袁枚《遣怀杂诗》句

书以陶性情，诗以养静观。
　　　　　　　　　现代－郭沫若语

书中乾坤大，笔下天地宽。　　　佚名

书中自有人生乐。　　　　　　　佚名

熟读唐诗三百首，不会吟诗也会吟。
　　　　清－孙诛《唐诗三百首序》句

素食则气不浊，独窗则神不浊，
默坐则心不浊，读书则口不浊。
　　　　　　清－朱锡绶《幽梦续影》句

T

贪多务得，细大不捐。
　　　　　　　唐－韩愈《进学解》句

天才就是勤奋，知识在于积累。
　　　　　　　　　现代－华罗庚语

天赋如同自然花木，要用学习来修剪。
　　　　　　英国－弗朗西斯·培根语

天行健，君子以自强不息。
　　　　　　　　周－《易经·乾》句

退笔如山未足珍，读书万卷始通神。
　　　　宋－苏轼《柳氏二外甥求笔迹》句

W

微少的知识使人骄傲，丰富的知识则
使人谦虚。
　　　　　　　意大利－达·芬奇语

为善最乐，读书最佳。
　　　　　　清－阮葵生《茶余客话》句

为学患无疑，疑则有进。
　　　　　　宋－陆九渊《语录下》句

为学须先立志。
　　　　　　宋－朱熹《朱子语录》句

为学之道，莫先于穷理；
穷理之要，必在于读书。
　　　　　宋－朱熹《性理精义》句

为中华之崛起而读书。
　　　　　现代－周恩来语

伟大的事业基于高深的学问，
坚强的意志在于强健的体魄。
　　　　　现代－孙中山语

未得乎前，则不敢求其后；
未通乎此，则不敢志乎彼。
　　宋－朱熹《朱文公文集·穷理篇》句

温故而知新。
　　春秋－孔子门人《论语·为政》句

文以真为贵，学以精为贵。　　佚名

问之不切，则其听之不专；
其思之不深，则其取之不固。
　　　　宋－王安石《书洪范传后》句

无贵无贱，无长无少，道之所存，师
之所存也。
　　　　　唐－韩愈《师说》句

无情岁月增中减，有味诗书苦后甜。
　　　　　　　　　　　佚名

吾爱吾师，吾更爱真理。
　　　　古希腊－亚里士多德语

吾生也有涯，而知也无涯。
　　战国－庄周《庄子·养生主》句

悟从疑得，乐自苦生。
　　　　清－申居郧《西岩赘语》句

X

想象力比知识更重要，因为知识是有
限的，而想象力概括着世界的一切，
推动着进步，并且是知识进化的源泉。
　　　　　德国－爱因斯坦语

心愈用愈灵，学愈研愈精。
　　　　　现代－傅抱石语

心之官则思
　　战国－孟轲《孟子·告子上》句

行是知之始，知是行之成。
　　　　　现代－陶行知诗句

虚心使人进步，骄傲使人落后。
　　　　　现代－毛泽东语

学必求其心得，业必贵于专精。
　　清－章学诚《文史通义·博约》句

学博而不精，则流于驳杂。
　　　明－胡居仁《居业录·学问》句

学博而后可约，事历而后知要。
　　　明－王廷相《慎言·见闻》句

学不必博，要之有用；
仕不必达，要之无愧。
　　宋－罗大经《鹤林玉露》卷十五句

学不可以已。
　　战国－荀况《荀子·劝学》句

学不足以修己治人，则为无用之学。
　　　　　　清－方苞《年谱序》句

学而不化，非学也。
　　　　　　宋－杨万里《庸言》句

学而不思则罔，思而不学则殆。
　　春秋－孔子门人《论语·为政》句

学而不厌，诲人不倦。
　　春秋－孔子门人《论语·述而》句

学而时习之，不亦说乎。
　　春秋－孔子门人《论语·学而》句

学古不泥古。
　五代后晋－官修《唐书·孙思邈传》句

学贵得师，亦贵得友。
　　　　　　明－唐甄《潜书·讲学》句

学贵心悟
　　　　宋－张载《张子全书·学大原》句

学贵要，虑贵远，信贵笃，行贵果。
　　　　　　明－方孝孺《逊志斋集》句

学贵有常，又贵日新。
　　　　　　明－祝允明《读书笔记》句

学贵有恒。

学贵专，不以泛滥为贤。
　　　　宋－程颐《为家君作试汉州学策
　　　　　　　　　　　　　　问》句

学海无涯勤是路，云程有径志为梯。
　　　　　　　　　　　　佚名

学如积水，其积愈深，则其流愈远。
　　宋－张孝祥《与湖居士文集·与冀伯
　　　　　　　　　　　　　英》句

学如逆水行舟，不进则退。
　　　　　　明－《增广贤文》句

学诗须透脱，信手自孤高。
　　　　　宋－杨万里《和李天麟二首》句

学书在法，而其妙在人。
　　　　　　宋－晁补之《鸡肋集》句

学问尚精专，研摩贵纯一。
　　　　　　清－曾世霖《论学问》句

学问是我们随身的财产。
　　　　　　英国－莎士比亚语

学问之成立在于信，而学问之进步则
在疑。
　　　　　　现代－蔡元培语

学问之根苦，学问之果甜。　　佚名

学无常师

学无止境

学习不怕根底浅，只要迈步总不迟。
　　　　　　　　　　　　佚名

学习知识要善于思考，思考，再思考。我就是靠着这个学习方法成为科学家的。

德国－爱因斯坦语

学以治之，思以精之，朋友以磨之，名誉以崇之，不倦以终之，可谓好学也已矣。

汉－杨雄《法言·学行》句

学以致用

学则不恃己之聪明，
而一唯先觉之是效；
思则不徇古人之陈迹，
而任吾警悟之灵。

清－王夫之《四书训义》句

学者，不患才之不赡，
而患志之不立。

汉－徐干《中论·治学》句

学者，犹种树也，
春玩其花，秋登其实；
讲论文章，春华也，
修身利行，秋实也。

北齐－颜之推《颜氏家训·勉学》句

学之染人，甚于丹青。

北宋－李昉《太平御览·历学篇》句

询问者，智之本；思虑者，智之道。

汉－刘向《说苑·建本》句

循序而渐进，熟读而精思。

宋－朱熹《读书之要》句

Y

艳装华外表，知识美心灵。　　　佚名

养成大拙方为巧，学到如愚总是贤。

佚名

养天地正气，法古今完人。

现代－孙中山手书联语

养心莫如寡欲，至乐无如读书。

清－郑成功联语

野物不为牺牲，杂学不为通儒。

战国－尉缭《尉缭子·治本》句

业精于勤，荒于嬉；
行成于思，毁于随。

唐－韩愈《进学解》句

一个家庭中，没有书籍，等于一间房子没有窗子。

法国－伏尔泰语

一语不能践，万卷徒空虚。

明－林鸿《饮酒》句

衣带渐宽终不悔，为伊消得人憔悴。

宋－柳永《凤栖梧》句

疑而能问，已得知识之半。

英国－弗朗西斯·培根语

疑乃悟之父。

清－魏源《明末楚石诸禅师和泾师》句

疑问是知识的钥匙。　　　　　　佚名

以近知远，以一知万，以微知明。
　　　　　战国－荀况《荀子·非相》句

以铜为鉴，可正衣冠；
以古为鉴，可知兴替；
以人为鉴，可明得失。
　　　北宋－宋祁等《新唐书·魏徵传》句

有关家国书常读，无益身心事莫为。
　　　　　　　　现代－徐特立诗句

有些书可供一尝，有些书可以吞下，
有不多的几部书则应当咀嚼消化。
　　　　　英国－弗朗西斯·培根语

友古今名士，读中外益书。　　佚名

愚者贪图财富，智者积累知识。
　　　　　　　　　德国－尼采语

玉不琢不成器，人不学不知道。
　　　　　西汉－戴德《礼记·学记》句

欲修其身者，先正其心；
欲正其心者，先诚其意；
欲诚其意者，先致其知。
　　　　　西汉－戴德《礼记·大学》句

欲知山中路，须问打柴人。　　谚语

欲知天地事，须读古今书。
　　　　　　　　明－《增广贤文》句

愿乘风破万里浪，甘面壁读十年书。
　　　　　　　　现代－孙中山联语

阅读有益人生。　　　　　　　佚名

阅历知书味，艰难识世情。　　佚名

阅书百纸尽，落笔四座惊。
　　　唐－杜甫《赠左仆射郑国公严公武》句

运动使人苗壮，读书使人贤达。
　　　　　　　　美国－爱迪生语

Z

在科学著作中，你最好读最新的书；
在文学著作中，你最好读最老的
书——古典文学作品永远不会衰老。
　　　　　英国－布尔韦尔·利顿语

择善人而交，择善书而读，
择善言而行，择善行而从。　　佚名

真正有知识的人谦虚、谨慎，只有无
知的人才冒昧、武断。
　　　　　　　英国－格兰维尔语

知不足者好学，耻下问者自满。
　　　　　　宋－林逋《省心录》句

知识改变命运。　　　　　　　佚名

知识就是力量。
　　　　　英国－弗朗西斯·培根语

知识好像沙石下面的泉水，掘得越深
越清澈。　　　　　　　　　　佚名

知无涯

知行合一

知之为知之，不知为不知，是知也。
　　春秋－孔子门人《论语·为政》句

知之愈明，则行之愈笃；
行之愈笃，则知之愈明。
　　　　宋－黎靖德《朱子语类》句

知之者不如好之者，
好之者不如乐之者。
　　春秋－孔子门人《论语·雍也》句

纸上得来终觉浅，绝知此事要躬行。
　　　宋－陆游《冬夜读书示子聿》句

至博而约于精，深思而敏于行。
　　明－方孝儒《逊志斋集·书签》句

至乐莫如读书，至要莫如教子。
　　　　　明－《增广贤文》句

致知力行。
　　宋－朱熹《朱熹文集·答吕子约》句

致知之途有二：曰学曰思。
　　　　清－王夫之《四书训义》句

智能并不产生于学历，而是来自对知识的终生不懈的追求。
　　　　　德国－爱因斯坦语

著述须使老，积勤宜少时。
　　宋－欧阳修《获麟赠姚辟先辈》句

勤奋惜时

A

爱好出勤奋，勤奋出天才。

现代－郭沫若语

爱日惜力寸阴无弃。

唐－令狐德棻《周书·萧圆肃传》句

B

把握住今天，胜似两个明天。　　佚名

白日莫闲过，青春不再来。

唐－林宽《少年行》句

白天对于懒惰者等于黑夜，
黑夜对于勤奋者等于白天。　　佚名

百川东到海，何时复西归。
少壮不努力，老大徒伤悲。

汉－《乐府·长歌行》句

宝剑锋从磨砺出，梅花香自苦寒来。

佚名

笨鸟先飞早入林。

元－关汉卿《陈母教子》句

不饱食以终日，不弃功于寸阴。

东晋－葛洪《抱朴子·勖学》句

不悲镜里容颜瘦，但喜心头疆域宽。

佚名

不是一番寒彻骨，争得梅花扑鼻香？

元－高明《琵琶记·旌表》句

不停顿地走向一个目标，这就是成功
的秘诀。

俄国－巴甫洛夫语

不虚心不知事，不实心不成事。

佚名

C

操千曲而后晓声，观千剑而后识器。

南朝梁－刘勰《文心雕龙·知音》句

策马前途须努力，莫学龙钟虚叹息。

唐－李涉《岳阳别张祜》句

持勤补拙。

宋－黄庭坚《跛溪移文》句

尺璧非宝，寸阴可惜。

南朝梁－萧绎《金楼子·立言上》句

刺骨情方励，偷光思益深。

唐－孟简《惜分阴》句

聪明的人，今天做明天的事；懒惰的
人，今天做昨天的事；糊涂的人，把
昨天的事也推给明天。　　佚名

聪明在于勤奋，天才在于积累。

现代－华罗庚语

D

东隅已逝，桑榆非晚。
　　　　唐－王勃《滕王阁序》句

读书好处心先觉，立雪深时道已传。
　　　　清－袁枚《随园诗话》句

读书万卷始通神。
　　　　宋－苏轼《柳氏二外甥求笔迹》句

E

二句三年得，一吟双泪流。
　　　　唐－贾岛《题诗后》句

F

发愤忘食，乐以忘忧，
不知老之将至。
　　　　春秋－孔子门人《论语·述而》句

凡事欲其成功，
必要付出代价：奋斗。
　　　　美国－爱默生语

焚膏油以继晷，恒兀兀以穷年。
　　　　唐－韩愈《进学解》句

G

功夫自难处做去，学问从苦中得来。
　　　　明－洪应明《菜根谭·修省》句

光景不待人，须臾发成丝。
　　　　唐－李白《相逢行》句

H

好学不倦

黑发不知勤学早，白首方悔读书迟。
　　　　唐－颜真卿《劝学》句

花有重开日，人无再少年。
　　　　元－关汉卿《窦娥冤·楔子》句

皇天不负苦心人。
　　　　明－戚继光《练将·正心术》句

黄卷催吾晨起早，青灯伴我夜眠迟。
　　　　佚名

J

及时当勉励，岁月不待人。
　　　　晋－陶渊明《杂诗》句

将勤补拙

节约时间就是延长生命。
　　　　现代－鲁迅语意

今日复今日，今日何其少，
今日又不为，此事何时了？
　　　　明－文征明《今日歌》句

精诚所加，金石为开。
　　　　南朝宋－范晔《后汉书·广陵思王荆
传》句

骏马不劳鞭。
　　　　唐－李白《赠友人》句

L

懒惰者等待机遇，勤奋者创造机遇。
　　　　佚名

浪费别人的时间是谋财害命，
浪费自己的时间是慢性自杀。

苏联 – 列宁语

老牛亦解韶光贵，不用扬鞭自奋蹄。

现代 – 臧克家《老黄牛》句

老易至，惜此时。

《弟子规》句

乐自苦生

力学如力耕，勤惰尔自知。
但使书种多，会有岁稔时。

宋 – 刘代《书院》句

灵感是一个不喜欢拜访懒汉的客人。

俄国 – 车尔尼雪夫斯基语

流年莫虚掷，华发不相容。

唐 – 方干《送从兄郜》句

M

明日复明日，明日何其多，
日日待明日，万事成蹉跎。

明 – 文嘉《明日歌》句

莫等闲白了少年头，空悲切。

宋 – 岳飞《满江红》句

Q

骐骥一跃，不能十步；
驽马十驾，功在不舍。

战国 – 荀况《荀子·劝学》句

千淘万漉虽辛苦，吹尽狂沙始到金。

唐 – 刘禹锡《浪淘沙九首》句

切实功夫须从难处做去，
真正学问都自苦中得来。   佚名

锲而不舍，金石可镂。

战国 – 荀况《荀子·劝学》句

勤能补拙，学可医愚。   佚名

勤学如春起之苗，
不见其增，日有所长；
辍学如磨刀之石，
不见其损，日有所亏。

晋 – 陶渊明句

青春须早为，岂能长少年。

唐 – 孟郊《劝学》句

求知无捷径，勤奋近高峰。   佚名

曲不离口，拳不离手。   谚语

R

如果没有勤奋，没有机遇，
没有热情的提携者，
人就是再有天才，也只能默默无闻。

古罗马 – 小普林尼语

S

三更灯火五更鸡，正是男儿读书时。
黑发不知勤学早，白首方悔读书迟。

唐 – 颜真卿《劝学》

少年辛苦终身事，莫向光阴惰寸功。
少年辛苦终身事，莫向光阴惰寸功。
　　　　唐－杜荀鹤《题弟侄书堂》句

少年易学老难成，一寸光阴不可轻。
未觉池塘春草梦，阶前梧叶已秋声。
　　　　　　宋－朱熹《劝学》

少壮不努力，老大徒伤悲。
　　　　　汉－《乐府·长歌行》句

少壮轻年月，迟暮惜光辉。
　　　　南朝梁－何逊《赠诸游旧》

生也有涯，而知也无涯。
　　　　战国－庄周《庄子·养生主》句

圣人不贵尺之璧，而重寸之阴。
　　　　汉－刘安《淮南子·说林训》句

盛年不重来，一日难再晨。
及时当勉励，岁月不待人。
　　　　　晋－陶渊明《杂诗》句

时间就像海绵里的水一样，只要你愿
挤，总还是有的。
　　　　　　现代－鲁迅语

时间，抓起来是黄金，
抓不起来是流水。　　　　佚名

手不释卷

书山有路勤为径，学海无涯苦作舟。
　　　　　明－《增广贤文》句

T

天才不是别的，而是辛劳和勤奋。
　　　　　英国－威·霍格思语

天才就是勤奋，知识在于积累。
　　　　　现代－华罗庚语

天才是百分之一的灵感，百分之九十
九的血汗。
　　　　　　美国－爱默生语

天道酬勤

天行健，君子以自强不息。
　　　　　周－《易经·乾》句

W

闻鸡晨舞剑，挑灯夜读书。　　佚名

无情岁月增中减，有味诗书苦后甜。
　　　　　　　　　　　　佚名

X

惜寸阴

修业勤为贵，行文意必高。　　佚名

学海无涯勤是路，云程有径志为梯。
　　　　　　　　　　　　佚名

学问是经验的积累，
才能是刻苦的忍耐。　　　佚名

学向勤中得。　　　　　　佚名

Y

业精于勤，荒于嬉；
行成于思，毁于随。

　　　　唐－韩愈《进学解》句

夜眠人静后，早起鸟啼先。　　佚名

一寸光阴一寸金，寸金难买寸光阴。

　　　　　　　　　　谚语

一己应为之事，勿求他人；今日应为
之事，勿待明天。

　　　　现代－孙中山语

一年之计在于春，一日之计在于寅，
一家之计在于和，一生之计在于勤。

　　　　明－《增广贤文》句

衣带渐宽终不悔，为伊消得人憔悴。

　　　　宋－柳永《凤栖梧》句

用心专者，不闻雷霆之震惊，寒暑之
切肌。

　　　　宋－林逋《省心录》句

有勤心，无远道。

　　　　明－吕坤《呻吟语·修身》句

余平生所作文章多在三上，乃马上，
枕上，厕上也。

　　　　宋－欧阳修《归田录》卷二句

Z

在科学上没有平坦的大道，只有不畏
劳苦沿着陡峭山路攀登的人，才有希
望达到光辉的顶点。

　　　　德国－马克思语

只争朝夕

志士惜年，贤人惜日，圣人惜时。

　　　　清－魏源《默觚·学篇》句

志士惜日短，愁人知夜长。

　　　　晋－傅玄《杂诗》句

著述须使老，积勤宜少时。

　　　　宋－欧阳修《获麟赠姚辟先辈》句

治 学 科 研

B

百花齐放

百家争鸣

板凳要坐十年冷，文章不写一句空。
　　　　　　　　现代 - 范文澜语

半亩方塘一鉴开，天光云影共徘徊。
问渠那得清如许，为有源头活水来。
　　　　　　　　宋 - 朱熹《观书有感》

笔墨增情趣，风雪炼精神。　　佚名

博采众长

博采众长独辟蹊径，
陶铸千古自成一家。　　　　佚名

博观而约取，厚积而薄发。
　　　　　　　　宋 - 苏轼《杂说》句

博览精思

博览群书见多识广，
兼采百家耳聪目明。　　　　佚名

博学而笃志，切问而近思。
　　　春秋 - 孔子门人《论语·子张》句

博学深思增智慧，更新除旧见精神。
　　　　　　　　　　　　佚名

博学之，审问之，慎思之，明辨之，
笃行之。
　　　　　　西汉 - 戴德《礼记·中庸》句

不悲镜里容颜瘦，但喜心头疆域宽。
　　　　　　　　　　　　佚名

不飞则已，一飞冲天；
不鸣则已，一鸣惊人。
　　　汉 - 司马迁《史记·滑稽列传》句

不惑时尚

不满足是向上的车轮。
　　　　　　　　　　现代 - 鲁迅语

不让古人，是谓有志；
不让今人，是谓无量。　　　佚名

不为积习蔽，不为时尚惑。　佚名

不虚心不知事，不实心不成事。佚名

不知道谬误，也不会懂得真理。谚语

不专心致志，则不得也。
　　　　战国 - 孟轲《孟子·告子上》句

C

藏古今学术瑰宝，
聚中外文化精华。　　　　　佚名

197

D

道通天地有形外，思人风云变态中。
佚名

道无穷

登高望远

洞察古今

读书不可无师承，立论不可无依据。
清－王晫《今世说》句

读书宜早，著述宜晚。 佚名

独辟蹊径才能创造出伟大的业绩，
在街道上挤来挤去不会有所作为。
英国－布莱克语

笃初慎终

对于浏览的东西，要随时作笔记，把
要点记下来。
现代－吴晗语

多才之士才储八斗，
博学之儒学富五车。
清－程允升《幼学琼林·文事》句

F

发前人所未能发，言腐儒所不敢言。
现代－郭沫若撰王国维故居联

泛观约取，厚积薄发。 佚名

非尽百家之美，不能成一人之奇；

非取法至高之境，不能开独造之域。
元－刘开《与阮芸台官保论文书》句

G

各种科学发现往往具有一个共同点，
那就是勤奋和创新精神。
现代－钱三强语

更上一层楼。
唐－王之涣《登鹳雀楼》句

耕耘

功夫在诗外。
宋－陆游《示子遹》句

功夫自难处做去，学问从苦中得来。
明－洪应明《菜根谭·修省》句

古今之成大事业、大学问者，必经过
三种之境界："昨夜西风凋碧树，独
上西楼，望尽天涯路"，此第一境也；
"衣带渐宽终不悔，为伊消得人憔
悴"，此第二境也；"众里寻他千百
度，蓦然回首，那人却在灯火阑珊
处"，此第三境也。
现代－王国维语

古为今用，洋为中用。
现代－毛泽东《书信选集·致陆定一》句

贵有恒，何必三更眠五更起；
最无益，只怕一日曝十日寒。
明－胡居仁联语

贵在坚持

H

好记性不如烂笔头。　　　　　　谚语

J

厚积薄发

纪事者必提其要，纂言者必钩其玄。
　　　　　　唐－韩愈《进学解》句

既异想天开，又实事求是，这是科学
工作者特有的风格。
　　　　　　现代－郭沫若语

寂寞铸就辉煌。　　　　　　佚名

坚持真理，修正错误。

兼收并蓄，待用无遗。
　　　　　　唐－韩愈《进学解》句

见微而知著。
　　　　　　宋－苏洵《辨奸论》句

江山代有人才出，各领风骚数百年。
　　　　　　清－赵翼《论诗绝句》句

精诚所加，金石为开。
　　南朝宋－范晔《后汉书·广陵思王荆
传》句

精神到处文章老，学问深时意气平。
　　　　　　　　　　佚名

精思生智慧。　　　　　　佚名

究天人之际，通古今之变，

成一家之言。
　　　　汉－司马迁《报任安书》句

K

看似寻常最奇崛，成如容易却艰辛。
　　　　宋－王安石《题张司业诗》句

考古酌今审势度势，
通中法外舍短取长。　　　　　佚名

科学的界限就像地平线一样，你越接
近它，它挪得越远。
　　　　　德国－布莱希特语

苦读千年史，笑吟万家诗。　　佚名

L

理论联系实际

理想中的学者，既能博大，又能精
深。精深的方面，是他的专门学问。
博大的方面，是他的旁搜博览。博大
要几乎无所不知，精深要几乎唯他独
尊，无人能及。
　　　　　　现代－胡适语

立德，立功，立言。
周－左丘明《左传·襄公二十四年》句意

立志当怀虎胆，求知莫畏羊肠。
　　　　　　　　　　佚名

两刃相割，利钝乃知；
二论相订，是非乃见。
　　　　汉－王充《论衡·案书》句

灵感是一个不喜欢拜访懒汉的客人。
　　　　　俄国 - 车尔尼雪夫斯基语

路漫漫其修远兮，吾将上下而求索。
　　　　　战国楚 - 屈原《楚辞·离骚》句

论道求真

N

能够发现问题是识，能够占有材料是学，能够驾驭材料是才。
现代 - 吕叔湘《丁声树同志的学风》句

宁静而致远，淡泊以清心。
　　　　　三国蜀 - 诸葛亮语意

Q

千锤百炼

千淘万漉虽辛苦，吹尽狂沙始到金。
　　　　　唐 - 刘禹锡《浪淘沙九首》句

锲而不舍，金石可镂。
　　　　　战国 - 荀况《荀子·劝学》句

清言宣至理，古意发高文。
　　　　　　　　　　　　佚名

求实

求是

求索

求真务实

求知无厌知无尽，治学有恒学有成。
　　　　　　　　　　　　佚名

R

人之才，成于专而毁于杂。
　　　　　宋 - 王安石《上仁宗皇帝言事书》句

认真是成功的秘诀，
粗心是失败的伴侣。　　　　佚名

任何改正，都是进步。
　　　　　英国 - 达尔文语

S

三思方举步，百折不回头。
　　　　　现代 - 吴阶平联语

山重水复疑无路，柳暗花明又一村。
　　　　　宋 - 陆游《游山西村》句

删繁就简三秋树，领异标新二月花。
　　　　　清 - 郑板桥书斋联语

失败的次数愈多，成功的机会愈近。
　　　　　法国 - 费德鲁斯语

十年磨一剑。
　　　　　唐 - 贾岛《剑客》句

什么是路？
就是从没有路的地方践踏出来的，
从只有荆棘的地方开辟出来的。
　　　　　现代 - 鲁迅语

实事求是

矢志不渝

始于精心，成于精采。　　　　佚名

守正创新

书山觅宝，学海泛舟。　　　　佚名

书山有路勤为径，学海无涯苦作舟。
　　　　　　明 - 《增广贤文》句

思接千载，意通万里。　　　　佚名

思想要奔放，工作要严密。
　　　　　　现代 - 童第周语

T

他山之石，可以攻玉。
　　　　　《诗经·小雅·鹤鸣》句

天才是百分之一的灵感，百分之九十
九的血汗。
　　　　　　美国 - 爱默生语

天道酬勤

通古今之变，成一家之言。
　　汉 - 司马迁《史记·太史公自序》句

推陈出新，饶有别致。
　　清 - 戴延年《秋灯丛话·忠勇祠联》句

W

为天地立心，为生民立命，为往圣继
绝学，为万世开太平。
　　宋 - 张载《张子全书》卷十四句

唯陈言之务去。
　　　　　　唐 - 韩愈《答李翊书》句

唯有牡丹真国色，花开时节动京城。
　　　　　　唐 - 刘禹锡《赏牡丹》句

文所以载道也。
　　　　　宋 - 周敦颐《通书·文辞》句

文以真为贵，学以精为贵。　　佚名

文章千古事，得失寸心知。
　　　　　　唐 - 杜甫《偶题》句

闻道有先后，术业有专攻。
　　　　　　唐 - 韩愈《师说》句

吾爱吾师，吾更爱真理。
　　　　　古希腊 - 亚里士多德语

毋意，毋必，毋固，毋我。
　　春秋 - 孔子门人《论语·子罕》句

X

心愈用愈灵，学愈研愈精。
　　　　　　现代 - 傅抱石语

胸藏万汇凭吞吐，笔有千钧任翕张。
　　　　　　现代 - 郭沫若诗句

学海无涯勤是路，云程有径志为梯。
　　　　　　　　　　　　佚名

学问尚精专，研摩贵纯一。
　　　　　清 - 曾世霖《论学问》句

学问是经验的积累，
才能是刻苦的忍耐。　　　　佚名

学问文章老更醇。
　　宋－王安石《王文公文集·西垣当直》句

学问之成立在于信，
而学问之进步则在疑。
　　　　　　　　现代－蔡元培语

学问之根苦，学问之果甜。　　佚名

学者，不患才之不赡，而患志之不立。
　　　　汉－徐干《中论·治学》句

Y

言皆去旧，理必求新。　　　　佚名

言皆有物，语不离宗。　　　　佚名

言之成理，持之有故。
　　战国－荀况《荀子·非十二子》句

养成大拙方为巧，学到如愚总是贤。
　　　　　　　　　　　　　佚名

咬定理想，守住寂寞。　　　　佚名

业精于勤，荒于嬉；
行成于思，毁于随。
　　　　　　唐－韩愈《进学解》句

一丝不苟

衣带渐宽终不悔，为伊消得人憔悴。
　　　　宋－柳永《凤栖梧》句

由博返约

Z

在科学上没有平坦的大道，只有不畏
劳苦沿着陡峭山路攀登的人，才有希
望达到光辉的顶点。
　　　　　　　　德国－马克思语

正本清源

知无涯

知之为知之，不知为不知，是知也。
　　春秋－孔子门人《论语·为政》句

执一而应万，握要而治详。
　　汉－刘安《淮南子·人间训》句

执着

致广大而尽精微
　　西汉－戴德《礼记·中庸》句

著述须使老，积勤宜少时。
　　宋－欧阳修《获麟赠姚辟先辈》句

专心致志

濯去旧见，以来新意。
　　　　宋－朱熹《学规类编》句

自甘寂寞

自古成功在尝试。
　　　　　　　　现代－胡适语

总本源以括流末，操纲领而得一致。

东晋－葛洪《抱朴子·尚博》句

尊重差异，包容多样。　　　　佚名

做人要知足，做事要知不足，
做学问要不知足。

现代－中国科学院院士裘法祖的座右铭

治　家

B

百万买宅，千万买邻。

> 唐－李延寿《南史·吕僧珍传》句

不读书的家庭，
就是精神上残缺的家庭。

> 俄国－巴甫连柯语

C

藏书万卷可教子，遗金满籝常作灾。

> 宋－黄庭坚《题胡逸老致虚庵》句

常将有日思无日，莫待无时思有时。

> 《名贤集》句

成家勿谓当家易，养子应知教子严。

> 佚名

处世无奇唯忠唯恕，
治家有道克勤克俭。

> 佚名

传家有道惟存厚，处世无奇但率真。

> 清－胡雪岩故居楹联

D

但求适用，不慕新奇。　　　　佚名

滴自己的汗，吃自己的饭，
自己的事情自己干，
靠人靠天靠祖上，不算是好汉。

> 现代－陶行知《自立歌》

敦亲睦邻

E

恩爱夫妻青山不老，
幸福伴侣碧水长流。　　　　佚名

儿孙自有儿孙福，莫为儿孙作远忧。

> 元－关汉卿《蝴蝶梦》楔子句

F

父慈子孝，兄友弟恭，夫和妇顺。

> 清－黄宗羲《明儒学案》句

父母是子女的样子，
子女是父母的镜子。　　　　佚名

父严子孝

父子笃，兄弟睦，
夫妇和，家之肥也。

> 西汉－戴德《礼记·大学》句

父子有亲，君臣有义，夫妇有别，长
幼有序，朋友有信。

> 春秋－孟轲《孟子·滕文公上》句

G

恭俭温良宜家受福，
仁爱笃厚获寿保年。　　　　佚名

广积不如教子，避祸不如省非。

> 宋－林逋《省心铨要》句

贵自勤中得，富从俭里来。　　　佚名

H

和睦

和气致一家祥瑞，
恶声起万重风云。　　　　　　　佚名

互敬、互爱、互助、互勉、互信、互慰、互让、互谅。

黄金非宝书为宝，万事皆空善不空。
　　　　　当代－马英九家祖传家训

祸不入慎家之门。
　　唐－王勃《平台秘略赞十首·规讽九》句

J

积善之家，必有余庆。
　　　　　　　　　周－《易经·坤》句

家和万事兴。　　　　　　　　　谚语

家教宽中有严，家人一世安然。
　　　　　　　明－吕德胜《小儿语》句

家贫常畏客，身老转怜儿。
　　　　　　唐－张籍《晚秋闲居》句

家声卓越，世德清华。

家学渊源

家有常业，虽饥不饿；
国有常法，虽危不亡。
　　　　战国－韩非《韩非子·饰邪》句

家有余粮鸡犬饱，户多书籍子孙贤。
　　　　明－施耐庵《水浒传》第二回句

嫁女莫望高，女心愿所宜。
　　　　　　　　唐－李益《杂曲》句

嫁女择佳婿勿索重聘，
娶妻求淑女毋计厚奁。
　　　　　明－朱柏庐《治家格言》句

艰苦朴素

俭，德之共也；侈，恶之大也。
　　周－左丘明《左传·庄公二十四年》句

俭节则昌，淫佚则亡。
　　　　春秋－墨翟《墨子·辞过》句

俭开福源，奢起贫兆。
　　　　北齐－魏收《魏书·李彪传》句

交善人者道德成，存善心者家里宁，
为善事子孙兴。
　　　　　明－方孝孺《柱铭》句

骄奢生于富贵，祸乱生于疏忽。
北宋－司马光《资治通鉴·太宗贞观十
二年》句

敬老慈幼

居必择地，行必依贤。
　　　　　　唐－皮日休《足箴》句

205

居必择邻，交必良友。

《名贤集》句

君子之泽，五世而斩。

战国－孟轲《孟子·离娄下》句

K

开源尤贵节流，量入始能为出。 佚名

克俭节用，实弘道之源；
崇侈恣情，乃败德之本。

唐－吴兢《贞观政要·规谏太子》句

克勤克俭，无怠无荒。

宋－郭茂倩《乐府诗集·梁太庙乐舞
辞》句

克勤于邦，克俭于家。

《尚书－大禹谟》句

孔子家儿不知骂，曾子家儿不知怒。

佚名

L

老子偷瓜盗果，儿子杀人放火。

明－吕德胜《小儿语》句

力学勿忘家事俭，堆金能使子孙愚。

宋－刘克庄《贫居自警三首·三》句

历览前贤家与国，成由勤俭败由奢。

唐－李商隐《咏史》句

立德齐今古，藏书教子孙。 佚名

M

每因暂出犹思伴，岂得安居不择邻？

唐－白居易《欲与元八卜邻先有是赠》句

绵世泽莫如为善，振家声还是读书。

佚名

母慈子孝

N

内睦者家道昌，外睦者人事济。

宋－林逋《省心录》句

男尊女女尊男男帮女助，
夫敬妻妻敬夫夫德妻贤。 佚名

宁可清贫自乐，不作浊富多忧。

宋－道原《景德传灯录》句

宁可穷而有志，不可富而失节。

佚名

P

贫而无谄，富而无骄。

春秋－孔子门人《论语·宪问》句

贫能节俭，富不奢华。 佚名

Q

妻贤夫祸少，子孝父心宽。

《名贤集》句

千金只为买乡邻。

明－冯梦龙《醒世恒言·乔太守乱点鸳
鸯谱》句

勤俭，治家之本；忠孝，齐家之本；
谨慎，保家之本；诗书，起家之本；
积善，传家之本。

清－金兰生《格言联璧》句

勤劳致富

清廉门第忧烦少，和睦家庭幸福多。

佚名

清贫常乐，浊富多忧。　　　　佚名

穷养儿富养女。　　　　　　　谚语

R

人以正为贵，家以和为贵。　　佚名

人之初生，不食则死；
人之幼稚，不学则愚。

清－戴震《孟子字义疏正》

人家不必论贫富，唯有读书声最佳。

唐－翁承赞《书斋谩兴二首》句

入世须才更须节，传家积德还积书。

佚名

S

身安不如心安，心宽强如屋宽。

清－石成金《传家宝》句

身安茅屋稳，心安菜根香。

明－洪应明《菜根谭》句

身贵而愈恭，家富而愈俭，胜敌而愈戒。

战国－荀况《荀子·儒效》句

诗礼传家

树文德于庭户，立操学于衡门。

南朝宋－谢晦《悲人道》句

T

同心同德家道盛，
相亲相爱情谊长。　　　　　　佚名

W

唯德自成邻。

唐－祖泳《请明宴司勋刘郎中别业》句

温良恭俭让。

春秋－孔子门人《论语·学而》句

X

孝于亲则子孝，钦于人则众钦。

宋－林逋《省心录》句

新知长相知知心知意知冷暖，
老伴永作伴伴读伴游伴春秋。　佚名

兄爱而友，弟敬而顺。

周－左丘明《左传·昭公二十六年》句

兄弟敦和睦，朋友笃信诚。

唐－陈子昂《座右铭》句

兄弟阋于墙，外御其侮。

《诗经·小雅·常棣》句

兄须爱其弟，弟必恭其兄。
勿以纤毫利，伤此骨肉情。

清－玄烨《古今图书集成·家典范》句

兄友弟恭

修身如执玉，积德胜遗金。　　　佚名

Y

羊有跪乳之恩，鸦有反哺之义。
　　　　　　明－《增广贤文》句

一个家庭中，没有书籍，等于一间房子没有窗子。
　　　　　　法国－伏尔泰语

一年之计在于春，一日之计在于寅，
一家之计在于和，一生之计在于勤。
　　　　　　明－《增广贤文》句

一粥一饭，当思来处不易；
半丝半缕，恒念物力维艰。
　　　　　　明－朱柏庐《治家格言》句

游与邪分歧，居与正为邻。
　　　　　唐－白居易《续座右铭》句

友亲睦邻

欲高门第须行善，
要好儿孙必读书。　　　佚名

远亲不如近邻。
　　　　　　明－《增广贤文》句

Z

择里仁为美，安居德有邻。　　佚名

丈夫志四海，一室宜先治。
内行苟不修，焉能大有为。
　　　　　　清－张琳《励志诗》

至乐莫如读书，至要莫如教子。
　　　　　　明－《增广贤文》句

治家严，家乃和；居乡恕，乡乃睦。
　　　清－王豫《蕉窗日记》卷二句

忠厚传家久，诗书继世长。　　佚名

朱门生饿殍，白屋出公卿。
　　　　明－戚继光《练将·货利害》句

教 子 育 人

A

爱好出勤奋，勤奋出天才。

　　　　　　现代－郭沫若语

B

播种一个行动，收获一个习惯；
播种一个习惯，收获一个个性；
播种一个个性，收获一个命运。

　　　　　　塞内加尔－菩德吉语

博学而不穷，笃行而不倦。

　　　　　　西汉－戴德《礼记·儒行》句

不读书的家庭，
就是精神上残缺的家庭。

　　　　　　俄国－巴甫连柯语

不以规矩，不能成方圆。

　　　　　　战国－孟轲《孟子·离娄上》句

C

藏书万卷可教子，遗金满籯常作灾。

　　　　　　宋－黄庭坚《题胡逸老致虚庵》句

成家勿谓当家易，养子应知教子严。

　　　　　　佚名

传道授业

春风拂柳枝枝绿，雨露润花朵朵红。

　　　　　　佚名

春风化雨

春风化雨艳桃李，
瑞霭盈屋旺子孙。　　　　佚名

春风无语暖人心　　　　　佚名

慈母心肠严父面孔，
春蚕志愿蜡烛精神。　　　佚名

粗养精教

D

大家礼仪教子弟，小家恶语训儿郎。

　　　　　　明－《增广贤文》句

大其心容天下之物，虚其心受天下之
善，平其心论天下之事，潜其心观天
下之理，定其心应天下之变。

　　　　　　清－金兰生《格言联璧·存养》句

导人必因其性，治水必因其势。

　　　　　　三国魏－徐幹《中论·贵言》句

道艺兼修

德智体美，全面发展。

弟子不必不如师，师不必贤于弟子。

　　　　　　唐－韩愈《师说》句

动之以情，晓之以理，喻之以利。

　　　　　　　　　　　　　　佚名

度德而师，易子而教。

　　　　隋－王通《文中子·立命》句

多办一所学校，
可少建一座监狱。

　　　　　　　　　法国－雨果语

F

发展独立思考和独立判断的一般能
力，应当始终放在首位，而不应当把
获得专业知识放在首位。

　　　　　　　德国－爱因斯坦语

非学无以广才，非志无以成学。

　　　三国蜀－诸葛亮《诫子书》句

父母是子女的样子，
子女是父母的镜子。　　　　佚名

G

甘作园丁为江山添秀色，
愿为春雨育桃李成良才。　　佚名

攻人之恶毋太恶，要思其堪受；
教人之善毋过高，当使其可从。

　　　　　明－洪应明《菜根谭》句

古今中外之哲人无不以道德为重于知
识者，故古今中外教育无不以道德为
中心点。

　　　　　　　　　现代－王国维语

古之欲明德于天下者，先治其国；欲

治其国者，先齐其家；欲齐其家者，
先修其身；欲修其身者，先正其心；
欲正其心者，先诚其意；欲诚其意
者，先致其知；致知在格物。

　　　　西汉－戴德《礼记·大学》句

观书者当观其意，慕贤者当慕其心。

　　　唐－刘禹锡《辩迹论一首》句

广积不如教子，避祸不如省非。

　　　　　宋－林逋《省心铨要》句

H

好好学习，天天向上。

　　　　　　　现代－毛泽东题词

好奇是知识的萌芽。

　　　　英国－弗朗西斯·培根语

好学而不厌，好教而不倦。

　　　秦－吕不韦《吕氏春秋·尊师》句

好雨知时节，当春乃发生。
随风潜入夜，润物细无声。

　　　　　唐－杜甫《春夜喜雨》句

和风吹绿柳，时雨润春苗。　　佚名

汇人间群书博览者，何其好也；
集天下英才教育之，不亦乐乎。

　　　　　　　　　　　　　　佚名

诲人不倦。

　　　　清－王夫之《周易内传》句

J

家教宽中有严，家人一世安然。
明－吕德胜《小儿语》句

家有余粮鸡犬饱，户多书籍子孙贤。
明－施耐庵《水浒传》第二回句

简练于学，成熟于师。
汉－王充《论衡·量知》句

教化可以美风俗。
宋－王安石《明州慈溪县学记》句

教化之本，出于学校。
宋－苏洵《议法》句

教人者，成人之长，去人之短也。
清－魏源《默觚·治篇》句

教师的成功是创造出值得自己崇拜的人。
现代－陶行知语

教学相长。
西汉－戴德《礼记·学记》句

教学之法，本于人性，
磨揉迁革，使趋于善。
宋－欧阳修《吉州学记》句

教育的艺术，是使学生喜欢你所教的东西。
法国－卢梭语

教育的最高目标不是知识，而是行为。
英国－斯宾塞语

教育者，与其守成法，毋宁尚自然；
与其求划一，毋宁展个性。
现代－蔡元培语

教之道，贵以专。
宋－王应麟《三字经》句

近朱者赤，近墨者黑。
晋－傅玄《太子少傅箴》句

精神的浩瀚、想象的活跃、心灵的勤奋，就是天才。
法国－狄德罗语

橘生淮南则为橘，生于淮北则为枳，叶徒相似，其实味不同。
春秋－晏婴《晏子春秋·内篇下》句

矩不正，不可以为方；
规不正，不可以为圆。
汉－刘安《淮南子·诠言训》句

君子之于子，爱之而勿面，使之而勿貌，导之以道而勿强。
战国－荀况《荀子·大略》句

K

开智，正心，励志，修德。 佚名

孔子家儿不知骂，曾子家儿不知怒。
佚名

L

老师是火种，点燃了学生的心灵之火；老师是石级，承受着学生一步步

书赠佳言精选 · 警·策·篇

向上攀登。　　　　　　　　　　佚名

老子偷瓜盗果，儿子杀人放火。
　　　　　　　明-吕德胜《小儿语》句

力学勿忘家事俭，堆金能使子孙愚。
　　　　宋-刘克庄《贫居自警三首·三》句

立德齐今古，藏书教子孙。　　　佚名

立身以立学为先，立学以读书为本。
　　　　宋-欧阳修《欧阳文忠公文集》句

利人莫大于教，成身莫大于学。
　　　　秦-吕不韦《吕氏春秋·尊师》句

落红不是无情物，化作春泥更护花。
　　　　　清-龚自珍《己亥杂诗》句

M

每一种创伤都是一种成熟。　　　佚名

美德大都包含在良好的习惯之内。
　　　　　　　　　　美国-帕利克语

模仿是最初步的学习。
　　　　　　　　　　现代-茅盾语

木受绳则直，金就砺则利。
　　　　　战国-荀况《荀子·劝学》句

N

内正其心，外正其容。
　　　　　　宋-欧阳修《辨左氏》句

你的教鞭下有瓦特，你的冷眼里有牛

顿，你的讥笑中有爱迪生。你别忙着把他们赶炮，你可要等到：坐火轮，点电灯，学微积分，才认识他们是你当年的小学生。
　　　　　　　　　　现代-陶行知语

P

平静的湖面，练不出精悍的水手；
安逸的环境，造不出时代的伟人。
　　　　　　　俄国-列别捷夫语

Q

千教万教，教人求真；
千学万学，学做真人。
　　　　现代-陶行知《赠华珍先生》

潜移默化

青出于蓝而胜于蓝，
冰生于水而寒于水。
　　　　战国-荀况《荀子·劝学》句意

R

染于苍则苍，染于黄则黄。
　　　　　春秋-墨翟《墨子·所染》句

让状态形成习惯，让习惯化为品质，
让品质变成个性，让个性决定命运。
　　　　　　　　　　　　　　佚名

人生百年，立于幼学。
　　　近代-梁启超《变法通义·论幼学》句

人之初生，不食则死；
人之幼稚，不学则愚。
　　　　清-戴震《孟子字义疏正》

入家不必论贫富，唯有读书声最佳。
　　　　唐－翁承赞《书斋谩兴二首》句

入世须才更须节，传家积德还积书。
　　　　　　　　　　　　　　佚名

润物细无声。
　　　　唐－杜甫《春夜喜雨》句

S

三寸粉笔　三尺讲台系国运；
一颗丹心　一生秉烛铸民魂。　佚名

善歌者，使人继其声；
善教者，使人继其志。
　　　　西汉－戴德《礼记·学记》句

赏识中成长，谴责里成熟。　　佚名

上智不教，而成下愚。
　　　　北齐－颜之推《颜氏家训·教子》句

少壮饱经磨砺，老来不畏风霜。
　　　　　　　　　　　　　　佚名

身教重于言教。　　　　　　　佚名

圣人无常师。
　　　　唐－韩愈《师说》句

师爱为魂。　　　　　　　　　佚名

师道必严。
　　　　清－王夫之《周易内传》句

师道尊严

师严然后道尊，道尊然后民知敬学。
　　　　西汉－戴德《礼记·学记》句

师者，所以传道授业解惑也。
　　　　唐－韩愈《师说》句

诗礼传家

十年树木，百年树人。
　　　春秋－管仲《管子·上篇·权修》句意

授人以鱼，不若授人以渔。　　佚名

霜打千草萎，雨润百花红。　　佚名

T

桃李满天下。
　　　北宋－司马光《资治通鉴·唐纪·武后
　　　　　　　久视元年》句意

天赋即兴趣，兴趣即天赋。
　　　　　　　当代－李开复语

天赋如同自然花木，要用学习来修剪。
　　　　英国－弗朗西斯·培根语

W

无贵无贱，无长无少，道之所存，师
之所存也。
　　　　唐－韩愈《师说》句

X

习惯成自然。　　　　　　　　谚语

先学做人，后学做事。　　　　佚名

213

想象力比知识更重要，
因为知识是有限的，
而想象力概括着世界的一切，
推动着进步，并且是知识进化的源泉。

德国－爱因斯坦语

兴趣是最好的老师。

德国－爱因斯坦语

学不足以修己治人，则为无用之学。

清－方苞《年谱序》句

学而不厌，诲人不倦。

春秋－孔子门人《论语－述而》句

学高为师，德高为范。　　　　　佚名

学高为师，身正为范。　　　　　佚名

学为人师，行为世范。

现代－启功题写北京师范大学校训

学以立德，学以增智，学以创业。

当代－胡锦涛《在中国共产党成立90
周年大会上的讲话》句

Y

严师出高徒。　　　　　　　　　谚语

养不教，父之过，教不严，师之惰。

宋－王应麟《三字经》句

一年之计，莫如树谷；十年之计，莫
如树木；终身之计，莫如树人。

春秋－管仲《管子·权修》句

以德育为先。

清－康有为《大同书》句

以美储善，以美启真。　　　　　佚名

因材施教

应知天地宽，何处无风云？应知山水
远，到处有不平。应知学问难，在乎
点滴勤。尤其难上难，锻炼品德纯。

现代—陈毅《示丹淮，并告吴苏、小鲁、
小珊》句

有教无类。

春秋－孔子门人《论语·卫灵公》句

有识礼仪教子弟，无知恶语训儿郎。

明－《增广贤文》句意

愚昧比贫穷更可怕。　　　　　　佚名

玉不琢不成器，人不学不知道。

西汉－戴德《礼记·学记》句

育才兴邦

育人为本，育德为先。　　　　　佚名

欲高门第须行善，要好儿孙必读书。

佚名

欲修其身者，先正其心；欲正其心者，
先诚其意；欲诚其意者，先致其知。

西汉－戴德《礼记·大学》句

寓教于乐

越护短越短，越扬长越长。　　　谚语

Z

在所有一切有益人类的事业中，首要的一件，即教育人的事业。
　　　　　　　　　　　法国-卢梭语

在责备中带安慰，在批评中带肯定，在训诫中带勉励，在命令中带帮助。
　　　　　　　　　　　　　　佚名

直从萌芽拔，高自毫末始。
　　　　唐-白居易《云居寺孤桐》句

只有热爱才是最好的老师，它远远胜过责任感。
　　　　　　　　　德国-爱因斯坦语

至乐莫如读书，
至要莫如教子。
　　　　　　明-《增广贤文》句

至治无声，至教无言。
　　　　明-李贽《送郑大姚序》句

重精神，贵德育。
　　　近代-梁启超《南海康先生传》句

礼 佛 行 善

A

爱出者爱反，福往者福来。
　　　唐－魏徵《群书治要·贾子》句

B

避世离俗

冰壶玉尺，纤尘不染。
　　　明－宋濂《元史·黄溍传》句

博爱

博施济众

不俗即仙骨，多情乃佛心。　　佚名

不妄求则心安，不妄做则身安。
　　　　　　　　　　　　　　佚名

不因果报方行善，岂为功名始读书。
　　　　　　　　　　　　　　佚名

C

诚心敬意

慈悲为本

慈悲做人，智慧做事。　　　佚名

慈俭和静。
　　　清－张英《聪训斋语》养生句意

从善改过。
　　　唐－魏征《群书治要·周易·益》句

D

但知行好事，莫要问前程。
　　　　　　　五代－冯道《天道》句

道由心悟

F

非礼勿视，非礼勿听，非礼勿言，非礼勿动。
　　　春秋－孔子门人《论语·颜渊》句

佛在我心，净心自悟。　　　佚名

福由心造

改过不吝，从善如流。
　　　　　　宋－苏轼《上皇帝书》句

G

感恩

H

好善乐施

好事多做，心中欢乐。　　　佚名

和为贵，善为本，诚为先。　　佚名

黄金非宝书为宝，万事皆空善不空。

当代－马英九家祖传家训

祸之至也，人自生之；
福之来也，人自成之。

北齐－刘昼《刘子·慎隙》句

J

积德虽无人见，存心自有天知。

佚名

积德行善

积善必余庆，积恶必余殃。

唐－王梵志《积善必余庆》诗句

积善成德

积善得福，积德增寿。　　　佚名

积善之家，必有余庆。

周－《易经·坤》句

激浊扬清，疾恶好善。

唐－吴兢《贞观政要·任贤》句

济苦怜贫

见善必行，闻过必改。

明－钱琦《钱公良测语上·徭庚》句

见善思齐。

唐－吴兢《贞观政要·教诫太子诸王》句

交善人，读善书，
听善言，从善行。　　　　　佚名

交善人者道德成，存善心者家里宁，
为善事子孙兴。

明－方孝孺《柱铭》句

洁己爱人

戒

敬畏

聚爱成善

觉悟

K

看破放下清净自在，
慈悲忍辱平等正觉。

佚名

L

老吾老，以及人之老；
幼吾幼，以及人之幼。

战国－孟轲《孟子·梁惠王上》句

乐善好施

谅人之过，念人之功，怜人之苦，
济人之危，助人之短，扬人之长。

佚名

M

名应不朽轻仙骨，理到忘机近佛心。

唐－司空图《山中》句

莫取不义之财，休生非分之想。　佚名

217

N

内省不疚，何忧何惧。

　　　春秋－孔子门人《论语·颜渊》句

能付出爱心就是福，
能消除烦恼就是慧。　　　　　佚名

Q

欺人如欺天，毋自欺也；
负民即负国，何忍负之。

　　　　　河南内乡县衙楹联

岂能尽如人意，但求不愧我心。

　　　　　现代－陈独秀联语

勤俭，治家之本；忠孝，齐家之本；
谨慎，保家之本；诗书，起家之本；
积善，传家之本。

　　　　　清－金兰生《格言联璧》句

勤谦敬恕

清静无为

R

人恶人怕天不怕，
人善人欺天不欺。

　　　　　明－《增广贤文》句

仁者寿

仁者无敌。

　　　战国－孟轲《孟子·梁惠王上》句

S

善

善不可失，恶不可长。

　　　周－左丘明《左传·隐公六年》句

上合天心，必有春泽

　北宋－薛居正等《旧五代史·唐书·明
宗纪》句

上善若水，水善利万物而不争。

　　　　　春秋－老聃《老子》句

身当浊世，自处清流。

　　　　　明－吕坤《呻吟语·品藻》句

身是菩提树，心如明镜台。
时时勤拂拭，莫使染尘埃。

　　　　　唐－神秀《偈》

食淡能知味，心清可悟真。　　佚名

恕

虽居世网常清静，夜对高僧无一言。

　　　唐－韦应物《县内闲居赠温公》句

随缘

陶冶情操，净化灵魂。　　　　佚名

T

天道无亲，常与善人。

　　　汉－司马迁《史记·伯夷列传》句

天作孽，犹可违，自作孽，不可追。

　　　　　《尚书·太甲中》句

W

为善不同，同归于美。

唐－王勃《平台秘略赞十首·贞修第
二》句

为善如负重登山，至虽已确，而力犹
恐不及；为恶如乘骏马走坡，虽不加
鞭策，而足亦不能制。

宋－林逋《省心录》句

为善最乐，读书最佳。

清－阮葵生《茶余客话》句

我心即佛。 佚名

无恻隐之心，非人也；无羞耻之心，
非人也；无辞让之心，非人也；无是
非之心，非人也。

战国－孟轲《孟子·公孙丑上》句

无穷名利无穷恨，有限光阴有限身。

元－张养浩《中吕·喜春来》句

勿以恶小而为之，勿以善小而不为。

北宋－司马光《资治通鉴·世祖文皇帝
下》句

勿以人负我而隳为善之心。

清－申涵光《荆园小语》句

悟

X

相信爱，追求美，奉行善。 佚名

小善虽无大益而不可不为，

细恶虽无近祸而不可不去。

东晋－葛洪《抱朴子·君道》句

心存善念，身行好事。 佚名

心平气和，千祥云集；
行仁好义，百福骈臻。 佚名

行一件好事，心中泰然；
行一件歹事，衾影抱愧。

清－申涵光《荆园小语》句

修己慎独

修炼

修身践言，谓之善行。

西汉－戴德《礼记·曲礼上》句

修身洁行。

宋－王安石《命解》句

修身如执玉，积德胜遗金。 佚名

Y

养性须修善，欺心莫吃斋。 佚名

一个人的快乐，不是因为他拥有的
多，而是因为他计较的少。
佚名

一念之慈，亦足以作福；
一言之戾，亦足以伤和。

清－申居郧《西岩赘语》句

219

以人为戏弄，则丧其德，以器为戏弄，则丧其志。

宋－司马光《稽古录》句

有则惜福，无则知足。 佚名

予人玫瑰手有余香。 佚名

与肩挑贸易勿占便宜，见贫苦亲邻须多温恤。

明－朱柏庐《治家格言》句

与人为善

欲得于身吉，无过莫作非。

唐－王梵志《欲得于身吉》诗句

欲高门第须行善，
要好儿孙必读书。 佚名

缘

Z

择善而行

真善美

助人为乐

公 仆 心

A

爱国敬民

爱我中华

B

安不忘危，存不忘亡，治不忘乱。
　　　　　周－《易经·系辞上》句

罢不能，废无用，损不急之官，塞私
门之请。
　　西汉－刘向《战国策·秦策二》句

饱而知人之饥，温而知人之寒，逸而
知人之劳。
　　春秋－晏婴《晏子春秋·内篇谏上》句

卑己而尊人，小心而畏义。
　　　　　西汉－戴德《礼记·表记》句

变法之法，富国为先。
　　　　　清－康有为《上清帝第二书》句

秉公用权，廉洁从政。　　　　佚名

薄身厚民。
　　春秋－晏婴《晏子春秋·内篇问上》句

不蔽之谓明，
不欺之谓察。
　　　　战国－商鞅《商君书·修权》句

不患位之不尊，而患德之不崇。
　　　南朝宋－范晔《后汉书·张衡列传》句

不矜威益重，无私功自高。
　　　　　　现代－赵朴初联语

不为积习蔽，不为时尚惑。　　佚名

不要人夸颜色好，只留清气满乾坤。
　　　　　元－王冕《墨梅》句

不以求备取人，不以己长格物。
　　　　　唐－吴兢《贞观政要·任贤》句

不义而富且贵，于我如浮云。
　　　　春秋－孔子门人《论语·述而》句

不因喜以赏，不因怒以诛。
　　　　　周－吕望《六韬·文韬》句

布衣本色

C

财聚则民散，财散则民聚。
　　　　　西汉－戴德《礼记·大学》句

常修为政之德，常思贪欲之害，
常怀律己之心。　　　　　　　佚名

成事在理不在势，服人以诚不以言。
　　　　宋－苏轼《拟进士对御试策》句

221

惩其未犯，防其未然。

唐－长孙无忌《唐律疏议·名例一》句

吃百姓之饭，穿百姓之衣，莫道百姓可欺，自己也是百姓；得一官不荣，失一官不辱，勿说一官无用，地方全靠一官。

河南内乡县衙三省堂楹联

赤子之心。

战国－孟轲《孟子·离娄下》句

崇尚道德

崇尚科学

崇尚荣誉

川不可防，言不可弭。

唐－韩愈《子产不毁乡校颂》句

从官重恭慎，立身贵廉明。

唐－陈子昂《座右铭》句

从谏兴，从佞亡。

唐－白居易《去谄佞》句

从善如流。

宋－苏轼《上神宗皇帝书》句

D

但得众生皆得饱，不辞羸病卧残阳。

宋－李钢《病牛》句

但愿苍生俱饱暖，不辞辛苦出山林。

明－于谦《咏煤炭》句

当官常念民之苦，凡事求其心所安。　　　　　佚名

当官一阵子，做人一辈子。　　　　佚名

当时而立法，因事而制礼。

战国－商鞅《商君书·更法》句

道私者乱，道法者治。

战国－韩非《韩非子·诡使》句

道之所在，天下归之。

周－吕望《六韬·文师》

得民则威立，失民则威废。

春秋－管仲《管子·形势解》句

得人则安，失人则危。

三国魏－曹丕《秋湖行二首》句

得人者兴，失人者崩。

汉－司马迁《史记·商君列传》句

得贤杰而天下治，失贤杰而天下乱。

宋－范仲淹《选用贤能论》句

得贤者昌，失贤者亡。

汉－韩婴《韩诗外传·五》句

德

德才兼备，以德为先。

德礼为政教之本，刑法为治教之用。

唐－长孙无忌《唐律疏议·名例一》句

德盛者威广。
　　　　　　汉－陆贾《新语·道基》句

德为上，礼为先，
民为本，和为贵。　　　　　　佚名

德以施惠，刑以正邪。
　　　周－左丘明《左传·成公十六年》句

睹松竹则思贞操之贤，
临清流则贵廉洁之行。
　　　唐－房玄龄等《晋书·张天锡传》句

杜悦耳之邪说，甘苦口之忠言。
　　　　唐－吴兢《贞观政要·刑法》句

多见者博，多闻者知，拒谏者塞，专
己者孤。
　　　　　　汉－桓宽《盐铁论·刺议》句

多难始应彰劲节，至公安肯为虚名。
　　　　　　　　唐－韩偓《息兵》句

F

发已千茎白，心犹一寸丹。
　　宋－汪元量《杭州杂诗和林石田》句

罚不讳强大，赏不私亲近。
　　　西汉－刘向《战国策·秦策一》句

法必明，令必行。
　　　　战国－商鞅《商君书·画策》句

法不阿贵，绳不挠曲。
　　　　战国－韩非《韩非子·有度》句

法不徇情

法贵必行。
　　　北宋－司马光《资治通鉴·唐纪》句

法贵简而能禁，刑贵轻而必行。
　　　清－王夫之《读通鉴论·二十二》句

法立，有犯而必施；
令出，唯行而不返。
　　　　　　唐－王勃《上刘右相书》句

防民之口，甚于防川。
　　　　　战国－《国语·周语上》句

粉身碎骨浑不怕，要留清白在人间。
　　　　　　　　明－于谦《石灰》句

风清尘不染，磊落德常存。　　佚名

风清气正

奉公举贤，则不避仇雠。
　　　　　　汉－刘向《说苑·至公》句

俯首甘为孺子牛。
　　　　　　现代－鲁迅《自嘲》句

富贵不能淫，贫贱不能移，
威武不能屈。
　　　　春秋－孟轲《孟子·滕文公下》句

富强、民主、文明、和谐，自由、平
等、公正、法治，爱国、敬业、诚
信、友善。
　　　　　　　　社会主义核心价值观

G

改过不吝，从善如流。
　　　　宋－苏轼《上皇帝书》句

干净做事，清白为官。　　　佚名

敢于开拓，勇于担当。

告我以吾过者，吾之师也。
　　　　唐－韩愈《答冯宿书》句

公生明，廉生威。
　　　　清－李煜《西沤外集·冰言》句

公生明，偏生暗。
　　　　战国－荀况《荀子·不苟》句

功高不泯忠贞志，位显更坚公仆心。
　　　　　　　　　　　　　佚名

攻坚克难，开拓前进。

苟得其人，不患贫贱；
苟得其材，不嫌名迹。
　　　　汉－王符《潜夫论·本政》句

苟得其人，虽仇必举；
苟非其人，虽亲不授。
　　西晋－陈寿《三国志·蜀书·许靖传》句

苟利国家生死以，岂因祸福避趋之。
　　清－林则徐《赴戍登程口占示家人》句

苟利社稷，死生以之。
　　　　周－左丘明《左传·昭公四年》

苟利于民，不必法古；
苟周于事，不必循旧。
　　　　汉－刘安《淮南子·氾论训》句

构大厦者必资于众工，
治天下者必赖于群才。
　　　　明－余继登《典故纪闻·五》句

官不私亲，法不遗爱。
　　　　战国赵－慎到《慎子·君臣》句

官德不彰，民风难淳。　　　佚名

官以谏争为职。
　　　　汉－班固《汉书·鲍宣传》句

广开进贤之路，汇纳天下英才。

广开言路，博采众谋。
　　　　明－俞汝楫《礼部志略》句

广直言之路，开纳善之门。
　　　　唐－邢巨《应文辞雅丽科对策》句

归罪于己，推恩于民。
　　　　唐－吴兢《贞观政要·刑法》句

贵贤者霸，敬贤者存，
慢贤者亡，古今一也。
　　　　战国－荀况《荀子·君子》句

国家以法制为先，法制以遵行为要。
　　　　清－洪仁玕《资政新篇》句

国家之本，在于人民。
　　　　　　　　现代－孙中山语

国以民为本，民以谷为命。

南朝宋－范晔《后汉书·张纯后奋传》句

国正天心顺，官清民自安。

明－冯梦龙《警世通言·金令史美婢酬
秀童》句

H

海纳百川，有容乃大，
壁立千仞，无欲则刚。

清－林则徐联语

好借廉风舒画卷，
常将正气壮诗情。 佚名

和以处众，宽以接下，恕以待人。

宋－李邦宪《省心杂言》句

横眉冷对千夫指，俯首甘为孺子牛。

现代－鲁迅《自嘲》句

华而不实，耻也。

战国－《国语·晋语》句

J

坚持公私分明，先公后私，克己奉
公。坚持崇廉拒腐，清白做人，干净
做事。坚持尚俭戒奢，艰苦朴素，勤
俭节约。坚持吃苦在前，享受在后，
甘于奉献。

中共党员廉洁自律规范

艰苦奋斗

俭，德之共也；侈，恶之大也。

周－左丘明《左传·庄公二十四年》句

俭节则昌，淫佚则亡。

春秋－墨翟《墨子·辞过》句

俭以养德

俭以养廉。

清－金兰生《格言联璧·从政》句

见善必行，闻过必改。

明－钱琦《钱公良测语上·徭庚》句

将者，智，信，仁，勇，严也。

春秋－孙武《孙子兵法·计篇》句

讲政治人民至上，求真理实践第一。

当代－李瑞环《务实求理》句

交不为利，仕不谋禄。

三国魏－嵇康《卜疑集》句

解放思想，实事求是，与时俱进。

今天的事，今天办；能办的事，马上
办；困难的事，想法办；重要的事，
优先办；复杂的事，梳理办；限时的
事，计时办；琐碎的事，抽空办；分
外的事，协助办；个人的事，下班
办；所有的事，认真办；违法的事，
不要办。 佚名

尽忠益时者虽仇必赏，
犯法怠慢者虽亲必罚。

西晋－陈寿《三国志·蜀书·诸葛亮传》句

近贤远谗

进不求名，退不避罪。
　　　春秋－孙武《孙子兵法·地形篇》句

进不失廉，退不失行。
　　春秋－晏婴《晏子春秋·内篇问上》句

禁胜于身，则令行于民。
　　　　春秋－管仲《管子·法法》句

敬畏

敬贤而勿慢，使能而勿贱。
　　　　　汉－刘向《说苑·说丛》句

敬贤礼士

敬贤如大宾，爱民如赤子。
　　　　汉－班固《汉书·路温舒传》句

鞠躬尽瘁，死而后已。
　　　三国蜀－诸葛亮《后出师表》句

举善而任之，择善而从之。
　　　唐－吴兢《贞观政要·公平》句

举贤任能

绢帕麻菇与线香，本资民用反为殃。
清风两袖朝天去，免得闾阎话短长。
　　　　　　明－于谦《入京》

K

开敢谏之路，纳逆己之言。
　　　　　晋－傅玄《傅子·通志》句

开天下之口，广箴谏之路。
　　　汉－路温舒《尚德缓刑书》句

开拓创新

科学执政，民主执政，依法执政。
　　　　　　　　　　　佚名

克俭节用，实弘道之源；
崇侈恣情，乃败德之本。
　　　唐－吴兢《贞观政要·规谏太子》句

克勤于邦，克俭于家。
　　　　　　《尚书·大禹谟》句

匡风正气培净土　　　　　佚名

L

兰幽香风远，松寒不改容。
　唐－李白《于五松山赠南陵常赞府》句

劳于求才，逸于任贤。
　　　唐－魏征《群书治要·尚书》句

牢记宗旨，心系群众。

乐民之乐者，民亦乐其乐；
忧民之忧者，民亦忧其忧。
　　　战国－孟轲《孟子·梁惠王下》句

礼贤远佞

历览前贤家与国，成由勤俭败由奢。
　　　　　唐－李商隐《咏史》句

立党为公，执政为民。

立德践言，行全操清。
　　　　东晋－葛洪《抱朴子·广譬》句

立身不忘做人之本，为政不移公仆之
心，用权不谋一己之私。
　　当代－胡锦涛《在中国共产党成立90
周年大会上的讲话》句

利不可以虚受，名不可以苟得。
　　　　汉－挚峻《报司马子长书》句

利不在身，谋事则智；
虑不私己，断义必厉。
　　南朝宋－范晔《后汉书·马援传论》句

利居人后，责在人先。
　　　　　　唐－韩愈《送穷文》句

励精图治

廉洁从政，自觉保持人民公仆本色。
廉洁用权，自觉维护人民根本利益。
廉洁修身，自觉提升思想道德境界。
廉洁齐家，自觉带头树立良好家风。
　　　中共党员领导干部廉洁自律规范

廉洁养正气，奉献修大成。　　佚名

廉者，政之本也。
　　春秋－晏婴《晏子春秋·内篇杂下》句

廉者常乐于无求，贪者常忧于不足。
　　　　隋－王通《文中子·关朗》句

两袖清风方能凛然正气，

一心为公自会宠辱不惊。　　佚名

了解民情，汇聚民智。　　佚名

烈士不避铁钺而进谏，
明君不讳过失而纳忠。
　　　　　　宋－苏舜钦《火疏》句

临财不苟

临财毋苟得，临难毋苟免。
　　　　西汉－戴德《礼记·曲礼上》句

令行禁止。
　　　　战国－荀况《荀子·议兵》句

令在必信，法在必行。
　　宋－欧阳修《司门员外郎李公谨等磨
勘改官制》句

留取声名万古香。
　　　　　　宋－文天祥《沁园春》句

留取丹心照汗青。
　　　　　宋－文天祥《过零丁洋》句

律己宜带秋风，处事宜带春风。
　　　　　　清－张潮《幽梦影》句

M
民不富，士不荣。
　　　　　宋－黄晞《聱隅子·文成》句

民力尽而爵随之，功立而赏随之。
　　　　战国－商鞅《商君书·错法》句

227

民为邦本，本固邦宁。
　　　　　　　《尚书·五子之歌》句

民者，万世之本也。
　　　　汉－贾谊《新书·大政上》句

名节重泰山，利欲轻鸿毛。
　　　　　　　明－于谦《无题》句

名利淡如水，事业重如山。　　佚名

名声清似水，人格重如山。
　　　　　　　　　　　　　佚名

明法制，去私恩，令必行，禁必止。
　　　　战国－韩非《韩非子·饰邪》句

明主不恶危切之言以立名，
志士不避犯颜之诛以直谏。
　　　　明－张居正《论时政疏》句

谋度于义者必得，事因于民者必成。
　　　　春秋－晏婴《晏子春秋·问上》句

谋民生之利，解百姓之忧。　佚名

N

内称不避亲，外举不避怨。
　　　　西汉－戴德《礼记·儒行》句

宁可清贫自乐，不作浊富多忧。
　　　　宋－道原《景德传灯录》句

宁为宇宙闲吟客，怕作乾坤窃禄人。
　　　　唐－杜荀鹤《自叙》句

P

旁门勿进，正道直行。　　　佚名

贫贱之交不可忘。
　　　南朝宋－范晔《后汉书·宋弘传》句

Q

欺人如欺天，毋自欺也；
负民即负国，何忍负之。
　　　　　　　河南内乡县衙楹联

其身正，不令而行；
其身不正，虽令不从。
　　　春秋－孔子门人《论语·子路》句

千人之诺诺，不如一士之谔谔。
　　　汉－司马迁《史记·商君列传》句

谦虚谨慎，戒骄戒躁。

勤廉正俭　　　　　　　　　佚名

勤能补拙，俭以养廉。
　　　清－金兰生《格言联璧·从政》句

勤于求贤而逸于得人。
　　　　汉－王褒《圣主得贤臣颂》句

轻财足以聚人，律己足以服人，
量宽足以得人，身先足以率人。
　　　　　　宋－林逋《省心录》句

清风两袖朝天去，免得闾阎话短长。
　　　　　　明－于谦《入京诗》句

清慎勤明

清正，清廉，清明。

清正廉洁

情为民所系，权为民所用，
利为民所谋。

求通民情，愿闻己过。
　　　　　　　清－林则徐联语

求真务实

驱天下之人而尽用之；仁者使效其
仁，勇者使效其勇，智者使效其智，
力者使效其力。
　　　宋－苏辙《栾城应召集·君术》句

权为民所赋，权为民所用。　　佚名

R

人无德不立，国无德不兴。　　佚名

人在岗上，岗在心上。　　佚名

仁义礼智信，谓之五常，废一不可。
　　　唐－吴兢《贞观政要·诚信》句

仁义为友，道德为师。
　　　清－史襄哉《中华谚海》句

仁者爱人
　　　战国－孟轲《孟子·离娄上》句

仁者必敬人。
　　　战国－荀况《荀子·臣道》句

认真做事，严肃做人。　　佚名

容直言，广视听。
　　　　　　唐－元稹《献事表》句

孺子牛

S

赏必加于有功，刑必断于有罪。
　　西汉－刘向《战国策·秦策三》句

赏必行，罚必当。
　　　　　汉－刘向《说苑·政理》句

赏不避疏贱，罚不避亲贵。
　　　　　晋－杨泉《物理论·卷一》句

赏不空行，罚不虚出。
　　　汉－董仲舒《春秋繁露·保位权》句

赏不遗疏远，罚不阿亲贵。以公平为
规矩，以仁义为准绳。
　　　唐－吴兢《贞观政要·择官》句

赏不遗远，罚不阿近。
　　　北宋－司马光《资治通鉴·魏纪四》句

赏赐不加于无功，刑罚不施于无罪。
　　　　周－吕望《六韬·文韬》句

赏罚不可轻行，用人弥须慎择。
　　　唐－吴兢《贞观政要·择官》句

上交不谄，下交不渎。
　　　　周－《周易·系辞下》句

229

少说空话，多干实事。　　　　　佚名

少应酬，多读书。

身当浊世，自处清流。
　　　　明－吕坤《呻吟语·品藻》句

身贵而愈恭，家富而愈俭，
胜敌而愈戒。
　　　　战国－荀况《荀子·儒效》句

身无半亩心忧天下，
读破万卷神交古人。　清－左宗棠句

身先士卒

深谋远虑。
　　　　　　汉－贾谊《过秦论》句

慎独慎微，慎始慎终。　　　　　佚名

实事求是

仕而优则学，学而优则仕。
　　　春秋－孔子门人《论语·子张》句

树高者鸟宿之，德厚者士趋之。
　　　　　汉－刘向《说苑·说丛》句

水惟善下能成海，山不争高自及天。
　　　　　　　　　　　　　　佚名

顺公意不失败，逆民意必无成。
　　　　　　　　　　美国－林肯语

所立于下者，不废于上；
所禁于民者，不行于身。
　　　　汉－刘安《淮南子·主术训》句

所憎者，有功必赏；
所爱者，有罪必罚。
　　　　周－吕望《六韬·盈虚》句

T

踏石留印，抓铁有痕。　　　　　佚名

天地之大，黎元为先。
　　　　唐－李世民《晋宣帝总论》句

推诚而不欺，守信而不疑。
　　　　　　宋－林逋《省心录》句

推动发展，服务群众，
凝聚人心，促进和谐。
　当代－胡锦涛《在中国共产党成立90
周年大会上的讲话》句

W

外举不弃仇，内举不失亲。
　　　周－左丘明《左传·襄公二十一年》句

为草当作兰，为木当作松。
兰幽香风远，松寒不改容。
　　　唐－李白《于五松山赠南陵常赞府》句

为川者决之使导，为民者宣之使言。
　　　　　战国－《国语·周语上》句

为官唯廉，从政唯勤，
处事唯公，做人唯实。　　　　　佚名

为人民服务。

现代－毛泽东语

为人民服务一腔热血，
替群众理财两袖清风。 佚名

为政不在言多，须息息从省身克己而
出；当官务持大体，思事事皆民生国
计所关。

河南内乡县衙楹联

为政以德

唯才是举。
西晋－陈寿《三国志·魏书·武帝纪》句

唯德唯廉唯实，尽心尽力尽职。
佚名

位卑未敢忘忧国。
宋－陆游《病起书怀》句

位卑未泯济民志，
权重不移公仆心。
佚名

闻过即改，从谏如流。
唐－吴兢《贞观政要·灾祥》句

闻过则喜，闻善则拜。
战国－孟轲《孟子·公孙丑上》句

闻毁勿戚戚，闻誉勿欣欣。
自顾行何如，毁誉安足论。
唐－白居易《续座右铭》句

问政于民，问需于民，问计于民。
当代－胡锦涛《在中国共产党成立90周
年大会上的讲话》句

无功不赏，无罪不罚。
战国－荀况《荀子·王制》句

无故无新，唯贤是亲。
汉－刘安《淮南子·主术训》句

务实

物尽其用，人尽其才。 佚名

X

下顺民心，上合天意。
北宋－司马光《资治通鉴·汉纪三十》句

先天下之忧而忧，后天下之乐而乐。
宋－范仲淹《岳阳楼记》句

贤路当广而不当狭，
言路当开而不当塞。
元－脱脱等《宋史·乔行简传》句

显贵浮云去，虚名逐浪沉。
淡泊心守静，抱璞我归真。
当代－马凯《淡泊人生》

信贤而任之，君之明也；
让贤而下之，臣之忠也。
秦－吕不韦《吕氏春秋·慎人》句

信以接物，宽以待下。
明－薛瑄《薛文清公从政录》句

兴邦有策人民福，报国无私赤子心。

佚名

兴国之君，乐闻其过；
荒乱之主，乐闻其誉。

西晋－陈寿《三国志·吴书·贺邵传》句

选天下之才，任天下之事。

清－王夫之《读通鉴论·二十二》句

学不必博，要之有用；
仕不必达，要之无愧。

宋－罗大经《鹤林玉露》卷十五句

Y

严以修身、严以用权、严以律己；
谋事要实、创业要实、做人要实。

当代－习近平《关于推进作风建设的
讲话》句（三严三实）

严以律己，宽以待人。

言必信，行必果。

春秋－孔子门人《论语·子路》句

言不苟出，行不苟为。

汉－刘安《淮南子·主术训》句

言不中法者，不听也；行不中法者，
不高也；事不中法者，不为也。

战国－商鞅《商君书·君臣》句

咬定青山不放松，立身原在破崖中。
千磨万击还坚劲，任尔东南西北风。

清－郑燮《竹石》

一身正气，两袖清风。

佚名

一言一行莫忘公仆形象，
一举一动常思百姓冷暖。

佚名

以道为常，以法为本。

战国－韩非《韩非子·饰邪》句

以德修身，以德服众，
以德领才，以德润才。

当代－胡锦涛《在中国共产党成立90
周年大会上的讲话》句

以热爱祖国为荣，以危害祖国为耻；
以服务人民为荣，以背离人民为耻；
以崇尚科学为荣，以愚昧无知为耻；
以辛勤劳动为荣，以好逸恶劳为耻；
以团结互助为荣，以损人利己为耻；
以诚实守信为荣，以见利忘义为耻；
以遵纪守法为荣，以违法乱纪为耻，
以艰苦奋斗为荣，以骄奢淫逸为耻。

当代－胡锦涛《牢固树立社会主义荣
辱观》句

以人为本。

唐－陆贽《均节赋税恤百姓第一》句

以人为本，执政为民。

佚名

因民之利而导之，顺民之意而通之。

清－王韬《上当路论时务书》句

因任而授官，循名而责实。

战国－韩非《韩非子·定法》句

用赏贵信，用刑贵正。

　　春秋－王诩《鬼谷子·符言》句

游与邪分歧，居与正为邻。

　　唐－白居易《续座右铭》句

有公德乃大，无私品自高。　　佚名

与民同乐，民亦乐其乐；
与民同忧，民亦忧其忧。

　　当代－李瑞环《务实求理》句

与时俱进

欲人之爱己也，必先爱人；
欲人之从己也，必先从人。

　　战国－《国语·晋语四》句

欲影正者端其表，欲下廉者先之身。

　　汉－桓宽《盐铁论·疾贪》句

愿得斩马剑，先断佞臣头。

　　唐－卢照邻《咏史四首》句

Z
责在人先，利居众后。

　　现代－黄炎培语

赠必固辞，求无不应。

　　唐－韩愈《祭裴太常文》句

真诚倾听群众呼声，
真实反映群众愿望，
真情关心群众疾苦，
真心保障群众权益。　　　　佚名

振兴中华

正正派派做人，扎扎实实工作，
清清白白为官。　　　　　佚名

政从正出，智从知来。　　　佚名

政声人去后，民意巷谈中。　　佚名

政唯勤廉是宝，师以德能为尊。佚名

政以得贤为本，治以去秽为务。

　　北宋－司马光《资治通鉴》卷四十九句

知民情，解民忧，暖民心。

　　当代－胡锦涛《在中国共产党成立90
周年大会上的讲话》句

知荣辱，讲正气，作奉献，促和谐。

知屋漏者在宇下，知政失者在草野，
知经误者在诸子。

　　汉－王充《论衡·书解篇》句

知贤者谓明，辅贤者谓能。

　　战国－荀况《荀子·解蔽》句

执法如山，守身如玉。

　　清－金兰生《格言联璧·从政》句

植根百姓，造福人民。　　　佚名

至廉而威。

　　汉－董仲舒《春秋繁露·五行相生》句

制治于未乱，保邦于未危。

    清－王夫之《读通鉴论·二十三》句

治不忘乱，安不忘危。

    汉－杨雄《冀州箴》句

治国无法则乱，守法而不变则衰。

    战国赵－慎到《慎子·佚文》句

治国有常，利民为本。

    汉－刘安《淮南子·氾论训》句

治国之道，必先富民。

    春秋－管仲《管子·治国》句

忠诚

忠信廉洁，立身之本。

    宋－林逋《省心录》句

周公吐哺，天下归心。

    三国魏－曹操《短歌行》句

诛不避贵，赏不遗贱。

    春秋－晏婴《晏子春秋·内篇问上》句

诛恶不避亲爱，举善不避仇雠。

    汉－班固《汉书·谷永传》句

柱以直木为坚，辅以直士为贤。

    三国蜀－诸葛亮《诸葛亮集·自勉》句

自古驱民在信诚，一言为重百金轻。

    宋－王安石《商鞅》句

自重，自省，自警，自励。   佚名

尊贤任能，信忠纳谏。

    汉－王符《潜夫论·思贤》句

做官一时，为人一世。   佚名

做人德为本，当官清为上。   佚名

做人一身正气，为官纤尘不染。 佚名

团队铭

爱岗敬业

爱好出勤奋，勤奋出天才。
　　　　　　　现代－郭沫若语

爱人者，人恒爱之；
敬人者，人恒敬之。
　　　战国－孟轲《孟子·离娄下》句

爱日惜力，寸阴无弃。
　　唐－令狐德棻《周书·萧圆肃传》句

爱我中华

傲不可长，欲不可纵，
乐不可极，志不可满。
　　　唐－吴兢《贞观政要·慎终》句

把握住今天，胜似两个明天。　　佚名

白日莫闲过，青春不再来。
　　　　　　　唐－林宽《少年行》句

白首壮心驯大海，青春浩气走千山。
　　　　　　　现代－林伯渠诗句

百尺竿头须进步。
　　宋－释道原《景德传灯录》卷十句

百川东到海，何时复西归。

少壮不努力，老大徒伤悲。
　　　　　　汉《乐府·长歌行》句

百将一心，三军同力。
　　　　　战国－荀况《荀子》句

板凳要坐十年冷，文章不写一句空。
　　　　　　　现代－范文澜语

帮助别人，快乐自己。　　　　佚名

帮助朋友，以保持友谊；
宽恕敌人，为争取感化。
　　　　　　美国－富兰克林语

包容

宝剑锋从磨砺出，梅花香自苦寒来。
　　　　　　　　　　　　佚名

抱素怀朴，安性约身。　　　　佚名

报恩忘怨

卑己而尊人，小心而畏义。
　　　　西汉－戴德《礼记·表记》句

卑己尊人

笔墨增情趣，风雪炼精神。　　佚名

235

秉德无私。
　　　　　战国－庄周《庄子》句

秉公无私

播种一个行动，收获一个习惯；播种
一个习惯，收获一个个性；播种一个
个性，收获一个命运。
　　　　　塞内加尔－菩德吉语

博采众长

博采众长独辟蹊径，
陶铸千古自成一家。　　　　　佚名

博观而约取，厚积而薄发。
　　　　　宋－苏轼《杂说》句

博览精思

博览群书

博览群书见多识广，
兼采百家耳聪目明。　　　　　佚名

博学笃行

博学而不穷，笃行而不倦。
　　　　　西汉－戴德《礼记·儒行》句

博学而笃志，切问而近思。
　　　　　春秋－孔子门人《论语·子张》句

博学深思增智慧，更新除旧见精神。
　　　　　　　　　　　　　佚名

博学之，审问之，慎思之，明辨之，
笃行之。
　　　　　西汉－戴德《礼记·中庸》句

不安于小成，然后足以成大器；
不诱于小利，然后可以立远功。
　　　　　明－方孝孺《赠林公辅序》句

不耻相师。
　　　　　唐－韩愈《师说》句

不到长城非好汉。
　　　　　现代－毛泽东《清平乐·六盘山》句

不患位之不尊，而患德之不崇。
　　　　　南朝宋－范晔《后汉书·张衡列传》句

不惑时尚

不积跬步，无以致千里；
不积小流，无以成江海。
　　　　　战国－荀况《荀子·劝学》句

不矜威益重，无私功自高。
　　　　　现代－赵朴初联语

不满足是向上的车轮。
　　　　　现代－鲁迅语

不媚时俗

不能用人的长处，便是自己的短处。
　　　　　现代－陶行知语

不是一番寒彻骨，争得梅花扑鼻香？
　　　　　元－高明《琵琶记·旌表》句

不停顿地走向一个目标，这就是成功的秘诀。

俄国－巴甫洛夫语

不为积习蔽，不为时尚惑。　佚名

不虚心不知事，不实心不成事。　佚名

不要企图无所不知，
否则你将一无所知。

德国－德谟克利特语

不以求备取人，不以己长格物。

唐－吴兢《贞观政要·任贤》句

不以物喜，不以己悲。

宋－范仲淹《岳阳楼记》句

不义而富且贵，于我如浮云。

春秋－孔子门人《论语·述而》句

不知道谬误，也不会懂得真理。　谚语

不知则问，不能则学。

汉－董仲舒《春秋繁露·执贽》句

不专心致志，则不得也。

战国－孟轲《孟子·告子上》句

不作无补之功，不为无益之事。

春秋－管仲《管子·禁藏》句

C

藏古今学术瑰宝，
聚中外文化精华。　　　　　佚名

策马前途须努力，莫学龙钟虚叹息。

唐－李涉《岳阳别张祜》句

长风破浪会有时，直挂云帆济沧海。

唐－李白《行路难》句

常思反哺之义，常怀感恩之心。　佚名

潮平两岸阔，风正一帆悬。

唐－王湾《次北固山下》句

成功＝艰苦的工作＋休息＋少说废话

德国－爱因斯坦的成功公式

成功的秘密在于随时把握时机。

英国－迪斯雷利语

成事在理不在势，服人以诚不以言。

宋－苏轼《拟进士对御试策》句

承前启后，继往开来。　　　　佚名

诚信

诚信立足，创新致远。　　　　佚名

诚意待人终有得，平心应事自无争。

佚名

吃百姓之饭，穿百姓之衣，莫道百姓可欺，自己也是百姓；得一官不荣，失一官不辱，勿说一官无用，地方全靠一官。

河南内乡县衙三省堂楹联

尺璧非宝，寸阴可惜。
　　南朝梁－萧绎《金楼子·立言上》句

赤诚

充海阔天高之量，养先忧后乐之心。
　　　　　　　　　　　　佚名

崇人之德，扬人之美。
　　　战国－荀况《荀子·不苟》句

崇尚道德

崇尚科学

崇尚荣誉

聪明的人，今天做明天的事；懒惰的人，今天做昨天的事；糊涂的人，把昨天的事也推给明天。　　佚名

聪明人跌倒一次，从中吸取教训；
愚蠢人跌倒一次，从此不再爬起来。
　　　　　　　　　　　　佚名

聪明源于勤奋，伟大出自平凡。
　　　　　　　　　　　　佚名

聪明在于勤奋，天才在于积累。
　　　　　　　　现代－华罗庚语

挫折是通向成功的门槛。
　　　　　　　　英国－拜伦语

D

大事不糊涂，小事不计较。　佚名

大医至爱

大志非才不就，大才非学不成。
　　　　明－郑心材《郑敬中摘语》句

待人宽三分是福，处事退一步为高。
　　　　　　　　　　　　佚名

待人要绝对诚实，
律己务十分严正。　　　　佚名

单调难成曲，群擎可柱天。
　　　　　　　现代－徐特立诗句

当仁不让，见义勇为。　　佚名

蹈海言犹在，移山志不衰。
　　　　　　　宋－陆游《杂感》句

道义相砥，过失相规。
　　　　　明－苏浚《鸡鸣偶记》句

得意不可忘形，失意不可失志。
　　　　　　　　　　　　佚名

得意淡然，失意泰然。　　佚名

德不优者，不能怀远；
才不大者，不能博见。
　　　　汉－王充《论衡·别通》句

德为上，礼为先，
民为本，和为贵。　　　　佚名

德者事业之基。
　　　　明－洪应明《菜根谭》句

登泰山而小天下。
　　　　春秋－孟轲《孟子·尽心上》句

砥砺品质，锤炼作风，增长才干。

东隅已逝，桑榆非晚。
　　　　唐－王勃《滕王阁序》句

都无做官意，唯有读书声。
　　　　现代－蔡元培　　　联语

读好书，交益友。　　　　　　谚语

读圣贤书行仁义事，
立修齐志存忠孝心。　　　　　佚名

读史使人明智，读诗使人灵秀，数学
使人周密，科学使人深刻，伦理学使
人庄重，逻辑修辞之学使人善辩。凡
有所学，皆成性格。
　　　　英国－弗朗西斯·培根语

读书当悟理，办事贵求真。　　佚名

读书点亮人生。　　　　　　　佚名

读书给人以乐趣，给人以光彩，给人
以才干。
　　　　英国－弗朗西斯·培根语

读书好，好读书，读好书。
　　　　　　现代－冰心语

读书好处心先觉，立雪深时道已传。
　　　　清－袁枚《随园诗话》句

读书患不多，思义患不明。
患足已不学，既学患不行。
　　　　唐－韩愈《赠别元十八协律六首》句

读书即未成名，究竟人高品雅；
修德不期获报，自然梦稳心安。
　　　　　清－金兰生《格言联璧》句

读书可以广智，宽恕可以交友。
　　　　　法国－罗曼－罗兰语

读书破万卷，下笔如有神。
　唐－杜甫《奉赠韦左丞丈二十二韵》句

读书求甚解，做事必认真。　　佚名

读书使人充实，思考使人深邃，交谈
使人清醒。
　　　　　美国－富兰克林语

读书心存远志，实践悟出真知。佚名

读书要四到，一是眼到，二是口到，
三是心到，四是手到。
　　　　　　现代－胡适语

读书应提要，处事须通情。　　佚名

读书之法，莫贵于循序而致精。
　　　　　宋－朱熹《性理精义》句

读书足以怡情，足以博采，
足以长才。
　　　　英－弗朗西斯·培根语

读万卷书，行万里路。

清－钱泳《履园丛说》句

读万卷书，行万里路，经万件事，师
万人长，抒万般情，拓万丈胸。

佚名

读未见书如得良友，
见已读书如逢故人。

清－金兰生《格言联璧·学问》句

读一本好书，
就是和许多高尚的人谈话。

德国－歌德语

读一本好书，如同与以往时代最优秀
的人们交谈。

法国－笛卡尔语

读有字书，识无字理。

明－鹿善继《四书说约》句

独辟蹊径才能创造出伟大的业绩，在
街道上挤来挤去不会有所作为。

英国－布莱克语

笃初慎终

笃信好学。

春秋－孔子门人《论语·泰伯》句

睹松竹则思贞操之贤，临清流则贵廉
洁之行。

唐－房玄龄等《晋书·张天锡传》句

对于强者，失败是开始；

对于弱者，失败是终结。　　　　佚名

多难始应彰劲节，至公安肯为虚名。

唐－韩偓《息兵》句

多闻而体要，博见而善择。

东晋－葛洪《抱朴子·微旨》句

E

耳闻不如目见之，目见不如足践之。

汉－刘向《说苑·政理》句

二人同心，其利断金，
同心之言，其臭如兰。

周－《易经·系辞上》句

F

发愤图强

发愤早为好，苟晚休嫌迟。
最忌不努力，一生都无知。

现代－华罗庚诗句

凡事顺其自然，遇事处之泰然，
得意之时淡然，失意之时坦然，
艰辛曲折必然，历尽沧桑悟然。

佚名

凡事欲其成功，
必要付出代价：奋斗。

美国－爱默生语

反求诸己

泛观约取，厚积薄发。

非学无以广才，非志无以成学。
　　　　　三国蜀－诸葛亮《诫子书》句

风景这边独好。
　　　现代－毛泽东《清平乐·会昌》句

风清尘不染，磊落德常存。　　　佚名

风清气正

奉献

俯首甘为孺子牛。
　　　　　　　现代－鲁迅《自嘲》句

富贵不能淫，贫贱不能移，
威武不能屈。
　　　春秋－孟轲《孟子·滕文公下》句

富强、民主、文明、和谐，自由、平
等、公正、法治，爱国、敬业、诚
信、友善。
　　　　　　　社会主义核心价值观

腹有诗书气自华。
　　　　　宋－苏轼《和董传留别》句

G

改过不吝，从善如流。
　　　　　　宋－苏轼《上皇帝书》句

敢于开拓，勇于担当。

个性飞扬

各尽所能

各种科学发现往往具有一个共同点，
那就是勤奋和创新精神。
　　　　　　　　现代－钱三强语

更上一层楼。
　　　　唐－王之涣《登鹳雀楼》句

功崇惟志，业广惟勤。
　　　　　　　　《尚书－周官》句

功到自然成。　　　　　　　谚语

功夫不负有心人。　　　　　谚语

功夫在诗外。
　　　　　宋－陆游《示子遹》句

功夫自难处做去，学问从苦中得来。
　　　明－洪应明《菜根谭·修省》句

攻坚克难，开拓前进。

攻人之恶毋太恶，要思其堪受；
教人之善毋过高，当使其可从。
　　　　　明－洪应明《菜根谭》句

苟利国家生死以，岂因祸福避趋之。
清－林则徐《赴戍登程口占示家人》句

孤举者难起，众行者易趋。
　　　　清－魏源《默觚·治篇八》句

孤则易折，众则难摧。
　　　北宋－司马光《资治通鉴·宋记》句

古人学问无遗力，少壮工夫老始成。
纸上得来终觉浅，绝知此事要躬行。

　　　　　宋－陆游《冬夜读书示子聿》

古为今用，洋为中用。
现代－毛泽东《书信选集·致陆定一》句

古之立大事者，不惟有超世之才，亦
必有坚忍不拔之志。

　　　　　　　宋－苏轼《晁错论》句

古之欲明德于天下者，先治其国；欲
治其国者，先齐其家；欲齐其家者，
先修其身；欲修其身者，先正其心；
欲正其心者，先诚其意；欲诚其意
者，先致其知；致知在格物。

　　　　　西汉－戴德《礼记·大学》句

观书者当观其意，慕贤者当慕其心。

　　　　　唐－刘禹锡《辩迹论一首》句

广开言路，博采众谋。

　　　　　　明－俞汝楫《礼部志略》句

广学而博，专一而精。　　　　佚名

贵有恒，何必三更眠五更起；
最无益，只怕一日曝十日寒。

　　　　　　　　明－胡居仁联语

贵自勤中得，富从俭里来。　　佚名

H

海纳百川，有容乃大，壁立千仞，无
欲则刚。

　　　　　　　　清－林则徐联语

好而知其恶，恶而知其美。

　　　　　西汉－戴德《礼记·大学》句

好好学习，天天向上。

　　　　　　　现代－毛泽东题词

好借廉风舒画卷，常将正气壮诗情。

　　　　　　　　　　　　佚名

好书不厌百回读，熟读深思精义见。

　　　　　　　　　　　　佚名

好学不倦

好学近乎知，力行近乎仁，
知耻近乎勇。

　　　　　西汉－戴德《礼记·中庸》句

好学深思

合抱之木，生于毫末；
九层之台，起于累土。

　　　　　春秋－老聃《老子》六十四章句

和

和而不流。

　　　　　西汉－戴德《礼记·中庸》句

和而不同。

　　　　　春秋－孔子门人《论语·子路》句

和睦，和善，和平。

和乃不流有定节，敏而好学无常师。

　　　　　　　　　　　　佚名

和为贵，善为本，诚为先。　　　佚名

和谐

和以处众，宽以接下，恕以待人。
　　　　　宋－李邦宪《省心杂言》句

黑发不知勤学早，白首方悔读书迟。
　　　　　唐－颜真卿《劝学》句

横眉冷对千夫指，俯首甘为孺子牛。
　　　　　现代－鲁迅《自嘲》句

厚德载物。
　　　　　周－《易经·坤卦》句

厚积薄发

虎啸龙吟气势，松风竹韵精神。佚名

华而不实，耻也。
　　　　　战国－《国语·晋语》句

化腐朽为神奇。
　　　　　战国－庄周《庄子·知北游》句

画印诗书娱远志，琴棋箫笛养精神。
　　　　　　　　　　　　　　佚名

怀抱崇高理想，充满奋斗激情。

环境何曾困志士，
艰难到底助英雄。　　　　佚名

患难困苦是磨练人格之最高学校。
　　　　　近代－梁启超语

黄金非宝书为宝，万事皆空善不空。
　　　　　当代－马英九家祖传家训

灰心生失望，失望生动摇，
动摇生失败。
　　　　　英国－弗朗西斯·培根语

会当凌绝顶，一览众山小。
　　　　　唐－杜甫《望岳》句

惠风和畅。
　　　　　晋－王羲之《兰亭集序》句

活到老学到老。
　　　　　现代－徐特立语

J

机遇总是偏爱那些有准备的头脑。
　　　　　现代－钱三强语

机缘不能只是坐等，
而是要自己去创造。
　　　　　日本－池田大作语

积学以储宝，酌理以富才。
　　　南朝梁－刘勰《文心雕龙·神思》

激浊扬清，疾恶好善。
　　　　　唐－吴兢《贞观政要·任贤》句

及时当勉励，岁月不待人。
　　　　　晋－陶渊明《杂诗》句

疾风知劲草，烈火见真金。
　　　　　　　　　　　　　　佚名

243

几番磨炼方成器，十载耕耘自见功。
佚名

己所不欲勿施于人。
春秋－孔子门人《论语·卫灵公》句

己欲立而立人，己欲达而达人。
春秋－孔子门人《论语·雍也》句

技无大小，贵在能精。
清－李渔《闲情偶寄·结构》句

既异想天开，又实事求是，这是科学工作者特有的风格。 现代－郭沫若语

继承传统，大胆创新。

继往开来

寂寞铸就辉煌。
佚名

加紧学习，抓住中心，宁精勿杂，宁专勿多。
德国－歌德语

坚持公私分明，先公后私，克己奉公。坚持崇廉拒腐，清白做人，干净做事。坚持尚俭戒奢，艰苦朴素，勤俭节约。坚持吃苦在前，享受在后，甘于奉献。
中共党员廉洁自律规范

坚持真理，修正错误。

坚定理想信念，增长知识本领，锤炼品德意志，矢志奋斗拼搏。
当代－胡锦涛《在中国共产党成立90周年大会上的讲话》句

艰苦奋斗

艰苦朴素

艰难困苦，玉汝于成。
佚名

兼收并蓄，待用无遗。
唐－韩愈《进学解》句

兼听则明，偏信则暗。
汉－王符《潜夫论·明暗》句

俭，德之共也；侈，恶之大也。
周－左丘明《左传·庄公二十四年》句

俭以养德

俭以养廉。
清－金兰生《格言联璧·从政》句

见德思齐。
佚名

见善必行，闻过必改。
明－钱琦《钱公良测语上·徭庚》句

见善思齐。
唐－吴兢《贞观政要·教诫太子诸王》句

见善思齐，见恶内省。
佚名

见贤思齐。
春秋－孔子门人《论语·里仁》句

谏之双美，毁之两伤。
《名贤集》句

将勤补拙

将相本无种，男儿当自强。
　　　　　宋－汪洙《神童诗》句

讲文明，讲礼貌，
讲卫生，讲秩序，讲道德。
　　　　　当代－"五讲四美"之"五讲"

讲政治人民至上，求真理实践第一。
　　　　　当代－李瑞环《务实求理》句

交善人，读善书，听善言，从善行。
　　　　　　　　　　　　佚名

骄傲来自浅薄，狂妄出于无知。 佚名

教育者，与其守成法，毋宁尚自然；
与其求划一，毋宁展个性。
　　　　　现代－蔡元培语

节约时间就是延长生命。
　　　　　现代－鲁迅语意

解放思想，实事求是，与时俱进。

戒骄戒躁

今天的事，今天办；能办的事，马上
办；困难的事，想法办；重要的事，
优先办；复杂的事，梳理办；限时的
事，计时办；琐碎的事，抽空办；分
外的事，协助办；个人的事，下班
办；所有的事，认真办；违法的事，
不要办。　　　　　　　　　佚名

进不求名，退不避罪。
　　　春秋－孙武《孙子兵法·地形篇》句

进不失廉，退不失行。
　　春秋－晏婴《晏子春秋·内篇问上》句

经验来自实践，成功由于力行。 佚名

精诚所加，金石为开。
　　南朝宋－范晔《后汉书·广陵思王荆
　　　　　　　　　　　　传》句

精诚团结

精益求精

敬静净

敬老尊贤

敬贤而勿慢，使能而勿贱。
　　　汉－刘向《说苑·说丛》句

居身不使白玉玷，立志宜与青云齐。
　　　　　近代－华世奎联语

举大体而不论小事，
务实效而不为虚名。
　　　　　宋－苏轼《贺杨龙图启》句

聚爱成善
绢帕麻菇与线香，本资民用反为殃。
清风两袖朝天去，免得闾阎话短长。
　　　　　明－于谦《入京》

245

君子爱财，取之有道。

明 - 《增广贤文》句

君子成人之美，不成人之恶。

春秋 - 孔子门人《论语·颜渊》句

君子周而不比，小人比而不周。

春秋 - 孔子门人《论语·为政》句

K

开诚心，布公道。

西晋 - 陈寿《三国志·蜀书·诸葛亮传》
句

开卷有益

开拓创新

开源尤贵节流，量入始能为出。 佚名

考古酌今审势度势，
通中法外舍短取长。 佚名

科学没有国界，科学家有祖国。

俄国 - 巴甫洛夫语

克己奉公

克俭节用，实弘道之源；
崇侈恣情，乃败德之本。

唐 - 吴兢《贞观政要·规谏太子》句

宽厚待人，严格律己，
知足常乐，不攀不比。 佚名

宽以待人，严以律己。

匡风正气培净土。 佚名

困苦能孕育灵魂和精神的力量。

法国 - 雨果语

困难是动摇者和懦夫掉队回头的便
桥，也是勇敢者前进的脚踏石。

美国 - 爱默生语

L

兰生幽谷，不为莫服而不芳；
君子行义，不为莫知而止休。

汉 - 刘安《淮南子·说山训》句

兰幽香风远，松寒不改容。

唐 - 李白《于五松山赠南陵常赞府》句

懒惰者等待机遇，勤奋者创造机遇。

佚名

浪费别人的时间是谋财害命，
浪费自己的时间是慢性自杀。

苏联 - 列宁语

老当益壮，宁移白首之心？
穷且益坚，不坠青云之志。

唐 - 王勃《滕王阁序》句

老骥伏枥，志在千里。
烈士暮年，壮心不已。

三国魏 - 曹操《步出夏门行·龟虽寿》句

老师是火种，点燃了学生的心灵之
火；老师是石级，承受着学生一步步
向上攀登。 佚名

老易至，惜此时。

《弟子规》句

乐观豁达

乐在书中游，常得思之趣。 佚名

乐自清中出，烦从贪里来。 佚名

雷厉风行

礼义廉耻

理解促进宽容。

英国－雷蒙德·弗思《人文类型》句

理论联系实际

理正气和，义正辞缓。 佚名

力行而后知之真。

清－王夫之《四书训义》句

力学笃行

力争上游

历览前贤家与国，成由勤俭败由奢。

唐－李商隐《咏史》句

立大事者，不惟有超世之才，亦必有坚忍不拔之志。

宋－苏轼《晁错论》句

立大志，做大事，探讨大学问。

现代－陶行知语

立德，立功，立言。

周－左丘明《左传·襄公二十四年》句意

立德践言，行全操清。

东晋－葛洪《抱朴子·广譬》句

立得正行得直，拿得起放得下，看得透想得开。 佚名

立己达人

立身不忘做人之本，为政不移公仆之心，用权不谋一己之私。

当代－胡锦涛《在中国共产党成立90周年大会上的讲话》句

立身以立学为先，立学以读书为本。

宋－欧阳修《欧阳文忠公文集》句

立志当怀虎胆，求知莫畏羊肠。 佚名

立志欲坚不欲锐，成功在久不在速。

宋－张孝祥《论治体札子》句

利不可以虚受，名不可以苟得。

汉－挚峻《报司马子长书》句

利居人后，责在人先。

唐－韩愈《送穷文》句

砺德身心正，求知耳目聪。 佚名

廉洁从政，自觉保持人民公仆本色。
廉洁用权，自觉维护人民根本利益。
廉洁修身，自觉提升思想道德境界。

中共党员领导干部廉洁自律规范

247

廉洁养正气，奉献修大成。　　　佚名

廉洁自律心无病，务实求真业有成。
　　　　　　　　　　　　　　　佚名

廉者常乐于无求，贪者常忧于不足。
　　　　隋－王通《文中子·关朗》句

良言一句三冬暖，恶语伤人六月寒。
　　　　　　　　　　　《名贤集》句

两袖清风方能凛然正气，
一心为公自会宠辱不惊。　　　佚名

临财毋苟得，临难毋苟免。
　　　西汉－戴德《礼记·曲礼上》句

临大事而不乱。
　　　　　宋－苏轼《策略·四》句

临事而惧，好谋而成。
　　　春秋－孔子门人《论语·述而》句

临事勿躁，待人以诚。　　　　佚名

临渊羡鱼，不如退而结网。
　　　汉－班固《汉书·董仲舒传》句

灵感是一个不喜欢拜访懒汉的客人。
　　　　俄国－车尔尼雪夫斯基语

留得声名万古香。
　　　　　宋－文天祥《沁园春》句

路漫漫其修远兮，吾将上下而求索。
　　　战国楚－屈原《楚辞·离骚》句

律己宜带秋风，处事宜带春风。
　　　　　　清－张潮《幽梦影》句

虑事贵明，处事贵断。
　　　明－余继登《典故纪闻·三》句

论先后，知为先；论轻重，行为重。
　　　宋－朱熹《朱子语类辑略》句

M

满招损，谦受益。
　　　　　　《尚书－大禹谟》句

没有比脚更长的路，
没有比人更高的山。
　　　当代－汪国真《山高路远》句

梅碾香犹在，丹磨赤自存。
石焚洁似雪，玉碎质还真。
　　　　　当代－马凯《气节赞》

敏而好学，不耻下问。
　　　春秋－孔子门人《论语·公冶长》句

名利淡如水，事业重如山。　　佚名

名声清似水，人格重如山。　　佚名

明日复明日，明日何其多，
日日待明日，万事成蹉跎。
　　　　　　明－文嘉《明日歌》句

莫道桑榆晚，为霞尚满天。
　　　唐－刘禹锡《酬乐天咏老见示》句

莫等闲白了少年头，空悲切。
　　　　　　宋－岳飞《满江红》句

莫做无聊事，多读有益书。　　　佚名

N

难得是诤友，当面敢批评。
　　　　　　现代－陈毅诗句

能创造机会，要利用机会，
勿错过机会。　　　　　　　　佚名

能勤德业唯良友，有益身心在读书。
　　　　　　　　　　　　　　佚名

能去能就，能柔能刚，
能进能退，能弱能强。
　　明－罗贯中《三国演义》第一百回句

能胜强敌者，先自胜也。
　　　战国－商鞅《商君书·划策》句

能受苦乃为志士，肯吃亏不是痴人。
　　　　　　　　　　　　　　佚名

你帮过谁，不必记住；
谁帮过你，一定记牢。　　　　佚名

逆耳之辞难受，顺心之说易从。
　　　　　唐－唐太宗《帝苑·去谗》句

鸟欲高飞先振翅，人求上进早读书。
　　　　　　现代－李苦禅联语

宁可清贫自乐，不作浊富多忧。
　　　　　　宋－道原《景德传灯录》句

懦者能奋，与勇者同力也；愚者能虑，与智者同识也；拙者能勉，与巧者同功也。
　　　　　　宋－崔敦礼《刍言》卷中

O

偶然，不会帮助准备不周的人。
　　　　　　法国－巴斯德语

P

怕人知道休做，要人敬重勤学。
　　　　　　　　《名贤集》句

旁门勿进，正道直行。　　　　佚名

拼搏

平凡孕育伟大，淡然彰显崇高。
　　　　　　　　　　　　　　佚名

平静的湖面，练不出精悍的水手；
安逸的环境，造不出时代的伟人。
　　　　　　俄国－列别捷夫语

蒲柳之姿，望秋而先落；松柏之质，逢霜而弥盛。
　　　南朝宋－刘义庆《世说新语·言语》句

Q

欺人如欺天，毋自欺也；负民即负国，何忍负之。
　　　　　　　河南内乡县衙楹联

骐骥一跃，不能十步；
驽马十驾，功在不舍。
　　　战国－荀况《荀子·劝学》句

249

弃燕雀之小志，慕鸿鹄以高翔。
　　　南朝梁 – 丘迟《与陈伯之书》句

千里之行，始于足下。
　　　春秋 – 老聃《老子》六十四章句

千淘万漉虽辛苦，吹尽狂沙始到金。
　　　唐 – 刘禹锡《浪淘沙九首》句

谦虚的人常思己过，
骄傲的人只论人非。　　　谚语

谦虚谨慎，戒骄戒躁。

谦虚使人进步，
骄傲使人落后。
　　　　　现代 – 毛泽东语

切实功夫须从难处做去，
真正学问都自苦中得来。　　佚名

锲而不舍，金石可镂。
　　　战国 – 荀况《荀子·劝学》句

勤廉正俭　　　　　　　佚名

勤能补拙，俭以养廉。
　　　清 – 金兰生《格言联璧·从政》句

勤能补拙，学可医愚。　　佚名

勤谦敬恕
轻财足以聚人，律己足以服人，
量宽足以得人，身先足以率人。
　　　宋 – 林逋《省心录》句

清正

清廉

清明

情为民所系，权为民所用，利为民所谋。
　　　　　　　　　　　　　佚名

穷且益坚，不坠青云之志。
　　　唐 – 王勃《滕王阁诗序》句

丘山积卑而为高，江河合水而为大。
　　　战国 – 庄周《庄子·则阳》句

求人不如求己。
　　　清 – 郑板桥《题画·篱竹》句

求实

求是

求索

求通民情，愿闻己过。
　　　　　　　　　清 – 林则徐联语

求学不为虚名，只求学以致用；
待人不在圆滑，但求无愧于心。
　　　　　　　　　　　　　佚名

求学将为致用，读书贵在虚心。　佚名

求真务实

求知无捷径，勤奋近高峰。　佚名

求知无厌知无尽，治学有恒学有成。
　　　　　　　　　　　　佚名

权为民所赋，权为民所用。　　佚名

R
让人非我弱，得志莫离群。　　佚名

人贵有志，学贵有恒。　　　　佚名

人尽其才，才尽其用。　　　　佚名

人美在心，话美在真。　　　　佚名

人善我，我亦善之；
人不善我，我亦善之。
　　　　汉－韩婴《韩诗外传》句

人生不在年龄，贵在心理年轻；衣着不在时尚，贵在舒适合体；膳食不在丰富，贵在营养均衡；居室不在大小，贵在整洁舒畅；养生不在刻意，贵在顺其自然；锻炼不在夏冬，贵在持之以恒；小病不在吃药，贵在心理调养；作息不在早晚，贵在规律养成；情趣不在雅俗，贵在保持童心；贡献不在多少，贵在量力而行；健身不在动静，贵在科学锻炼；家庭不在贫富，贵在温馨和睦；朋友不在多少，贵在情深意真。
　　　　　　　　　　　　佚名

人生在世，事业为重，一息尚存，绝不松动。
　　　　　　现代－吴玉章诗句

人生真正的幸福，不在于目标是否达到，而在于达到目标的奋斗。
　　　　　　　　　　　　佚名

人遇误解休怨恨，事逢得意莫轻狂。
　　　　　　明－《增广贤文》句

人在岗上，岗在心上。　　　　佚名

仁义为友，道德为师。
　　　　清－史襄哉《中华谚海》句

仁者爱人，有礼者敬人。爱人者，人恒爱之；敬人者，人恒敬之。
　　　　战国－孟轲《孟子·离娄上》句

忍辱方能负重。　　　　　　　佚名

认真是成功的秘诀，
粗心是失败的伴侣。
　　　　　　　　　　　　佚名

认真做事，严肃做人。　　　　佚名

任何改正，都是进步。
　　　　　　　英国－达尔文语

日省其身，有则改之，无则加勉。
　　　　　　宋－朱熹《四书集注》句
容人之过，却非顺人之非。
　　　清－陈宏谋《训俗遗规》卷四句

辱人终辱己，尊己务尊人。
　　　　　　　　　　　　佚名

S

三更灯火五更鸡，正是男儿读书时。
黑发不知勤学早，白首方悔读书迟。

唐－颜真卿《劝学》

三人行，必有我师焉。择其善者而从
之，其不善者而改之。

春秋－孔子门人《论语·述而》句

三思方举步，百折不回头。

现代－吴阶平联语

删繁就简三秋树，领异标新二月花。

清－郑板桥书斋联语

上交不谄，下交不渎。

周－《周易·系辞下》句

少年辛苦终身事，莫向光阴惰寸功。

唐－杜荀鹤《题弟侄书堂》句

少年易学老难成，一寸光阴不可轻。
未觉池塘春草梦，阶前梧叶已秋声。

宋－朱熹《劝学》

少说空话，多干实事。　　　　佚名

少应酬，多读书。　　　　　　佚名

少壮不努力，老大徒伤悲。

汉－《乐府·长歌行》句

身当浊世，自处清流。

明－吕坤《呻吟语·品藻》句

身贵而愈恭，家富而愈俭，

胜敌而愈戒。

战国－荀况《荀子·儒效》句

身教重于言教。　　　　　　　佚名

慎独慎微，慎始慎终。　　　　佚名

慎重和怯懦不是同义语，正如勇敢并
不等于鲁莽一样。

美国－艾森豪威尔语

生活守铁则，学习贵精专。

现代－徐特立诗句

胜不骄败不馁。

战国－商鞅《商君书·战法》句意

盛年不重来，一日难再晨。
及时当勉励，岁月不待人。

晋－陶渊明《杂诗》句

失败的次数愈多，成功的机会愈近。

法国－费德鲁斯语

失败是成功之母。　　　　　　谚语

失意休馁，得势莫狂。　　　　佚名

师造化，尚自然。　　　　　　佚名
诗情画意，琴韵书声。　　　　佚名

什么是路？就是从没有路的地方践
踏出来的，从只有荆棘的地方开辟
出来的。

现代－鲁迅语

石可破也，不可夺其坚；
丹可磨也，不可夺其赤。
　　秦－吕不韦《吕氏春秋·诚廉》句

实事求是

实事求是，精益求精，
继续不断，贯彻始终。　　　　佚名

实言，实行，实心。
　　　　明－吕坤《呻吟语·诚实》句

拾紫岂宜晚，掇芳须及晨。
　　唐－孟郊《罗氏花下奉招陈侍御》句

始于精心，成于精采。　　　　佚名

世上无难事，只怕有心人。
　　　　　　明－吴承恩《西游记》句

世上无难事，只要肯登攀。
　　现代－毛泽东《水调歌头·重上井冈
　　　　　　　　　　　　　山》句

世事洞明莫玩世，人情练达应助人。
　　　　　　　　　　　　　　佚名

仕而优则学，学而优则仕。
　　　春秋－孔子门人《论语·子张》句

事到盛时须警省，境当逆处要从容。
　　　　　　　　　　　　　　佚名

事繁勿慌，事闲勿荒，有言必信，无
欲则刚，和若春风，肃若秋霜，取像

于钱，外圆内方。
　　　　　　　　现代－黄炎培语

事贵善始，尤当善终。
　　　　明－海瑞《处补练兵银疏》句

视其善者，取以为师，从之如不及；
视其恶者，用以为戒，畏之如扬汤。
　　　　明－张居正《进帝鉴图说疏》句

书到用时方恨少，事非经过不知难。
　　　　　　　　　　　　　　佚名

书籍是人类进步的阶梯
　　　　　　　　苏联－高尔基语

书林漫步，学海遨游。　　　　佚名

书破万卷，路行万里。　　　　佚名

书山觅宝，学海泛舟。　　　　佚名

书山有路勤为径，
学海无涯苦作舟。
　　　　　　　明－《增广贤文》句

熟读精思

树高者鸟宿之，德厚者士趋之。
　　　　　　汉－刘向《说苑·说丛》句

数风流人物，还看今朝。
　　　　现代－毛泽东《沁园春·雪》句

水唯善下能成海，
山不争高自及天。　　　　　　佚名

顺道者昌，逆道者亡。　　　　　佚名

顺境中的美德是自制，逆境中的美德
是不屈不挠。
　　　　英国－弗朗西斯·培根语

思其艰以图其易，言有物而行有恒。
　　　　　　　　　　　　　佚名

思想要奔放，工作要严密。
　　　　　　　　　现代－童第周语

缩小自己，放大别人；
放低自己，抬高别人。　　　　　佚名

T

他山之石，可以攻玉。
　　　　　　《诗经·小雅·鹤鸣》句

踏石留印，抓铁有痕。　　　　　佚名

态度决定行为，行为培养性格，性格
决定命运。　　　　　　　　　佚名

太山不让土壤，故能成其大；
河海不择细流，故能就其深。
　　　　　　秦－李斯《谏逐客书》句

天不容伪。
　　　　宋－苏轼《潮州韩文公庙碑》句

天才不是别的，而是辛劳和勤奋。
　　　　　英国－威－霍格思语

天才就是勤奋，知识在于积累。
　　　　　　　　　现代－华罗庚语

天才是百分之一的灵感，百分之九十
九的血汗。
　　　　　　　美国－爱默生语

天道酬勤

天时不如地利，地利不如人和。
　　　战国－孟轲《孟子·公孙丑下》句

天下为公。
　　　　西汉－戴德《礼记·礼运》句

天下兴亡，匹夫有责。
　　　　　清－顾炎武《正始》句

天行健，君子以自强不息。
　　　　　　周－《易经·乾》句

甜当思苦，乐不忘忧。　　　　　佚名

同德则同心，同心则同志。
　　　　　战国－《国语·晋语》句

团结奋进

推陈出新，饶有别致。
　　　清－戴延年《秋灯丛话·忠勇祠联》句

推诚而不欺，守信而不疑。
　　　　　　宋－林逋《省心录》句

推心置腹，开诚布公。
　　　　　唐－张九龄《亲贤》句

W

为草当作兰，为木当作松。

兰幽香风远，松寒不改容。
　唐－李白《于五松山赠南陵常赞府》句

为官唯廉，从政唯勤，
处事唯公，做人唯实。　　　　　佚名

为人民服务。
　　　　　　　　　　现代－毛泽东语

为善最乐，读书最佳。
　　　　清－阮葵生《茶余客话》句

为者常成，往者常至。
　春秋－晏婴《晏子春秋·内篇杂下》句

为中华之崛起而读书。
　　　　　　　　　　现代－周恩来语

唯德唯廉唯实，尽心尽力尽职。佚名

伟大的抱负造就伟大的人。
　　　　　　　　英国－托－富勒语

伟大的事业基于高深的学问，
坚强的意志在于强健的体魄。
　　　　　　　　　　现代－孙中山语

未出土前先有节，凌云高处仍虚心。
现代－肖劲光为贺晋年《将军竹》画册
题诗句

位卑未敢忘忧国。
　　　　宋－陆游《病起书怀》句

位卑未泯济民志，权重不移公仆心。
　　　　　　　　　　　　　　佚名

温故而知新。
　　　春秋－孔子门人《论语·为政》句

温良恭俭让。
　　　春秋－孔子门人《论语·学而》句

文以真为贵，学以精为贵。　　佚名

闻过则喜，嫉恶如仇。　　　　佚名

闻过则喜，闻善则拜。
　　　战国－孟轲《孟子·公孙丑上》句

闻毁勿怒，待人以诚，治事以敬。
　　　　　当代－马英九家传古训

闻誉恐，闻过欣。
　　　　　　　　　《弟子规》句

我有功于人不可念，而过则不可不念；人有恩于我不可忘，而怨则不可不忘。
　　　　　明－洪应明《菜根谭》句

无贵无贱，无长无少，道之所存，师之所存也。
　　　　　唐－韩愈《师说》句

无事常思己过，闲谈莫论人非。佚名

无私无畏处事，有情有义待人。佚名

无限风光在险峰。
　现代－毛泽东《七绝·为李进同志题所
设庐山仙人洞照》句

无欲则刚

无知常自满，有识不轻狂。 　　　佚名

无志难成易事，有心易克难关。
　　　　　　　　　　　　　　　佚名

毋意，毋必，毋固，毋我。
　　　春秋－孔子门人《论语·子罕》句

吾爱吾师，吾更爱真理。
　　　　　　古希腊－亚里士多德语

吾生也有涯，而知也无涯。
　　　　　战国－庄周《庄子·养生主》句

勿以己才而笑不才。
　　　唐－房玄龄等《晋书·殷仲堪传》句

务实

X

细节决定成败。 　　　　　　　佚名

先天下之忧而忧，后天下之乐而乐。
　　　　　　宋－范仲淹《岳阳楼记》句

先学做人，后学做事。 　　　　佚名

贤人常克己，俗子不饶人。 　　佚名

贤者，吾敬之以为法；不贤者，吾敬
之以为戒。
　　　　　　宋－崔敦礼《刍言》句

现实是此岸，理想是彼岸，

中间隔着湍急的河流，
行动则是架在川上的桥梁。
　　　　　　　俄国－克雷洛夫语

相识于缘，相知于诚。 　　　　佚名

相信爱，追求美，奉行善。 　　佚名

小善虽无大益而不可不为，
细恶虽无近祸而不可不去。
　　　　　东晋－葛洪《抱朴子-君道》句

小胜在智，大胜在德。 　　　　佚名

心底无私天地宽。
　　　　　　　　现代－陶铸诗句

心欲小而志欲大，智欲圆而行欲方。
　　　　　汉－刘安《淮南子·主术训》句

心愈用愈灵，学愈研愈精。
　　　　　　　　现代－傅抱石语

信以接物，宽以待下。
　　　　明－薛瑄《薛文清公从政录》句

行不逾方，言不失正。
　　　　南朝宋－范晔《后汉书·班彪传》句

行成于思
行文简浅显，做事诚平恒。
　　　　　　　　现代－启功诗句

行之苟有恒，久久自芬芳。
　　　　　　汉－崔瑗《座右铭》句

幸运喜欢找勇敢的人。

英国－达尔文语

雄心志四海，万里望风尘。

晋－傅玄《豫章行·苦相》句

修身正己

虚怀若谷

虚心使人进步，骄傲使人落后。

现代－毛泽东语

学必求其心得，业必贵于专精。

清－章学诚《文史通义·博约》句

学不必博，要之有用；
仕不必达，要之无愧。

宋－罗大经《鹤林玉露》卷十五句

学而不思则罔，思而不学则殆。

春秋－孔子门人《论语·为政》句

学而不厌，诲人不倦。

春秋－孔子门人《论语·述而》句

学而时习之，不亦说乎。

春秋－孔子门人《论语·学而》句

学贵心悟

宋－张载《张子全书·学大原》句

学贵要，虑贵远，信贵笃，行贵果。

明－方孝孺《逊志斋集》句

学贵有常，又贵日新。

明－祝允明《读书笔记》句

学贵有恒

学海无涯勤是路，云程有径志为梯。

佚名

学如积水，其积愈深，则其流愈远。

宋－张孝祥《与湖居士文集·与冀伯
英》句

学如逆水行舟，不进则退。

明－《增广贤文》句

学问是我们随身的财产。

英国－莎士比亚语

学问之根苦，学问之果甜。　　　佚名

学无常师

学无止境

学习不怕根底浅，只要迈步总不迟。

佚名

学习知识要善于思考，思考，再思
考。我就是靠着这个学习方法成为科
学家的。　　　德国－爱因斯坦语

学以致用

学者，不患才之不赡，
而患志之不立。

汉－徐干《中论·治学》句

257

询问者，智之本；思虑者，智之道。
　　　　　汉－刘向《说苑·建本》句

循序而渐进，熟读而精思。
　　　　　宋－朱熹《读书之要》句

Y

严以修身、严以用权、严以律己；谋事要实、创业要实、做人要实。
　　当代－习近平《关于推进作风建设的
　　　　　　　　讲话》句（三严三实）

严以律己，宽以待人。

言必信，行必果。
　　　春秋－孔子门人《论语·子路》句

言不苟出，行不苟为。
　　　　　汉－刘安《淮南子·主术训》句

言不过辞，行不过则。
　　　　西汉－戴德《礼记·哀公问》句

言不过行，行不过道。
　　　　西汉－戴德《礼记·文王官人》句

言不中法者，不听也；行不中法者，不高也；事不中法者，不为也。
　　　战国－商鞅《商君书·君臣》句

言之者无罪，闻之者足戒。
　　　　　　　《诗经－大序》句

艳装华外表，知识美心灵。
　　　　　　　　　　　佚名

养成大拙方为巧，学到如愚总是贤。
　　　　　　　　　　　佚名

养天地正气，法古今完人。
　　　　　现代－孙中山手书联语

养心莫如寡欲，至乐无如读书。
　　　　　　　清－郑成功联语

咬定理想，守住寂寞。　　　佚名

咬定青山不放松，立身原在破崖中。千磨万击还坚劲，任尔东南西北风。
　　　　　　　　清－郑燮《竹石》

要成就一件大事业，
必须从小事做起。　苏联－列宁语

业精于勤，荒于嬉；
行成于思，毁于随。
　　　　　唐－韩愈《进学解》句

业无贵贱，品有尊卑。　　　佚名

一己应为之事，勿求他人；
今日应为之事，勿待明天。
　　　　　　　现代－孙中山语

一切壮丽的事业都是从零开始的。
　　　　　　　　　　　佚名

一身正气，两袖清风。　　　佚名

一粥一饭，当思来处不易；
半丝半缕，恒念物力维艰。
　　　　　明－朱柏庐《治家格言》句

以古为镜，可以知兴替；
以人为镜，可以明得失。
> 唐－吴兢《贞观政要·任贤》句

以和蔼之容处人，以谦让之态对人，
以恭敬之心待人，以赞美之言励人。
> 佚名

以热爱祖国为荣，以危害祖国为耻；
以服务人民为荣，以背离人民为耻；
以崇尚科学为荣，以愚昧无知为耻；
以辛勤劳动为荣，以好逸恶劳为耻；
以团结互助为荣，以损人利己为耻；
以诚实守信为荣，以见利忘义为耻；
以遵纪守法为荣，以违法乱纪为耻，
以艰苦奋斗为荣，以骄奢淫逸为耻。
> 当代－胡锦涛《牢固树立社会主义荣
> 辱观》句

以人为本。
> 唐－陆贽《均节赋税恤百姓第一》句

以铜为鉴，可正衣冠；
以古为鉴，可知兴替；
以人为鉴，可明得失。
> 北宋－宋祁等《新唐书·魏徵传》句

以责人之心责己，则寡过；
以恕己之心恕人，则全交。
> 宋－林逋《省心录》句

意粗性躁，一事无成。
> 清－金兰生《格言联璧·存养》句

勇敢而不谨慎，就是鲁莽。
> 西班牙－塞万提斯语

游与邪分歧，居与正为邻。
> 唐－白居易《续座右铭》句

友古今名士，读中外益书。　　佚名

有德名声远，无私威望高。　　佚名

有公德乃大，无私品自高。　　佚名

有关家国书常读，无益身心事莫为。
> 现代－徐特立诗句

有勤心，无远道。
> 明－吕坤《呻吟语·修身》句

有容德乃大，无私心自安。　　佚名

有为才能有位。　　佚名

有志肝胆壮，无私天地宽。　　佚名

有志者事竟成。
> 南朝宋－范晔《后汉书·耿弇传》句

予人玫瑰，手有余香。　　佚名

鱼虾浮浅水，鸿鹄搏高云。　　佚名

愚者等待机会，智者造就机会。
> 英国－弗朗西斯·培根语

与人善言，暖于布帛；
伤人以言，深于矛戟。
> 战国－荀况《荀子·荣辱》句

与人为善

与时俱进

语人之短不曰直,济人之恶不曰义。
　　　　宋－林逋《省心录》句

语言切勿刺人骨髓,
戏谑切勿中人心病。
　　　　清－陆垅其《三龟堂集》句

欲穷千里目,更上一层楼。
　　　　唐－王之涣《登鹳雀楼》句

欲人之爱己也,必先爱人;
欲人之从己也,必先从人。
　　　　战国－《国语·晋语四》句

欲知天地事,须读古今书。
　　　　明－《增广贤文》句

誉人不增其美,毁人不增其恶。
　　　　汉－王充《论衡·艺增》句

愿乘风破万里浪,甘面壁读十年书。
　　　　现代－孙中山　　联语

越山千重志不懈,征程万里勇如初。
　　　　　　　　　佚名
运到盛时须做省,境至逆处要从容。
　　　　　　　　　佚名

运动使人苗壮,读书使人贤达。
　　　　美国－爱迪生语

Z

在科学上没有平坦的大道,只有不畏劳苦沿着陡峭山路攀登的人,才有希望达到光辉的顶点。
　　　　德国－马克思语

在责备中带安慰,在批评中带肯定,在训诫中带勉励,在命令中带帮助。
　　　　　　　　　佚名

择善人而交,择善书而读,
择善言而行,择善行而从。　　佚名

责己则攻短,论人则取长。
　清－恽敬《大云山房文稿·与李汀州》句

责人之心责己,恕己之心恕人。
　　　　明－《增广贤文》句

责在人先,利居众后。
　　　　现代－黄炎培语

赠人以言,重于珠玉;
伤人以言,甚于剑戟。　　佚名

真善美

真有才能的人总是善良的、坦白的、爽直的,绝不矜持。
　　　　法国－巴尔扎克语

真正有知识的人谦虚、谨慎,只有无知的人才冒昧、武断。
　　　　英国－格兰维尔语

振兴中华

政从正出，智从知来。　　　　　　佚名

政唯勤廉是宝，师以德能为尊。　佚名

知不足者好学，耻下问者自满。
　　　　　　宋－林逋《省心录》句

知耻近乎勇。
　　　　　　西汉－戴德《礼记·中庸》句

知耻尚荣

知过必改

知过能改

知理，知惧，知足。　　　　　　　佚名

知民情，解民忧，暖民心。
　　当代－胡锦涛《在中国共产党成立90
　　　　　　　周年大会上的讲话》句

知识改变命运。　　　　　　　　　佚名

知识就是力量。
　　　　　　英国－弗朗西斯·培根语

知识好像沙石下面的泉水，掘得越深
越清澈。　　　　　　　　　　　　佚名

知识使人文雅，交际使人完善。
　　　　　　英国－托·富勒语

知是行之始，行是知之成。
　　　　　　明－王守仁《传习录》句

知之为知之，不知为不知，是知也。
　　　　　　春秋－孔子门人《论语·为政》句

知之愈明，则行之愈笃；
行之愈笃，则知之愈明。
　　　　　　宋－黎靖德《朱子语类》句

知足常乐，无欺自安。　　　　　　佚名

只有伟大的人格，　才有伟大的风格。
　　　　　　德国－歌德语

只争朝夕

纸上得来终觉浅，绝知此事要躬行。
　　　　　　宋－陆游《冬夜读书示子聿》句

至博而约于精，深思而敏于行。
　　　　　　明－方孝儒《逊志斋集－书签》句

志不强者智不达，言不信者行不果。
　　　　　　春秋－墨翟《墨子·修身》句

志当存高远
　　　　　　三国蜀－诸葛亮《诫外甥书》句

志无休者，虽难必易；
行不止者，虽远必臻。
　　　　　　唐－王棨《跬步千里赋》句

志于道，据于德，依于仁，游于艺。
　　　　　　春秋－孔子门人《论语·述而》句

志之所向，金石为开。
　　　　　　清－曾国藩《曾文公杂著》句

质愚勤可补，路远志须坚。

现代 - 谢觉哉诗句

致知力行。

宋 - 朱熹《朱熹文集·答吕子约》句

致知之途有二：曰学曰思。

清 - 王夫之《四书训义》句

智能并不产生于学历，而是来自对知识的终生不懈的追求。

德国 - 爱因斯坦语

思想周到，语言得当，行为公正。

佚名

智圆行方

中华崛起

忠，孝，仁，爱，信，义，和，平。

忠诚牛品格，奋勇虎精神。　　佚名

忠信廉洁，立身之本。

宋 - 林逋《省心录》句

忠言逆耳利于行。

唐 - 吴兢《贞观政要·公平》句

竹梅品格，龙马精神。　　佚名

壮志怀远略。

唐 - 李白《送张秀才从军》句

壮志与毅力是事业的双翼。　　佚名

追求卓越

卓越的人一大优点是：在不利与艰难的遭遇里百折不挠。

德国 - 贝多芬语

浊富不如清贫。

宋 - 释道原《景德传灯录·招庆道匡》句意

自卑而尊人，先彼而后己。

唐 - 范质《诫儿侄八百字》句

自古成功在尝试。

现代 - 胡适语

自强不息

自信不失谦虚，谦虚不失自信。

当代 - 李开复语

自信不自傲，自尊莫自负，果断不武断，严谨不拘谨，随和不随便，平常不平庸，放松非放纵，认真不较真，知足不满足

佚名

自重不可自大，自谦不可自卑。 佚名

自重，自省，自警，自励。　　佚名

尊重差异，包容多样。　　佚名

做人诚作本，谋事信为基。　　佚名

做人德为本，当官清为上。　　佚名

做人要知足，做事要知不足，做学问

要不知足。

现代－中国科学院院士裘法祖的座右铭

做人一身正气，为官纤尘不染。 佚名

做人以真，待人以善，示人以美。
佚名

做事必须踏实地，为人切莫务虚名。
明－冯梦龙《警世通言·况太守断死孩
儿》句

做事须循天理，出言要顺人心。
明－《增广贤文》句

商 企 道

B

百问不烦百拿不厌，
笑容常展笑口常开。　　　　佚名

包容互鉴，合作共赢。　　　　佚名

宾至如归

不为不可成，不求不可得；
不处不可久，不行不可复。
　　　春秋－管仲《管子·牧民》句

C

财源若海，顾客盈门。　　　　佚名

财运亨通

畅通渠道，广辟财源。　　　　佚名

成功的秘密在于随时把握时机。
　　　　英国－迪斯雷利语

成事在理不在势，服人以诚不以言。
　　　宋－苏轼《拟进士对御试策》句

诚

诚信

诚信立足，创新致远。　　　　佚名

诚信为本，以义取利。　　　　佚名

出奇制胜。
　　　春秋－孙武《孙子兵法·势篇》句

创新

创业难，守业更难。　现代－徐特立语

春夏秋冬一年四季穿流不止，
东西南北四面八方宾至如归。　佚名

D

德者事业之基。
　　　　明－洪应明《菜根谭》句

F

饭菜誉满三江水，情意饱暖四海心。
　　　　　　　　　　　佚名

富从勤中得，　誉自信里来。　佚名

G

敢为人先

敢于开拓，勇于担当。　　　　佚名

高尚的竞争是一切卓越才能的源泉。
　　　　　　英国－休谟语

功崇惟志，业广惟勤。
　　　　　　《尚书－周官》句

攻坚克难，开拓前进。

264

顾客如川川流不息，
生财有道道畅无穷。 佚名

顾客是财神神来四海，
生意重信誉誉满千家 佚名

柜前春意满，店内客人多。 佚名

H
和气生财

和为贵，善为本，诚为先。 佚名

货物齐全选挑不厌，
价钱公道老少无欺。 佚名

J
继承传统，大胆创新。

进店来人人满意，
出门去个个称心。 佚名

进门都是客，到店即为家。 佚名

经营发达，日进无疆。 佚名

经营有术不在店堂大与小，
贸易无欺全凭货物美与真。 佚名

敬慎不败

敬畏

敬业
君子爱财，取之有道。
明－《增广贤文》句

K
开拓创新

考古酌今审势度势，
通中法外舍短取长。 佚名

L
礼貌待客，文明经商。 佚名

炼传世品质，铸金字招牌。 佚名

M
谋度于义者必得，事因于民者必成。
春秋－晏婴《晏子春秋·问上》句

谋民生之利，解百姓之忧。 佚名

N
能创造机会，要利用机会，
勿错过机会。 佚名

能胜强敌者，先自胜也。
战国－商鞅《商君书·划策》句

酿成春夏秋冬酒，醉倒东西南北人。
佚名

Q
取长补短工须巧，剪锦裁云艺亦奇。
佚名

R
人尽其才，才尽其用。
人弃我取，人取我与。
汉－司马迁《史记·货殖列传》句

S

三尺柜台传暖意，一张笑脸带春风。

佚名

三尺柜台接待五湖四海，
一片热情温暖万户千家。 佚名

商场如战场，争取时机乃取胜之道。

美国－福特语

审时度势，先谋后动。 佚名

生财从大道，经营守中和。 佚名

生意兴隆通四海，财源茂盛达三江。

佚名

始于精心，成于精采。 佚名

事与人便人称便，货招客来客自来。

佚名

虽为微末生意，却是顶上功夫。 佚名

T

天不容伪。

宋－苏轼《潮州韩文公庙碑》句

天下之事，成于慎而败于忽。

宋－吕祖谦《东莱集》句

通商重信义，和众得安康。 佚名

童叟无欺

W

为人民服务，开企业财源。 佚名

文明诚招千里客，公平义取四方财。

佚名

文明经商，礼貌待客。 佚名

文明经商丹心似火，
礼貌待客笑脸如春。 佚名

文明经商商兴旺，礼貌待客客盈门。

佚名

无欺无瞒无假货；有礼有信有真情。

佚名

物美畅销路，价廉称客心。 佚名

物美门若市，心公客自来。 佚名

物以稀为贵，财以净为贵。 佚名

X

细节决定成败。 佚名

小胜在智，大胜在德。 佚名

信用是企业的财富，
竞争是企业的生命。

韩国－郑周永语

兴隆

Y

眼观六路分析供求变化，

耳听八方弄清市场需求。 佚名

扬长避短

扬长补短

一个人要干成一番事业，其中放开眼界、抓紧时机、百折不挠、艰苦创业占百分之九十五的因素。
当代－霍英东语

勇立时代潮头，引领社会进步。
佚名

愚者等待机会，智者造就机会。
英国－弗朗西斯·培根语

与时俱进

源深叶茂无疆业，兴远流长有道财。
佚名

Z

追求卓越

自主创新

尊重劳动，尊重知识，
尊重人才，尊重创造。
当代－胡锦涛《在中国共产党成立90
周年大会上的讲话》句

做人诚作本，谋事信为基。 佚名

哲　理

A

爱出者爱反，福往者福来。
　　唐－魏徵《群书治要·贾子》句

安危相易，祸福相生。
　　战国－庄周《庄子·则阳》句

安危在是非，不在强弱；
存亡在虚实，不在众寡。
　　战国－韩非《韩非子》句

傲不可长，欲不可纵；
乐不可极，志不可满。
　　唐－吴兢《贞观政要·慎终》句

B

把握住今天，胜似两个明天。　　佚名

白石似玉，奸佞似贤。
　　东晋－葛洪《抱朴子·祛惑》句

百川有余水，大海无满波。
　　唐－孟郊《寄崔纯亮》句

百艺通，不如一艺精。　　谚语

百足之虫，至死不僵。
　　三国魏－曹冏《六代论》句

败莫大于不自知。
　　秦－吕不韦《吕氏春秋·自知》句

半亩方塘一鉴开，天光云影共徘徊。
问渠那得清如许，为有源头活水来。
　　宋－朱熹《观书有感》

包含着某些真理因素的谬误是最危险的。　　英国－亚当－斯密语

宝剑锋从磨砺出，梅花香自苦寒来。
　　佚名

保生者寡欲，保身者避名。
　　宋－林逋《省心录》句

本朽则末枯，源浅则流促。
　　东晋－葛洪《抱朴子·博喻》句

兵恶不戢，武贵止戈。
　　唐－吴兢《贞观政要·征伐》句

兵无常势，水无常形。
　　春秋－孙武《孙子兵法·虚实篇》句

播种一个行动，收获一个习惯；播种一个习惯，收获一个个性；播种一个个性，收获一个命运。
　　塞内加尔－菩德吉语

博览知学浅，广交悟世深。　　佚名

不安于小成，然后足以成大器；
不诱于小利，然后可以立远功。
　　明－方孝孺《赠林公辅序》句

不蔽之谓明，不欺之谓察。

  战国－商鞅《商君书·修权》句

不登高山，不知天之高也；
不临深溪，不知地之厚也。

  战国－荀况《荀子·劝学》句

不涸泽而渔，不焚林而猎。

  汉－刘安《淮南子·主术训》句

不患寡而患不均，不患贫而患不安。

  春秋－孔子门人《论语·季氏》句

不积跬步，无以致千里；
不积小流，无以成江海。

  战国－荀况《荀子·劝学》句

不矜细行，终累大德。

  《尚书·旅獒》句

不乐损年，常愁养病。

  北周－庾信《闲居赋》句

不满足是向上的车轮。

  现代－鲁迅语

不能改变环境就适应环境，
不能改变别人就改变自己。　佚名

不能用人的长处，
便是自己的短处。

  现代－陶行知语

不勤于始，将悔于终。

  唐－吴兢《贞观政要·尊敬师傅》句

不清不见尘，不高不见危，
不广不见削，不盈不见亏。

  汉－王充《论衡》句

不让古人，是谓有志；
不让今人，是谓无量。　　佚名

不入虎穴焉得虎子。

  南朝宋－范晔《后汉书·班超列传》句

不塞不流，不止不行。

  唐－韩愈《原道》句

不停顿地走向一个目标，这就是成功
的秘诀。

  俄国－巴甫洛夫语

不妄求则心安，不妄做则身安。　佚名

不为不可成，不求不可得；
不处不可久，不行不可复。

  春秋－管仲《管子·牧民》句

不为浮云遮望眼，自缘身在最高层。

  宋－王安石《登飞来峰》句

不唯上，不唯书，只唯实。

  现代－陈云语

不闻不若闻之，闻之不若见之，
见之不若知之，知之不若行之。

  战国－荀况《荀子·儒效》句

不幸是一所最好的大学。

  俄国－别林斯基语

269

不虚心不知事，不实心不成事。

佚名

不学不成，不问不知。

汉－王充《论衡·实知》句

不学古人，法无一可；
竟似古人，何处着我？

清－袁枚《小仓山房诗文集》句

不要企图无所不知，
否则你将一无所知。

德国－德谟克利特语

不以规矩，不能成方圆。

战国－孟轲《孟子·离娄上》句

不益其厚，而张其广者毁；
不广其基，而增其高者覆。

汉－刘安《淮南子·泰族训》句

不尤人则德益弘，能克己则学益进。

清－蒲松龄《聊斋志异·司文郎》句

不知耻者，无所不为。

宋－欧阳修《魏公卿上尊号表》句

不知道谬误，也不会懂得真理。

谚语

不专心致志，则不得也。

战国－孟轲《孟子·告子上》句

不自见故明，不自是故彰。

春秋－老聃《老子二十二》句

不自重者取辱，不自畏者招祸。

宋－林逋《省心录》句

不自作聪明就是最聪明。

英国－佩里安德语

C

才有深浅，无有古今；
文有真伪，无有故新。

汉－王充《论衡·案书》句

才者德之资也，德者才之帅也。

北宋－司马光《资治通鉴·周纪》句

财富不是朋友，而朋友却是财富。

希腊－斯托贝语

财富难买健康，健康胜于财富。

佚名

财聚则民散，财散则民聚。

西汉－戴德《礼记·大学》句

仓廪实则知礼节，衣食足则知荣辱。

春秋－管子《管子·牧民》句

藏书万卷可教子，遗金满籝常作灾。

宋－黄庭坚《题胡逸老致虚庵》句

操千曲而后晓声，观千剑而后识器。

南朝梁－刘勰《文心雕龙·知音》句

草木秋死，松柏独在。

汉－刘向《说苑·说丛》句

草萤有耀终非火，荷露虽团岂是珠。
　　　　唐－白居易《放言无首》句

察己可以知人，察今可以知古。
　　　　秦－吕不韦《吕氏春秋·察今》句

差之毫厘，谬以千里。
　　　　西汉－戴德《礼记·经解》句

谗不自来，因疑而来；
间不自入，乘隙而入。
　　　　明－刘基《诚意伯文集》句

谗夫似贤，美言似信。
　　　　汉－陆贾《新语·辅政》句

谗邪害公正，浮云翳白日。
　　　　汉－孔融《临终诗》句

谗言巧，佞言甘，忠言直，信言寡。
　　　　宋－林逋《省心录》句

蝉噪林愈静，鸟鸣山更幽。
　　　　南朝梁－王籍《入若耶溪》句

长江后浪催前浪，世上今人胜古人。
　　　　宋－刘斧《青琐高议》句意

朝多君子，野无遗贤。
　　　　唐－姚思廉《陈书·武帝纪》句

尘至微而结成山岳，
川不息而流作沧瀛。
　　　　唐－王棨《蹠步千里赋》句

成大事者不恤小耻，

立大功者不拘小谅。
　　　　明－冯梦龙《东周列国志》第十六回句

成事在理不在势，服人以诚不以言。
　　　　宋－苏轼《拟进士对御试策》句

诚无垢，思无辱。
　　　　汉－刘向《说苑·敬慎》句

诚无悔，恕无怨，和无仇，忍无辱。
　　　　宋－林逋《省心录》句

吃亏是福

池小能容月，山高不碍云。　　佚名

冲风之衰，势不能起羽毛；
强弩之末，力不能入鲁缟。
　　　　汉－班固《汉书·赵充国传》句

处顺境宜静，处逆境宜忍，
遇大事宜平，遇急事宜缓。　　佚名

处世让一步为高，退步即进步的张本；
待人宽一分是福，利人实利己的根基。
　　　　明－洪应明《菜根谭》句

处事以智，不如守正。
　　　　清－申居郧《西言赘语》句

春江水暖鸭先知。
　　　　宋－苏轼《惠崇春江晚景》句

此时无声胜有声。
　　　　唐－白居易《琵琶行》句

271

从谏兴，从佞亡。

　　　　唐－白居易《去谄佞》句

从喷泉里出来的都是水，
从血管里出来的都是血。

　　　　　现代－鲁迅语

聪明源于勤奋，伟大出自平凡。

　　　　　　佚名

聪明在于勤奋，天才在于积累。

　　　　　现代－华罗庚语

聪明者戒太察，刚强者戒太暴，温良
者戒无断。

　　　清－金兰生《格言联璧》句

挫折是通向成功的门槛。

　　　　　英国－拜伦语

D

大辩不言。

　　　战国－庄周《庄子·齐物论》句

大辩若讷。

　　　春秋－老聃《老子》第四十五章句

大成若缺。

　　　春秋－老聃《老子》四十五章句

大道至简

大害必有小利为之媒，
大利必有小害为之倪。

　　明－庄元臣《叔苴子内篇·一》句

大巧若拙。

　　　春秋－老聃《老子》第四十五章句

大巧在所不为，大知在所不虑。

　　　战国－荀况《荀子·天论》句

大味必淡，大音必希。

　　　汉－班固《汉书·杨雄传下》句

大厦之成，非一木之材也；
大海之润，非一流之归也。

　　明－冯梦龙《东周列国志》第十六
回句

大行不顾细谨，大礼不辞小让。

　　　汉－司马迁《史记·项羽本纪》句

大音希声。

　　　春秋－老聃《老子》第四十一章句

大勇若怯。

　　　宋－苏轼《贺欧阳少师致仕启》句

大直若屈。

　　　春秋－老聃《老子》第四十五章句

大志非才不就，大才非学不成。

　　　明－郑心材《郑敬中摘语》句

大智若愚。

　　　宋－苏轼《贺欧阳少师致仕启》句

但立直标，终无曲影。

　　五代后晋－刘昫《旧唐书·崔彦昭传》句

弹鸟，则千金不及丸泥之用；

缝缉，则长剑不及数过之针。

　　　东晋－葛洪《抱朴子·备阙》句

当局者迷，旁观者清。

　　　明－吕坤《续小儿语》句

当默用言，言是垢；
当言任默，默为尘。

　　　宋－邵雍《言默吟》句

导人必因其性，治水必因其势。

　　　三国魏－徐幹《中论·贵言》句

道德和才艺是远胜于富贵的资产。

　　　英国－莎士比亚语

道法自然

道生一一生二二生三三生万物，
人法地地法天天法道道法自然。

　　　春秋－老子《老子》句

道私者乱，道法者治。

　　　战国－韩非《韩非子·诡使》句

道虽迩，不行不至；
事虽小，不为不成。

　　　战国－荀况《荀子·修身》句

道为智者设，马为御者良，
贤为圣者用，辩为智者通，
书为晓者传，事为见者明。

　　　汉－陆贾《新语·术事》句

道远知骥，世伪知贤。

　　　三国魏－曹植《矫志》句

道之所在，天下归之。

　　　周－吕望《六韬·文师》

得道者多助，失道者寡助。

　　　战国－孟轲《孟子·公孙丑下》句

得民则威立，失民则威废。

　　　春秋－管仲《管子·形势解》句

得人则安，失人则危。

　　　三国魏－曹丕《秋湖行二首》句

得人者兴，失人者崩。

　　　汉－司马迁《史记·商君列传》句

得贤杰而天下治，失贤杰而天下乱。

　　　宋－范仲淹《选用贤能论》句

得贤者昌，失贤者亡。

　　　汉－韩婴《韩诗外传·五》句

得之艰难，则失之不易；
得之既易，则失之亦然。

　　　宋－苏过《土燮论》句

德不孤，必有邻。

　　　春秋－孔子门人《论语·里仁》句

德不优者，不能怀远；
才不大者，不能博见。

　　　汉－王充《论衡·别通》句

德进则言自简。

　　明－薛瑄《薛文清公读书录·慎言》句

273

德盛者威广。
>汉－陆贾《新语·道基》句

德业常看胜于我者，则愧耻增；
境遇常看不及我者，则怨尤息。
>佚名

德者，本也；财者，末也。
>西汉－戴德《礼记·大学》句

德者事业之基。
>明－洪应明《菜根谭》句

登高而招，臂非加长也，而见者远；
顺风而呼，声非加疾也，而闻者彰。
>战国－荀况《荀子·劝学》句

敌存灭祸，敌去招过。
>唐－柳宗元《敌戒》句

弟子不必不如师，师不必贤于弟子。
>唐－韩愈《师说》句

东隅已逝，桑榆非晚。
>唐－王勃《滕王阁序》句

动人春色不须多。
>宋－王安石《咏石榴花》句

动兮静所伏，静兮动所倚。
>唐－白居易《动静交相养赋》句

动则不衰，用则不退。
>佚名

洞悉世事胸襟阔，阅尽人情眼界宽。
>佚名

读书不可无师承，立论不可无依据。
>清－王晫《今世说》句

读书好处心先觉，立雪深时道已传。
>清－袁枚《随园诗话》句

读书患不多，思义患不明。
患足已不学，既学患不行。
>唐－韩愈《赠别元十八协律六首》句

读书即未成名，究竟人高品雅；
修德不期获报，自然梦稳心安。
>清－金兰生《格言联璧》句

读书破万卷，下笔如有神。
>唐－杜甫《奉赠韦左丞丈二十二韵》句

读书求甚解，做事必认真。
>佚名

读书使人充实，思考使人深邃，交谈
使人清醒。
>美国－富兰克林语

读书万卷始通神。
>宋－苏轼《柳氏二外甥求笔迹》句

读书心存远志，实践悟出真知。
>佚名

读书宜早，著述宜晚。
>佚名

读万卷书，行万里路。
>清－钱泳《履园丛说》句

读一本好书，
就是和许多高尚的人谈话。
>德国－歌德语

妒前无亲。

北宋－司马光《资治通鉴·魏纪》句

断山踰古北，石壁开峻远，
形胜固难凭，在德不在险。

清－康熙《古北口》

对于强者，失败是开始；
对于弱者，失败是终结。　　　　佚名

多办一所学校，可少建一座监狱。

法国－雨果语

多福集于大度者，成功率在小心人。

佚名

多见者博，多闻者知，
拒谏者塞，专己者孤。

汉－桓宽《盐铁论·刺议》句

多能者鲜精，多虑着鲜决。

明－刘基《郁离子·一志》句

多行不义必自毙。

周－左丘明《左传·隐公元年》

多知世事胸襟阔，阅尽人情眼界宽。

佚名

E

恶言不出于口，忿言不反于身。

西汉－戴德《礼记_祭义》句

耳闻不如目见之，目见不如足践之。

汉－刘向《说苑·政理》句

二人同心，其利断金；
同心之言，其臭如兰。

周－《易经·系辞上》句

F

法贵必行。

北宋－司马光《资治通鉴·唐纪》句

法贵简而能禁，刑贵轻而必行。

清－王夫之《读通鉴论·二十二》句

法立，有犯而必施；
令出，唯行而不返。

唐－王勃《上刘右相书》句

法与时变，礼与俗化。

汉－刘安《淮南子·氾论训》句

法与时转则治，治与世宜则有功。

战国－韩非《韩非子·心度》句

法制者，道德之显；
道德者，法制之隐。

战国－孟轲《孟子》句

凡事勤则成，怠则废，
思则通，昏则塞。

明－余继登《典故纪闻·三》句

凡事预则立，不预则废。

西汉－戴德《礼记·中庸》句

凡是合乎理性的东西都是现实的，
凡是现实的东西都是合乎理性的。

德国－黑格尔语

275

芳林新叶催陈叶，流水前波让后波。
　　唐 - 刘禹锡《乐天见示伤微之、敦诗、晦
叔三君子,皆有深分,因成是诗以寄》句

非淡泊无以明德，非宁静无以致远，
非宽大无以兼覆，非慈厚无以怀众，
非平正无以制断。
　　　　汉 - 刘安《淮南子·主术训》句

非淡泊无以明志，非宁静无以致远。
　　　　三国蜀 - 诸葛亮《诫子书》句

非尽百家之美，不能成一人之奇；
非取法至高之境，不能开独造之域。
　　元 - 刘开《与阮芸台官保论文书》句

非莫非于饰非，过莫过于文过。
　　五代 - 贯休《续姚梁公座右铭并序》句

非识无以断其义，非才无以善其文，
非学无以练其事。
　　　　　清 - 章学诚《文史通义》句

非我而当者，吾师也；
是我而当者，吾友也，
谄谀我者，吾贼也。
　　　　战国 - 荀况《荀子·修身》句

非学无以广才，非志无以成学。
　　　　三国蜀 - 诸葛亮《诫子书》句

风前灯易灭，川上月难留。
　　　　唐 - 刘希夷《故园置酒》句

风清尘不染，磊落德常存。　　　佚名

伏久者飞必高，开先者谢独早。
　　　　明 - 洪应明《菜根谭》句

凫胫虽短，续之则忧；
鹤胫虽长，断之则悲。
　　　　战国 - 庄周《庄子·骈拇》句

福生于隐约而祸生于得意。
　　　　汉 - 刘向《说苑·敬慎》句

福无双至，祸不单行。
　　明 - 施耐庵《水浒传》第三十六回句

福之至也，人自生之；
祸之至也，人自成之。
　　　汉 - 司马迁《史记·龟策列传》句

辅车相依，唇亡齿寒。
　　　　周 - 左丘明《左传·僖公五年》句

父母是子女的样子，
子女是父母的镜子。
　　　　　　　　　　　　　佚名

富观其所与，贫观其所取，
达观其所好，穷观其所为。
　　　　隋 - 王通《文中子·王道》句

富润屋，德润身。
　　　　西汉 - 戴德《礼记·大学》句

G

敢自嘲者真名士。　　　　　　佚名

感人心者，莫先乎情，莫始乎言，莫

276

切乎声，莫深乎义。

唐－白居易《与元九书》句

高官不如高薪，高薪不如高寿，
高寿不如高兴，高兴不如高尚。 佚名

高山之颠无美木，伤于多阳也；
大树之下无美草，伤于多阴也。

汉－刘向《说苑·说丛》句

高者未必贤，下者未必愚。

唐－白居易《涧底松》句

告我以吾过者，吾之师也。

唐－韩愈《答冯宿书》句

根深不怕风摇动，树正无愁日影斜。

明－《增广贤文》句

工欲善其事，必先利其器。

春秋－孔子门人《论语·卫灵公》句

公生明，廉生威。

清－李煜《西沤外集·冰言》句

公生明，偏生暗。

战国－荀况《荀子·不苟》句

功崇惟志，业广惟勤。

《尚书－周官》句

功夫在诗外。

宋－陆游《示子遹》句

功夫自难处做去，学问从苦中得来。

明－洪应明《菜根谭·修省》句

功以才成，业由才广。

西晋－陈寿《三国志·蜀书·董允传》句

攻人之恶毋太恶，要思其堪受；
教人之善毋过高，当使其可从。

明－洪应明《菜根谭》句

恭为德首，慎为行基。

晋－羊祜《诫子书》句

苟得其人，不患贫贱；
苟得其材，不嫌名迹。

汉－王符《潜夫论·本政》句

苟得其人，虽仇必举；
苟非其人，虽亲不授。

西晋－陈寿《三国志·蜀书·许靖传》句

苟利于民，不必法古；
苟周于事，不必循旧。

汉－刘安《淮南子·氾论训》句

构大厦者必资于众工，
治天下者必赖于群才。

明－余继登《典故纪闻·五》句

孤举者难起，众行者易趋。

清－魏源《默觚·治篇八》句

孤则易折，众则难摧。

北宋－司马光《资治通鉴·宋记》句

古今之成大事业、大学问者，必经过
三种之境界："昨夜西风凋碧树，独
上西楼，望尽天涯路"，此第一境也；

277

"衣带渐宽终不悔，为伊消得人憔悴"，此第二境也；"众里寻他千百度，蓦然回首，那人却在灯火阑珊处"，此第三境也。

现代－王国维语

古人学问无遗力，少壮工夫老始成。纸上得来终觉浅，绝知此事要躬行。

宋－陆游《冬夜读书示子聿》

古之立大事者，不惟有超世之才，亦必有坚忍不拔之志。

宋－苏轼《晁错论》句

古之欲明德于天下者，先治其国；欲治其国者，先齐其家；欲齐其家者，先修其身；欲修其身者，先正其心；欲正其心者，先诚其意；欲诚其意者，先致其知；致知在格物。

西汉－戴德《礼记·大学》句

寡言养气，寡视养神，寡思养精，寡忿养性。　　　佚名

观其文可以知其人。

清－王豫《蕉窗日记》句

观书者当观其意，慕贤者当慕其心。

唐－刘禹锡《辩迹论一首》句

官德不彰，民风难淳。　　　佚名

官劳民逸，吏瘦民肥。　　　佚名

官以清为贵，民以勤为贵。　　　佚名

广积不如教子，避祸不如省非。

宋－林逋《省心铨要》句

归真返璞，则终身不辱。

西汉－刘向《战国策·齐策》句

贵视其所举，富视其所与，贫视其所不取，穷视其所不为。

汉－刘向《说苑·臣术》句

贵贤者霸，敬贤者存，慢贤者亡，古今一也。

战国－荀况《荀子·君子》句

贵以贱为本，高以下为基。

春秋－老聃《老子》三十九章句

贵自勤中得，富从俭里来。　　　佚名

贵珠出乎贱蚌，美玉出乎丑璞。

东晋－葛洪《抱朴子·博喻》句

国家以法制为先，法制以遵行为要。

清－洪仁玕《资政新篇》句

国虽大，好战必亡；天下虽安，忘战必危。

战国－《司马法·仁本》句

国以民为本，民以谷为命。

南朝宋－范晔《后汉书·张纯后奋传》句

国有常众，战无常胜；地有常险，守无常势。

西晋－陈寿《三国志·魏书·王昶传》句

国正天心顺，官清民自安。

明－冯梦龙《警世通言·金令史美婢酬秀童》句

过犹不及。

春秋－孔子门人《论语·先进》句

过载者沉其舟，欲胜者杀其身。

东晋－葛洪《抱朴子·微旨》句

H

海不辞水，故能成其大；山不辞土石，故能成其高。

春秋－管仲《管子·形势解》句

海到无边天作岸，山登绝顶我为峰。

佚名

海纳百川，有容乃大，
壁立千仞，无欲则刚。

清－林则徐联语

寒不累时，则霜不降；
温不兼日，则冰不释。

汉－王充《论衡·感虚》句

寒灯不照远，光只一室明，
小人不虑远，义止目前荣。

宋－梅尧臣《寓言》句

豪华尽出成功后，逸乐安知与祸双。

宋－王安石《金陵怀古》句

好奇是知识的萌芽。

英国－弗朗西斯·培根语

好胜者必争，贪勇者必辱。

宋－林逋《省心录》句

好事多为难事，名人都是苦人。

佚名

好事多做，心中欢乐。

佚名

合抱之木，生于毫末；
九层之台，起于累土。

春秋－老聃《老子》六十四章句

横看成岭侧成峰，远近高低各不同。
不识庐山真面目，只缘身在此山中。

宋－苏轼《题西林壁》

后悔过去，不如奋斗未来。

佚名

后来者居上。

汉－司马迁《史记·汲黯列传》句

厚德载物。

周－《易经·坤卦》句

花不常好，月不常圆。

明－于谦《翁莫恼》句

话多不如话少，话少不如话好。

佚名

患难困苦是磨练人格之最高学校。

近代－梁启超语

患生于忿怒，祸起于纤微。

汉－韩婴《韩诗外传》句

黄金非宝书为宝，万事皆空善不空。

当代－马英九家祖传家训

灰心生失望，失望生动摇，动摇生失败。

英国－弗朗西斯·培根语

毁人者，自毁之；誉人者，自誉之。

唐－皮日休《鹿门隐书》句

祸不入慎家之门。

唐－王勃《平台秘略赞十首·规讽九》句

祸常发于所忽之中，而乱常起于不足疑之事。

明－方孝孺《深虑论》句

祸福无门，吉凶由己。

唐－吴兢《贞观政要·教诫太子诸王》句

祸患常积于忽微。

宋－欧阳修《伶官传序》句

祸之至也，人自生之；
福之来也，人自成之。

北齐－刘昼《刘子·慎隙》句

祸兮福之所倚，福兮祸之所伏。

春秋－老聃《老子》第五十八章句

J

饥者易为食，渴者易为饮。

战国－孟轲《孟子·公孙丑上》句

机遇总是偏爱那些有准备的头脑。

现代－钱三强语

积爱成福，积怨成祸。　　　佚名

积薄为厚，积卑为高。

汉－刘安《淮南子·缪称训》句

积善必余庆，积恶必余殃。

唐－王梵志《积善必余庆》诗句

积善成德

羁鸟恋旧林，池鱼思故渊。

晋－陶渊明《归园田居五首》句

疾风知劲草，板荡识忠臣。

南朝宋－范晔《后汉书·王霸传》句

疾风知劲草，烈火见真金。　　佚名

己所不欲勿施于人。

春秋－孔子门人《论语·卫灵公》句

计疑无定事，事疑无成功。

三国蜀－诸葛亮《便宜十六策·察疑》句

忌则多怨。

周－左丘明《左传·僖公九年》句

技无大小，贵在能精。

清·李渔《闲情偶寄·结构》句

寂寞铸就辉煌。　　　　　　佚名

家贫知孝子，国乱识忠臣。

《明贤集》句

家有常业，虽饥不饿；

国有常法，虽危不亡。

　　　　战国－韩非《韩非子·饰邪》句

家有余粮鸡犬饱，户多书籍子孙贤。

　　　　明－施耐庵《水浒传》第二回句

假作真时真亦假，无为有处有还无。

　　　　清－曹雪芹《红楼梦》句

兼听则明，偏信则暗。

　　　　汉－王符《潜夫论·明暗》句

俭节则昌，淫佚则亡。

　　　　春秋－墨翟《墨子·辞过》句

简练于学，成熟于师。

　　　　汉－王充《论衡·量知》句

见兔而顾犬，未为晚也；
亡羊而补牢，未为迟也。

　　　　西汉－刘向《战国策·楚策四》句

见微以知萌，见端以知末。

　　　　战国－韩非《韩非子·说林上》句

健康胜于财富。　　　　　　谚语

鉴貌在乎止水，鉴己在乎哲人。

　　　　唐－吴兢《贞观政要·公平》句

将相本无种，男儿当自强。

　　　　宋－汪洙《神童诗》句

将相出寒门。

　　　　元－王实甫《西厢记》句

将兴之主，唯恐人之无言；
将亡之主，唯恐人之有言。

　　　　明－方孝孺《杂著·娄敬》句

将欲取之，必先予之。

　　　　春秋－老聃《老子》句

将欲歙之，必固张之；
将欲弱之，必固强之；
将欲废之，必固兴之；
将欲夺之，必固与之。

　　　　春秋－老聃《老子》句

骄傲来自浅薄，狂妄出于无知。

　　　　　　　　　　佚名

骄奢生于富贵，祸乱生于疏忽。

　　北宋－司马光《资治通鉴·太宗贞观十
二年》句

教化可以美风俗。

　　　　宋－王安石《明州慈溪县学记》句

教人者，成人之长，去人之短也。

　　　　清－魏源《默觚·治篇》句

教师的成功是创造出值得自己崇拜
的人。

　　　　现代－陶行知语

教学相长。

　　　　西汉－戴德《礼记·学记》句

教育的最高目标不是知识，
而是行为。

　　　　英国－斯宾塞语

节食则无疾，择言则无祸。
　　　宋－何坦《西畴老人常言》句

节约时间就是延长生命。
　　　现代－鲁迅语意

桀以奢亡，纣义淫败。
　　　汉－刘向《说苑·反质》句

金以刚折，水以柔全。
　　东晋－葛洪《抱朴子－广譬》句

谨慎为安全之母，思索是谨慎之母。
　　　　　　　　　　　佚名

谨言不出错，慎行少跌跤。　　佚名

尽诚可以绝嫌猜，徇公可以弥谗诉。
　　　唐－刘禹锡《上杜司徒书》句

尽小者大，积微者著。
　　　战国－荀况《荀子·大略》句

尽信书，则不如无书。
　　　战国－孟轲《孟子·尽心下》句

近水楼台先得月，向阳花木易为春。
　　　宋－俞文豹《清夜录》句

近水知鱼性，近山识鸟音。
　　　　明－《增广贤文》句

近贤则聪，近愚则聩。
　　　唐－皮日休《耳箴》句

近朱者赤，近墨者黑。
　　　晋－傅玄《太子少傅箴》句

进有退之义，存有亡之机，
得有丧之理。
　　　唐－吴兢《贞观政要·征伐》句

禁胜于身，则令行于民。
　　　春秋－管仲《管子·法法》句

经验来自实践，成功由于力行。　佚名

经验是真知与灼见之母。
　　　　　　　英国－欧文语

精诚所加，金石为开。
　　南朝宋－范晔《后汉书·广陵思王荆
　　　　　　　　　　　　传》句

精神不运则愚，气血不运则病。
　　　清－魏裔介《琼琚佩语·摄生》句

精神到处文章老，学问深时意气平。
　　　　　　　　　　　佚名

敬而无失。
　　　春秋－孔子门人《论语·颜渊》句

敬君子方显有德，怕小人不算无能。
　　　　　　　　　　　佚名

敬为人德之门，傲为聚恶之府。
　　　　清－申居郧《西岩赘语》句

敬一贤则众贤说，诛一恶则众恶惧。
　　　唐－魏征《群书治要·体论》句

静而后能安，安而后能虑，
虑而后能得。

　　西汉－戴德《礼记·大学》句

静水流深

镜无见疵之罪，道无明过之怨。目失
镜无以正须眉，身失道无以知迷惑。

　　战国－韩非《韩非子·观行》句

久与贤人处则无过。

　　战国－庄周《庄子·德充符》句

酒极则乱，乐极则悲，万事皆然。
言不可极，极之则衰。

　　汉－司马迁《史记·滑稽列传》句

酒以成礼，过则败德。

　　西晋－陈寿《三国志·吴书·陆凯传》句

救寒莫如重裘，止谤莫如自修。

　　西晋－陈寿《三国志·魏志·王昶传》句

居安思危，有备无患。

　　周－左丘明《左传·襄公十一年》句

居不隐者思不远，身不佚者志不广。

　　战国－荀况《荀子·宥坐》句

居高声自远。　　唐－虞世南《咏蝉》句

橘生淮南则为橘，生于淮北则为枳，
叶徒相似，其实味不同。

　　春秋－晏婴《晏子春秋·内篇下》句

举网以纲，千目皆张；
振裘持领，万毛自整。

　　汉－桓谭《新论·离事》句

矩不正，不可以为方；
规不正，不可以为圆。

　　汉－刘安《淮南子·诠言训》句

聚爱成善

绝顶人来少，
高松鹤不群。

　　唐－贾岛《宿山寺》句

绝食则死，拒谏则亡。

　　清－王夫之《读通鉴论·二十五》句

君道知臣，臣术知事。

　　唐－李筌《太白阴经·鉴才》句

君功见于选将，将功见于理兵。

　　唐－白居易《选将帅之方》句

君贵明，不贵察；臣贵正，不贵权。

　　宋－晁说之《晁氏客语》句

君者盂也，民者水也；
盂方则水方，盂圆则水圆。

　　战国齐－尹文《尹文子·处道》句

君者舟也，庶人者水也，水则载舟，
水则覆舟。

　　战国－荀况《荀子·王制》句

君子不以言举人，不以人废言。

　　春秋－孔子门人《论语·卫灵公》句

君子防悔尤，贤人诫行藏。
嫌疑远瓜李，言动慎毫芒。
　　　　　唐－白居易《杂感》

君子善能拔士故无弃人，
良将善能运斤故无弃材。
　　　　北齐－刘昼《刘子·适才》句

君子坦荡荡，小人常戚戚。
　　　春秋－孔子门人《论语·述而》句

君子以行言，小人以舌言。
　　　　　　《孔子家语·颜回》句

君子有九思：视思明，听思聪，色思
温，貌思恭，言思忠，事思敬，疑思
问，忿思难，见得思义。
　　　春秋－孔子门人《论语·季氏》句

君子与君子以同道为朋，小人与小人
以同利为朋。
　　　　　宋－欧阳修《朋党论》句

君子喻于义，小人喻于利。
　　　春秋－孔子门人《论语·里仁》句

君子之过也，如日月之食焉：过也，
人皆见之；更也，人皆仰之。
　　　春秋－孔子门人《论语·子张》句

君子之学，博于外而尤贵精于内，论
诸理而尤贵达于事。
　　　　　明－王廷相《慎言·潜心》句

君子之言寡而实，小人之言多而虚。
　　　　　汉－刘向《说苑·谈丛》句

骏马不劳鞭。
　　　　　唐－李白《赠友人》句

K

开卷有益

看书多撷一部，游山多走几步。
倘非广见博闻，总觉光阴虚度。
　　　　　清－袁枚《随园诗话补遗》句

看似寻常最奇崛，成如容易却艰辛。
　　　　　宋－王安石《题张司业诗》句

克俭节用，实弘道之源；
崇侈恣情，乃败德之本。
　　　唐－吴兢《贞观政要·规谏太子》句

苦难是人生的老师。
　　　　　法国－巴尔扎克语

困苦能孕育灵魂和精神的力量。
　　　　　　法国－雨果语

困难的处境是友谊的试金石。　佚名

困难是动摇者和懦夫掉队回头的便
桥，也是勇敢者前进的脚踏石。
　　　　　　美国－爱默生语

L

来说是非者，便是是非人。
　　　　　　　《名贤集》句

兰幽香风远，松寒不改容。
　　　唐－李白《于五松山赠南陵常赞府》句

懒惰者等待机遇，勤奋者创造机遇。

　　　　　　　　　　　　　　　　佚名

劳于读书，逸于作文。

元－程瑞礼《程氏家塾读书分年日程》句

劳于求才，逸于任贤。

　　唐－魏征《群书治要·尚书》句

乐极生悲，否极泰来。

　　明－施耐庵《水浒传》第二十六回句

乐民之乐者，民亦乐其乐；
忧民之忧者，民亦忧其忧。

　　战国－孟轲《孟子·梁惠王下》句

乐以移风易俗，礼以安上化人。

　　唐－吴兢《贞观政要·规谏太子》句

乐自清中出，烦从贪里来。　　佚名

礼及身而行修，义及国而政明。

　　战国－荀况《荀子·致士》句

理解促进宽容。

　　英国－雷蒙德·弗思《人文类型》句

理无常是，事无常非。

　　周－列御寇《列子·说符》句

力不敌众，智不尽物。

　　战国－韩非《韩非子·八经》句

力能胜贫，谨能避祸。

　　北魏－贾思勰《齐民要术》句

力胜贫，谨胜祸，慎胜害，戒胜灾。

　　汉－刘向《说苑·说丛》句

力微休负重，言轻莫劝人。

　　　　　　　　　　　　　　　　佚名

力行而后知之真。

　　清－王夫之《四书训义》句

力学如力耕，勤惰尔自知。
但使书种多，会有岁稔时。

　　宋－刘代《书院》句

力学勿忘家事俭，堆金能使子孙愚。

　　宋－刘克庄《贫居自警三首·三》句

历览前贤家与国，成由勤俭败由奢。

　　唐－李商隐《咏史》句

立大事者，不惟有超世之才，亦必有
坚忍不拔之志。

　　宋－苏轼《晁错论》句

立得正行得直，拿得起放得下，
看得透想得开。

　　　　　　　　　　　　　　　　佚名

立身苦被浮名累，涉世无如本色难。

　　现代－启功联语

立身以立学为先，立学以读书为本。

　　宋－欧阳修《欧阳文忠公文集》句

立志欲坚不欲锐，成功在久不在速。

　　宋－张孝祥《论治体札子》句

利不在身，谋事则智；
虑不私己，断义必厉。
　　南朝宋 - 范晔《后汉书·马援传论》句

利害心愈明，则亲不睦；
贤愚心愈明，则友不交；
是非心愈明，则事不成；
好丑心愈明，则物不契。
　　　　　　　　《关尹子》句

利可共而不可独，谋可寡而不可众。
　　　　　　宋 - 林逋《省心录》句

利一而害百，君子不趋其利；
害一而利百，君子不辞其害。
　　　　清 - 陈确《葬书·深葬说下》句

利之中取大，害之中取小。
　　　　春秋 - 墨翟《墨子·大取》句

连林人不觉，独树众乃奇。
　　　　晋 - 陶渊明《饮酒》句

廉洁自律心无病，务实求真业有成。
　　　　　　　　　　　　佚名

廉者，政之本也。
　　春秋 - 晏婴《晏子春秋·内篇杂下》句

廉者常乐于无求，贪者常忧于不足。
　　　　隋 - 王通《文中子·关朗》句

良弓难张，然可以及高入深；
良马难乘，然可以任重致远。
　　　　春秋 - 墨翟《墨子·亲士》句

良好的开端，等于成功的一半。
　　　　　　古希腊 - 柏拉图语

良骥不好枥，美玉不恋山。
　　　　清 - 吴嘉纪《自淘上至竹西》句

良将不怯死以苟免，
烈士不毁节以求生。
　　西晋 - 陈寿《三国志·魏书·庞德传》句

良马不念秣，烈士不苟营。
　　　　　　唐 - 张籍《西州》句

良药苦口利于病，忠言逆耳利于行。
　　三国魏 - 王肃《孔子家语·六本》句

良医不能救无命，强梁不能与天争。
　　南朝宋 - 范晔《后汉书·苏竟传》句

良玉不雕，美言不文。
　　　　汉 - 杨雄《法言·寡见》句

良玉未剖，与瓦石相类；
名骥未驰，与驽马相杂。
　　唐 - 令狐德棻《周书·苏绰传》句

良玉易疵，清水易污。
　　　　宋 - 司马光《答范景仁书》句

两刃相割，利钝乃知；
二论相订，是非乃见。
　　　　　汉 - 王充《论衡·案书》句

两袖清风方能凛然正气，
一心为公自会宠辱不惊。　　佚名

量力而行之，相时而动。
　　周－左丘明《左传·隐公十一年》句

烈火见真金，逆境出英雄。
　　古罗马－塞内加语

烈士不避铁钺而进谏，
明君不讳过失而纳忠。
　　宋－苏舜钦《火疏》句

临渊羡鱼，不如退而结网。
　　汉－班固《汉书·董仲舒传》句

灵感是一个不喜欢拜访懒汉的客人。
　　俄国－车尔尼雪夫斯基语

令严而民慎，法设而奸禁；
网疏则兽失，法疏则罪漏。
　　汉－桓宽《盐铁论·刑德》句

令在必信，法在必行。
　　宋－欧阳修《司门员外郎李公谨等磨
　　　　　　　勘改官制》句

流水不腐，户枢不蠹。
　　秦－吕不韦《吕氏春秋·尽数》句

流言止于智者。
　　战国－荀况《荀子·大略》句

柳絮体媚无骨，梅花影瘦有神。　佚名

楼高先得月，室静好观书。
　　　　　　　　　　　　佚名

露重飞难进，风多响易沉。
　　唐－骆宾王《在狱咏蝉》句

路随心宽。　　　　　　　　　佚名

路遥知马力，日久见人心。
　　明－《增广贤文》句

律己能服人，量宽能得人，
身先能率人，轻财能聚人。　佚名

虑事贵明，处事贵断。
　　明－余继登《典故纪闻·三》句

乱极则治，暗极则光。
　　太平天国－洪秀全《原道醒世训》句

论大功者不录小过，
举大美者不疵细瑕。
　　汉－班固《汉书·陈汤传》句

论先后，知为先；论轻重，行为重。
　　宋－朱熹《朱子语类辑略》句

论至德者不和于俗，
成大功者不谋于众。
　　战国－商鞅《商君书·更法》句

落落之玉，或乱乎石；
碌碌之石，时似乎玉。
　　南朝梁－刘勰《文心雕龙·总术》句

M

满则虑谦，平则虑险，安则虑危。
　　战国－荀况《荀子·仲尼》句

满招损，谦受益。
　　《尚书－大禹谟》句

茂林之下无丰草，大块之间无美苗。
　　　　汉－桓宽《盐铁论·轻重》句

貌言，华也；至言，实也；
苦言，药也；甘言，疾也。
　　　　汉－司马迁《史记·商君列传》句

没有比脚更长的路，
没有比人更高的山。
　　　　当代－汪国真《山高路远》句

每一种创伤都是一种成熟。　　　佚名

美德大都包含在良好的习惯之内。
　　　　美国－帕利克语

美色不同面，皆佳于目；
悲音不共声，皆快于耳。
　　　　汉－王充《论衡·自纪篇》句

美味腐腹，好色溺心。　　　健康谚语

门内有君子，门外君子至。
明－冯梦龙《警世通言·俞伯牙摔琴谢
　　　　　　　　　　　知音》句

猛兽不群，鸷鸟不双。
　　　　汉－刘安《淮南子·说林训》句

民不富，士不荣。
　　　　宋－黄晞《聱隅子·文成》句

民为邦本，本固邦宁。
　　　　《尚书－五子之歌》句

民心似称，历史如筛。　　　佚名

民谣——人心的镜子。　　　佚名

民以食为天。
　　　　汉－班固《汉书·郦食其传》句

名高毁所集，言巧智难防。
　　　　唐－刘禹锡《萋兮吟》句

名高速谤，气盛招尤。
　　　　清－官修《明史·顾宪成等传赞》句

名缰牵蠢客，利锁铐庸人。　　　佚名

名节重泰山，利欲轻鸿毛。
　　　　明－于谦《无题》句

名应不朽轻仙骨，理到忘机近佛心。
　　　　唐－司空图《山中》句

名重则于实难副，论高则与世常疏。
　　　　宋－苏轼《谢馆职启》句

明君在上，下多直辞；
君上好善，民无讳言。
　　　春秋－晏婴《晏子春秋·内篇杂上》句

明者防祸于未萌，智者图患于将来。
　　　西晋－陈寿《三国志·吴书·吕蒙传》句

明者慎言，故无失言；
暗者轻言，自至害灭。
　　　　北齐－刘昼《刘子·慎言》句

明智的人因为有话要说才说话，愚蠢
的人则为了必须说话而说话。
　　　　古希腊－柏拉图语

明主不恶危切之言以立名，
志士不避犯颜之诛以直谏。
　　　　明－张居正《论时政疏》句

磨刀不误砍柴功。
　　　　　　　　　　谚语

末大必折，尾大不掉。
　　　周－左丘明《左传·昭公十一年》句

莫笑无危道，虽平能陷人。
　　　　唐－僧修睦《雪中送人北游》句

谋度于义者必得，事因于民者必成。
　　　春秋－晏婴《晏子春秋·问上》句

谋事在人，成事在天。　　　谚语

牡丹虽好，绿叶扶持。
　　　　明－顾起元《客座赘语》句

木受绳则直，金就砺则利。
　　　　战国－荀况《荀子·劝学》句

木无本必枯，水无源必竭。
明－冯梦龙《东周列国志》第三十八回句

木秀于林，风必摧之；
堆出于岸，流必湍之；
行高于人，众必非之。
　　　　三国魏－李康《运命论》句

目失镜则无以正须眉，
身失道则无以知迷惑。
　　　　战国－韩非《韩非子·观行》句

N

内疾不生，外患不入。
　　　东晋－葛洪《抱朴子·论仙》句

内睦者家道昌，外睦者人事济。
　　　　宋－林逋《省心录》句

能读千赋则善赋，能观千剑则晓剑。
　　　　唐－马总《意林》卷三句

能付出爱心就是福，
能消除烦恼就是慧。　　　佚名

能勤德业唯良友，有益身心在读书。
　　　　　　　　　　佚名

能勤小物，故无大患。
　　　　汉－刘向《说苑·贵德》句

能胜强敌者，先自胜也。
　　　　战国－商鞅《商君书·划策》句

能受苦乃为志士，肯吃亏不是痴人。
　　　　　　　　　　佚名

能用众力，则无敌于天下矣；
能用众智，则无畏于圣人矣。
　　　西晋－陈寿《三国志·吴书·孙权传》句

逆耳之辞难受，顺心之说易从。
　　　　唐－唐太宗《帝范·去谗》句

逆水行舟，不进则退。　　　佚名

鸟近黄昏皆绕树，人当岁暮定思乡。
　宋－崔岱齐《岁暮送戴衣闻还苕溪》句

289

鸟翼上系上黄金，这鸟便不能再翱翔了。
　　　　　　　　印度－泰戈尔语

鸟之将死，其鸣也哀；
人之将死，其言也善。
　　春秋－孔子门人《论语·泰伯》句

佞色不能悦尧目，忠言不能入桀耳。
　　　　　　宋—宋祁《杂说》句

浓绿万枝红一点，动人春色不须多。
　　　　宋—王安石《咏石榴花》句

怒不犯无罪之人，喜不从可戮之人。
　　三国蜀－诸葛亮《便宜十六策·喜怒》句

懦者能奋，与勇者同力也；愚者能
虑，与智者同识也；拙者能勉，与巧
者同功也。　宋－崔敦礼《刍言》卷中句

偶然，不会帮助准备不周的人。
　　　　　　　法国－巴斯德语

P

怕人知道休做，要人敬重勤学。
　　　　　　　　《名贤集》句

培根而去蠹，木之寿矣；
清心而寡欲，人之寿矣。
　　　　宋－崔敦礼《刍言》句

皮之不存，毛将焉附。
　　周－左丘明《左传·僖公十四年》句

贫生于富，弱生于强，
乱生于治，危生于安。
　　汉－王符《潜夫论·浮侈》句

品正心常泰，德高寿自长。　佚名

平凡孕育伟大，淡然彰显崇高。佚名

平静的湖面，练不出精悍的水手；
安逸的环境，造不出时代的伟人。
　　　　　俄国－列别捷夫语

平则虑险，安则虑危。
　　战国－荀况《荀子·仲尼》句

欺人是祸，饶人是福。　谚语

其身正，不令而行；
其身不正，虽令不从。
　　春秋－孔子门人《论语·子路》句

骐骥虽疾，不遇伯乐，不致千里。
　　汉－刘向《说苑·建本》句

骐骥一跃，不能十步；
驽马十驾，功在不舍。
　　战国－荀况《荀子·劝学》句

Q

乞火不若取燧，寄汲不若凿井。
　　汉－刘安《淮南子·览冥训》句

气清更觉山川近，心远愈知宇宙宽。
　　　　　　　　佚名

器不饰则无以为美观，
人不学则无以有懿德
　　汉－徐干《中论·治学》句

千金之裘，非一狐之皮。
　　　　汉－刘向《说苑·建本》句

千军易得，一将难求。
　　元－马致远《汉宫秋·杂剧第二折》句

千里之堤，溃于蚁穴。
　　　战国－韩非《韩非子·喻老》句

千里之行，始于足下。
　　　春秋－老聃《老子》六十四章句

千人之诺诺，不如一士之谔谔。
　　汉－司马迁《史记·商君列传》句

千淘万漉虽辛苦，吹尽狂沙始到金。
　　　唐－刘禹锡《浪淘沙九首》句

谦，德之柄也。
　　　　周－《易经·系辞下》句

谦，美德也，过谦者怀诈；
默，懿行也，过默者藏奸。
　　清－金兰生《格言联璧·持躬》句

谦虚基于力量，高傲基于无能。
　　　　　德国－尼采语

谦虚使人进步，骄傲使人落后。
　　　　现代－毛泽东语

谦者，众善之基；傲者，众恶之魁。
　　　明－王守仁《传习录》句

前车覆而后车鉴。
　　　汉－贾谊《新书·保傅》句

前人栽树，后人乘凉。　　　谚语

前事不忘，后事之师。
　　西汉－刘向《战国策·赵策》句

钱财如粪土，仁义值千金。
　　明－冯梦龙《警世通言·桂员外途穷忏
　　　　　　　　　　　　悔》句

乾坤有精物，至宝无文章。
雕琢为世器，真性一朝伤。
　　　　唐－韦应物《咏玉》

强将手下无弱兵。
　　　宋－苏轼《题连公壁》句

强梁者不得其死。
　　　春秋－老聃《老子》四十二章句

强弩之极，矢不能穿鲁缟；
冲风之末，力不能飘鸿毛。
　　汉－司马迁《史记·韩长儒列传》句

锲而不舍，金石可镂。
　　　战国－荀况《荀子·劝学》句

勤能补拙，俭以养廉。
　　清－金兰生《格言联璧·从政》句

勤学如春起之苗，不见其增，
日有所长；
辍学如磨刀之石，不见其损，
日有所亏。
　　　　　晋－陶渊明句

291

勤于求贤而逸于得人。
　　　　汉－王褒《圣主得贤臣颂》句

青出于蓝而胜于蓝，
冰生于水而寒于水。
　　　　战国－荀况《荀子·劝学》句意

轻财足以聚人，律己足以服人，
量宽足以得人，身先足以率人。
　　　　宋－林逋《省心录》句

轻乎细事，必有重忧。
　　　　清－申居郧《西岩赘语》句

轻诺必寡信，多易必多难。
　　　　春秋－老聃《老子》句

轻诺者信必寡，面誉者背必非。
　　　　宋－林逋《省心录》句

轻誉者失实，轻诺者失言。
　　　　宋－崔敦礼《刍言》句

清廉门第忧烦少，和睦家庭幸福多。
　　　　　　　　　　　　　佚名

清贫常乐，浊富多忧。　　　佚名

情深恭敬少，知己笑谈多。　佚名

情相亲者，礼必寡。
　　　　宋－林逋《省心录》句

穷则变，变则通，通则久。
　　　　周－《易经·系辞下》句

穷则思变

丘山积卑而为高，江河合水而为大。
　　　　战国－庄周《庄子·则阳》句

秋清天远大，水静月分明。　佚名

求人不如求己。
　　　　清－郑板桥《题画·篱竹》句

求之而后得，为之而后成，
积之而后高，尽之而后圣。
　　　　战国－荀况《荀子·儒效》句

求知无捷径，勤奋近高峰。　佚名

求知无厌知无尽，治学有恒学有成。
　　　　　　　　　　　　　佚名

曲木恶日影，谗人畏贤明。
　　　　唐－孟郊《古意赠梁肃补阙》句

曲木恶直绳，奸邪恶正法。
　　　　汉－桓宽《盐铁论·申韩篇》句

全则必缺，极则必反，盈则必亏。
　　　　秦－吕不韦《吕氏春秋·博志》句

犬不以善吠为良。
　　　　战国－庄周《庄子·徐无鬼》句

缺乏理想的现实主义是毫无意义的，
脱离现实的理想主义是没有生命的。
　　　　　　　　法国－罗曼－罗兰语

缺少知识就无法思考，缺少思考就不
会有知识。
　　　　　　　　　　德国－歌德语

R

人不易知，深心有山川之险；
物难求备，良材有大小之差。

　　　宋－田锡《咸平集·上开封府判书》句

人不知而不愠，不亦君子乎?

　　　春秋－孔子门人《论语·学而》句

人恶人怕天不怕，人善人欺天不欺。

　　　明－《增广贤文》句

人非尧舜，谁能尽善。

　　　唐－李白《与韩荆州书》句

人间正道是沧桑。

　　现代－毛泽东《七律·人民解放军占领
南京》句

人美丽未必可爱，人可爱一定美丽。

　　　佚名

人美在心，话美在真。　　　佚名

人平不语，水平不流。

　　　《名贤集》句

人情似水分高下，世事如云任卷舒。

　　　佚名

人生不在年龄，贵在心理年轻；衣着
不在时尚，贵在舒适合体；膳食不在
丰富，贵在营养均衡；居室不在大
小，贵在整洁舒畅；养生不在刻意，
贵在顺其自然；锻炼不在夏冬，贵在
持之以恒；小病不在吃药，贵在心理

调养；作息不在早晚，贵在规律养
成；情趣不在雅俗，贵在保持童心；
贡献不在多少，贵在量力而行；健身
不在动静，贵在科学锻炼；家庭不在
贫富，贵在温馨和睦；朋友不在多
少，贵在情深意真。　　　佚名

人生无苦乐，适意即为美。

　　　宋－司马光《晚归书室呈钱君》句

人生真正的幸福，不在于目标是否达
到，而在于达到目标的奋斗。

　　　佚名

人无德不立，国无德不兴。　　佚名

人无鉴于水，当求鉴于人；
水鉴见人貌，人鉴见人神。

　　　宋－邵雍《求鉴吟》句

人无礼则不生，事无礼则不成，
国家无礼则不宁。

　　　战国－荀况《荀子·修身》句

人无千日好，花无百日红。

　　　元－杨文奎《儿女团圆·楔子》句

人无远虑，必有近忧。

　　　春秋－孔子门人《论语·卫灵公》句

人以类聚，物以群分。

　　　西汉－刘向《战国策·齐策三》句

人有悲欢离合，月有阴晴圆缺。

　　　宋－苏轼《水调歌头·明月几时有》句

人欲自照，必须明镜；
主与知过，必藉忠臣。
　　　唐－吴兢《贞观政要·求谏》句

人之才，成于专而毁于杂。
　　宋－王安石《上仁宗皇帝言事书》句

仁者爱人，有礼者敬人。爱人者，人
恒爱之；敬人者，人恒敬之。
　　　战国－孟轲《孟子·离娄上》句

仁者必敬人。
　　　战国－荀况《荀子·臣道》句

仁者不忧，智者不惑，勇者不惧。
　　　春秋－孔子门人《论语·宪问》句

仁者不忧，智者不惑，
勇者不惧，达者不恋。
　　　现代－陶行知语

仁者无敌。
　　　战国－孟轲《孟子·梁惠王上》句

仁者在位而仁人来，
义者在朝而义士至。
　　　汉－陆贾《新语·思务》句

忍辱方能负重。　　　佚名

认识真理的主要障碍不是谬误，而是
似是而非的真理。
　　　俄国－列夫·托尔斯泰语

认真是成功的秘诀，
粗心是失败的伴侣。　　　佚名

任何改正，
都是进步。
　　　英国－达尔文语

任人之长，不强其短；
任人之工，不强其拙。
　　春秋－晏婴《晏子春秋·内篇问上》句

日习则学不忘，自勉则身不堕。
　　　三国魏－徐干《中论·治学》句

日中则移，月满则亏，物盛则衰。
　　　西汉－刘向《战国策·秦策三》句

容人之过，却非顺人之非。
　　　清－陈宏谋《训俗遗规》卷四句

容直言，广视听。
　　　唐－元稹《献事表》句

柔戒弱，刚戒躁。　　　佚名

如果道德败坏了，
趣味也必然会堕落。
　　　法国－狄德罗语

如果没有勤奋，没有机遇，没有热情
的提携者，人就是再有天才，也只能
默默无闻。
　　　古罗马－小普林尼语

辱人终辱己，尊己务尊人。　　佚名

入山问樵，入水问渔。
　　　明－庄元臣《叔苴子·内篇》句

锐始者必图其终，成功者必计于始。

明－张居正《答中丞孙槐溪》句

S

塞翁失马，安知非福。

汉－刘安《淮南子·人间训》句

三人行，必有我师焉。择其善者而从之，其不善者而改之。

春秋－孔子门人《论语·述而》句

三思有益，一忍为高。　　　　佚名

三思终有益，百忍永无忧。

佚名

三折肱，为良医。

周－左丘明《左传·定公十三年》句

纱帽底下好题诗。

清－李汝珍《镜花缘》第十八回句

山当秋老容偏瘦，菊到霜浓色更佳。

佚名

山到秋深红更多。　　　　　　佚名

山高月小，水落石出。

宋－苏轼《后赤壁赋》句

山积而高，泽积而长。

唐－刘禹锡《唐故监察御史赠尚书右
仆射王公神道碑铭》句

山以仁静，水以智流。

唐－李延寿《北史·郭祚传》句

山雨欲来风满楼。

唐－许浑《咸阳城东楼》句

山重水复疑无路，柳暗花明又一村。

宋－陆游《游山西村》句

善将者，其刚不可折，其柔不可卷，故以弱制强，以柔制刚。纯柔纯弱，其势必削；纯刚纯强，其势必亡。不柔不刚，合道之常。

三国蜀－诸葛亮《将苑·将刚》句

善人同处，则日闻嘉训；
恶人从游，则日生邪情。

南朝宋－范晔《后汉书·爱延传》句

善人者，人亦善之。

春秋－管仲《管子·霸形》句

善用兵者，屈人之兵，而非战也。

春秋－孙武《孙子兵法·作战篇》句

善用人者能成事，能成事者善用人。

佚名

善用威者不轻怒，善用恩者不妄施。

近代－弘一法师

善欲人知，不是真善；
恶恐人知，便是大恶。

明－朱柏庐《治家格言》句

赏厚可令廉士动心，
罚重可令凶人丧魂。

唐－韩愈《论淮西事宜状》句

赏及淫人，则善者不以赏为荣；
罪及善者，则恶者不以罚为辱。
　　　　　明－吕坤《呻吟语·刑法》句

赏识中成长，谴责里成熟。　　　佚名

赏无度则费而无恩，
罚无度则戮而无威。
　　　　春秋－孙武《孙子兵法》句

赏无功谓之乱，罪不知谓之虐。
　　　春秋－晏婴《晏子春秋·内篇谏上》句

上好礼，则民莫敢不敬；
上好义，则民莫敢不服；
上好信，则民莫敢不用情。
　　　　春秋－孔子门人《论语·子路》句

上离其道，下失其事。
　　　　　春秋－管仲《管子·心术上》句

上清而无欲，则下正而民朴。
　　　　　　汉－刘向《说苑·说丛》句

上善若水，水善利万物而不争。
　　　　　　　春秋－老聃《老子》句

上医治未病。　　　　《黄帝内经》句

上有好利之臣，则下有盗窃之民。
　　　北宋－司马光《资治通鉴·汉纪二十》句

上智不教，而成下愚。
　　　　北齐－颜之推《颜氏家训·教子》句

少而好学，如日出之阳；
壮而好学，如日中之光；
老而好学，如炳烛之明。
　　　　　汉－刘向《说苑·建本》句

少则得，多则惑。
　　　　春秋－老聃《老子》二十二章句

少壮饱经磨砺，老来不畏风霜。
　　　　　　　　　　　佚名

少壮轻年月，迟暮惜光辉。
　　　　　南朝梁－何逊《赠诸游旧》句

身安不如心安，心宽强如屋宽。
　　　　　　清－石成金《传家宝》句

身安茅屋稳，心安菜根香。
　　　　　　明－洪应明《菜根谭》句

身教重于言教。　　　　　　佚名

慎乃远祸，勤能济贫。
　　　　　　清－申居郧《西岩赘语》句
慎终如始，则无败事。
　　　春秋－老聃《老子》第六十四章句

慎重和怯懦不是同义语，正如勇敢并
不等于鲁莽一样。
　　　　　美国－艾森豪威尔语

慎重者，始若怯，终必勇；
轻发者，始若勇，终必怯。
　　　　　宋－苏轼《拟进士对御试策》句

生活是无字的书。　　　　　佚名

296

生活有时并不公正，但希望的大门对每一个人永远是敞开的。　　　佚名

生气，是拿别人的错误惩罚自己。　　　佚名

生也有涯，而知也无涯。
　　　战国－庄周《庄子·养生主》句

生于忧患而死于安乐。
　　　战国－孟轲《孟子·告子下》句

声同则处异而相应，
德合则未见而相亲。
　　　　　汉－刘向《说苑·尊贤》句

声无小而不闻，行无隐而不形。
　　　战国－荀况《荀子·劝学》句

绳锯木断，水滴石穿。
　　宋－罗大经《鹤林玉露·一钱斩吏》句

圣人体天，贤者法地，智者师古。
　　　秦－黄石公《三略·中略》句

圣人无常师。　　唐－韩愈《师说》句

圣人无全能，万物无全用。
　　　周－列御寇《列子·天瑞篇》句

盛名之下，其实难副。
　　南朝宋－范晔《后汉书·黄琼列传》句

失败的次数愈多，成功的机会愈近。
　　　　　　法国－费德鲁斯语

失败是成功之母。　　　谚语

失信不立。
　　周－左丘明《左传·成公八年》句

失之东隅，收之桑榆。
　　南朝宋－范晔《后汉书·冯异传》句

失之毫厘，差之千里。
　　汉－司马迁《史记·太史公自序》句

师严然后道尊，道尊然后民知敬学。
　　　西汉－戴德《礼记·学记》句

师造化，尚自然。　　　佚名

师者，所以传道授业解惑也。
　　　　　　唐－韩愈《师说》句

诗品出于人品。
　　　　清－刘熙载《艺概·诗概》句
诗之基，其人之胸襟是也。
　　　　清－叶燮《原诗·内篇上》句

十年树木，百年树人。
　　春秋－管仲《管子·上篇·权修》句意

什么是路？就是从没有路的地方践踏出来的，从只有荆棘的地方开辟出来的。
　　　　　　　现代－鲁迅语

石可破也，不可夺其坚；
丹可磨也，不可夺其赤。
　　　秦－吕不韦《吕氏春秋·诚廉》句

时间就像海绵里的水一样，只要你愿挤，总还是有的。

现代 - 鲁迅语

时间，抓起来是黄金，
抓不起来是流水。 佚名

时髦易逝，经典常存。 佚名

时穷节乃见，一一垂丹青。

宋 - 文天祥《正气歌》句

时危见臣节，世乱识忠良。

南朝 - 鲍照《代出自蓟北门行》句

时因酒色亡国家，几见诗书误好人。

明 - 冯梦龙《醒世恒言》句

食淡能知味，心清可悟真。 佚名

使功不如使过。

南朝宋 - 范晔《后汉书·索卢放传》句

始于精心，成于精采。 佚名

士别三日，当刮目相看。

西晋 - 陈寿《三国志·吴志·吕蒙传》句

士不忘身不为忠，言不逆耳不为谏。

宋 - 欧阳修《论杜衍范仲淹等置政事状》句

士贵成功，不必文辞。

汉 - 桓宽《盐铁论·论儒》句

士为知己者死，女为悦己者容。

西汉 - 刘向《战国策·赵策一》句

士运穷时弥见节，
柳枝到处可成荫。

清 - 左宗棠句

世乱识忠良。

南朝宋 - 鲍照《代出自蓟北门行》句

世上岂无千里马，人中难得九方皋。

宋 - 黄庭坚《过平舆怀李子先时在并州》句

世上无难事，只怕有心人

明 - 吴承恩《西游记》句

世上无难事，只要肯登攀。

现代 - 毛泽东《水调歌头·重上井冈山》句

世事洞明皆学问，人情练达即文章。

清 - 曹雪芹《红楼梦》第五回句

世无常贵，事无常师。

春秋 - 王诩《鬼谷子·忤合》句

世异则事变，时移则俗易。

汉 - 刘安《淮南子·齐俗训》句

世有伯乐，然后有千里马。
千里马常有，而伯乐不常有。

唐 - 韩愈《杂说四》句

事繁勿慌，事闲勿荒，有言必信，
无欲则刚，和若春风，肃若秋霜，

取像于钱，外圆内方。

现代‑黄炎培句

事贵善始，尤当善终。

明‑海瑞《处补练兵银疏》句

事难行，故要敏；言易出，故要慎。

宋‑黎靖德《朱子语类》句

事能知足心常惬，人到无求品自高。

明‑洪应明《菜根谭》句

事能知足心常泰，人到无求品自高。

清‑陈伯崖联语

事实胜于雄辩。

谚语

事碎难治也，法繁难行也。

汉‑刘安《淮南子·泰族训》句

事修而谤兴，德高而毁来。

唐‑韩愈《原毁》句

事以急而败者，十常七八。

宋‑程颢、程颐《二程粹言·论子》句

事以密成，语以泄败。

战国‑韩非《韩非子·说难》句

势不可使尽，福不可享尽，便宜不可占尽，聪明不可用尽。

明‑冯梦龙《警世通言·王安石三难苏学士》句

视其善者，取以为师，从之如不及；

视其恶者，用以为戒，畏之如扬汤。

明‑张居正《进帝鉴图说疏》句

视强则目不明，听甚则耳不聪，思虑过度则智识乱。

战国‑韩非《韩非子·解老》句

试登山岳高，方见草木微。

唐‑孟郊《上河阳李大夫》句

试玉要烧三日满，辨才须待七年期。

唐‑白居易《放言五首》句

是非只为多开口，烦恼皆因强出头。

《名贤集》句

是是，非非谓之和；
非是，是非谓之愚。

战国‑荀况《荀子·修身》句

适度为美，过度为鄙；
适度为福，过度为祸。　　　佚名

逝者如斯夫，不舍昼夜！

春秋‑孔子门人《论语·子罕》句

寿夭在天，安危在人。

宋‑林逋《省心录》句

受不得穷，立不得品。
受不得屈，做不得事。

清‑申居郧《西岩赘语》句

授人以鱼，不若授人以渔。　　佚名

书痴者文必工，艺痴者技必良。

清－蒲松龄《聊斋志异·阿宝》句

书到用时方恨少，事非经过不知难。

佚名

书籍是人类进步的阶梯。

苏联－高尔基语

树高者鸟宿之，德厚者士趋之。

汉－刘向《说苑·说丛》句

树荆棘得刺，树桃李得阴。

明－冯梦龙《警世通言·老门生三世报
恩》句

谁谓一身小，其安若泰山。
谁谓一室小，宽如天地间。

宋－邵雍《心安吟》句

水广鱼大，山高木修。

汉－刘安《淮南子·说山训》句

水就下而流速，火得风而炎炽。

三国魏－徐干《中论》句

水可使不滥，不可使无流。

汉－荀悦《申鉴·政体》句

水可载舟，亦可覆舟。

《孔子家语》句

水平不流，人平不语。

明－冯梦龙《醒世恒言·张孝基陈留认
舅》句

水清石自见。

汉－《乐府·艳歌行》句

水深河寂静，学博人谦虚。 佚名

水深流去慢，贵人语话迟。

《名贤集》句

水惟善下能成海，山不争高自及天。

佚名

水向石边流出冷，风从花里过来香。

佚名

水性虚而沦漪结，
木体实而花萼振：文附质也。

南朝梁－刘勰《文心雕龙·情采》句

水至清则无鱼，人至察则无徒。

汉－班固《汉书·东方朔传》句

顺道者昌，逆道者亡。 佚名

顺德者昌，逆德者亡。

汉－班固《汉书·高帝纪》句

顺风而呼者易为气，
因时而行者易为力。

汉－桓宽《盐铁论·论功》句

顺公意不失败，逆民意必无成。

美国－林肯语

顺境中的美德是自制，逆境中的美德

是不屈不挠。

英国－弗朗西斯·培根语

顺理而举易为力，背时而动难为功。

唐－房玄龄等《晋书·宣帝纪李世民评语》句

顺天者存，逆天者亡。

战国－孟轲《孟子·离娄上》句

思考一切。　德国－马克思的座右铭

思难而难不至，忘患而患发生。

北齐－刘昼《刘子·利害》句

思无定契，理有恒存。

南朝梁－刘勰《文心雕龙·总术》句

死生有命，富贵在天。

春秋－孔子门人《论语·颜渊》句

驷不及舌。

春秋－孔子门人《论语·颜渊》句

松高节更劲，梅老香益浓。　佚名

素甘淡泊心常泰，曾履忧危体愈坚。

现代－启功联语

虽鞭之长，不及马腹。

周－左丘明《左传·宣公十五年》句

虽有至圣，不生而知；
虽有至材，不生而能。

汉－王符《潜夫论·赞学》句

岁寒，然后知松柏之后凋。

春秋－孔子门人《论语·子罕》句

岁寒才知松柏茂，隆冬方显傲霜梅。

佚名

岁老根弥壮，阳骄叶更阴。

宋－王安石《孤桐》句

所憎者，有功必赏；
所爱者，有罪必罚。

周－吕望《六韬·盈虚》句

T

他山之石，可以攻玉。

《诗经·小雅·鹤鸣》句

态度决定行为，行为培养性格，性格决定命运。　佚名

太刚则折，太柔则废。

汉－班固《汉书·隽不疑传》句

太山不让土壤，故能成其大；
河海不择细流，故能就其深。

秦－李斯《谏逐客书》句

贪满者多损，谦卑者多福。

宋－欧阳修《易或问》句

潭深波浪静，学广语声低。　佚名

桃李不言，下自成蹊。

汉－司马迁《史记·李将军列传》句

天变不足畏，祖宗不足法，
人言不足恤。
　　　　元－脱脱等《宋史·王安石传》句

天才就是勤奋，知识在于积累。
　　　　　　　　现代－华罗庚语

天才是百分之一的灵感，百分之九十
九的血汗。
　　　　　　　　美国－爱默生语

天道酬勤

天道无亲，常与善人。
　　　　汉－司马迁《史记·伯夷列传》句

天道有迁易，人理无常存。
　　　　　　晋－陆机《塘上行》句

天道有盈虚，智者乘时作，
取果半青黄，不如待自落。
　　　　　　　清－顾炎武《子房》

天地无全功，圣人无全能，
万物无全用。
　　　　周－列御寇《列子·天瑞篇》句

天地之大，黎元为先。
　　　　唐－李世民《晋宣帝总论》句

天赋即兴趣，兴趣即天赋。
　　　　　　当代－李开复语

天赋如同自然花木，
要用学习来修剪。
　　　　英国－弗朗西斯·培根语

天将降大任于斯人也，必先苦其心
志，劳其筋骨，饿其体肤，空乏其
身，行弗乱其所为，所以动心忍性，
增益其所不能。
　　　　战国－孟轲《孟子·告子下》句

天时不如地利，地利不如人和。
　　　　战国－孟轲《孟子·公孙丑下》句

天网恢恢，疏而不失。
　　　　春秋－老聃《老子》七十三章句

天下不如意事常十居其八九。
　　　　唐－房玄龄等《晋书·羊祜传》句

天下敬职，万邦以宁。
　　　　汉－马融《忠经·观风》句

天下难事，必作于易；
天下大事，必作于细。
　　　　春秋－老聃《老子·六十三》句

天下虽安，忘战必危。
　　　　汉－班固《汉书·息夫躬传》句

天下虽兴，好战必亡。
　　　　唐－白居易《策林三》句

天下有道，则庶人不议。
　　　　春秋－孔子门人《论语·季氏》句

天下之事，成于慎而败于忽。
　　　　宋－吕祖谦《东莱集》句

天涯何处无芳草。
　　　　宋－苏轼《蝶恋花》句

天有不测风云，人有旦夕祸福。
　　　　元－无名氏《合同文字》第四折句

天之道，损有余而补不足。
　　　　　　春秋－老聃《道德经》句

天作孽，犹可违，自作孽，不可追。
　　　　　　　　《尚书·太甲中》句

甜当思苦，乐不忘忧。　　　　　佚名

同病相怜，同忧相救。
　　东汉－赵晔《吴越春秋·阖闾内传》句

同德则同心，同心则同志。
　　　　　　战国－《国语·晋语》句

同明相照，同类相求。
　　　　汉－司马迁《史记·伯夷列传》句

同声相应，同气相求。
　　　　　　　　周－《易经·乾》句

童心不泯没，百岁似少年。　　　佚名

痛莫大于不闻过，辱莫大于不知耻。
　　　　　隋－王通《文中子·关朗》句

图于未然，治于无事。
　　　　　　唐－张九龄《治府兵》句

土处下，不争高，故安而不危；
水流下，不争疾，故去而不迟。
　　　　　春秋－文子《文子·符言》句

土积而成山阜，水积而成江海，行积
而成君子。
　　　　　汉－桓宽《盐铁论·执务》句

土相扶为墙，人相扶为王。
　　　　唐－李百药《北齐书·尉景传》句

W

外师造化，中得心源。
　　　　唐－张彦远《历代名画记》卷十局

玩人丧德，玩物丧志。
　　　　　　　　《尚书·旅獒》句

王道得，贤才遂，百姓治。
　　　　　春秋－管仲《管子·君臣上》句

王子犯法，庶民同罪。
　　　清－夏敬渠《野叟曝言》六十七回句

网必挈其纲，绳先理其乱，
求治毋太速，防微毋滋蔓。
　　　　　　明－吴本泰《帝京篇》句

往事既已谬，来者犹可追。
　　　　　三国魏－嵇康《述志》句

往者不可谏，来者犹可追。
　　　　春秋－孔子门人《论语·微子》句

危邦不入，乱邦不居。
　　　　春秋－孔子门人《论语·泰伯》句

微少的知识使人骄傲，丰富的知识则
使人谦虚。
　　　　　　　　意大利－达芬奇语

为山九仞，功亏一篑。

《尚书·旅獒》句

为善如负重登山，至虽已确，而力犹恐不及；为恶如乘骏马走坡，虽不加鞭策，而足亦不能制。

宋-林逋《省心录》句

为学患无疑，疑则有进。

宋-陆九渊《语录下》句

为学须先立志。

宋-朱熹《朱子语录》句

为者常成，往者常至。

春秋-晏婴《晏子春秋·内篇杂下》句

唯才是举。

西晋-陈寿《三国志·魏书·武帝纪》句

唯宽可以容人，唯厚可以载物。

明-薛瑄《薛文清公读书录·器量》句

唯正己可以化人，唯尽己可以服人。

清-申居郧《西岩赘语》句

温故而知新。

春秋-孔子门人《论语·为政》句

文情不厌新，交情不厌旧。

明-汤显祖《得吉水刘年侄同升书喟然二首》句

文如其人

文章本天成，妙手偶得之。

宋-陆游《文章》句

文章功夫不经世，何异丝窠缀露珠。

宋-黄庭坚《戏呈孔毅文》句

文章合为时而著，歌诗合为事而作。

唐-白居易《与元九书》句

文章自得方为贵，衣钵相传岂是真。

金-王若虚《论诗诗》句

文至高处，只是朴淡意多。

清-刘大櫆《论文偶记》句

闻道有先后，术业有专攻。

唐-韩愈《师说》句

闻毁勿戚戚，闻誉勿欣欣。
自顾行何如，毁誉安足论。

唐-白居易《续座右铭》句

问渠哪得清如许，为有源头活水来。

宋-朱熹《观书有感》句

无辩息谤，无争止怨。

隋-王通《中说·问易》句

无德不贵，无能不官。

战国-荀况《荀子·王制》句

无贵无贱，无长无少，
道之所存，师之所存也。

唐-韩愈《师说》句

无冥冥之志者，无昭昭之明。

　　　战国－荀况《荀子·劝学》句

无事则深忧，有事则不惧。

　　　宋－苏辙《颖滨遗老传上》句

无私者无畏。

　　　　　　　　　　　　　　佚名

无限风光在险峰。

现代－毛泽东《七绝·为李进同志题所
　　　　　设庐山仙人洞照》句

吾生也有涯，而知也无涯。

　　　战国－庄周《庄子·养生主》句

勿疏小善，方恢大略。

　　唐－王勃《平台秘略赞十首·幼俊第
　　　　　　　　　　　　　八》句

勿以恶小而为之，勿以善小而不为

北宋－司马光《资治通鉴·世祖文皇帝
　　　　　　　　　　　　　下》句

物极则反，数穷则变。

　　　　宋－欧阳修《本论下》句

物竞天择，适者生存。

　　　　　　英国－达尔文语

物久则废，器久则坏，法久则弊。

　　　清－康有为《上清帝第二书》句

物盛而衰，乐极生悲。

　　　汉－刘安《淮南子·道应训》句

物无不变，变无不通。

　　　　宋－欧阳修《明用》句

物以类聚，人以群分。

　　　周－《易经·系辞上》句意

物以稀为贵。

　唐－白居易《小岁日喜谈氏外孙女孩
　　　　　　　　　　满月》句

物壮则老。

　　　　春秋－老聃《老子》句

悟从疑得，乐自苦生。

　　　　清－申居郧《西岩赘语》句

悟则明，惧则恭，奋则勤，立则勇，
容则宽。

　　　　宋－苏洵《谏论上》句

X

喜时百念易忽，不可无详慎心；
怒时百念易决，不可无舒徐心。

　　　　　　　　　　　　　佚名

喜时之言多失信，怒时之言多失礼。

　　　　　　　　　　　　　佚名

细节决定成败。　　　　　　佚名

下君尽己之能，中君尽人之力，
上君尽人之智。

　　　战国－韩非《韩非子·八经》句

先谋后事者逸，先事后谋者失。

　五代后晋－刘昫《旧唐书·陈子昂传》句

先学做人，后学做事。　　　　　佚名

闲门觅句非诗法，只是征行自有诗。
　　宋－杨万里《下横山滩头望金华山》句

闲人无乐趣，忙人无是非。　　　佚名

贤路当广而不当狭，
言路当开而不当塞。
　　　　元－脱脱等《宋史·乔行简传》句

贤人常克己，俗子不饶人。　　　佚名

贤愚在心，不在贵贱；
信欺在性，不在亲疏。
　　　　　汉－王符《潜夫论·本政》句

贤者，吾敬之以为法；不贤者，吾敬
之以为戒。
　　　　　　　宋－崔敦礼《刍言》句

贤者多财损其志，愚者多财生其过。
　　　　唐－吴兢《贞观政要·奢纵》句

现实是此岸，理想是彼岸，
中间隔着湍急的河流，
行动则是架在川上的桥梁。
　　　　　　　俄国－克雷洛夫语

陷之死地而后生，置之亡地而后存。
　　　　汉－司马迁《史记·淮阴侯列传》句

相识于缘，相知于诚。　　　　　佚名

相贤者国治，臣忠者主逸。
　　春秋－晏婴《晏子春秋·内篇谏下》句

相知无远近，万里尚为邻。
　　　　唐－张九龄《送韦城李少府》句

香饵之下，必有死鱼；
重赏之下，必有勇夫。
　　　　　秦－黄石公《三略·上略》句

想象力比知识更重要，因为知识是
有限的，而想象力概括着世界的一
切，推动着进步，并且是知识进化的
源泉。
　　　　　　　德国－爱因斯坦语

小不忍则乱大谋。
　　春秋－孔子门人《论语·卫灵公》句

小功不赏则大功不立，
小怨不赦则大怨必生。
　　　　宋－张商英《素书·遵义章》句
小善虽无大益而不可不为，
细恶虽无近祸而不可不去。
　　　　东晋－葛洪《抱朴子·君道》句

小胜在智，大胜在德。　　　　　佚名

孝于亲则子孝，钦于人则众钦。
　　　　　　　宋－林逋《省心录》句

孝子不谀其亲，忠臣不谄其君。
　　　　战国－庄周《庄子·在宥》句

心哀而歌不乐，心乐而哭不哀。
　　　　汉－刘安《淮南子·缪称训》句

心安身自安，身安室自宽，

心与身俱安，何事能相干？

　　　　　　宋－邵雍《心安吟》句

心不清则无以见道，
志不确则无以立功。

　　　　　　宋－林逋《省心录》句

心存清白真快乐，事留余地自逍遥。

　　　　　　　　　　　　　佚名

心刻者寿必促，心慈者寿必长。　谚语

心宽路自宽。　　　　　　　　　　佚名

心宽出少年。　　　　　　　健康谚语

心气要高姿态要低，
心胸要宽心态要平。　　　　　　　佚名

心有尺规行不乱，
意存忠厚气堪平。　　　　　　　　佚名

心愈用愈灵，学愈研愈精。

　　　　　　现代－傅抱石语

心远地自偏。

　　　　　　晋－陶渊明《饮酒》句

心正则笔正。

　　　　宋－苏轼《书唐氏六家书后》句

信贤而任之，君之明也；
让贤而下之，臣之忠也。

　　　　秦－吕不韦《吕氏春秋·慎人》句

信言不美，美言不信；

善者不辩，辩者不善；
知者不博，博者不知。

　　　春秋－老聃《老子》第八十一章句

兴国之君，乐闻其过；
荒乱之主，乐闻其誉。

　　西晋－陈寿《三国志·吴书·贺邵传》句

兴趣是最好的老师。

　　　　　　德国－爱因斯坦语

星星之火，可以燎原。

　　明－张居正《答云南巡抚何莱山论夷
情》句

刑不过罪，爵不逾德。

　　　　　　战国－荀况《荀子·君子》句

刑生力，力生强，强生威。

　　　　战国－商鞅《商君书·去强》句
行百里者半于九十。

　　　西汉－刘向《战国策·秦策五》句

行是知之始，知是行之成。

　　　　　　现代－陶行知诗句

行之苟有恒，久久自芬芳。

　　　　　　汉－崔瑗《座右铭》句

行之以躬，不言而信。　　　　　　佚名

形而上者谓之道，形而下者谓之器。

　　　　　　周－《周易·系辞上》句

修己以清心为要，涉世以慎言为先。

　　　　　　　　　　　　　佚名

羞色可贵

虚心使人进步，骄傲使人落后。

现代－毛泽东语

选士用能，不拘长幼。

西晋－陈寿《三国志·蜀书·秦宓传》句

选天下之才，任天下之事。

清－王夫之《读通鉴论·二十二》句

学必求其心得，业必贵于专精。

清－章学诚《文史通义·博约》句

学博而后可约，事历而后知要。

明－王廷相《慎言·见闻》句

学不可以已。

战国－荀况《荀子·劝学》句

学不足以修己治人，则为无用之学。

清－方苞《年谱序》句

学而不化，非学也。

宋－杨万里《庸言》句

学而不思则罔，思而不学则殆。

春秋－孔子门人《论语·为政》句

学贵得师，亦贵得友。

明－唐甄《潜书·讲学》句

学贵心悟。

宋－张载《张子全书·学大原》句

学贵要，虑贵远，

信贵笃，行贵果。

明－方孝孺《逊志斋集》句

学贵有常，又贵日新。

明－祝允明《读书笔记》句

学海无涯勤是路，云程有径志为梯。

佚名

学如积水，其积愈深，则其流愈远。

宋－张孝祥《与湖居士文集·与冀伯
英》句

学如逆水行舟，不进则退。

明－《增广贤文》句

学问尚精专，研摩贵纯一。

清－曾世霖《论学问》句

学问是经验的积累，
才能是刻苦的忍耐。　　　　佚名

学问是我们随身的财产。

英国－莎士比亚语

学问文章老更醇。

宋－王安石《王文公文集·西垣当直》句

学问之成立在于信，而学问之进步则
在疑。

现代－蔡元培语

学习不怕根底浅，只要迈步总不迟。

佚名

学者，不患才之不赡，

而患志之不立。

　　　　　汉－徐干《中论·治学》句

学者，犹种树也，春玩其花，秋登其
实；讲论文章，春华也，修身利行，
秋实也。

　　　北齐－颜之推《颜氏家训·勉学》句

学之染人，甚于丹青。

　　　北宋－李昉《太平御览·历学篇》句

Y

雅言诗书执礼，益友直谅多闻。

　　　　　　　　　　　　　　佚名

言不中法者，不听也；
行不中法者，不高也；
事不中法者，不为也。

　　　　战国－商鞅《商君书·君臣》句

言多变则不信，令频改则难从。

　　　宋－欧阳修《准诏言事上书》句

言而当，知也；默而当，亦知也。

　　　战国－荀况《荀子·非十二子》句

言顾行，行顾言。

　　　　西汉－戴德《礼记·中庸》句

言为心声，文如其人。　　　佚名

言文而不信，行诡而不实。

　　　　明－刘基《郁离子·寡悔》句

言吾善者，不足为喜；

道吾恶者，不足为怒。

　　明－冯梦龙《警世通言·拗相公饮恨半
　　　　　　　　　　　　　　山堂》句

言者志之苞，行者文之根，
所以读君诗，亦如君为人。

　　　唐－白居易《读张籍古乐府》句

言之者无罪，
闻之者足戒。

　　　　　　　　《诗经－大序》句

艳装华外表，知识美心灵。　　佚名

燕雀安知鸿鹄之志哉。

　　　汉－司马迁《史记·陈涉世家》句

燕雀不知天地之高也，
坎井之蛙不知江海之大。

　　　　汉－桓宽《盐铁论·复古》句

扬汤止沸莫若釜底抽薪。　　佚名

羊羹虽美，众口难调。

　　　　元－邓玉宾《中旅粉蝶儿》句

阳春之曲，和者必寡；
盛名之下，其实难副。

　　　南朝宋－范晔《后汉书·黄琼传》句

仰高者不可忽其下，
瞻前者不可忽其后。

　　三国蜀－诸葛亮《便宜十六策·思虑》句

养成大拙方为巧，学到如愚总是贤。

　　　　　　　　　　　　　　佚名

养身在动，养心在静。　　　佚名

养生以少恼怒为本。
　　　清 - 曾国藩《赠文正公家书》卷上句

养心莫如寡欲，至乐无如读书。
　　　　　　　　清 - 郑成功联语

峣峣者易缺，皎皎者易污。
　　　南朝宋 - 范晔《后汉书·黄琼转》句

要成就一件大事业，必须从小事做起。
　　　　　　　　苏联 - 列宁语

野火烧不尽，春风吹又生。
　　　唐 - 白居易《赋得古原草送别》句

野物不为牺牲，杂学不为通儒。
　　　战国 - 尉缭《尉缭子·治本》句

业精于勤，荒于嬉；
行成于思，毁于随。
　　　　　　　唐 - 韩愈《进学解》句

业无贵贱，品有尊卑。　　　佚名

一尺之捶，日取其半，万世不竭。
　　　　战国 - 庄周《庄子·天下》句

一个本领超群的人，必须在一群劲敌之前，方才能够显出他的不同凡俗的身手。
　　　　　　　英国 - 莎士比亚语

一个人的快乐，不是因为他拥有的多，而是因为他计较的少。　　　佚名

一个人要干成一番事业，其中放开眼界、抓紧时机、百折不挠、艰苦创业占百分之九十五的因素。
　　　　　　　当代 - 霍英东语

一将功成万骨枯。
　　　唐 - 曹松《己亥岁二首》句

一年之计，莫如树谷；
十年之计，莫如树木；
终身之计，莫如树人。
　　　春秋 - 管仲《管子·权修》句

一念之慈，亦足以作福；
一言之戾，亦足以伤和。
　　　清 - 申居郧《西岩赘语》句

一忍可以制百勇，一静可以制百动。
　　　宋 - 苏洵《心术》句

一失足成千古恨。
　　　明 - 杨仪《明良记》句

一时强弱在于力，千秋胜负在于理。
　　　　　　　现代 - 曹禺语

一丝不线，单木不林。　　　谚语

一语不能践，万卷徒空虚。
　　　明 - 林鸿《饮酒》句

一张一弛，文武之道。
　　　西汉 - 戴德《礼记·杂记》句

疑乃悟之父。

清－魏源《明末楚石诸禅师和泾师》句

疑问是知识的钥匙。　　　　　佚名

疑行无成，疑事无功。

战国－商鞅《商君书·更法》句

以德分人谓之圣，以才分人谓之贤。

战国－庄周《庄子·徐无鬼》句

以古为镜，可以知兴替；
以人为镜，可以明得失。

唐－吴兢《贞观政要·任贤》句

以乱攻治者亡，以邪攻正者亡，
以逆攻顺者亡。

西汉－刘向《战国策·秦策一》句

以权利合者，权利尽而交疏。

汉－司马迁《史记·郑世家赞》句

以人为本

唐－陆贽《均节赋税恤百姓第一》句

以人为戏弄，则丧其德，
以器为戏弄，则丧其志。

宋－司马光《稽古录》句

以善相成谓之同德，
以恶相济谓之朋党。

唐－吴兢《贞观政要·公平》句

以势交者，势倾则绝；
以利交者，利穷则散。

隋－王通《文中子·礼乐》句

以天下之目视，以天下之耳听，
以天下之智虑。

汉－刘安《淮南子·主术训》句

以铜为鉴，可正衣冠；以古为鉴，
可知兴替；以人为鉴，可明得失。

北宋－宋祁等《新唐书·魏征传》句

以言取人，人饰其言；
以行取人，人竭其行。

《逸周书－芮良夫》句

以责人之心责己，则寡过；
以恕己之心恕人，则全交。

宋－林逋《省心录》句

义动君子，利动贪人。

南朝宋－范晔《后汉书·班固传》句

义士不欺心，廉士不妄取。

汉－刘向《说苑·说丛》句

艺由己立，名自人成。

汉－班固《与弟超书》句

役其所长，则事无废功；
避其所短，则世无弃材。

东晋－葛洪《抱朴子·务正》句

意粗性躁，一事无成。

清－金兰生《格言联璧·存养》句

因难见巧，唯熟乃精。　　　　佚名

应知天地宽，何处无风云，
应知山水远，到处有不平。

现代－陈毅《示丹淮,并告吴苏、小鲁、小珊》句

311

鹰善击也，然日击之，
则疲而无全翼矣；
骥善驰也，然日驰之，
则蹶而无全蹄矣。
　　　战国赵－慎到《慎子·逸文》句

勇敢而不谨慎，就是鲁莽。
　　　　　西班牙－塞万提斯语

用百人之所能，则得百人之力；
举千人之所爱，则得千人之心。
　　　汉－刘安《淮南子·缪称训》句

用人之知去其诈，用人之勇去其怒，
用人之仁去其贪。
　　　西汉－戴德《礼记·礼运》句

用赏贵信，用刑贵正。
　　　春秋－王诩《鬼谷子·符言》句

忧劳可以兴国，逸豫可以亡身。
　　宋－欧阳修《新五代史·伶官传》句

友如作画须求淡，山似论文不喜平。
　　　元－翁朗夫《尚湖晚步》句

有备无患。
　　　　　　《尚书·说命中》句

有大德必得其寿。
　　　　　春秋－子思《中庸》句

有大略者不问其短，
有厚德者不非小疵。
　　　南朝宋－范晔《后汉书·陈宠传》句

有道则民归之，无道则民去之。
　　　春秋－管仲《管子·形势解》句

有德者昌，恃力者亡。
　　　汉－司马迁《史记·商君列传》句

有谔谔争臣者，其国昌；
有默默谀臣者，其国亡。
　　　　汉－韩婴《韩诗外传》卷十句

有风方起浪，无潮水自平。
　　　　明－吴承恩《西游记》句

有教无类。
　　　春秋－孔子门人《论语·卫灵公》句

有勤心，无远道。
　　　　明－吕坤《呻吟语·修身》句

有容德乃大，无求品自高。
　　　　　　　　清－林则徐联语

有容德乃大，无私心自安。　　　佚名

有容乃大，无欲则刚。
　　　　　　　　清－林则徐联语

有什么样的情趣，就有什么样的思
想；有什么样的学识和见解，就有什
么样的谈吐。
　　　英国－弗朗西斯·培根语

有所取必有所舍，有所禁必有所宽。
　　　　宋－苏轼《策别第十》句

有所为有所不为。

　　春秋－孔子门人《论语·子路》句意

有为才能有位。　　　　　　　　佚名

有味之物，蠹虫必生；
有才之人，谗言必至。

　　　　唐－刘禹锡《苏州谢上表》句

有无相生，难易相成，
长短相形，高下相倾，
音声相和，前后相随。

　　　　春秋－老聃《老子》二章句

有贤不能知，与无贤同；
知而不能用，与不知同；
用而不能信，与不用同。

　　　　宋－司马光《功名论》句

有意栽花花不活，无心插柳柳成荫。
明－冯梦龙《古今小说·赵伯升茶肆遇
　　　　　　　　　　　　仁宗》句

有有必有无，有聚必有散。

　　　　宋－李清照《金石录后序》句

有志不在年高，无志空活百岁。
清－石玉昆《三侠五义》第八十一回句

有志肝胆壮，无私天地宽。　　佚名

有志者事竟成。

　　南朝宋－范晔《后汉书·耿弇传》句

于安思危，于达思穷，于得思丧。

　　秦－吕不韦《吕氏春秋·慎大》句

鱼虾浮浅水，鸿鹄搏高云。　　佚名

愚昧比贫穷更可怕。　　　　　　佚名

愚人之心在口上，智者之口在心中。

　　　　　　美国－富兰克林语

愚者暗于成事，知者见于未萌。

　　战国－商鞅《商君书·更法》句

愚者等待机会，智者造就机会。

　　　英国－弗朗西斯·培根语

与民同乐，民亦乐其乐；
与民同忧，民亦忧其忧。

　　　当代－李瑞环《务实求理》句

与其喜闻人之过，不若喜闻己之过；
与其乐道己之善，不若乐道人之善。

　　　明－吕坤《呻吟语·修身》句

与其咒骂黑暗，不如燃起一支明烛。

　　美国－安娜·路易斯·斯特朗语

与人善言，暖于布帛；
伤人以言，深于矛戟。

　　　战国－荀况《荀子·荣辱》句

与善人居，如入兰芷之室，久而不闻
其香；与恶人居，如入鲍鱼之肆，久
而不闻其臭。

　　　　汉－刘向《说苑·杂言》句

与善人游，如行雾中，
虽不濡湿，潜自有润。

　　　东晋－葛洪《抱朴子·微旨》句

313

雨过山洗容，云来山入梦。
云雨自往来，青山原不动。
　　　　　　　清－袁枚《雨过》

语必关风始动人。
　明－冯梦龙《警世通言·范鳅儿双镜重
圆》句

语人之短不曰直，济人之恶不曰义。
　　　　　　　宋－林逋《省心录》句

玉不琢不成器，人不学不知道。
　　　　　西汉－戴德《礼记·学记》句

浴不必江海，要之去垢；
马不必骐骥，要之善走。
　　　汉－司马迁《史记·外戚世家》句

欲除烦恼先忘我，
历尽艰难好做人。　　　　　　佚名
欲得于身吉，无过莫作非。
　　　唐－王梵志《欲得于身吉》诗句

欲寡精神爽，思多血气衰。　　佚名

欲穷千里目，更上一层楼。
　　　　　唐－王之涣《登鹳雀楼》句

欲人勿闻，莫若勿言；
欲人勿知，莫若勿为。
　　　　　汉－班固《汉书·枚乘传》句

欲人之爱己也，必先爱人；
欲人之从己也，必先从人。
　　　　战国－《国语·晋语四》句

欲思其利，必虑其害；
欲思其成，必虑其败。
　　　三国蜀－诸葛亮《便宜十六策·思虑》句

欲速则不达。
　　　春秋－孔子门人《论语·子路》句

欲修其身者，先正其心；
欲正其心者，先诚其意；
欲诚其意者，先致其知。
　　　　　西汉－戴德《礼记·大学》句

欲正其末者，必先端其本；
欲清其流者，必先治其源。
　　　唐－陈子昂《上军国利害事·出使》句

鹬蚌相持，渔人得利。
　明－冯梦龙《古今小说·滕大尹鬼断家
私》句

冤家宜解不宜结。　　　　　谚语

源洁则流清，行端则影直。
　　　　　唐－王勃《上刘右相书》句

远不间亲，新不间旧。
　　　春秋－管仲《管子·乌辅》句

远亲不如近邻。
　　　　　　明－《增广贤文》句

远水不救近火。
　　　战国－韩非《韩非子·说林上》句

怨人不如自怨，求诸人不如求诸己。
　　　汉－刘安《淮南子·缪称训》句

月缺不改光，剑折不改钢；
月缺魄易满，剑折铸复良。
宋－梅尧臣《古意》

云厚者雨必猛，弓劲者箭必远。
晋－葛洪《抱朴子·喻蔽》句

运动使人苗壮，读书使人贤达。
美国－爱迪生语

Z

在家敬父母，何须远烧香。
《名贤集》句

在科学上没有平坦的大道，只有不畏
劳苦沿着陡峭山路攀登的人，才有希
望达到光辉的顶点。
德国－马克思语

在所有的批评家中，最伟大最正确最
天才的是时间。
俄国－别林斯基语

躁则妄，惰则废。
宋－苏轼《风鸣驿记》句

择才不求备。
唐－元稹《遣兴十首·七》句

择高处立，就平处坐，向宽处行。
佚名

择善人而交，择善书而读，
择善言而行，择善行而从。　　佚名

责人者不全友，自恕者不改过。
宋－林逋《省心录》句

曾经沧海难为水除却巫山不是云
唐－元稹《离思五首》句

赠人以言，重于金石珠玉。
战国－荀况《荀子·非相》句

赠人以言，重于珠玉；
伤人以言，甚于剑戟。　　　　佚名

丈夫志四海，一室宜先治。
内行苟不修，焉能大有为。
清－张琳《励志诗》

真悲无声而哀，真怒未发而威，真亲
未笑而和。
战国－庄周《庄子·渔父》句

真理不是靠喝彩造出来的，是非不是
靠投票决定的。
英国－谚语

真理往往在少数人一边。
挪威－易卜生语

真圣贤决非迂腐，真豪杰断不粗疏。
清－金兰生《格言联璧·持躬类》句

争天下者，必先争人。
春秋－管仲《管子·霸言》句

征夫怀远路，游子恋故乡。
汉－苏武诗句

正其末者端其本，善其后者慎其先。
唐－房玄龄等《晋书·潘岳传》句

政声人去后，民意巷谈中。　　　佚名

政唯勤廉是宝，师以德能为尊。　佚名

政以得贤为本，治以去秽为务。
北宋－司马光《资治通鉴》卷四十九句

知不足者好学，耻下问者自满。
宋－林逋《省心录》句

知耻近乎勇。
西汉－戴德《礼记·中庸》句

知人者智，自知者明，
胜人者力，自胜者强。
春秋－老聃《老子》句

知识不存在的地方，
愚昧便自命为科学。
爱尔兰－萧伯纳语

知识就是力量。
英国－弗朗西斯·培根语

知识好像沙石下面的泉水，
掘得越深越清澈。　　　佚名

知识使人文雅，交际使人完善。
英国－富勒语

知是行之始，行是知之成。
明－王守仁《传习录》句

知畏惧成人，知羞耻成人，知艰难成人。
清－李光庭《乡言解颐·人》句

知屋漏者在宇下，知政失者在草野，知经误者在诸子。
汉－王充《论衡·书解篇》句

知贤者谓明，辅贤者谓能。
战国－荀况《荀子·解蔽》句

知行知止为贤者，能屈能伸是丈夫。
宋－邵雍《代书寄前洛阳簿陆刚叔秘校》句

知者不惑，仁者不忧，勇者不惧。
春秋－孔子门人《论语·子罕》句

知者不言，言者不知。
春秋－老聃《老子》第五十六章句

知者动，仁者静；知者乐，仁者寿。
春秋－孔子门人《论语·雍也》句

知之为知之，不知为不知，是知也。
春秋－孔子门人《论语·为政》句

知之愈明，则行之愈笃；
行之愈笃，则知之愈明。
宋－黎靖德《朱子语类》句

知之者不如好之者，
好之者不如乐之者。
春秋－孔子门人《论语·雍也》句

知止而后有定，定而后能静，静而后

能安，安而后能虑，虑而后能得。
现代－沈钧儒语

知足不辱，知止不殆。
春秋－老聃《老子》第四十四章句

知足常乐，能忍自安。
清－金兰生《格言联璧》句

知足常足，终身不辱；
知止常止，终身不耻。
春秋－老聃《老子》句

知足天地宽，贪得宇宙隘。
清－曾国藩《曾文正公家书》卷下句

知足则乐，务贪必忧。
宋－林逋《省心录》句

知足之人心常乐，能忍气者身自安。
佚名

执法如山，守身如玉。
清－金兰生《格言联璧·从政》句

直是勇气，曲是智慧。　　　佚名

止谤莫如修身。
三国魏－徐幹《中论·虚道》句

止戈为武

止怒莫若诗，去忧莫若乐。
春秋－管仲《管子·内业》句

只要再多走一步，仿佛是同一方向迈

的一小步，真理就会变成谬误。
苏联－列宁语

只有热爱才是最好的老师，它远远胜
过责任感。　　德国－爱因斯坦语

只有顺从自然，才能驾驭自然。
英国－弗朗西斯·培根语

只有伟大的人格，才有伟大的风格。
德国－歌德语

只有想不通的人，没有走不通的路。
佚名

纸上得来终觉浅，绝知此事要躬行。
宋－陆游《冬夜读书示子聿》句

芷兰生于深林，非以无人而不芳。
战国－荀况《荀子·宥坐》句

至白涅不缁，至交淡不疑。
唐－孟郊《劝友》句

至博而约于精，深思而敏于行。
明－方孝孺《逊志斋集·书签》句

至诚之言，人未必信；
至洁之行，物或致疑。
明－陈继儒《读书镜》卷一句

至乐无乐，至誉无誉。
战国－庄周《庄子·至乐》句

至言不繁。
宋－苏轼《与孙运句书》句

至言不文。
　　　　汉－刘安《淮南子·说林训》句

至治无声，至教无言。
　　　　明－李贽《送郑大姚序》句

志不强者智不达，言不信者行不果。
　　　　春秋－墨翟《墨子·修身》句

志道者少友，逐俗者多俦。
　　　　汉－王符《潜夫论·实贡》句

志合者，不以山海为远，
道乖者，不以咫尺为近。
　　　　晋－葛洪《抱朴子·博喻》句

志无休者，虽难必易；
行不止者，虽远必臻。
　　　　唐－王棨《蹞步千里赋》句

志于道，据于德，依于仁，游于艺。
　　　　春秋－孔子门人《论语·述而》句

志之所向，金石为开。
　　　　清－曾国藩《曾文公杂著》句

制治于未乱，保邦于未危。
　　　　清－王夫之《读通鉴论·二十三》句

治不忘乱，安不忘危。
　　　　汉－杨雄《冀州箴》句

治大者不治细，成大功者不成小。
　　　　周－列御寇《列子·杨朱》句

治国无法则乱，守法而不变则衰。
　　　　战国赵－慎到《慎子·佚文》句

治国有常，利民为本。
　　　　汉－刘安《淮南子·氾论训》句

治国之道，必先富民。
　　　　春秋－管仲《管子·治国》句

治家严，家乃和；居乡恕，乡乃睦。
　　　　清－王豫《蕉窗日记》卷二句

质愚勤可补，
路远志须坚。
　　　　　　现代－谢觉哉诗句

智能并不产生于学历，而是来自对知
识的终生不懈的追求。
　　　　德国－爱因斯坦语

智者不惑，勇者不惧，
适者有寿，仁者无敌。　　　　佚名

智者乐水，仁者乐山。
　　　　春秋－孔子门人《论语·雍也》句

智者莫大于知人
　　　　汉－刘安《淮南子·泰族训》句

智者千虑，必有一失；
愚者千虑，必有一得。
　　　　汉－司马迁《史记·淮阴侯列传》句

智者顺时而谋，愚者逆理而动。
　　　　南朝宋－范晔《后汉书·朱浮传》句

中庸之为德也，其至矣乎。

春秋－孔子门人《论语·雍也》句

忠信廉洁，立身之本。

宋－林逋《省心录》句

忠言逆耳利于行。

唐－吴兢《贞观政要·公平》句

种树者必培其根，种德者必养其心。

明－王守仁《传习录》句

众口铄金，积非成是。

清－佩蘅《孔诞祝圣言感》句

众口铄金，积毁销骨。

汉－司马迁《史记·张仪传列》句

众怒不可蓄。

周－左丘明《左传·昭公二年》句

众怒难犯，专欲难成。

周－左丘明《左传·襄公十年》句

周公恐惧流言日，王莽谦恭未篡时。

唐－白居易《放言五首》句

骤长之木，必无坚理；
早熟之禾，必无嘉实。

明－徐祯稷《耻言一》句

朱门生饿殍，白屋出公卿。

明－戚继光《练将·货利害》句

诛不避贵，赏不遗贱。

春秋－晏婴《晏子春秋·内篇问上》句

诛恶不避亲爱，举善不避仇雠。

汉－班固《汉书·谷永传》句

诛贵所以立威，赏贱所以劝善。

东晋－葛洪《抱朴子·用刑》句

铢铢而称之，至石必谬；
寸寸而度之，至丈必差。

宋－陆九渊《语录上》句

竹开霜后翠，梅动雪前香。

唐－虞世南《侍宴归燕堂》句

竹密无妨水过，山高不碍云飞。　佚名

主不可以怒而兴师，
将不可以愠而致战。

春秋－孙武《孙子·火攻篇》句

主好要，则百事详，
主好详，则百事荒。

战国－荀况《荀子·王霸》句

柱以直木为坚，辅以直士为贤。

三国蜀－诸葛亮《诸葛亮集·自勉》句

著书忌早，处事忌扰，立朝忌巧，
居室忌好；制身欲方，行事欲圆，
存心欲拙，作文欲华。　　佚名

著述须使老，积勤宜少时。

宋－欧阳修《获麟赠姚辟先辈》句

壮志与毅力是事业的双翼。　佚名

319

自古驱民在信诚，一言为重百金轻。
　　　　　宋－王安石《商鞅》句

自古英雄多磨难，从来纨绔少伟男。
　　　　　　　　　　　佚名

自满者，人损之；自谦者，人益之。
　　　　唐－魏徵《群书治要·尚书》句

自满者败，自矜者愚，自贼者害。
　　　　　宋－林逋《省心录》句

自损者益，自益者损。
　　　　汉－刘向《说苑·敬慎》句

自信不失谦虚，谦虚不失自信。
　　　　　当代－李开复语

自信不自傲，自尊莫自负，
果断不武断，严谨不拘谨，
随和不随便，平常不平庸，
放松非放纵，认真不较真，
知足不满足。　　　　佚名

自知者英，自胜者雄。
　　　隋－王通《文中子·周公篇》句

自重不可自大，自谦不可自卑。　佚名

作德心逸日休，作伪心劳日拙。
　　　　　　　《尚书·周官》句

作舍道旁，三年不成。
　　南朝宋－范晔《后汉书·曹褒列传》句

坐而言，不如起而行。
　　　　战国－荀况《荀子·性恶》句

做人诚作本，谋事信为基。　　佚名

做人德为本，当官清为上。　　佚名

做人要知足，做事要知不足，做学问
要不知足。
　　现代－中国科学院院士裘法祖的座右铭

方 法 谋 略

B

百战百胜，非善之善者也；不战而屈人之兵，善之善者也。

　　春秋－孙武《孙子兵法·谋攻篇》句

卑不谋尊，疏不间亲。

　　　　汉－韩婴《韩诗外传》卷三句

必死之病，不下苦口之药；
朽烂之材，不受雕镂之饰。

　　　　晋－葛洪《抱朴子·博喻》句

避实击虚。

　　三国蜀－诸葛亮《便宜十六策·治军》句

兵不妄动，师必有名。

　　　　　　唐－白居易《策林》三句

兵不厌诈。

　　　　春秋－孙武《孙子兵法·计篇》句

兵贵神速。

　　西晋－陈寿《三国志·魏书·郭嘉传》句

兵马未动，粮草先行。

　　　　春秋－孙武《孙子兵法·作战篇》句

兵无常势，水无常形。

　　　　春秋－孙武《孙子兵法·虚实篇》句

不会藏智巧的人就是笨蛋。

　　　　　　　　　美国－富兰克林语

不即不离，无缚无脱。

　　　　　　唐－《圆觉经》卷上句

不能用人的长处，便是自己的短处。

　　　　　　　　现代－陶行知语

不入虎穴焉得虎子。

　　南朝宋－范晔《后汉书·班超列传》句

不为不可成，不求不可得；
不处不可久，不行不可复。

　　　　春秋－管仲《管子·牧民》句

不炫能，不矜名，
不亲小劳，不侵众官。

　　　　　　唐－柳宗元《梓人传》句

不以求备取人，不以己长格物。

　　　　唐－吴兢《贞观政要·任贤》句

不因喜以赏，不因怒以诛。

　　　　　周－吕望《六韬·文韬》句

不诱于誉，不恐于诽。

　　　　战国－荀况《荀子·非十二子》句

不知其人视其友。

　　汉－司马迁《史记·冯唐列传》句

C

彻底消化几本书，强如把几百本书放在嘴里不咽下去。

美国－奥斯本语

成功＝艰苦的工作＋休息＋少说废话

德国－爱因斯坦的成功公式

惩其未犯，防其未然。

唐－长孙无忌《唐律疏议·名例一》句

出奇制胜。

春秋－孙武《孙子兵法·势篇》句

处人不可任己意，要悉人之情；
处事不可任己意，要悉事之理。

明－吕坤《呻吟语·识见》句

处顺境宜静，处逆境宜忍，
遇大事宜平，遇急事宜缓。 佚名

黜虚名而求实效。

宋－苏轼《策略第五》句

聪者听于无声，明者见于未形。

汉－班固《汉书·伍被传》句

D

大处著眼，小处下手。

清－曾国藩《致吴竹如》句

大凡学问，闻之知之皆不为得；得者，须默识心通。

宋－程颢、程颐《二程遗书》句

大其心容天下之物，虚其心受天下之

善，平其心论天下之事，潜其心观天下之理，定其心应天下之变。

清－金兰生《格言联璧·存养》句

大巧若拙。

春秋－老聃《老子》第四十五章句

当断不断，必受其乱。

三国蜀－诸葛亮《便宜十六策·斩断》句

当时而立法，因事而制礼。

战国－商鞅《商君书·更法》句

导人必因其性，治水必因其势。

三国魏－徐幹《中论·贵言》句

道法自然

德礼为政教之本，刑法为治教之用。

唐－长孙无忌《唐律疏议·名例一》句

德以施惠，刑以正邪。

周－左丘明《左传·成公十六年》句

动静不失其时。

周－《周易·艮》句

动静屈伸，唯变所适。

三国魏－王弼《周易略例》句

动之以情，晓之以理，喻之以利。

佚名

读书是学习，摘抄是整理，
写作是创造。

现代－吴晗语

读书要四到，一是眼到，二是口到，三是心到四是手到。

现代－胡适语

读书之法，莫贵于循序而致精。

宋－朱熹《性理精义》句

独辟蹊径才能创造出伟大的业绩，在街道上挤来挤去不会有所作为。

英国－布莱克语

独学而无友，则孤陋而寡闻。

西汉－戴德《礼记·学记》句

睹一事于句中，反三隅于字外。

唐－刘知几《史通·叙事》句

度德而师，易子而教。

隋－王通《文中子·立命》句

对骄傲的人不要谦虚，
对谦虚的人不要骄傲。　　　佚名

对于浏览的东西，要随时作笔记，把要点记下来。

现代－吴晗语

E

恩宜自淡而浓，威宜自严而宽。　佚名

耳不闻人之非，目不视人之短，口不言人之过。

宋－林逋《省心录》句

F

法贵简而能禁，刑贵轻而必行。

清－王夫之《读通鉴论·二十二》句

法立，有犯而必施；
令出，唯行而不返。

唐－王勃《上刘右相书》句

法与时变，礼与俗化。

汉－刘安《淮南子·氾论训》句

防患于未然。

汉－班固《汉书·孝成赵皇后传》句

富观其所与，贫观其所取，
达观其所好，穷观其所为。

隋－王通《文中子·王道》句

G

工欲善其事，必先利其器。

春秋－孔子门人《论语·卫灵公》句

攻其无备，出其不意。

春秋－孙武《孙子·计篇》句

攻人以谋不以力，用兵斗智不斗多。

宋－欧阳修《准诏言事上书》句

攻人之恶毋太恶，要思其堪受；
教人之善毋过高，当使其可从。

明－洪应明《菜根谭》句

苟利于民，不必法古；
苟周于事，不必循旧。

汉－刘安《淮南子·氾论训》句

瓜田不纳履，李下不整冠。

汉－《乐府》句

观操守，在利害时；观精力，在饥疲时；观度量，在喜怒时；观镇定，在震惊时。

清－金兰生《格言联璧》句

观其交游，则其贤不肖可察也。

春秋－管仲《管子·权修》句

贵视其所举，富视其所与，贫视其所不取，穷视其所不为。

汉－刘向《说苑·臣术》句

H

和而不同。

春秋－孔子门人《论语·子路》句

J

兼收并蓄，待用无遗。

唐－韩愈《进学解》句

剪草除根

见怪不怪，其怪自败。

清－曹雪芹《红楼梦》第九十四回句

将欲取之，必先予之。

春秋－老聃《老子》句意

将欲歙之，必固张之；
将欲弱之，必固强之；
将欲废之，必固兴之；
将欲夺之，必固与之。

春秋－老聃《老子》句

将在外君命有所不受。

春秋－孙武《孙子兵法·九变篇》句

教学相长。

西汉－戴德《礼记·学记》句

教之道，贵以专。

宋－王应麟《三字经》句

借虚事指点实事，托古人提醒今人。

佚名

进不求名，退不避罪。

春秋－孙武《孙子兵法·地形篇》句

禁必以武而成，赏必以文而成。

战国－尉缭《尉缭子·治本》句

居安思危，有备无患。

周－左丘明《左传·襄公十一年》句

居则视其所亲，富则视其所与，
达则视其所举，穷则视其所不为，
贫则视其所不取。

汉－韩婴《韩诗外传》卷三句

举大体而不论小事，
务实效而不为虚名。

宋－苏轼《贺杨龙图启》句

举网以纲，千目皆张；
振裘持领，万毛自整。

汉－桓谭《新论·离事》句

军井未达，将不言渴；
军幕未办，将不言倦；

军灶未炊，将不言饥；
冬不服裘，夏不操扇，
雨不张盖，是谓将礼。

秦－黄石公《三略·上略》句

K

开敢谏之路，纳逆己之言。

晋－傅玄《傅子·通志》句

开天下之口，广箴谏之路。

汉－路温舒《尚德缓刑书》句

开源尤贵节流，量入始能为出。　佚名

考古酌今审势度势，
通中法外舍短取长。

佚名

L

利而诱之，乱而取之，
实而备之，强而避之。

春秋－孙武《孙子兵法·计篇》句

利一而害百，君子不趋其利；
害一而利百，君子不辞其害。

清－陈确《葬书·深葬说下》句

利之中取大，害之中取小。

春秋－墨翟《墨子·大取》句

量力而任之，度才而处之。

唐－韩愈《上张仆射书》句

量力而行之，相时而动。

周－左丘明《左传·隐公十一年》句

料敌制胜。

春秋－孙武《孙子兵法·地形篇》句

律己宜带秋风，处事宜带春风。

清－张潮《幽梦影》句

虑事贵明，处事贵断。

明－余继登《典故纪闻·三》句

论大功者不录小过，
　　　　举大美者不疵细瑕。

汉－班固《汉书·陈汤传》句

M

满则虑谦，平则虑险，安则虑危。

战国－荀况《荀子·仲尼》句

民力尽而爵随之，功立而赏随之。

战国－商鞅《商君书·错法》句

明者防祸于未萌，智者图患于将来。

西晋－陈寿《三国志·吴书·吕蒙传》句

明者因时而变，知者随世而制。

汉－桓宽《盐铁论·忧边》句

磨刀不误砍柴功。　　　　　　谚语

谋藏于心，事见于迹，
心与迹同者败，心与迹异者胜。

唐－李筌《太白阴经·沈谋篇》句

N

难得糊涂。

清－郑板桥语

325

能够发现问题是识，能够占有材料是学，能够驾驭材料是才。

现代－吕叔湘《丁声树同志的学风》句

能去能就，能柔能刚，
　　　　能进能退，能弱能强。

明－罗贯中《三国演义》第一百回句

能用众力，则无敌于天下矣；
能用众智，则无畏于圣人矣。

西晋－陈寿《三国志·吴书·孙权传》句

宁简勿繁

P

平则虑险，安则虑危。

战国－荀况《荀子·仲尼》句

Q

骑马莫轻平地上，收帆好在顺风时。

清－袁枚《示儿》句

乞火不若取燧，寄汲不若凿井。

汉－刘安《淮南子·览冥训》句

前事不忘，后事之师。

西汉－刘向《战国策·赵策》句

穷寇勿追。

春秋－孙武《孙子兵法·军争篇》句

R

人好刚，我以柔胜之；
人用术，我以诚感之；
人使气，我以理屈之。

清－金兰生《格言联璧·接物》句

人弃我取，人取我与。

汉－司马迁《史记·货殖列传》句

人无远虑，必有近忧。

春秋－孔子门人《论语·卫灵公》句

任人之长，不强其短；
任人之工，不强其拙。

春秋－晏婴《晏子春秋·内篇问上》句

柔弱胜刚强。

春秋－老聃《老子》三十六章句

入山问樵，入水问渔。

明－庄元臣《叔苴子·内篇》句

S

三思而后行。

春秋－孔子门人《论语·公冶长》句

杀一人而三军震者，杀之；
赏一人而万人悦者，赏之。

周－吕望《六韬·将威》句

善歌者，使人继其声；
善教者，使人继其志。

西汉－戴德《礼记·学记》句

善观人者索其终，善修己者履其始。

明－郑心材《郑敬中摘语》句

善将者，其刚不可折，其柔不可卷，故以弱制强，以柔制刚。纯柔纯弱，其势必削；纯刚纯强，其势必亡。不柔不刚，合道之常。

三国蜀－诸葛亮《将苑·将刚》句

善用兵者，屈人之兵，而非战也。
　　春秋－孙武《孙子兵法·作战篇》句

善用威者不轻怒，善用恩者不妄施。
　　　　　　　　　　近代－弘一法师

善知敌之形势，善知进退之道，善知国之虚实，善知天时人事，善知山川险阻。
　　三国蜀－诸葛亮《将苑·将善》句

赏不避疏贱，罚不避亲贵。
　　　　　晋－杨泉《物理论·卷一》句

赏不空行，罚不虚出。
　　汉－董仲舒《春秋繁露·保位权》句

赏不遗疏远，罚不阿亲贵。以公平为规矩，以仁义为准绳。
　　　唐－吴兢《贞观政要·择官》句

赏不遗远，罚不阿近。
　　北宋－司马光《资治通鉴·魏纪四》句

赏厚可令廉士动心，
罚重可令凶人丧魂。
　　　　唐－韩愈《论淮西事宜状》句

赏及淫人，则善者不以赏为荣；
　　罪及善者，则恶者不以罚为辱。
　　　　　明－吕坤《呻吟语·刑法》句

赏善罚恶，威恩并行。
　　西晋－陈寿《三国志·吴书·周鲂传》句

赏无度则费而无恩，
罚无度则戮而无威。
　　　　　　春秋－孙武《孙子兵法》句

赏无功谓之乱，罪不知谓之虐。
　　春秋－晏婴《晏子春秋·内篇谏上》句

上兵伐谋，其次伐交，
其次伐兵，其下攻城。
　　春秋－孙武《孙子兵法·谋攻篇》句

审其所好恶，则其长短可知也；
观其交游，则其贤不肖可察也。
　　　　春秋－管仲《管子·权修》句

审时度势，先谋后动。　　　　佚名

师其意，不师其辞。
　　　　　　唐－韩愈《答刘正夫书》句

识时务者为俊杰。
　　　清－程允升《幼学琼林·人事》句

使功不如使过。
　　南朝宋－范晔《后汉书·索卢放传》句

使智使勇，使贪使愚。
　　宋－宋祁等《新唐书·侯君集传》句

事穷而更为，法弊而改制。
　　　汉－刘安《淮南子·泰族训》句

事以急而败者，十常七八。
　　宋－程颢、程颐《二程粹言·论子》句

327

事以密成，语以泄败。
战国－韩非《韩非子·说难》句

势不可使尽，福不可享尽，便宜不可占尽，聪明不可用尽。
明－冯梦龙《警世通言·王安石三难苏学士》句

霜打千草萎，雨润百花红。　　俟名

水可使不滥，不可使无流。
汉－荀悦《申鉴·政体》句

水之行，避高而趋下，
兵之形，避实而击虚。
春秋－孙武《孙子·虚实》句

顺风而呼者易为气，
因时而行者易为力。
汉－桓宽《盐铁论·论功》句

顺理而举易为力，背时而动难为功。
唐－房玄龄等《晋书·宣帝纪李世民评语》句

随时制法，因事制礼。
汉－司马迁《史记·赵世家》句

所立于下者，不废于上；
所禁于民者，不行于身。
汉－刘安《淮南子·主术训》句

所憎者，有功必赏；
所爱者，有罪必罚。
周－吕望《六韬·盈虚》句

T

他山之石，可以攻玉。
《诗经·小雅·鹤鸣》句

天道有盈虚，智者乘时作，
取果半青黄，不如待自落。
清－顾炎武《子房》

天下难事，必作于易；
天下大事，必作于细。
春秋－老聃《老子·六十三》句

天下有道，则与物皆昌；
天下无道，则修德就闲。
战国－庄周《庄子·天地》句

天下有道则见，无道则隐。
春秋－孔子门人《论语·泰伯》

听其言而观其行。
春秋－孔子门人《论语·公冶长》句

W

外柔内刚

挽弓当挽强，用箭当用长。
射人先射马，擒贼先擒王。
唐－杜甫《前出塞》句

网必挈其纲，绳先理其乱，
求治毋太速，防微毋滋蔓。
明－吴本泰《帝京篇》句

为川者决之使导，为民者宣之使言。
战国－《国语·周语上》句

未战养其财，将战养其力，
既战养其气，既胜养其心。
宋－苏洵《心术》句

温故而知新。
春秋－孔子门人《论语·为政》句

无辩息谤，无争止怨。
隋－王通《中说·问易》句

无事常如有事时提防，
有事常如无事时镇静。
明－钱琦《钱子语训》句

无为其所不为，无欲其所不欲。
战国－孟轲《孟子·尽心上》句

先发制人，后发制于人。
汉－班固《汉书·项籍传》句

X

先谋后事者逸，先事后谋者失。
五代后晋－刘昫《旧唐书·陈子昂传》句

贤路当广而不当狭，
言路当开而不当塞。
元－脱脱等《宋史·乔行简传》句

陷之死地而后生，置之亡地而后存。
汉－司马迁《史记·淮阴侯列传》句

香饵之下，必有死鱼；
重赏之下，必有勇夫。
秦－黄石公《三略·上略》句

项庄舞剑，意在沛公。
汉－司马迁《史记·项羽本纪》句意

消未起之患，治未病之疾。
东晋－葛洪《抱朴子·地真》句

小不忍则乱大谋。
春秋－孔子门人《论语·卫灵公》句

小功不赏则大功不立，
小怨不赦则大怨必生。
宋－张商英《素书·遵义章》句

学博而不精，则流于驳杂。
明－胡居仁《居业录·学问》句

学而不思则罔，思而不学则殆。
春秋－孔子门人《论语·为政》句

学古不泥古。
五代后晋－官修《唐书·孙思邈传》句

学贵得师，亦贵得友。
明－唐甄《潜书·讲学》句

学贵心悟。
宋－张载《张子全书·学大原》句

学贵有常，又贵日新。
明－祝允明《读书笔记》句

学问尚精专，研摩贵纯一。
清－曾世霖《论学问》句

学习知识要善于思考，思考，再思考。我就是靠着这个学习方法成为科学家的。

德国－爱因斯坦语

Y

言不中法者，不听也；
行不中法者，不高也；
事不中法者，不为也。

战国－商鞅《商君书·君臣》句

扬汤止沸莫若釜底抽薪。　　　　佚名

仰高者不可忽其下，
瞻前者不可忽其后。

三国蜀－诸葛亮《便宜十六策·思虑》句

要消灭毁谤和中伤，
最简单的方法便是沉默。

苏联－高尔基语

一忍可以制百勇，一静可以制百动。

宋－苏洵《心术》句

一张一弛，文武之道。

西汉－戴德《礼记·杂记》句

宜未雨绸缪，毋临渴掘井。

明－朱柏庐《治家格言》句

宜行则行，宜止则止。

唐－韩愈《上留守郑相公启》句

疑人勿使，使人勿疑。

元－脱脱等《金史·熙宗纪》句

以"淡"字交友，以"聋"止谤，以"刻"字责己。　　近代－李叔同语

以爱对恨，以德化仇。　　　　　佚名

以近知远，以一知万，以微知明。

战国－荀况《荀子·非相》句

以其人之道，还治其人之身。

宋－朱熹《中庸集注》句

以言取人，人饰其言；
以行取人，人竭其行。

《逸周书·芮良夫》句

以逸待劳。

春秋－吴起《吴子·治兵》句

以正治国，以奇用兵。

春秋－老聃《老子》句

义则求之，不义则止；
可则求之，不可则止。

春秋－管仲《管子·形势解》句

役其所长，则事无废功；
避其所短，则世无弃材。

东晋－葛洪《抱朴子·务正》句

因民之利而导之，顺民之意而通之。

清－王韬《上当路论时务书》句

因任而授官，循名而责实。

战国－韩非《韩非子·定法》句

引而不发，跃如也。

战国－孟轲《孟子·尽心上》句

用百人之所能，则得百人之力；
举千人之所爱，则得千人之心。

汉－刘安《淮南子·缪称训》句

用兵之道，攻心为上，攻城为下；心
战为上，兵战为下。

三国蜀－诸葛亮《南征教》句

用人之知去其诈，用人之勇去其怒，
用人之仁去其贪。

西汉－戴德《礼记·礼运》句

用舍行藏

由近而远，自卑而高，
为大于微，图难于易。　　　　佚名

有备无患。

《尚书·说命中》句

有大略者不问其短，
有厚德者不非小疵。

南朝宋－范晔《后汉书·陈宠传》句

有法者以法行，无法者以类推。

战国－荀况《荀子·王制》句

有所取必有所舍，有所禁必有所宽。

宋－苏轼《策别第十》句

有所为有所不为。

春秋－孔子门人《论语·子路》句意

欲思其利，必虑其害；
欲思其成，必虑其败。

三国蜀－诸葛亮《便宜十六策·思虑》句

欲速则不达。

春秋－孔子门人《论语·子路》句

欲知其人，观其所使。

唐－陈子昂《上军国利害事》句

运筹帷幄之中，决胜千里之外。

汉－司马迁《史记·高祖本纪》句

Z

在科学著作中，你最好读最新的书；
在文学著作中，你最好读最老的
书——古典文学作品永远不会衰老。

英国－布尔韦尔－利顿语

在责备中带安慰，在批评中带肯定，
在训诫中带勉励，在命令中带帮助。

佚名

在战略上藐视敌人，
在战术上重视敌人。

现代－毛泽东语意

责己则攻短，论人则取长。

清－恽敬《大云山房文稿·与李汀州》句

责人时，要含蓄，忌太尽；要委婉，
忌太直；要疑似，忌太真。　　佚名

战无不可胜，不可言战；
攻无必拔，不可以言攻。

战国－尉缭《尉缭子·攻权》句

争天下者，必先争人。

春秋－管仲《管子·霸言》句

正其末者端其本，善其后者慎其先。
　　　唐－房玄龄等《晋书·潘岳传》句

知己知彼，百战不殆。
　　　春秋－孙武《孙子兵法·谋攻篇》句

执一而应万，握要而治详。
　　　汉－刘安《淮南子·人间训》句

止之于始萌，绝之于未形。
　　　唐－韩愈《省试颜子不贰过论》句

治不忘乱，安不忘危。
　　　　汉－杨雄《冀州箴》句

治大者不治细，成大功者不成小。
　　　周－列御寇《列子·杨朱》句

治乱世用重典。
　　　　西汉－戴德《礼记·周礼》句

智者不锐，慧者不傲，谋者不露，强者不暴。　　　　　　佚名

重赏之下，必有勇夫。
　　　秦－黄石公《三略》句意

诛恶不避亲爱，举善不避仇雠。
　　　汉－班固《汉书·谷永传》句

诛贵所以立威，赏贱所以劝善。
　　　东晋－葛洪《抱朴子·用刑》句

主不可以怒而兴师，
将不可以愠而致战。
　　　春秋－孙武《孙子·火攻篇》句

总本源以括流末，操纲领而得一致。
　　　东晋－葛洪《抱朴子·尚博》句

罪疑唯轻，功疑唯重。
　　　　　　《尚书·大禹谟》句

做事要留余地，责人切忌尽言。
　　　清－金兰生《格言联璧》句

情 感 篇

怡 情

A

暖暖远人村，依依墟里烟。
狗吠深巷中，鸡鸣桑树颠。
　　　　晋－陶渊明《归园田居》之一句

岸花飞送客，樯燕语留人。
　　　　　唐－杜甫《发潭州》句

岸花临水发，江燕绕樯飞。
无由下征帆，独与暮潮归。
　　　　南朝梁－何逊《赠诸游旧》

暗尘随马去，明月逐人来。
　　　　唐－苏味道《正月十五夜》句

B

白露收残暑，清风衬晚霞。
　　　　宋－释仲殊《南歌子》句

白日放歌须纵酒，青春作伴好还乡。
　　　　唐－杜甫《闻官军收河南河北》句

白日曜青春，时雨静飞尘。
　　　　汉－曹植《侍太子坐》句

白日依山尽，黄河入海流。
欲穷千里目，更上一层楼。
　　　　唐－王之涣《登鹳雀楼》

白雪红梅增画意，青山绿水动诗情。
　　　　　　　　　佚名

白云抱幽石，绿筱媚清涟。
　　　　南朝宋－谢灵运《过始宁墅》句

白云千里万里，明月前溪后溪。
　　　　唐－刘长卿《谪仙怨》句

白云随鹤舞，明月逐人归。　　佚名

白昼绿成芳草梦，起来幽兴有新诗。
风帘不动黄鹂语，坐见庭花日影移。
　　　　　宋－寇准《春昼》

半亩方塘一鉴开，天光云影共徘徊。
问渠那得清如许，为有源头活水来。
　　　　　宋－朱熹《观书有感》

宝鼎茶闲烟尚绿，幽窗棋罢指犹凉。
　　　　清－曹雪芹《红楼梦》句

北国风光，千里冰封，万里雪飘。望
长城内外，惟余莽莽；大河上下，顿
失滔滔。山舞银蛇，原驰蜡象，欲与
天公试比高。须晴日，看红装素裹，
分外妖娆。江山如此多娇，引无数英
雄竞折腰。惜秦皇汉武，略输文采；
唐宗宋祖，稍逊风骚。一代天骄，成
吉思汗，只识弯弓射大雕。俱往矣，

数风流人物，还看今朝。

　　　　现代－毛泽东《沁园春·雪》

笔酣墨畅，心旷神怡。　　　　佚名

笔酣诗意厚，墨舞友情深。　　　佚名

笔落惊风雨，诗成泣鬼神。

　　　唐－杜甫《寄李十二白二十韵》句

笔墨抒情娱岁月，诗书有意度春秋。

　　　　　　　　　　　　　　佚名

笔墨增情趣，风雪炼精神。　　　佚名

笔拥江山气，窗含桃李风。　　　佚名

碧玉妆成一树高，万条垂下绿丝绦。
不知细叶谁裁出，二月春风似剪刀。

　　　　　　唐－贺知章－《咏柳》

壁空残月曙，门掩候秋虫。

　　唐－柳宗元《酬娄秀才寓居开元寺早
　　　　秋月夜病中见寄》句

遍野无声长，悬崖有隙生。
雪压根不死，春到绿乾坤。

　　　　　　当代－马凯《劲草》

不俗即仙骨，多情乃佛心。　　　佚名

不为浮云遮望眼，自缘身在最高层。

　　　　　宋－王安石《登飞来峰》句

不要人夸颜色好，只留清气满乾坤。

　　　　　　元－王冕《墨梅》句

不用开门，明月自然来做客；
无须会友，古人多少是同心。　　佚名

C

才饮长沙水，又食武昌鱼。万里长江
横渡，极目楚天舒。不管风吹浪打，
胜似闲庭信步，今日得宽余。子在川
上曰：逝者如斯夫！风樯动，龟蛇
静，起宏图。一桥飞架南北，天堑变
通途。更立西江石壁，截断巫山云
雨，高峡出平湖。神女应无恙，当惊
世界殊。

　　　现代－毛泽东《水调歌头·游泳》

采菊东篱下，悠然见南山。

　　　　　晋－陶渊明《饮酒》句

残月色不改，高贤德常新。

　　　唐－孟郊《章仇将军弃功守贫》句

沧海月明珠有泪，蓝田日暖玉生香。

　　　　　唐－李商隐《锦瑟》句

苍龙日暮还行雨，老树春深更著花。

　　　清－顾炎武《又酬傅处士次韵》句

草枯鹰眼疾，雪尽马蹄轻。

　　　　　　唐－王维《观猎》句

草生三径绿，山拥万峰青。　　　佚名

草树知春不久归，百般红紫斗芳菲。
杨花榆荚无才思，唯解漫天作雪飞。

　　　　　　唐－韩愈《晚春》

草萤有耀终非火，荷露虽团岂是珠。

唐 - 白居易《放言五首》句

茶亦醉人何必酒，
书能香我不须花。　　　　　佚名

蝉噪林愈静，鸟鸣山更幽。

南朝梁 - 王籍《入若耶溪》句

蝉噪闻疑断，池清映似空。

隋 - 王胄《奉和悲秋应令诗》句

长安一片月，万户捣衣声。
秋风吹不尽，总是玉关情。

唐 - 李白《子夜吴歌》句

长烟一空，皓月千里。

宋 - 范仲淹《岳阳楼记》句

常记溪亭日暮，沉醉不知归路。兴尽
晚回舟，误入藕花深处。争渡，争
渡，惊起一滩鸥鹭。

宋 - 李清照《如梦令》

朝辞白帝彩云间，千里江陵一日还。
两岸猿声啼不住，轻舟已过万重山。

唐 - 李白《早发白帝城》

朝登剑阁云随马，夜渡巴江雨洗兵。

唐 - 岑参《奉和相公发益昌》句

朝饮木兰之坠露兮，夕餐秋菊之落英。

战国楚 - 屈原《楚辞·离骚》句

潮平两岸阔，风正一帆悬。

唐 - 王湾《次北固山下》句

晨兴理荒秽，带月荷锄归。

晋 - 陶渊明《归园田居》之三句

澄心清神

澄湖万顷深见底，清冰一片光照人。

唐 - 岑参《送张献心副使归河西杂句》句

池上碧苔三四点，叶底黄鹂一两声。

宋 - 晏殊《破阵子》句

池小能容月，山高不碍云。　　佚名

充海阔天高之量，养先忧后乐之心。
　　　　　　　　　　　　　　佚名

崇兰修竹静观其趣，
朗日和风足畅斯怀。　　　　　佚名

宠辱不惊，闲看庭前花开花落；
去留无意，漫观天外云卷云舒。

明 - 洪应明《菜根谭》句

初闻征雁已无蝉，白尺楼台水接天。
青女素娥俱耐冷，月中霜里斗婵娟。

唐 - 李商隐《霜月》

锄禾日当午，汗滴禾下土。
谁知盘中餐，粒粒皆辛苦。

唐 - 李绅《古风二首》

楚江微雨里，建业暮钟时。
漠漠帆来重，冥冥鸟去时。
海门深不见，浦树远含滋。
相送情无限，沾襟比散丝。

唐 - 韦应物《赋得暮雨送李曹》

处处飞花飞处处，潺潺流水流潺潺。
佚名

穿花蛱蝶深深见，点水蜻蜓款款飞。
唐－杜甫《曲江二首》句

窗含春色墨生艳，笔吐豪情诗出新。
佚名

窗开千里月，砚洗一溪云。　　佚名

床前明月光，疑是地上霜。
举头望明月，低头思故乡。
唐－李白《静夜思》

垂头自惜千金骨，伏枥仍存万里心。
元－郝经《老马》句

春蚕到死丝方尽，蜡炬成灰泪始干。
唐－李商隐《无题》句

春潮奔涌随龙舞，朝气升腾伴凤飞。
佚名

春潮带雨晚来急，野渡无人舟自横。
唐－韦应物《滁州西涧》句

春城无处不飞花，寒食东风御柳斜，
日暮汉宫传蜡烛，轻烟散入五侯家。
唐－韩翃《寒食》

春风大雅能容物，秋水文章不染尘。
清－邓拓联语

春风得意马蹄疾。
唐－孟郊《登科后》句

春风瑞雪，盛世华年。　　佚名

春风桃李花开日，秋雨梧桐叶落时。
唐－白居易《长恨歌》句

春风添画意，岁月赋诗情。
佚名

春风夏雨秋月夜，唐诗晋字汉文章。
佚名

春风杨柳万千条。
现代－毛泽东《七律二首·送瘟神》句

春风又绿江南岸。
宋－王安石《泊船瓜洲》句

春归花不落，风静月常明。　　佚名

春和宜赏景，风正好扬帆。　　佚名

春江潮水连海平，海上明月共潮生。
滟滟随波千万里，何处春江无月明。
唐－张若虚《春江花月夜》句

春江水暖鸭先知。
宋－苏轼《惠崇春江晚景》句

春眠不觉晓，处处闻啼鸟。
夜来风雨声，花落知多少。
唐－孟浩然《春晓》

春前有雨花开早，秋后无霜叶落迟。
佚名

春染千江碧，梅燃万里红。　　佚名

春色不随流水去，花香时送好风来。
　　　　　　　　　佚名

春色九州催笔意，和风万里激诗情。
　　　　　　　　　佚名

春色满园关不住。
　　　宋－叶绍翁《游园不值》句

词源倒流三峡水，笔阵独扫千人军。
　　　　　唐－杜甫《醉歌行》句

此马非凡马，房星本是星，
向前敲瘦骨，犹自带铜声。
　　　　　唐－李贺《马诗》之一

翠寒竹雪，香落梅风。　　　佚名

翠烟笼柳，红雨落花。　　　佚名

D

大江东去，浪淘尽，千古风流人物。
故垒西边，人道是，三国周郎赤壁。
乱石穿空，惊涛拍岸，卷起千堆雪。
江山如画，一时多少豪杰！遥想公瑾
当年，小乔初嫁了，雄姿英发。羽扇
纶巾，谈笑间，樯橹灰飞烟灭。故国
神游，多情应笑我，早生华发。人生
如梦，一尊还酹江月。
　　　宋－苏轼《念奴娇－赤壁怀古》

大漠孤烟直，长河落日圆。
　　　　　唐－王维《使至塞上》句

大漠沙如雪，燕山月似钩，

何当金络脑，快走踏清秋。
　　　　　唐－李贺《马诗》之二

岱宗夫如何，齐鲁青未了。
造化钟神秀，阴阳隔昏晓。
荡胸生层云，决眦入归鸟。
会当凌绝顶，一览众山小。
　　　　　　唐－杜甫《望岳》

待月西厢下，迎风户半开。
拂墙花影动，疑是玉人来。
　　　　　元－王实甫《西厢记》句

丹青绘盛世，翰墨颂辉煌。　　佚名

丹青意造本无法，画圣胸中常有诗。
　　　　　　　　　佚名

丹鱼映水，黄雀迎风。　　　佚名

淡酒邀明月，香茶迎故人。
　　　　　　　　　佚名

淡如秋菊何妨瘦，清到梅花不畏寒。
　　　　　　　　　佚名

但愿人长久，千里共婵娟。
　　　　　宋－苏轼《水调歌头》句

淡墨写作无声诗。
　　　宋－黄庭坚《次韵子瞻、子由题憩寂
　　　　　　　　　　图》句

道通天地有形外，思入风云变态中。
　　　　　　　　　佚名

涤烦除俗寻真乐，临水登山得至情。
    佚名

东风袅袅泛崇光，香雾空濛月转廊。
只恐夜深花睡去，故烧高烛照红妆。
    宋－苏轼《海棠》

东风入柳，残雪飘梅。   佚名

动人春色不须多。
    宋－王安石《咏石榴花》句

洞悉世事胸襟阔，阅尽人情眼界宽。
    佚名

斗室乾坤大，寸心天地宽。   佚名

读书得真趣，怀古生远思。   佚名

读书觅佳句，润墨得风神。   佚名

读书贫里乐，搜句静中忙。
    唐－裴说《句》句

独立寒秋，湘江北去，橘子洲头。看
万山红遍，层林尽染；漫江碧透，百
舸争流。鹰击长空，鱼翔浅底，万类
霜天竞自由。怅寥廓，问苍茫大地，
谁主沉浮？携来百侣曾游。忆往昔峥
嵘岁月稠。恰同学少年，风华正茂；
书生意气，挥斥方遒。指点江山，激
扬文字，粪土当年万户侯。曾记否，
到中流击水，浪遏飞舟？
    现代－毛泽东《沁园春·长沙》

独上江楼思悄然，月光如水水如天。

同来玩月人何在？风景依稀似去年。
    唐－赵嘏《江楼感旧》句

独坐每将书作伴，闭门常与竹为邻。
    佚名

睹松竹则思贞操之贤，
临清流则贵廉洁之行。
    唐－房玄龄等《晋书·张天锡传》句

杜门闲客散，开卷古人来。   佚名

渡头馀落日，墟里上孤烟。
    唐－王维《辋川闲居赠裴秀才迪》句

断云发山色，轻风漾水光。
    唐－刘禹锡《和乐天洛城春齐梁体八
    韵》句

多读古人书，静思天下事。   佚名

F

芳草青青送马蹄，垂杨深处画楼西。
流莺自惜春将去，衔住飞花不忍啼。
    清－舒瞻《偶占》

芳林新叶催陈叶，流水前波让后波。
    唐－刘禹锡《乐天见示伤微之、敦诗、
    晦叔三君子，皆有深分，因成是诗以
    寄》句

风吹古木晴天雨，月照平沙夏夜霜。
    唐－白居易《江楼夕望招客》句

风吹梅蕊闹，雨红杏花香。
    宋－晏殊《临江仙》句

风定花犹落，鸟鸣山更幽。
　　宋－王安石《沈括存中述笔谈》句

风定始知蝉在树，灯残方见月临窗。
　　　　　　　　　　　　　　佚名

风翻白浪花千片，雁点青天字一行。
　　唐－白居易《江楼晚眺，景物鲜奇，吟
　　　　玩成篇,寄水部张员外》句

风和桃李秀，日暖山河春。　　佚名

风景这边独好。
　　现代－毛泽东《清平乐·会昌》句

风鸣两岸叶，月照一孤舟。
　　唐－孟浩然《宿桐庐江寄广陵旧游》句

风暖鸟声碎，日高花影重。
　　　　　　唐－杜荀鹤《春官怨》句

风轻粉蝶喜，花暖蜜蜂喧。
　　唐－杜甫《敝庐遣兴奉寄严公》句

风轻日暖好鸟语，夜静山响春泉鸣。
　　　　　宋－欧阳修《赠沈遵》句

风清杨柳梦，月淡海棠阴。　　佚名

风入寒松声自古，水归沧海意皆深。
　　唐－刘威《欧阳方·新诗因贻四韵》句

风摇竹影有声画，雪打梅花无字诗。
　　　　　　　　　　　　　　佚名

风移兰气入，春逐鸟声开。　　佚名

风雨送春归，飞雪迎春到。已是悬崖
百丈冰，犹有花枝俏。俏也不争春，
只把春来报。待到山花烂漫时，她在
丛中笑。
　　现代－毛泽东《卜算子·咏梅》

风枝惊暗雀，露草泣寒虫。
　　唐－戴叔伦《江乡故人偶集客舍》句

风助飞雪舞，诗伴落梅吟。　　佚名

风转云头敛，烟锁水面开。
晴虹桥影出，秋雁橹声来。
　　　　　　唐－白居易《河亭晴望》

逢人觅妙句，留客听清泉。　　佚名

逢挚友来如对月，有好书读胜看花。
　　　　　　　　　　　　　　佚名

浮云游子意，落日故人情。
　　　　　　唐－李白《送友人》句

G

改过如芟草，怡情好养花。　　佚名

高峰入云，清流见底。
　　南朝梁－陶弘景《答谢中书书》句

高峰夜留景，深谷昼未明。
　　　　　　唐－孟郊《游终南山》句

高阁客竟去，小园花乱飞。
　　　　　　唐－李商隐《落花》句

高江急峡雷霆斗，古木苍藤日月昏。
唐－杜甫《白帝》句

高树晓还密，远山晴更多。
唐－许浑《早秋》句

根深不怕风摇动，树正无愁日影斜。
明－《增广贤文》句

更待菊黄家酿熟，共君一醉一陶然。
唐－白居易《与梦得沽酒闲饮且约后
期》句

孤城背岭寒吹角，独树临江夜泊船。
唐－刘长卿《自夏口至鹦鹉洲望岳阳
寄元中丞》句

孤村到晓犹灯火，知有人家夜读书。
宋－晁冲之《夜行》句

孤村芳草远，斜日杏花飞。
宋－寇准《江南春》句

孤村落日残霞，轻烟老树寒鸦，一点飞鸿影下。青山绿水，白草红叶黄花。
元－白朴《天净沙·秋》

孤灯寒照雨，湿竹暗浮烟。
唐－司空曙《云阳馆与韩绅宿别》句

孤山寺北贾亭西，水面初平云脚低。
几处早莺争暖树，谁家新燕啄春泥。
乱花渐欲迷人眼，浅草才能没马蹄。
最爱东湖行不足，绿杨荫里白沙堤。
唐－白居易《钱塘湖春行》

沽酒客来风亦醉，卖花人去路还香。
佚名

古来圣贤皆寂寞，唯有饮者留其名。
唐－李白《将进酒》句

古木鸣寒鸟，空山啼夜猿。
唐－魏征《述怀》句

古木无人径，深山何处钟？
泉声咽危石，日色冷青松。
唐－王维《过香积寺》句

古木阴中系短篷，杖藜扶我过桥东。
沾衣欲湿杏花雨，吹面不寒杨柳风。
南宋－僧志南《绝句》

谷静秋泉响，岩深青霭残。
唐－王维《东溪玩月在。句

谷里花开知地暖，林间鸟语作春声。
宋－欧阳修《和丁宝臣游甘泉寺》句

谷莺语软花边过，水调声长醉里听。
南唐－李煜《抛球乐》句

故人西辞黄鹤楼，烟花三月下扬州。
孤帆远影碧空尽，唯见长江天际流。
唐－李白《送孟浩然之广陵》

怪石奔秋涧，寒藤挂古松。　　佚名

观山养德，看泉洁心。　　佚名

桂子月中落，天香云外飘。
唐－宋之问《灵隐寺》句

果欲结金兰，但看松柏林。
经霜不坠地，岁寒无异心。
南朝－乐府古辞《子夜四时歌》

过雨看松色，随山到水源。
唐－刘长卿《寻南溪常道士》句

H
海到无边天作岸，山登绝顶我为峰。
佚名

海阔随鱼跃，天高任鸟飞。　　佚名

海上生明月，天涯共此时。
唐－张九龄《望月怀远》句

海为龙世界，云是鹤家乡。
现代－齐白石题联

寒花隐乱草，宿鸟择深枝。
唐－杜甫《薄暮》句

寒沙蒙薄雾，落月去清波。
唐－杜甫《将晚二首》句

寒山转苍翠，秋水日潺湲，
倚仗柴门外，临风听暮蝉。
渡头馀落日，墟里上孤烟。
复值接舆醉，狂歌五柳前。
唐－王维《辋川闲居赠裴秀才迪》句

寒雪梅中尽，春风柳上归。
唐－李白《宫中行乐词》句

寒夜客来茶当酒，竹炉汤沸火初红。
宋－杜耒《寒夜》句

寒雨连江夜入吴，平明送客楚山孤。
洛阳亲友如相问，一片冰心在玉壶。
唐－王昌龄《芙蓉楼送辛渐》其一

好借廉风舒画卷，常将正气壮诗情。
佚名

好鸟迎春歌后院，飞花送酒舞前檐。
唐－李白《题东溪公幽居》句

好雨知时节，当春乃发生。
随风潜入夜，润物细无声。
唐－杜甫《春夜喜雨》句

合意友来情不厌，知心人至话投机。
明－冯梦龙《古今小说·新桥市韩王卖
春情》句

荷风送香气，竹露滴清响。
唐－孟浩然《夏日南亭怀辛大》句

荷尽已无擎雨盖，菊残犹有傲霜枝。
一年好景君须记，最是橙黄桔绿时。
宋－苏轼《赠刘景文》

荷香销晚夏，菊气入新秋。
唐－骆宾王《晚泊》句

荷叶罗裙一色裁，芙蓉向脸两边开。
乱入池中看不见，闻歌始觉有人来。
唐－王昌龄《采莲曲二首》其二

黑云翻墨未遮山，白雨跳珠乱入船。
卷地风来忽吹散，望湖楼下水如天。
宋－苏轼《六月二十七日望湖楼醉书
五绝》其一

横看成岭侧成峰，远近高低各不同。
不识庐山真面目，只缘身在此山中。
　　　　　宋－苏轼《题西林壁》

红豆生南国，春来发几枝？
愿君多采撷，此物最相思。
　　　　　　　唐－王维《相思》

红楼隔雨相望冷，珠箔飘灯独自归。
　　　　　　唐－李商隐《春雨》句

红树青山日欲斜，长郊草色绿无涯。
游人不管春将老，来往亭前踏落花。
　　　　宋－欧阳修《丰乐亭游春》其三

红杏香中箫鼓，绿杨影里秋千。
　　　　　　宋－俞国宝《风入松》句

红杏枝头春意闹。
　　　　　宋－宋祁《玉楼春·春景》句

红烛秋光冷画屏，轻罗小扇扑流萤。
天阶夜色凉如水，坐看牵牛织女星。
　　　　　　　唐－杜牧《秋夕》

鸿飞冥冥日月白，青枫叶赤天雨霜。
　　　　　唐－杜甫《寄韩谏议注》句

鸿雁长飞光不度，鱼龙潜跃水成文。
　　　　唐－张若虚《春江花月夜》句

忽如一夜春风来，千树万树梨花开。
　　　唐－岑参《白雪歌送武判官归京》句

壶容天下茶，缘逢知心友。　　佚名

湖光秋月两相和，潭面无风镜未磨。
遥望洞庭山水色，白银盘里一青螺。
　　　　　　唐－刘禹锡《望洞庭》

蝴蝶双双入菜花，日长无客到田家。
鸡飞过篱犬吠窦，知是行商来卖茶。
　　　　宋－范成大《四时田园杂兴》其三

虎瘦雄心在，人贫志气存。
　　　　　元－万松老人《从容录》句

虎啸龙吟气势，松风竹韵精神。　佚名

虎行雪地梅花五，鹤立霜田竹叶三。
　　　　　　　　　　　　　　佚名

花径不曾缘客扫，蓬门今始为君开。
　　　　　　　唐－杜甫《客至》句

花木清香庭院翠，琴书雅趣书堂幽。
　　　　　　　　　　　　　　佚名

花燃山色里，柳卧水声中。
　　　　宋－范成大《清明日狸渡道中》句

花褪残红青杏小。燕子飞时，绿水人
家绕。枝上柳绵吹又少，天涯何处无
芳草！墙里秋千墙外道，墙外行人，
墙里佳人笑。笑渐不闻声渐悄，多情
却被无情恼。
　　　　　　　宋－苏轼《蝶恋花》

花香蝶飞舞，鸟语日初长。　　佚名

花香入室春风霭，
瑞气盈门淑景新。　　　　　　佚名

花迎喜气皆知笑，鸟识欢心亦解歌。
　唐－王维《既蒙宥罪，旋复拜官，伏感
　圣恩，窃书鄙意兼奉简新除使君等诸
　　　　　　　　　　　　　　　公》句

华严名瀑下重峦，白练垂空信可观，
注壑千寻鸣巨吼，出山一泻作洪澜。
源高何虑前途远？流急方知返顾难。
入海入江从此去，清波万里任人看。
现代—王昆仑《观日本华严泷大瀑布》

画印诗书娱远志，琴棋箫笛养精神。
　　　　　　　　　　　　　　　　佚名

怀君属秋夜，散步咏凉天。
空山松子落，幽人应未眠。
　唐－韦应物《秋夜寄丘二十二员外》

荒城临古渡，落日满秋山。
　　　　　　　唐－王维《归嵩山作》句

黄河归大海，碧柳畅天风。　　　佚名

黄河远上白云间，一片孤城万仞山。
羌笛何须怨杨柳，春风不度玉门关。
　　　　　　　唐－王之涣《凉州词》

黄昏多画意，晚霞满诗情。　　　佚名

黄鸡紫蟹堪携酒，红树青山好放船。
　　　　　　清－吴伟业《追叙旧约》句

黄梅时节家家雨，青草池塘处处蛙。
有约不来过夜半，闲敲棋子落灯花。
　　　　　　　　宋－赵师秀《约客》

黄云万里动风色，白波九道流雪山。
　　唐－李白《庐山谣寄卢侍御虚舟》句

会当凌绝顶，一览众山小。
　　　　　　　　　唐－杜甫《望岳》句

惠风和畅。
　　　　　　晋－王羲之《兰亭集序》句

J
鸡声茅店月，人迹板桥霜。
　　　　　　唐－温庭筠《商山早行》句

羁鸟恋旧林，池鱼思故渊。
　　　　晋－陶渊明《归园田居五首》句

几处早莺争暖树，谁家新燕啄春泥。
　　　　　唐－白居易《钱塘湖春行》句

几净云生砚，窗明月映书。　　　佚名

寂寂柴门秋水阔，乱鸦揉碎夕阳天。
　　　　　　　　清－郑燮《小廊》句

涧水无声绕竹流，竹西花草弄春柔。
茅檐相对坐终日，一鸟不鸣山更幽。
　　　　　　宋－王安石《钟山即事》

江城如画里，山晚望晴空。
两水夹明镜，双桥落彩虹。
人烟寒橘柚，秋色老梧桐。
谁念北楼上，临风怀谢公。
　　　　唐－李白《秋登宣城谢朓北楼》

343

江动月移石,溪虚云傍花,
鸟栖知故道,帆过宿谁家。

唐 - 杜甫《绝句六首》之一

江间波浪兼天涌,塞上风云接地阴。

唐 - 杜甫《秋兴八首》句

江流天地外,山色有无中。

唐 - 王维《汉江临泛》句

江山如画

江山日丽,台榭风和。　　　佚名

江山盛世春光里,日月新天画图中。

佚名

江月随人影,山花趁马蹄。

唐 - 张谓《送裴侍御归上都》句

接天莲叶无穷碧,映日荷花别样红。

宋 - 杨万里《晓出净慈寺送林子方》句

金屋光辉花并蒂,玉楼春暖月初圆。

佚名

锦江春色来天地,玉垒浮云变古今。

唐 - 杜甫《登楼》句

近水楼台先得月,向阳花木易为春。

宋 - 俞文豹《清夜录》句

惊风乱飐芙蓉水,密雨斜侵薜荔墙。

唐 - 柳宗元《登柳州城楼寄漳汀封连
四州》句

静观山水觅画意,闲听琴瑟赋诗情。

佚名

静坐莲池香满袖,晓行花径露沾衣。

佚名

九天紫瑞气,四野沐清风。　　佚名

久旱逢甘雨,他乡遇故知。

宋 - 洪迈《容斋随笔·卷八》句

掬水月在手,弄花香满衣。　　佚名

绝顶人来少,高松鹤不群。

唐 - 贾岛《宿山寺》句

君不见黄河之水天上来,奔流到海不
复回。君不见高堂明镜悲白发,朝如
青丝暮成雪。人生得意须尽欢,莫使
金樽空对月。天生我材必有用,千金
散尽还复来。烹羊宰牛且为乐,会须
一饮三百杯。岑夫子,丹邱生,将进
酒,君莫停。与君歌一曲,请君为我
侧耳听。钟鼓馔玉不足贵,但愿长醉
不复醒。古来圣贤皆寂寞,惟有饮者
留其名。陈往昔时宴平乐,斗酒十千
恣欢谑。主人何为言少钱,径须沽取
对君酌。五花马,千金裘,呼儿将出
换美酒,与尔同销万古愁。

唐 - 李白《将进酒》

君问归期未有期,巴山夜雨涨秋池。
何当共剪西窗烛,却话巴山夜雨时。

唐 - 李商隐《夜雨寄北》

K

开卷群言雅，挥毫六气清。　　　　佚名

开篇玩古，则千载共朝；
削简传今，则万里对面。
　　　　　　梁－庾肩吾《书品序》句

开心才见胆，破腹任人钻，
腹中天地阔，常有渡人船。
　　　　　　　　现代－朱德诗句

看剑豪生胆，读书香到心。　　　佚名

看取莲花净，方知不染心。
　　　　　唐－孟浩然《题义公禅房》句

空翠隐高鸟，夕阳归远山。
　　　　　　唐－周贺《抄秋登江楼》句

空山新雨后，天气晚来秋。
　　　　　　唐－王维《山居秋暝》句

苦读千年史，笑吟万家诗。　　　佚名

宽心应是酒，遣兴莫过诗。
　　　　　　　　唐－杜甫《可惜》句

L

兰幽香风远，松寒不改容。
唐－李白《于五松山赠南陵常赞府》句

朗月清风

浪花有意千重雪，桃李无言一队春。
　　　　　　南唐－李煜《渔父》句

乐在其中

雷声忽送千峰雨，花气浑如百合香。
黄莺过水翻回去，燕子衔泥湿不妨。
　　　　　　　　唐－杜甫《即事》

雷声千嶂落，雨色万峰来。
　　　　　唐－李攀龙《广阳山道中》句

冷露滴梦破，峭风梳骨寒。
　　　　　　　唐－孟郊《秋怀》句

冷烛无烟绿蜡干，芳心犹卷怯春寒。
一缄书札藏何事，会被东风暗拆看。
　　　　　　　唐－钱珝《未展芭蕉》

梨花千树雪，杨叶万条烟。
　　　　　　唐－岑参《送杨子》句

梨花院落溶溶月，柳絮池塘淡淡风。
　　　　　　　宋－晏殊《寓意》句

李白乘舟将欲行，忽闻岸上踏歌声。
桃花潭水深千尺，不及汪伦送我情。
　　　　　　　唐－李白《赠汪伦》

李杜文章在，光焰万丈长。
　　　　　　唐－韩愈《调张籍》句

理明怀乃裕，心定气自清。
　　　　　　　　　　佚名

立身苦被浮名累，涉世无如本色难。
　　　　　　　　现代－启功联语

两个黄鹂鸣翠柳，一行白鹭上青天。
窗含西岭千秋雪，门泊东吴万里船。
　　　　　唐-杜甫《绝句四首》之三

聊将清寒入诗律，偶缘疏拙得天真。
　　　　　　　　　　　　佚名

林暗草惊风，将军夜引弓，
平明寻白羽，没在石棱中。
　　　　　唐-卢纶《和张仆射塞下曲》

林花扫更落，径草踏还生。
　　　　唐-孟浩然《春中喜王九相寻》句

临溪而渔，溪深而鱼肥；
酿泉为酒，泉香而酒洌。
　　　　　宋-欧阳修《醉翁亭记》句

岭树重遮千里目，江流曲似九回肠。
　　唐-柳宗元《登柳州城楼寄漳、汀、封、
　　　　　　　　　连四州刺史》句

泠泠七弦上，静听松风寒。
古调虽自爱，今人多不弹。
　　　　　　唐-刘长卿《听弹琴》

流光容易把人抛，
红了樱桃，绿了芭蕉。
　　　　　宋-蒋捷《一剪梅-春思》句

留连戏蝶时时舞，自在娇莺恰恰啼。
　　唐-杜甫《江畔独步寻花七绝句》句

柳笛穿林过，渔歌踏浪来。
　　　　　　　　　　　　佚名

柳色黄金嫩，梨花白雪香。
　　　　　唐-李白《宫中行乐词》句

柳塘春水漫，花坞夕阳迟。
　　　　　唐-严维《酬刘员外见寄》句

柳外轻雷池上雨，雨声滴碎荷声。
　　　　　宋-欧阳修《临江仙》句

龙腾虎跃

龙吟虎啸

楼高先得月，室静好观书。　　佚名

楼倚霜树外，镜天无一毫。
南山与秋色，气势两相高。
　　　　　　　唐-杜牧《长安秋望》

陋室有文史，高门有笙竽。
　　　唐-韩愈《长安交游者赠孟郊》句

露从今夜白，月是故乡明。
　　　　　唐-杜甫《月夜忆舍弟》句

露带山花落，云随野水流。
　　　　　　唐-张乔《送蜀客》句

露重飞难进，风多响易沉。
　　　　　唐-骆宾王《在狱咏蝉》句

鹿吟在深草，蝉鸣隐高枝，
心自有所存，旁人哪得知。
　　　　　南朝宋-鲍照《代别鹤操》

绿垂风折笋,红绽雨肥梅。
唐－杜甫《陪郑广文游何将军山林十
首》句

绿树村边合,青山郭外斜。
唐－孟浩然《过故人庄》句

绿树连村暗,黄花入麦稀。
远陂春草绿,犹有水禽飞。
唐－司空图《独望》

绿水闲润柳,春风漫拂花。　　　　佚名

绿杨烟外晓寒轻,红杏枝头春意闹。
宋－宋祁《玉楼春·春景》句

乱花渐欲迷人眼,浅草才能没马蹄。
唐－白居易《钱塘湖春行》句

落花人独立,微雨燕双飞。
宋－晏几道《临江仙》句

落花无语,芳草有情。　　　　　　佚名

落木千山天远大,澄江一道月分明。
宋－黄庭坚《登快阁》句

落日心犹壮,秋风病欲苏。
唐－杜甫《江汉》句

落霞与孤鹜齐飞,秋水共长天一色。
唐－王勃《滕王阁序》句

落絮无声春堕泪,行云有影月含羞。
宋－吴文英《浣溪沙》句

M

马思边草拳毛动,雕眄青云睡眼开。
唐－刘禹锡《始闻秋风》句

马蹄踏水乱明霞,醉袖迎风受落花。
怪见溪童出门望,鹊声先我到山家。
元－刘因《山家》

麦垄风来翠浪斜,草根肥水噪新蛙。
羡他无事双飞蝶,烂醉东风野草花。
宋－周密《野步》

漫卷诗书喜欲狂。
唐－杜甫《闻官军收河南河北》句

梅花带雪飞琴上,
柳色和烟入酒中。　　　　　　　佚名

梅碾香犹在,丹磨赤自存。
石焚洁似雪,玉碎质还真。
当代－马凯《气节赞》

梅香入梦,竹影横窗。　　　　　　佚名

梅向好风唯是笑,柳因微雨不胜垂。
唐－唐彦谦《寄怀》句

梅雪争春不肯降,骚人搁笔费评章。
梅须逊雪三分白,雪却输梅一段香。
宋－卢梅坡《雪梅》

梅绽香风远,柳摇春意浓。　　　　佚名

梅召春光兰遭夏,菊呈秋色竹凌寒。
佚名

347

梅知春近，松耐岁寒。

佚名

梅子留酸软齿牙，芭蕉分绿与窗纱。
日长睡起无情思，闲看儿童捉柳花。

宋－杨万里《闲居初夏午睡起》

美酒饮教微醉后，好花看到半开时。

宋－邵雍《安乐窝中吟》句

美酒盈樽佳客醉，清风绕宅瑞云生。

佚名

门无客至唯风月，山外人归带夕阳。

佚名

敏捷诗千首，飘零酒一杯。

唐－杜甫《不见》句

名画要如诗句读，古琴兼作水声听。

现代－启功联语

名流不杂，既入芙蓉之池。
君子有邻，还得芝兰之室。

唐－陈子昂《薛大夫山亭宴序》

名应不朽轻仙骨，理到忘机近佛心。

唐－司空图《山中》句

明月几时有？把酒问青天。不知天上
宫阙，今夕是何年。我欲乘风归去，
又恐琼楼玉宇，高处不胜寒。起舞弄
清影，何似在人间！转朱阁，低绮
户，照无眠。不应有恨，何事长向别
时圆？人有悲欢离合，月有阴晴圆
缺，此事古难全。但愿人长久，千里

共婵娟。

宋－苏轼《水调歌头·明月几时有》

明月清风开朗韵，高山流水有知音。

佚名

明月松间照，清泉石上流。

唐－王维《山居秋暝》句

莫道春风不解意，因何吹送落花来。

唐－王维《戏题盘石》句

漠漠轻寒上小楼，晓阴无赖似穷秋，
淡烟流水画屏幽。自在飞花轻似梦，
无边丝雨细如愁。宝帘闲挂小银钩。

宋－秦观《浣溪沙》

墨趣

墨香

墨韵诗魂

木落江渡寒，雁还风送秋。

南朝宋－鲍照《登黄鹤矶》句

木欣欣以向荣，泉涓涓而始流。

晋－陶渊明《归去来兮辞》句

牧童归去横牛背，短笛无腔信口吹。

宋－雷震《村晚》句

暮色千山入，春风百草香。

宋－苏轼《雨晴》句

暮云收尽溢清寒，银汉无声转玉盘。

348

此生此夜不长好，明月明年何处看。

　　　　　　　宋－苏轼《中秋月》

N

南山塞天地，日月石上生。
高峰夜留景，深谷昼未明。

　　　　　　　唐－孟郊《游终南山》句

南山与秋色，气势两相高。

　　　　　　　唐－杜牧《长安秋望》句

难得糊涂。

　　　　　　　清－郑板桥语

泥融飞燕子，沙暖睡鸳鸯。

　　　　　　　唐－杜甫《绝句二首》句

鸟爱碧山远，鱼游江海深。

　　　　　　　唐－李白《留别王司马嵩》句

鸟道挂疏雨，人家残夕阳。

　唐－钱起《太子李舍人城东别业与二
　　　　　　　　三文友逃署》句

鸟归沙有迹，帆过浪无痕。

　　　　　　　唐－贾岛《登江亭晚望》句

鸟宿池边树，僧敲月下门。

　　　　　　　唐－贾岛《题李凝幽居》句

鸟向平芜远近，人随流水东西。

　　　　　　　唐－刘长卿《谪仙怨》句

农事渐兴人满野，霜寒初重雁横空。

　　　　　　　宋－陆游《横塘》句

浓绿万枝红一点，动人春色不须多。

　　　　　　　宋－王安石《咏石榴花》句

弄日莺狂语，迎风蝶倒飞。

　　　　　　　唐－姚合《游春》句

怒发冲冠，凭栏处，潇潇雨歇。抬望
眼，仰天长啸，壮怀激烈。三十功名
尘与土，八千里路云和月。莫等闲，
白了少年头，空悲切。靖康耻，犹未
雪；臣子恨，何时灭！驾长车，踏破
贺兰山缺。壮志饥餐胡虏肉，笑谈渴
饮匈奴血。待从头，收拾旧山河，朝
天阙。

　　　　　　　宋－岳飞《满江红》

暖日熏杨柳，浓春醉海棠。

　　　　　　　宋－陈与义《放慵》句

P

拍堤春水蘸垂杨，水流花片香。

　　　　　　　宋－严仁《醉桃源》句

翩若惊鸿，婉若游龙。
荣曜秋菊，华茂春松。

　　　　　　　三国魏－曹植《洛神赋》句

飘若浮云，矫若惊龙。

　　　　唐－房玄龄等《晋书·王羲之传》句

平心尝世味，含笑看人生。　　　佚名

瓶花落砚香归字，窗竹鸣琴韵入弦。

　　　　　　　清－曾国荃联语

萍皱风来后，荷喧雨到时。
　唐－温庭筠《卢氏池上遇雨赠同游者》句

Q

其乐无穷

奇石尽含千古秀，异花长占四时春。
　　　　　　　　　　　　佚名

骑牛吹笛牧童趣，读史挥毫高士情。
　　　　　　　　　　　　佚名

气清更觉山川近，心远愈知宇宙宽。
　　　　　　　　　　　　佚名

千峰随雨暗，一径入云斜。
　　　　　　唐－温庭筠《滕王阁》句

千里暮云重叠翠，一溪寒水浅深情。
　唐－杜牧《湖南正初招李郢秀才》句

千里莺啼绿映红，水村山郭酒旗风。
南朝四百八十寺，多少楼台风雨中。
　　　　　　　唐－杜牧《江南春》

千山鸟飞绝，万径人踪灭。
孤舟蓑笠翁，独钓寒江雪。
　　　　　　唐－柳宗元《江雪》

乾坤容我静，名利任人忙。
　　　　　　　清－苏曼殊联语

墙角数枝梅，凌寒独自开，
遥知不是雪，为有暗香来。
　　　　　　宋－王安石《梅花》

墙头雨细垂纤草，水面风回聚落花。
　　　唐－张蠙《夏日题老将林亭》句

青山不墨千秋画，绿水无弦万古琴。
　　　　　　　　　　　　佚名

青山多画意，春雨润诗情。　　佚名

青山隐隐水迢迢，秋尽江南草未凋。
二十四桥明月夜，玉人何处教吹箫。
　　　唐－杜牧《寄扬州韩绰判官》

青竹添雅韵，淡墨染芬芳。　　佚名

清晨入古寺，初日照高林。
竹径通幽处，禅房花木深。
山光悦鸟性，潭影空人心。
万籁此都寂，但余钟磬音。
　　　唐－常建《题破山寺后禅院》句

清歌观鹤舞，幽韵听松涛。　　佚名

清廉门第忧烦少，和睦家庭幸福多。
　　　　　　　　　　　　佚名

清霜醉枫叶，淡月隐芦花。
　　　　　元－许有壬《获港早行》句

情深恭敬少，知己笑谈多。　　佚名

晴空一鹤排云上，便引诗情到碧霄。
　　　　唐－刘禹锡《秋词二首》句

晴暖感余芳，红苞杂绛房。
落时犹自舞，扫后更闻香。
　　唐－李商隐《和张秀才落花有感》

秋丛绕舍似陶家，遍绕篱边日渐斜。
不是花中偏爱菊，此花开尽更无花。
　　　　　　　唐－元稹《菊花》

秋风生渭水，落叶满长安。
　　　　　唐－贾岛《忆江上吴处士》句

秋清天远大，水静月分明。　　　佚名

秋至满山多秀色，春来无处不花香。
　　　　　　　　明－《增广贤文》句

取静于山寄情于水，
虚怀若竹清气若兰。　　　　　佚名

泉清鳞影现，林密鸟声幽。
　　　　　唐－崔翘《郑郎中山亭》句

泉声咽危石，日色冷青松。
　　　　　　唐－王维《过香积寺》句

犬吠水声中，桃花带露浓。
树深时见鹿，溪午不闻钟。
野竹分青霭，飞泉挂碧峰。
无人知所去，愁倚两三松。
　　　　唐－李白《访戴天山道士不遇》

鹊飞山月曙，蝉噪野风秋。
　　　　唐－上官仪《入朝洛堤步月》句

R

人间岁月闲难得，天下知交老更亲。
　　　　　　　　　　　　佚名

日出江花红胜火，春来江水绿如蓝。
　　　　　　唐－白居易《忆江南》句

日出雄鸡唱，月下草虫鸣。　　佚名

日落江湖白，潮来天地青。
　　　　　　唐－王维《送邢桂州》句

日暮苍山远，天寒白屋贫，
柴门闻犬吠，风雪夜归人。
　　　唐－刘长卿《逢雪宿芙蓉山主人》

日移竹影，风递花香。　　　　佚名

日照三春暖，花开九州红。　　佚名

日照香炉生紫烟，遥看瀑布挂前川。
飞流直下三千尺，疑是银河落九天。
　　　　　　唐－李白《望庐山瀑布》

入帘残月影，高枕远江声。
　　　　　　　唐－杜甫《客夜》句

瑞气盈庭诗韵雅，祥云满室笔花香。
　　　　　　　　　　　　佚名

S

三径香风飘玉蕙，一庭明月照金兰。
　　　　　　清－曹雪芹《红楼梦》句

桑叶隐村户，芦花映钓船。
　　　　唐－岑参《寻巩县南李处士别业》句

沙上草阁柳新暗，城边野池莲欲红。
　　　　　　　唐－杜甫《暮春》句

山不在高，有仙则名。水不在深，有
龙则灵。斯是陋室，惟吾德馨。
　　　　　　唐－刘禹锡《陋室铭》句

山当秋老容偏瘦，菊到霜浓色更佳。
　　　　　　　　　　　　佚名

山到秋深红更多。　　　　　佚名

山店云迎客，江村犬吠船。
　　　唐－岑参《汉川山行呈成少尹》句

山高月小，水落石出。
　　　　　　宋－苏轼《后赤壁赋》句

山光清眼界，书味润心田。　佚名

山光悦鸟性，潭影空人心。
　　　唐－常建《题破山寺后禅院》句

山间月白，林下风清。　　　佚名

山径摘花春酿酒，竹窗留月夜品茶。
　　　　　　　　　　　　佚名

山青灭远树，水绿无寒烟。
　　　唐－李白《秋登巴陵望洞庭》句

山无重数周遭碧，花不知名分外娇。
　　　宋－辛弃疾《鹧鸪天－代人赋》句

山重水复疑无路，柳暗花明又一村。
　　　　　宋－陆游《游山西村》句

删繁就简三秋树，领异标新二月花。
　　　　　　清－郑板桥书斋联语

舍南舍北皆春水，但见群鸥日日来。
花径不曾缘客扫，蓬门今始为君开。
盘飧市远无兼味，樽酒家贫只旧醅。

肯与邻翁相对饮，隔篱呼取尽馀杯。
　　　　　　　唐－杜甫《客至》

深秋帘幕千家雨，落日楼台一笛风。
　　唐－杜牧《题宣州开元寺，阁下宛溪，
夹溪居人》句

深巷斜辉静，闲门高柳疏。
　　　唐－王维《济州过赵叟家宴》句

深院尘稀书韵雅，明窗风静墨花香。
　　　　　　　　　　　　佚名

声飞霄汉云皆驻，响入深潭鱼出游。
　　　　　　　　　　　　佚名

盛世清平乐，新春满庭芳。　佚名

诗情秋水净，画意远山明。　佚名

诗情也似并刀快，剪得秋光入卷来。
　　　　　　　宋－陆游《秋思》句

诗写梅花月，茶煎谷雨春。　佚名

石栏斜点笔，桐叶坐题诗。
　　　　唐－杜甫《重游何氏五首》句

时雨润红桃千树，春风染绿柳万枝。
　　　　　　　　　　　　佚名

食淡能知味，心清可悟真。　佚名

事能知足心常惬，人到无求品自高。
　　　　　　明－洪应明《菜根谭》句

室雅何须大，花香不在多。
清－郑板桥联语

室雅人和

守本分而安岁月，凭天理以度春秋。
佚名

书存金石气，室有蕙兰香。　　佚名

书画怡且乐，金石寿而康。　　佚名

书画益寿，金石延年。　　佚名

书魂琴韵

书中乾坤大，笔下天地宽。　　佚名

疏影横斜水清浅，暗香浮动月黄昏。
宋－林逋《山园小梅》句

树影横窗知月上，花香入户觉春来。
佚名

霜叶红于二月花。
唐－杜牧《山行》句

爽目诗书画，悦神梅竹兰。　　佚名

水光潋滟晴方好，山色空濛雨亦奇。
欲把西湖比西子，淡妆浓抹总相宜。
宋－苏轼《饮湖上初晴后雨》

水流心不竞，云在意俱迟。
唐－杜甫《江亭》句

水能性淡为吾友，竹节心虚是我师。
唐－白居易《池上竹》句

水深鱼极乐，林茂鸟知归。
唐－杜甫《秋野五首》句

水唯善下能成海，山不争高自及天。
佚名

水向石边流出冷，风从花里过来香。
佚名

思飘云天外，诗入画图中。
佚名

四顾山光接水光，凭栏十里芰荷香。
清风明月无人管，并作南楼一味凉。
宋－黄庭坚《鄂州南楼书事》

似画风光常醉我，如诗岁月总开心。
佚名

松风煮茗，竹雨谈诗。　　佚名

松高节更劲，梅老香益浓。　　佚名

松声竹韵

松下问童子，言师采药去。
只在此山中，云深不知处。
唐－贾岛《寻隐者不遇》

松竹梅斗雪；桃李杏争春。　　佚名

松竹梅岁寒三友，桃梨杏春风一家。
佚名

岁寒才知松柏茂，隆冬方显傲霜梅。

　　　　　　　　　佚名

岁老根弥壮，阳骄叶更阴。

　　　　　宋－王安石《孤桐》句

T

台痕上阶绿，草色入帘青。

　　　唐－刘禹锡《陋室铭》句

谈笑有鸿儒，往来无白丁。

　　　唐－刘禹锡《陋室铭》句

桃花细逐杨花落，黄鸟时兼白鸟飞。

　　　唐－杜甫《曲江对酒》句

桃李春风一杯酒，江湖夜雨十年灯。

　　　宋－黄庭坚《寄黄几复》句

陶冶性灵存底物，新诗改罢自长吟。

　　　　唐－杜甫《解闷》句

天寒远山净，日暮长河急。

　　　唐－王维《齐州送祖三》句

天街小雨润如酥，草色遥看近却无。
最是一年春好处，绝胜烟柳满皇都。

　唐－韩愈《早春呈水部张十八员外》

天朗气清，惠风和畅。

　　　晋－王羲之《兰亭集序》句

天伦之乐

天门中断楚江开，碧水东流至此回。

两岸青山相对出，孤帆一片日边来。

　　　　唐－李白《望天门山》

天清一雁远，海阔孤帆迟。

　　　唐－李白《送张舍人之江东》句

天若有情天亦老，月如无恨月常圆。

　　　　　宋－石延年联语

天涯何处无芳草。

　　　　宋－苏轼《蝶恋花》句

天意怜芳草，人间重晚晴。

　　　唐－李商隐《晚晴》句

天质自森森，孤高几百寻。
凌霄不屈己，得地本虚心。
岁老根弥壮，阳骄叶更阴。
明时思解愠，愿斫五弦琴。

　　　　宋－王安石《孤桐》

推窗观日月，挥笔起云烟。　　　佚名

W

万壑树声满，千崖秋气高。

　　　唐－杜甫《奉酬十一舅惜别之作》句

为草当作兰，为木当作松。
兰幽香风远，松寒不改容。

　唐－李白《于五松山赠南陵常赞府》句

文成蕉叶书犹绿，吟到梅花字亦香。

　　　　　　　　　佚名

文心花引动，诗思鸟啼来。　　　佚名

文姿笔态云山里，画意诗情烟树中。
佚名

问余何意栖碧山，笑而不答心自闲。
桃花流水窅然去，别有天地非人间。
唐－李白《山中问答》

无边落木萧萧下，不尽长江滚滚来。
唐－杜甫《登高》句

无官一身轻，有子万事足。
宋－苏轼《贺子由生第四孙》句

无穷名利无穷恨，有限光阴有限身。
元－张养浩《中吕－喜春来》句

五湖四海皆春色，万水千山尽德辉。
佚名

午枕听儿吟好句，晚窗留客弄残棋。
佚名

舞低杨柳楼心月，歌尽桃花扇底风。
宋－晏几道《鹧鸪天》句

X

夕阳红

夕阳无限好。
唐－李商隐《乐游原》句

西窗一雨无人见，展尽芭蕉数尺心。
宋－汪藻《即事二首》句

昔人已乘黄鹤去，此地空余黄鹤楼。

黄鹤一去不复返，白云千载空悠悠。
晴川历历汉阳树，芳草萋萋鹦鹉洲。
日暮乡关何处是，烟波江上使人愁。
唐－崔颢《黄鹤楼》

溪云初起日沉阁，山雨欲来风满楼。
唐－许浑《咸阳城东楼》句

溪涨清风拂面，月落繁星满天。
宋－陆游《夏日六言》句

嬉笑怒骂，皆成文章。
宋－黄庭坚《东坡先生真赞》句

洗绿轻梳柳，滴红细润颜。
尘埃一扫尽，清气满人间。
当代－马凯《沐雨》

洗砚鱼吞墨，烹茶鹤避烟。
宋－魏野《书友人屋壁》句

细草微风岸，危樯独夜舟，
星垂平野阔，月涌大江流。
名岂文章著，官应老病休。
飘飘何所似，天地一沙鸥。
唐－杜甫《旅夜书怀》句

细水浮花归别涧，断云含雨入孤村。
唐－韩偓《春尽》句

细雨湿衣看不见，闲花落地听无声。
唐－刘长卿《别严士元》句

细雨鱼儿出，微风燕子斜。
唐－杜甫《水槛遣心二首》句

闲处携书花下坐，兴来得句竹间吟。

佚名

闲云孤鹤梦，积雪野梅香。　　佚名

闲云野鹤

闲坐对花常入梦，无眠听雨忽成诗。

佚名

显贵浮云去，虚名逐浪沉。
淡泊心守静，抱璞我归真。

当代－马凯《淡泊人生》

险韵新诗就，狂书古墨香。　　佚名

香稻啄余鹦鹉粒，碧梧栖老凤皇枝。

唐－杜甫《秋兴八首》句

向晚意不适，驱车登古原，
夕阳无限好，只是近黄昏。

唐－李商隐《乐游原》

小楼一夜听春雨，深巷明朝卖杏花。

宋－陆游《临安春雨初霁》句

晓色半窗迎鸟语，午阴满院落蝉声。

现代－姚雪垠诗句

斜阳照墟落，穷巷牛羊归。
野老念牧童，倚杖候荆扉。

唐－王维《渭川田家》

心存清白真快乐，事留余地自逍遥。

佚名

心底无私天地宽。

现代－陶铸诗句

心神无俗累，歌咏有新声。

唐－邢象玉《古意》句

心似浮云常自在，意如流水任西东。

佚名

心随朗月高，志与秋霜洁。

唐－李世民《经破薛举战地》句

心同野鹤与尘远，诗似冰壶见底清。

唐－韦应物《赠王信御》句

心无俗虑精神爽，室有清淡智慧开。

佚名

心远地自偏。

晋－陶渊明《饮酒》句

新诗好酒能留客，奇石名花不赠人。

佚名

新诗捧与知音赏，美酒待邀贵客斟。

佚名

星垂平野阔，月涌大江流。

唐－杜甫《旅夜书怀》句

行到水穷处，坐看云起时。

唐－王维《终南别业》句

修竹气同贤者静，春山情若故人长。

近代－徐铁琴联语

雪里江山美，花间岁月新。　　　佚名

雪消门外千山绿，花发江边二月晴。
　　宋－欧阳修《春日西湖寄谢法曹歌》句

寻章摘句老雕虫，晓月当帘挂玉弓。
不见年年辽海上，文章何处哭秋风。
　　　　　唐－李贺《南园十三首》句

Y

檐前花复地，竹外鸟窥人。
　　唐－祖泳《清明宴司勋刘郎中别业》句

眼界高时无物碍，
心源开处有波清。　　　　　佚名

雁引愁心去，山衔好月来。
　　唐－李白《与夏十二登岳阳楼》句

养心莫如寡欲，
至乐无如读书。
　　　　　　清－郑成功联语

野渡无人舟自横。
　　　唐－韦应物《滁州西涧》句

野花偏艳目，村酒醉人多。　　佚名

野火烧不尽，春风吹又生。
　　唐－白居易《赋得古原草送别》句

野旷沙岸净，天高秋月明。
　　　　南朝宋－谢灵运《初去郡》句

野旷天低树，江清月近人。
　　唐－孟浩然《宿建德江》句

野桃含笑竹篱短，溪柳自摇沙水清。
　　　　　宋－苏轼《新城道中》句

野竹分青霭，飞帘挂碧峰。
　　　唐－李白《访戴天山道士不遇》句

一点浩然气，千里快哉风。
　　　　　宋－苏轼《水调歌头》句

一颗心似火，三寸笔如枪，
流言真笑料，豪气自文章。
　　　　　　现代－郭小川诗句

一帘疏雨琴书润，
满座清风枕簟凉。　　　　　佚名

一曲新词酒一杯，去年天气旧亭台，
夕阳西下几时回。无可奈何花落去，
似曾相识燕归来，小园香径独徘徊。
　　　　　宋－晏殊《浣溪沙》

一蓑一笠一扁舟，一丈丝纶一寸钩。
一曲高歌一樽酒，一人独钓一江秋。
　　　　清－王士祯《题秋江独钓图》

一榻清风书叶舞，半窗明月墨花香。
　　　　　　　　　　　　佚名

一庭花发来知己，
半卷书开见古人。　　　　　佚名

驿外断桥边，寂寞开无主。已是黄昏
独自愁，更著风和雨。无意苦争春，
一任群芳妒。零落成泥碾作尘，只有
香如故。
　　　　　宋－陆游《卜算子·咏梅》

357

意飘云物外，诗入画图中。　　　佚名

吟哦出新意，坦率见真情。　　　佚名

吟竹诗含翠，画梅笔带香。　　　佚名

银烛秋光冷画屏，清罗小扇扑流萤。
天阶夜色凉如水，坐看牵牛织女星。
　　　　　　　唐－杜牧《秋夕》

饮马鱼惊水，穿花露滴衣。
　　　　　　　唐－元稹《早归》句

应怜屐齿印苍苔，小扣柴扉久不开。
春色满园关不住，一枝红杏出墙来。
　　　　　　　宋－叶绍翁《游园不值》

有天皆丽日，无地不春风。　　　佚名

雨过琴书润，风来翰墨香。　　　佚名

雨过山洗容，云来山入梦。
云雨自往来，青山原不动。
　　　　　　　清－袁枚《雨过》

雨前初见花间蕊，雨后全无叶底花。
蜂蝶纷纷过墙去，却疑春色在邻家。
　　　　　　　唐－王驾《雨晴》

雨润山野碧，风和湖海平。　　　佚名

雨中黄叶树，灯下白头人。
　　　　唐－司空曙《喜外弟卢纶见宿》句

远岸秋沙白，连山晚照红。
　　　　　　　唐－杜甫《秋野五首》句

远山芳草外，流水落花中。
　　　唐－司空曙《题鲜于秋林园》句墙头

远上寒山石径斜，白云生处有人家。
停车坐爱枫林晚，霜叶红于二月花。
　　　　　　　　唐－杜牧《山行》

月到天心处，风来水面时。
　　　　　　　宋－邵雍《清夜吟》句

月浸一帘花影瘦，风摇半榻竹荫凉。
　　　　　　　　　　　　　佚名

月落乌啼霜满天，江枫渔火对愁眠。
姑苏城外寒山寺，夜半钟声到客船。
　　　　　　　唐－张继《枫桥夜泊》

月影窗前静，琴声雨后清。　　　佚名

云破月来花弄影。
　　　　　　宋－张先《天仙子·送春》句

云山起翰墨，星斗焕文章。　　　佚名

云无心以出岫，鸟倦飞而知还。
　　　　晋－陶渊明《归去来兮辞》句

云霞成异彩，杨柳动春风。　　　佚名

云想衣裳花想容，春风拂槛露华浓。
若非群玉山头见，会向瑶台月下逢。
　　　　　　　唐－李白《清平调词三首》

Z

杂花生树，群莺乱飞。
　　　　南朝梁－丘迟《与陈伯之书》句

曾经沧海难为水，除却巫山不是云。
　　　　唐－元稹《离思五首》句

沾衣欲湿杏花雨，吹面不寒杨柳风。
　　　　南宋－僧志南《绝句》句

照岸花分彩，迷云雁断行。
　　　　唐－李世民《春日海望》句

折戟沉沙铁未销，自将磨洗认前朝。
东风不与周郎便，铜雀春深锁二乔。
　　　　唐－杜牧《赤壁》

真心凌晚桂，劲节掩寒松。
　　　　唐－骆宾王《浮槎》句

枕上诗书闲处好，门前风景雨来佳。
　　　　宋－李清照《摊破浣溪沙》句

芝兰君子性，松柏古人心。　　　佚名

枝间新绿一重重，小蕾深藏数点红。
爱惜芳心莫轻吐，且教桃李闹春风。
　　　金－元好问《同儿辈赋未开海棠》

止怒莫若诗，去忧莫若乐。
　　　　春秋－管仲《管子·内业》句

志当存高远。
　　　　三国蜀－诸葛亮《诫外甥书》句

众鸟高飞尽，孤云独去闲。
相看两不厌，惟有敬亭山。
　　　　唐－李白《独坐敬亭山》

重帘不卷留香久，古砚微凹聚墨多。
　　宋－陆游《书室明暖终日婆娑其间倦
　　　　　则扶杖至小园戏作长》句

朱雀桥边野草花，乌衣巷口夕阳斜。
旧时王谢堂前燕，飞入寻常百姓家。
　　　　唐－刘禹锡《乌衣巷》

竹风留客饮，松月伴宾茶。　　　佚名

竹开霜后翠，梅动雪前香。
　　　　唐－虞世南《侍宴归燕堂》句

竹怜新雨后，山爱夕阳时。
　　　　唐－钱起《谷口书斋寄杨补阙》句

竹密无妨水过，山高不碍云飞。　佚名

竹死不变节，花落有余香。
　　　　唐－邵谒《金谷园》句

竹疏烟补密，梅瘦雪添肥。　　　佚名

竹香新雨后，莺语落花中。
　　　　唐－张籍《晚春过崔驸马东园》句

竹喧归浣女，莲动下渔舟。
　　　　唐－王维《山居秋暝》句

竹因虚受益，松以静延年。　　　佚名

竹雨松风琴韵，茶烟梧月书声。
　　　　清－傅山联语

自古逢秋悲寂寥，我言秋日胜春朝。
晴空一鹤排云上，便引诗情到碧霄。
　　　　　唐－刘禹锡《秋词》之一

纵情诗酒，飞扬翰墨。　　　　佚名

醉歌田舍酒，笑读古人书。　　佚名

醉翁之意不在酒，在乎山水之间也。
　　　　　宋－欧阳修《醉翁亭记》句

座上客常满，樽中酒不空。
　　　南朝宋－范晔《后汉书·孔融传》句

宾馆酒家装饰

A

岸花飞送客，樯燕语留人。
　　　唐－杜甫《发潭州》句

岸花临水发，江燕绕樯飞。
无由下征帆，独与暮潮归。
　　　南朝梁－何逊《赠诸游旧》

暗尘随马去，明月逐人来。
　　　唐－苏味道《正月十五夜》句

B

白露收残暑，清风衬晚霞。
　　　宋－释仲殊《南歌子》句

白日放歌须纵酒，青春作伴好还乡。
　　　唐－杜甫《闻官军收河南河北》句

白日依山尽，黄河入海流。
欲穷千里目，更上一层楼。
　　　唐－王之涣《登鹳雀楼》

白云千里万里，明月前溪后溪。
　　　唐－刘长卿《谪仙怨》句

白云随鹤舞，明月逐人归。　　　佚名

白昼绿成芳草梦，起来幽兴有新诗。
风帘不动黄鹂语，坐见庭花日影移。
　　　宋－寇准《春昼》

宝鼎茶闲烟尚绿，

幽窗棋罢指犹凉。
　　　清－曹雪芹《红楼梦》句

宾至如归

不为浮云遮望眼，自缘身在最高层。
　　　宋－王安石《登飞来峰》句

C

财源若海，顾客盈门。
　　　　　　佚名

长安一片月，万户捣衣声。
秋风吹不尽，总是玉关情。
　　　唐－李白《子夜吴歌》句

朝辞白帝彩云间，千里江陵一日还。
两岸猿声啼不住，轻舟已过万重山。
　　　唐－李白《早发白帝城》

朝登剑阁云随马，夜渡巴江雨洗兵。
　　　唐－岑参《奉和相公发益昌》句

潮平两岸阔，风正一帆悬。
　　　唐－王湾《次北固山下》句

诚信为本，以义取利。
　　　　　　佚名

城上高楼接大荒，海天愁思正茫茫。
惊风乱飐芙蓉水，密雨斜侵薜荔墙。
岭树重遮千里目，江流曲似九回肠。

361

共来百越文身地，犹自音书滞一方。

　　唐－柳宗元《登柳州城楼寄漳汀封连
　　　　　　　　　　　　　　　四州》句

城外春风吹酒旗，行人挥袂日西时。
长安陌上无穷树，唯有垂杨管别离。

　　　唐－刘禹锡《杨柳枝词九首》之八

楚江微雨里，建业暮钟时。
漠漠帆来重，冥冥鸟去时。
海门深不见，浦树远含滋。
相送情无限，沾襟比散丝。

　　　唐－韦应物《赋得暮雨送李曹》

床前明月光，疑是地上霜。
举头望明月，低头思故乡。

　　　　　　唐－李白《静夜思》

春风桃李花开日，秋雨梧桐叶落时。

　　　　　唐－白居易《长恨歌》句

春和宜赏景，风正好扬帆。

　　　　　　　　　　　　佚名

春江潮水连海平，海上明月共潮生。
滟滟随波千万里，何处春江无月明。

　　　唐－张若虚《春江花月夜》句

春夏秋冬一年四季穿流不止，
东西南北四面八方宾至如归。　佚名

此地一为别，孤蓬万里征。

　　　　　唐－李白《送友人》句

此时故乡远，宁知游子心。

　　　　　唐－王勃《深湾夜宿》句

此夜曲中闻折柳，何人不起故园情。

　　　　唐－李白《春夜洛城闻笛》句

丛菊两地他日泪，孤舟一系故园心。

　　　　　唐－杜甫《秋兴八首》句

D

淡酒邀明月，香茶迎故人。　　　佚名

但愿人长久，千里共婵娟。

　　　　　宋－苏轼《水调歌头》句

独在异乡为异客，每逢佳节倍思亲。
遥知兄弟登高处，遍插茱萸少一人。

　　　唐－王维《九月九日忆山东兄弟》

对酒当歌，人生几何。

　　　　三国魏－曹操《短歌行》句

F

饭菜誉满三江水，情意饱暖四海心。

　　　　　　　　　　　　佚名

风正帆悬

逢人渐觉乡音异，却恨莺声似故山。

　　　　　唐－司空图《漫书五首》句

逢人觅妙句，留客听清泉。

　　　　　　　　　　　　佚名

浮云游子意，落日故人情。

　　　　　唐－李白《送友人》句

G

高谈满四座，一日倾千觞。
　　　　　　唐－李白《赠刘都使》句

更待菊黄家酿熟，共君一醉一陶然
唐－白居易《与梦得沽酒闲饮且约后期》句

孤村到晓犹灯火，知有人家夜读书。
　　　　　　宋－晁冲之《夜行》句

孤客一身千里外，未知归日是何年。
　　　　　　唐－崔涂《望韩公堆》句

沽酒客来风亦醉，卖花人去路还香。
　　　　　　　　　　　　佚名

古来圣贤皆寂寞，唯有饮者留其名。
　　　　　　唐－李白《将进酒》句

古木鸣寒鸟，空山啼夜猿。
　　　　　　唐－魏征《述怀》句

谷莺语软花边过，水调声长醉里听。
　　　　　　南唐－李煜《抛球乐》句

故人故情怀故宴，相望相思不相见。
　　　　唐－王勃《寒夜怀友杂题二首》句

故人西辞黄鹤楼，烟花三月下扬州。
孤帆远影碧空尽，唯见长江天际流。
　　　　唐－李白《送孟浩然之广陵》

故乡今夜思千里，愁鬓明朝又一年。
　　　　　　唐－高适《除夜作》句

故园东望路漫漫，双袖龙钟泪不干。

马上相逢无纸笔，凭君传语报平安。
　　　　　　唐－岑参《逢入京使》

故园柳色催南客，春水桃花待北归。
　　　　唐－刘长卿《时平后春日思归》句

顾客如川川流不息，
生财有道道畅无穷。　　　　佚名

顾客是财神神来四海，
生意重信誉誉满千家　　　　佚名

归梦如春水，悠悠绕故乡。
　　　　　　唐－刘虚《句》句

柜前春意满，店内客人多。　佚名

H

海畔尖山似剑芒，秋来处处割愁肠。
若为化作身千亿，散上峰头望故乡。
　　唐－柳宗元《与浩初上人同看山寄京
　　　　　　　　　　　　华亲故》

海上生明月，天涯共此时。
　　　　　　唐－张九龄《望月怀远》句

海水梦悠悠，君愁我亦愁。
南风知我意，吹梦到西洲。
　　　　宋－郭茂倩《乐府诗集－西洲曲》

海为龙世界，云是鹤家乡。
　　　　　　　　现代－齐白石题联

寒花隐乱草，宿鸟择深枝。
　　　　　　唐－杜甫《薄暮》句

寒山吹笛唤春归，迁客相看泪满衣。
洞庭一夜无穷雁，不待天明尽北飞。
　　　　唐－李益《春夜闻笛》句

寒雪梅中尽，春风柳上归。
　　　　唐－李白《宫中行乐词》句

寒夜客来茶当酒，竹炉汤沸火初红。
　　　　宋－杜耒《寒夜》句

寒雨连江夜入吴，平明送客楚山孤。
洛阳亲友如相问，一片冰心在玉壶。
　　　唐－王昌龄《芙蓉楼送辛渐》其一

好鸟迎春歌后院，飞花送酒舞前檐。
　　　　唐－李白《题东溪公幽居》句

合意友来情不厌，知心人至话投机。
　　　明－冯梦龙《古今小说－新桥市韩五
　　　　　　　　　　　　卖春情》句

何以解忧，惟有杜康。
　　　　三国魏－曹操《短歌行》句

横看成岭侧成峰，远近高低各不同。
不识庐山真面目，只缘身在此山中。
　　　　宋－苏轼《题西林壁》

红豆生南国，春来发几枝？
愿君多采撷，此物最相思。
　　　　唐－王维《相思》

红树青山日欲斜，长郊草色绿无涯。
游人不管春将老，来往亭前踏落花。
　　　宋－欧阳修《丰乐亭游春》其三

红杏香中箫鼓，绿杨影里秋千。
　　　　宋－俞国宝《风入松》句

壶容天下茶，缘逢知心友。
　　　　　　　　　　佚名

蝴蝶梦中家万里，杜鹃枝上月三更。
　　　　唐－崔涂《春夕旅怀》句

花径不曾缘客扫，蓬门今始为君开。
　　　　唐－杜甫《客至》句

怀君属秋夜，散步咏凉天。
空山松子落，幽人应未眠。
　　　唐－韦应物《秋夜寄丘二十二员外》

还家万里梦，为客五更愁。
　　　唐－张谓《同王征君湘中有怀》句

黄河远上白云间，一片孤城万仞山。
羌笛何须怨杨柳，春风不度玉门关。
　　　　唐－王之涣《凉州词》

黄鸡紫蟹堪携酒，红树青山好放船。
　　　　清－吴伟业《追叙旧约》句

J

鸡声茅店月，人迹板桥霜。
　　　　唐－温庭筠《商山早行》句

羁鸟恋旧林，池鱼思故渊。
　　　　晋－陶渊明《归园田居五首》句

嘉宾云集

江动月移石，溪虚云傍花，

鸟栖知故道，帆过宿谁家。

　　　　　　唐－杜甫《绝句六首》之一

江水三千里，家书十五行，
行行无别语，只道早还乡。

　　　　　　　　明－袁凯《京师得家书》

江月随人影，山花趁马蹄。

　　　　　　唐－张谓《送裴侍御归上都》句

今宵酒醒何处？杨柳岸，晓风残月。

　　　　　　　　宋－柳永《雨霖铃》句

今夜月明人尽望，不知秋思落谁家。

　唐－王建《十五日夜望月寄杜朗中》句

近乡情更怯，不敢问来人。

　　　　　　　唐－宋之问《渡汉江》句

进店来人人满意，出门去个个称心。

　　　　　　　　　　　　　　佚名

进门都是客，到店即为家。　　佚名

久旱逢甘雨，他乡遇故知。

　　　　　　宋－洪迈《容斋随笔·卷八》句

酒常知节狂言少，心不能清乱梦多。

　　　　　　　　　　　　　　佚名

酒逢知己千杯少。

　　　　　　　　　　　《名贤集》句

酒要少饮，事要多知。　　　佚名

酒以成礼。

周－左丘明《左传－庄公二十二年》句

酒以成礼，过则败德。

　　西晋－陈寿《三国志·吴书·陆凯传》句

举头望明月，低头思故乡。

　　　　　　　　唐－李白《静夜思》句

绝顶人来少，高松鹤不群。

　　　　　　　　唐－贾岛《宿山寺》句

君不见黄河之水天上来，奔流到海不复回。君不见高堂明镜悲白发，朝如青丝暮成雪。人生得意须尽欢，莫使金樽空对月。天生我材必有用，千金散尽还复来。烹羊宰牛且为乐，会须一饮三百杯。岑夫子，丹邱生，将进酒，君莫停。与君歌一曲，请君为我侧耳听。钟鼓馔玉不足贵，但愿长醉不复醒。古来圣贤皆寂寞，惟有饮者留其名。陈往昔时宴平乐，斗酒十千恣欢谑。主人何为言少钱，径须沽取对君酌。五花马，千金裘，呼儿将出换美酒，与尔同销万古愁。

　　　　　　　　　　唐－李白《将进酒》

君问归期未有期，巴山夜雨涨秋池。
何当共剪西窗烛，却话巴山夜雨时。

　　　　　　　唐－李商隐《夜雨寄北》

君自故乡来，应知故乡事，
来日绮窗前，寒梅著花未？

　　　　　　　　唐－王维《杂诗三首》

K

慨当以慷，忧思难忘。
何以解忧，惟有杜康。

　　　　　　三国魏－曹操《短歌行》句

365

看花诗思发，对酒客愁轻。

　　唐－权德舆《二月二十七日社兼春分
　　　　　　　端居有怀简所思者》句

客愁旧岁连新岁，归路长亭间短亭。

　　　　　　宋－范成大《东郊故事》句

客里不知春去尽，满山风雨落桐花。

　　　　　　宋－林表明《新昌道中》句

客上天然居，居然天上客。　　　佚名

客似秋叶飞，飘飘不言归。

　　　　　　唐－李白《拟古十二首》句

客心洗流水，余响入霜钟。

　　　　唐－李白《听蜀僧浚弹琴》句

枯藤老树昏鸦，小桥流水人家，
古道西风瘦马，夕阳西下，
断肠人在天涯。

　　　　　元－马致远《天净沙·秋思》

宽心应是酒，遣兴莫过诗。

　　　　　　　　唐－杜甫《可惜》句

狂歌遇形胜，得醉即为家。

唐－杜甫《陪王侍御宴通泉东山野亭》句

昆山玉碎凤凰叫，芙蓉泣露香兰笑。

　　　　　唐－李贺《李凭箜篌引》句

L
蜡烛有心还惜别，替人垂泪到天明。

　　　　　　唐－杜牧《赠别二首》句

兰陵美酒郁金香，玉碗盛来琥珀光。
但使主人能醉客，不知何处是他乡。

　　　　　　　　唐－李白《客中行》

冷露滴梦破，峭风梳骨寒。

　　　　　　　　唐－孟郊《秋怀》句

冷烛无烟绿蜡干，芳心犹卷怯春寒。
一缄书札藏何事，会被东风暗拆看。

　　　　　　　唐－钱珝《未展芭蕉》

李白乘舟将欲行，忽闻岸上踏歌声。
桃花潭水深千尺，不及汪伦送我情。

　　　　　　　　唐－李白《赠汪伦》

临溪而渔，溪深而鱼肥；
酿泉为酒，泉香而酒洌。

　　　　　宋－欧阳修《醉翁亭记》句

岭树重遮千里目，江流曲似九回肠。

　唐－柳宗元《登柳州城楼寄漳、汀、封、
　　　　　　　　　连四州刺史》句

流水清波接吴冈，送君不觉有离伤。
青山一道同云雨，明月何曾是两乡。

　　　　　　　唐－王昌龄《送柴侍御》

露从今夜白，月是故乡明。

　　　　　唐－杜甫《月夜忆舍弟》句

旅馆寒灯独不眠，客心何事转凄然？
故乡今夜思千里，霜鬓明朝又一年。

　　　　　　　　唐－高适《除夜》

旅馆无良伴，凝情自悄然。
寒灯思旧事，断雁警愁眠。

远梦归侵晓，家书到隔年。
沧江好烟月，门系钓鱼船。

唐－杜牧《旅宿》

洛阳城里见秋风，欲作家书意万重。
复恐匆匆说不尽，行人临发又开封。

唐－张籍《秋思》

M

马蹄踏水乱明霞，醉袖迎风受落花。
怪见溪童出门望，鹊声先我到山家。

元－刘因《山家》

麦垄风来翠浪斜，草根肥水噪新蛙。
羡他无事双飞蝶，烂醉东风野草花。

宋－周密《野步》

满座风生

梅花带雪飞琴上，柳色和烟入酒中。

佚名

美酒佳肴迎挚友，名楼雅座待高朋。

佚名

美酒饮教微醉后，好花看到半开时。

宋－邵雍《安乐窝中吟》句

美酒盈樽佳客醉，清风绕宅瑞云生。

佚名

门无客至唯风月，山外人归带夕阳。

佚名

梦怕愁时断，春从醉里回。

宋－田为《南柯子·春景》句

敏捷诗千首，飘零酒一杯。

唐－杜甫《不见》句

明月几时有？把酒问青天。不知天上宫阙，今夕是何年。我欲乘风归去，又恐琼楼玉宇，高处不胜寒。起舞弄清影，何似在人间！转朱阁，低绮户，照无眠。不应有恨，何事长向别时圆？人有悲欢离合，月有阴晴圆缺，此事古难全。但愿人长久，千里共婵娟。

宋－苏轼《水调歌头·明月几时有》

木落江渡寒，雁还风送秋。

南朝宋－鲍照《登黄鹤矶》句

N

难得糊涂

清－郑板桥语

泥融飞燕子，沙暖睡鸳鸯。

唐－杜甫《绝句二首》句

酿成春夏秋冬酒，醉倒东西南北人。

佚名

鸟归沙有迹，帆过浪无痕。

唐－贾岛《登江亭晚望》句

鸟向平芜远近，人随流水东西。

唐－刘长卿《谪仙怨》句

P

平林漠漠烟如织，寒山一带伤心碧。
冥色入高楼，有人楼上愁。玉阶空伫

367

立，宿鸟归飞急。何处是归程？长亭
更短亭。

　　唐－李白《菩萨蛮·平林漠漠烟如织》

凭添两行泪，寄向故园流。

　　唐－岑参《西过渭州见渭水思秦川》句

屏风有意障明月，灯火无情照独眠。

　　　　南朝陈－江总《闺怨篇》句

葡萄美酒夜光杯，欲饮琵琶马上催。
醉卧沙场君莫笑，古来征战几人回。

　　　　　　唐－王翰《凉州词》

Q

千里黄云白日曛，北风吹雁雪纷纷。
莫愁前路无知己，天下谁人不识君。

　　　　　　唐－高适《别董大》

千里暮云重叠翠，一溪寒水浅深情。

　　唐－杜牧《湖南正初招李郢秀才》句

千里莺啼绿映红，水村山郭酒旗风。
南朝四百八十寺，多少楼台烟雨中。

　　　　　　唐－杜牧《江南春》

千里作远客，五更思故乡，
寒鸦数声起，窗外月如霜。

　　　　　　清－沈受宏《客晓》

千山红树万山云，把酒相看日又曛。
一曲离歌两行泪，不知何地再逢君。

　　　　　唐－韦庄《江上别李秀才》

浅酌低唱，遣兴陶情。　　　　佚名

乔木展旧国之思，行云有故山之恋。

　　　　唐－刘禹锡《谢裴相公启》句

青山一道同云雨，明月何曾是两乡。

　　　　　唐－王昌龄《送柴侍御》句

清明时节雨纷纷，路上行人欲断魂。
借问酒家何处有，牧童遥指杏花村。

　　　　　　唐－杜牧《清明》

清瑟怨遥夜，绕弦风雨哀。
孤灯闻楚角，残月下章台。
芳草已云暮，故人殊未来。
乡书不可寄，秋雁又南回。

　　　　　唐－韦庄《章台夜思》

清霜醉枫叶，淡月隐芦花。

　　　　元－许有壬《荻港早行》句

情深恭敬少，知己笑谈多。　　佚名

情怡心醉

劝君更尽一杯酒，西出阳关无故人。

　　　　唐－王维《送元二使安西》句

R

人情怀旧乡，客鸟思故林。

　　　　　　晋－王赞《杂诗》句

人生得意须尽欢，莫使金樽空对月。

　　　　　唐－李白《将进酒》句

人有悲欢离合，月有阴晴圆缺。

　　宋－苏轼《水调歌头·明月几时有》句

人远天涯碧云秋，雨荒篱下黄花瘦。

元－张可久《南吕四块玉》句

人作殊方语，莺为故国声。

唐－王维《晓行巴峡》句

日暮苍山远，天寒白屋贫，
柴门闻犬吠，风雪夜归人。

唐－刘长卿《逢雪宿芙蓉山主人》

日暮乡关何处是？烟波江上使人愁

唐－崔颢《黄鹤楼》句

入座一杯酒，登程满路香。

佚名

若为化得身千亿，散上峰头望故乡。

唐－柳宗元《寄京华亲故》句

S

塞花飘客泪，边柳挂乡愁。

唐－岑参《武威春暮闻宇文判官西使
还已到晋昌》句

山店云迎客，江村犬吠船。

唐－岑参《汉川山行呈成少尹》句

山径摘花春酿酒，竹窗留月夜品茶。

佚名

山外青山楼外楼，西湖歌舞几时休？
暖风熏得游人醉，直把杭州作汴州。

宋－林升《题临安邸》

山重水复疑无路，柳暗花明又一村。

宋－陆游《游山西村》句

舍南舍北皆春水，但见群鸥日日来。
花径不曾缘客扫，蓬门今始为君开。
盘飧市远无兼味，樽酒家贫只旧醅。
肯与邻翁相对饮，隔篱呼取尽余杯。

唐－杜甫《客至》

诗写梅花月，茶煎谷雨春。　　佚名

食淡能知味，心清可悟真。　　佚名

瘦马恋秋草，征人思故乡。

唐－刘长卿《代边将有怀》句

谁家玉笛暗飞声，散入春风满洛城。
此夜曲中闻折柳，何人不起故园情。

唐－李白《春夜洛城闻笛》句

水碧山青

水深鱼极乐，林茂鸟知归。

唐－杜甫《秋野五首》句

思归如汾水，无日不悠悠。

唐－李白《太原早秋》句

四顾山光接水光，凭栏十里芰荷香。
清风明月无人管，并作南楼一味凉。

宋－黄庭坚《鄂州南楼书事》

四时佳景，满座高朋。　　佚名

松风煮茗，竹雨谈诗。　　佚名

T

他乡生白发，旧国见青山。

唐－司空曙《贼平后送人北归》句

369

他乡有明月，千里照相思。
　　　唐－李峤《送崔主簿赴沧州》句

太乙近天都，连山接海隅。
白云回望合，青霭入看无。
分野中峰变，阴晴众壑殊。
欲投人处宿，隔水问樵夫。
　　　　　　　唐－王维《终南山》

谈笑有鸿儒，往来无白丁。
　　　　　唐－刘禹锡《陋室铭》句

桃李春风一杯酒，江湖夜雨十年灯。
　　　　　宋－黄庭坚《寄黄几复》句

天若不爱酒，酒星不在天；
地若不爱酒，地应无酒泉。
　　　　唐－李白《月下独酌四首》句

天涯何处无芳草。
　　　　　　宋－苏轼《蝶恋花》句

天涯岂是无归意，争奈归期未有期。
　　　　　宋－晏几道《鹧鸪天》句

同是天涯沦落人，相逢何必曾相识。
　　　　　唐－白居易《琵琶行》句

W

外地见花终寂寞，异乡闻乐更凄凉。
　　　　　　唐－韦庄《思归》句

万里悲秋常作客，百年多病独登台。
　　　　　　唐－杜甫《登高》句

万里衡阳雁，今年又北归。
　　　　唐－杜甫《归雁二首》句

万里人南去，三春雁北飞，
不知何岁月，得与儿同归。
　　　　唐－韦承庆《南中咏雁诗》

为爱清香频入座，欣同知己细谈心。
　　　　　　　　　　　佚名

唯余故乡月，远近必随人。
　　　　南朝梁－朱迢《舟中望月》句

渭城朝雨邑轻尘，客舍青青柳色新。
劝君更尽一杯酒，西出阳关无故人。
　　　　　唐－王维《送元二使安西》

闻香且止步，知味暂停车。　　佚名

我寄愁心与明月，随君直到夜郎西。
　　　唐－李白《闻王昌龄左迁龙标遥有此
　　　　　　　　　　　　　寄》句

物美畅销路，价廉称客心。　　佚名

物美门若市，心公客自来。
　　　　　　　　　　　佚名

X

夕殿萤飞思悄然，孤灯挑尽未成眠。
　　　　　唐－白居易《长恨歌》句

昔我往矣，杨柳依依；
今我来思，雨雪霏霏。
　　　　　《诗经·小雅·采薇》句

喜迎顾客品佳馔，长送春风开笑颜。
佚名

细草微风岸，危樯独夜舟，
星垂平野阔，月涌大江流。
名岂文章著，官应老病休。
飘飘何所似，天地一沙鸥。
唐－杜甫《旅夜书怀》句

乡泪客中尽，归帆天际看。
唐－孟浩然《早寒江上有怀》句

乡路眇天外，归期如梦中。
唐－岑参《安西馆中思长安》句

乡书何处达？归雁洛阳边。
唐－王湾《次北固山下》句

乡心正无限，一雁度南楼。
唐－赵嘏《寒塘》句

新丰美酒斗十千，咸阳游侠多少年。
相逢意气为君饮，系马高楼垂柳边。
唐－王维《少年行》之二

新诗捧与知音赏，美酒待邀贵客斟。
佚名

Y

杨花落尽子规啼，闻道龙标过五溪。
我寄愁心与明月，随君直到夜郎西。
唐－李白《闻王昌龄左迁龙标遥有此寄》

野岸柳黄霜正白，五更惊破客愁眠。
宋－欧阳修《沭河闻雁》句

夜醉长沙酒，晓行湘水春。
岸花飞送客，樯燕语留人。
唐－杜甫《发潭州》

一曲新词酒一杯，去年天气旧亭台，
夕阳西下几时回。无可奈何花落去，
似曾相识燕归来，小园香径独徘徊。
宋－晏殊《浣溪沙》

一时今夕会，万里故乡情。
唐－杜甫《季秋苏五弟缨江楼夜宴崔
十三评事韦少府侄三首》句

一蓑一笠一扁舟，一丈丝纶一寸钩。
一曲高歌一樽酒，一人独钓一江秋。
清－王士禛《题秋江独钓图》

意酣兴浓

远梦归侵晓，家书到隔年。
唐－杜牧《旅馆》句

月落乌啼霜满天，江枫渔火对愁眠。
姑苏城外寒山寺，夜半钟声到客船。
唐－张继《枫桥夜泊》

月是故乡明。
唐－杜甫《月夜忆舍弟》句

云无心以出岫，鸟倦飞而知还。
晋－陶渊明《归去来兮辞》句

Z

早秋惊落叶，飘零似客心，
翻飞未肯下，犹言惜故林。
唐－孔绍安《落叶》

珍重主人心，酒深情亦深。

唐－韦庄《菩萨蛮》句

征夫怀远路，游子恋故乡。

汉－苏武诗句

钟鼓馔玉不足贵，但愿长醉不复醒。

唐－李白《将进酒》句

竹风留客饮，松月伴宾茶。　　佚名

竹坞无尘水槛清，相思迢递隔重城。
秋阴不散霜飞晚，留得枯荷听雨声。

唐－李商隐《宿骆氏亭寄怀崔雍崔衮》

竹雨松风琴韵，茶烟梧月书声。

清－傅山联语

醉歌田舍酒，笑读古人书。　　佚名

醉后乾坤大，壶中日月长。

明－《增广贤文》句

醉翁之意不在酒，在乎山水之间也。

宋－欧阳修《醉翁亭记》句

座上客常满，樽中酒不空。

南朝宋－范晔《后汉书·孔融传》句

感 恩

C

常思反哺之义，常怀感恩之心。 佚名

慈母手中线，游子身上衣。
临行密密缝，意恐迟迟归。
谁言寸草心，报得三春晖。
　　　　　　唐－孟郊《游子吟》句

慈鸟反哺

寸草春晖

D

滴水之恩涌泉相报。　　　　　谚语

G

感恩

H

何以报知音，永存坚与贞。
　　　　　　唐－孟郊《答郭郎中》句

J

记人之长，忘人之短。
　　　唐－张九龄《敕渤海王大武艺书》句

嘉惠永铭

M

铭心镂骨，感德难忘；
结草衔环，知恩必报。
　　　　　清－程允升《幼学琼林》句

N

你帮过谁，不必记住；
谁帮过你，一定记牢。　　　　佚名

R

人家帮我，永志不忘；
我帮人家，莫记心上。
　　　　　　现代－华罗庚诗句

S

受人之恩，铭记于心。　　　　佚名

谁言寸草心，报得三春晖。
　　　　　　唐－孟郊《游子吟》句

T

投我以木瓜，报之以琼琚。
　　　　　　《诗经·卫风·木瓜》句

投我以桃，报之以李。
　　　　　　《诗经·大雅·抑》句

W

我有功于人不可念，
而过则不可不念；
人有恩于我不可忘，
而怨则不可不忘。
　　　　　明－洪应明《菜根谭》句

勿以小恶弃人大美，
勿以小怨忘人大恩。
　　　　　清－申居郧《西岩赘语》句

书赠佳言 精选

·情·感·篇·

Y

Z

寄情感

A

暗牖悬蛛网，空梁落燕泥。

　　　　隋－薛道衡《昔昔盐》句

B

芭蕉不展丁香结，同向春风各自愁。

　　　　唐－李商隐《代赠二首》句

白发三千丈，缘愁似个长。

　　　　唐－李白《秋浦歌》句

百忧如草雨中生。

　　　　唐－薛逢《长安夜雨》句

便与先生成永诀，九重泉路尽交期。

　唐－杜甫《送郑十八虔贬台州司户》句

别经两地，思比三秋。　　　　佚名

不惜歌者苦，但伤知音稀。

　汉－无名氏《古诗十九首·西北有高
楼》句

不知何处吹芦管，一夜征人尽望乡。

　　　唐－李益《夜上受降城闻笛》句

不知魂已断，空有梦相随。

　　　　唐－韦庄《女冠子》句

C

谗邪害公正，浮云翳白日。

　　　　汉－孔融《临终诗》句

长安回望绣成堆，山顶千门次第开。
一骑红尘妃子笑，无人知是荔枝来。

　　　　唐－杜牧《过华清宫》

长亭外，古道边，芳草碧连天，晚风
拂柳笛声残，夕阳山外山。天之涯，
地之角，知交半零落；一斛浊酒尽余
欢，今宵别梦寒。

　　　　近代－李叔同《送别》

嫦娥应悔偷灵药，碧海青天夜夜心。

　　　　唐－李商隐《嫦娥》句

怅望遥天外，乡愁满目生。

　　　　唐－钱起《送征雁》句

沉舟侧畔千帆过，病树前头万木春。

　唐－刘禹锡《酬乐天扬州初逢席上见
赠》句

城上高楼接大荒，海天愁思正茫茫。
惊风乱飐芙蓉水，密雨斜侵薜荔墙。
岭树重遮千里目，江流曲似九回肠。
共来百越文身地，犹自音书滞一方。

　唐－柳宗元《登柳州城楼寄漳汀封连
四州》

城外春风吹酒旗，行人挥袂日西时。
长安陌上无穷树，唯有垂杨管别离。

　　唐－刘禹锡《杨柳枝词九首》之八

抽刀断水水更流，举杯消愁愁更愁。
　唐－李白《宣州谢朓楼饯别校书叔云》句

愁极本凭诗遣兴，诗成吟咏转悲凉。
　　　　　　　　唐－杜甫《至后》句

出师未捷身先死，长使英雄泪满襟。
　　　　　　　　唐－杜甫《蜀相》句

楚江微雨里，建业暮钟时。
漠漠帆来重，冥冥鸟去时。
海门深不见，浦树远含滋。
相送情无限，沾襟比散丝。
　　　唐－韦应物《赋得暮雨送李曹》

床前明月光，疑是地上霜。
举头望明月，低头思故乡。
　　　　　　　　唐－李白《静夜思》

春风不解禁杨花，濛濛乱扑行人面。
　　　　　　　宋－晏殊《踏莎行》句

春风桃李花开日，秋雨梧桐叶落时。
　　　　　　　唐－白居易《长恨歌》句

春风知别苦，不遣柳条青。
　　　　　　　唐－李白《劳劳亭》句

春恨秋悲皆自惹，花容月貌为谁妍？
　　　　　　清－曹雪芹《红楼梦》句

春花秋月何时了，往事知多少。
　　　　　　南唐－李煜《虞美人》句

春眠不觉晓，处处闻啼鸟。
夜来风雨声，花落知多少。
　　　　　　　唐－孟浩然《春晓》

春色无情容易去。　　　　　　佚名

春宵一刻值千金，花有清香月有阴。
　　　　　　　　宋－苏轼《春宵》句

此地一为别，孤蓬万里征。
　　　　　　　唐－李白《送友人》句

此情无计可消除，
才下眉头，却上心头。
　　　　　　宋－李清照《一剪梅》句

此时故乡远，宁知游子心。
　　　　　　　唐－王勃《深湾夜宿》句

此时相望不相闻，愿逐月华流照君。
　　　　　唐－张若虚《春江花月夜》句

此夜曲中闻折柳，何人不起故园情。
　　　　　唐－李白《春夜洛城闻笛》句

丛菊两地他日泪，孤舟一系故园心。
　　　　　　　唐－杜甫《秋兴八首》句

D

打起黄莺儿，莫教枝上啼，
啼时惊妾梦，不得到辽西。
　　　　　　　唐－金昌绪《春怨》

待月西厢下，迎风户半开。
拂墙花影动，疑是玉人来。
　　　　　　元－王实甫《西厢记》句

当君怀归日，是妾断肠时。
春风不相识，何事入罗帏。
　　　　　　　唐－李白《春思》句

东边日出西边雨，道是无情还有情。
　　　　唐－刘禹锡《竹枝词二首》句

独在异乡为异客，每逢佳节倍思亲。
遥知兄弟登高处，遍插茱萸少一人。
　　　唐－王维《九月九日忆山东兄弟》

对酒当歌，人生几何。
　　　　三国魏－曹操《短歌行》句

多情却被无情恼。
　　　　宋－苏轼《蝶恋花》句

多情只有春庭月，犹为离人照落花。
　　　　唐－张泌《寄人》句

多情自古伤离别，更哪堪冷落清秋节。
　　　　宋－柳永《雨霖铃》句

F

芳草青青送马蹄，垂杨深处画楼西。
流莺自惜春将去，衔住飞花不忍啼。
　　　　清－舒瞻《偶占》

芳草有情，夕阳无语，
雁横南浦，人倚西楼。
　　　　宋－张耒《风流子》句

风定始知蝉在树，灯残方见月临窗。
　　　　佚名

风前灯易灭，川上月难留。
　　　　唐－刘希夷《故园置酒》句

风枝惊暗雀，露草泣寒虫。
　　唐－戴叔伦《江乡故人偶集客舍》句

逢人渐觉乡音异，却恨莺声似故山。
　　　　唐－司空图《漫书五首》句

浮云游子意，落日故人情。
　　　　唐－李白《送友人》句

浮云终日行，游子久不至。
　　　　唐－杜甫《梦李白二首》句

G

孤城背岭寒吹角，独树临江夜泊船
　　唐－刘长卿《自夏口至鹦鹉洲望岳阳
　　　　　　寄元中丞》句

孤灯不明思欲绝，卷帷望月空长叹。
　　　　唐－李白《长相思》句

孤灯寒照雨，湿竹暗浮烟。
　　　唐－司空曙《云阳馆与韩绅宿别》句

孤客一身千里外，未知归日是何年。
　　　　唐－崔涂《望韩公堆》句

故国三千里，深宫二十年。
一声何满子，双泪落君前。
　　　　唐－张祜《何满子》

故人故情怀故宴，相望相思不相见。
　　唐－王勃《寒夜怀友杂题二首》句

故人西辞黄鹤楼，烟花三月下扬州。
孤帆远影碧空尽，唯见长江天际流。
　　　　唐－李白《送孟浩然之广陵》

故乡今夜思千里，愁鬓明朝又一年。
　　　　唐－高适《除夜作》句

故园东望路漫漫，双袖龙钟泪不干。
马上相逢无纸笔，凭君传语报平安。
　　　　　　唐－岑参《逢入京使》

故园柳色催南客，春水桃花待北归。
　　　唐－刘长卿《时平后春日思归》句

归梦如春水，悠悠绕故乡。
　　　　　　　　　唐－刘虚《句》句

闺中少妇不曾愁，春日凝妆上翠楼。
忽见陌头杨柳色，悔教夫婿觅封侯。
　　　　　　　　唐－王昌龄《闺怨》

H

海畔尖山似剑芒，秋来处处割愁肠。
若为化作身千亿，散上峰头望故乡。
　　　唐－柳宗元《与浩初上人同看山寄京
　　　　　　　　　　　　　华亲故》

海上生明月，天涯共此时。
　　　　　　唐－张九龄《望月怀远》句

海水梦悠悠，君愁我亦愁。
南风知我意，吹梦到西洲。
　　　宋－郭茂倩《乐府诗集·西洲曲》

寒蝉凄切，对长亭晚，骤雨初歇。都
门帐饮无绪，留恋处，兰舟催发。执
手相看泪眼，竟无语凝噎。念去去千
里烟波，暮霭沈沈楚天阔。多情自古
伤离别，更那堪，冷落清秋节！今宵
酒醒何处？杨柳岸，晓风残月。此去
经年，应是良辰好景虚设。便纵有千
种风情，更与何人说？
　　　　　　　　宋－柳永《雨霖铃》

寒山吹笛唤春归，迁客相看泪满衣。
洞庭一夜无穷雁，不待天明尽北飞。
　　　　　　唐－李益《春夜闻笛》句

寒衣针线密，家信墨痕新。
　　　　　　清－蒋士铨《岁暮到家》句

寒雨连江夜入吴，平明送客楚山孤。
洛阳亲友如相问，一片冰心在玉壶。
　　　唐－王昌龄《芙蓉楼送辛渐》其一

汉地草应绿，胡庭沙正飞，
愿逐三秋雁，年年一度归。
　　　　　　唐－卢照邻《昭君怨》句

横江欲渡风波恶，·水牵愁万里长。
　　　　　　唐－李白《横江词六首》句

红豆生南国，春来发几枝？
愿君多采撷，此物最相思。
　　　　　　　　唐－王维《相思》

红酥手，黄藤酒，满城春色宫墙柳。
东风恶，欢情薄，一怀愁绪，几年离
索。错，错，错！春如旧，人空瘦，
泪痕红浥鲛绡透。桃花落，闲池阁。
山盟虽在，锦书难托。莫，莫，莫！
　　　　　　　　宋－陆游《钗头凤》

红颜未老恩先断，斜倚薰笼坐到明。
　　　　　　唐－白居易《后宫词》句

蝴蝶梦中家万里，杜鹃枝上月三更。
　　　　　　唐－崔涂《春夕旅怀》句

花不常好，月不常圆。

明－于谦《翁莫恼》句

花飞有底意，老去愿春迟。
可惜欢娱地，都非少壮时。

唐－杜甫《可惜》句

花褪残红青杏小。燕子飞时，绿水人
家绕。枝上柳绵吹又少，天涯何处无
芳草！墙里秋千墙外道，墙外行人，
墙里佳人笑。笑渐不闻声渐悄，多情
却被无情恼。　宋－苏轼《蝶恋花》

怀君属秋夜，散步咏凉天。
空山松子落，幽人应未眠。

唐－韦应物《秋夜寄丘二十二员外》

还家万里梦，为客五更愁。

唐－张谓《同王征君湘中有怀》句

还有小园桃李在，留花不发待郎归。

唐－韩愈《镇州初归》句

荒城临古渡，落日满秋山。

唐－王维《归嵩山作》句

荒台汉时月，色与旧时同。

唐－岑参《司马相如琴台》句

黄钟毁弃，瓦釜雷鸣；
谗人高张，贤士无名。

战国楚－屈原《卜居》句

J

羁鸟恋旧林，池鱼思故渊。

晋－陶渊明《归园田居五首》句

寄到玉关应万里，戍人犹在玉关西。

宋－贺铸《古捣练子》句

家贫常畏客，身老转怜儿。

唐－张籍《晚秋闲居》句

艰难苦恨繁霜鬓，潦倒新停浊酒杯。

唐－杜甫《登高》句

剪不断，理还乱，是离愁，别是一般
滋味在心头。

南唐－李煜《相见欢》句

江东子弟多才俊，卷土重来未可知。

唐－杜牧《题乌江亭》句

江畔何人初见月，江月何年初照人？

唐－张若虚《春江花月夜》句

江山不管兴亡事，一任斜阳伴客愁。

唐－包佶《再过金陵》句

江水三千里，家书十五行，
行行无别语，只道早还乡。

明－袁凯《京师得家书》

江月知人念远，上楼来照黄昏。

宋－秦观《木兰花慢》句
今宵酒醒何处？杨柳岸，晓风残月。

宋－柳永《雨霖铃》句

今夜月明人尽望，不知秋思落谁家。

唐－王建《十五日夜望月寄杜朗中》句

近泪无干土，低空有断云。

唐－杜甫《别房太尉墓》句

近乡情更怯，不敢问来人。
　　　　唐－宋之问《渡汉江》句

旧苑荒台杨柳新，菱歌清唱不胜春。
只今惟有西江月，曾照吴王宫里人。
　　　　唐－李白《苏台览古》

举头望明月，低头思故乡。
　　　　唐－李白《静夜思》句

君问归期未有期，巴山夜雨涨秋池。
何当共剪西窗烛，却话巴山夜雨时。
　　　　唐－李商隐《夜雨寄北》

君自故乡来，应知故乡事，
来日绮窗前，寒梅著花未？
　　　　唐－王维《杂诗三首》

K

慨当以慷，忧思难忘。
何以解忧，惟有杜康。
　　　　三国魏－曹操《短歌行》句

可怜无定河边骨，犹是春闺梦里人。
　　　　唐－陈陶《陇西行》句

可怜夜半虚前席，不问苍生问鬼神。
　　　　唐－李商隐《贾生》句

客愁旧岁连新岁，归路长亭间短亭。
　　　　宋－范成大《东郊故事》句

客里不知春去尽，满山风雨落桐花。
　　　　宋－林表明《新昌道中》句

客似秋叶飞，飘飘不言归。
　　　　唐－李白《拟古十二首》句

枯藤老树昏鸦，小桥流水人家，古道
西风瘦马，夕阳西下，断肠人在天涯。
　　　　元－马致远《天净沙·秋思》句

苦恨年年压金线，为他人作嫁衣裳。
　　　　唐－秦韬玉《贫女》句

L

困倚危楼，过尽飞鸿字字愁。
　　　　宋－秦观《减字木兰花》句

蜡烛有心还惜别，替人垂泪到天明。
　　　　唐－杜牧《赠别二首》句

来如春梦几多时，去似朝云无觅处。
　　　　唐－白居易《花非花》句

兰有秀兮菊有芳，怀佳人兮不能忘。
　　　　汉－刘彻《秋风辞》句

泪眼问花花不语，乱红飞过秋千去。
　　　　宋－欧阳修《蝶恋花》句

冷露滴梦破，峭风梳骨寒。
　　　　唐－孟郊《秋怀》句

李白乘舟将欲行，忽闻岸上踏歌声。
桃花潭水深千尺，不及汪伦送我情。
　　　　唐－李白《赠汪伦》

良辰美景奈何天，赏心乐事谁家院。
　　　　明－汤显祖《牡丹亭·惊梦》句

两情若是久长时，又岂在朝朝暮暮。

宋－秦观《鹊桥仙》句

临穴频抚棺，至哀反无泪。

唐－孟云卿《古乐府挽歌》句

岭树重遮千里目，江流曲似九回肠。

唐－柳宗元《登柳州城楼寄漳、汀、封、连四州刺史》句

岭外音书断，经冬复立春。
近乡情更怯，不敢问来人。

唐－宋之问《渡汉江》

流光容易把人抛，红了樱桃，
绿了芭蕉。

宋－蒋捷《一剪梅·春思》句

流水落花春去也，天上人间。

南唐－李煜《浪淘沙》句

流水清波接吴冈，送君不觉有离伤。
青山一道同云雨，明月何曾是两乡。

唐－王昌龄《送柴侍御》

露从今夜白，月是故乡明。

唐－杜甫《月夜忆舍弟》句

鹿吟在深草，蝉鸣隐高枝，
心自有所存，旁人哪得知。

南朝宋－鲍照《代别鹤操》

洛阳城里见秋风，欲作家书意万重。
复恐匆匆说不尽，行人临发又开封。

唐－张籍《秋思》

落花无语，芳草有情。 佚名

M

满地芦花和我老，旧家燕子傍谁飞。

宋－文天祥《金陵驿》句

满怀幽恨，数点寒灯，几声归雁。

宋－张抡《烛影摇红》句

美人首饰侯王印，尽是沙中浪底来。

唐－刘禹锡《浪淘沙九首》句

门外若无南北路，人间应免别离愁。

唐－杜牧《赠别》句

梦怕愁时断，春从醉里回。

宋－田为《南柯子·春景》句

梦绕边城月，心飞故国楼。

唐－李白《太原早秋》句

敏捷诗千首，飘零酒一杯。

唐－杜甫《不见》句

明月不谙离恨苦，斜光到晓穿朱户。

宋－晏殊《蝶恋花》句

明月高楼休独倚，酒入愁肠，化作相思泪。

宋－范仲淹《苏幕遮》句

莫道不消魂，帘卷西风，人比黄花瘦。

宋－李清照《醉花阴》句

莫道春风不解意，因何吹送落花来。

唐－王维《戏题盘石》句

木落江渡寒，雁还风送秋。
　　　　南朝宋－鲍照《登黄鹤矶》句

目送征鸿飞杳杳，思随流水去茫茫。
　　　　五代－孙光宪《浣溪沙》句

N

南风吹归心，飞堕酒楼前。
　　　　唐－李白《寄东鲁二稚子》句

南风知我意，吹梦到西洲。
　　　　南朝－乐府古辞《西洲曲》句

念君常苦悲，夜夜不能寐。
　　　　汉－乐府古辞《塘上行》句

鸟近黄昏皆绕树，人当岁暮定思乡。
　　　　宋－崔岱齐《岁暮送戴衣闻还苕溪》句

鸟向平芜远近，人随流水东西。
　　　　唐－刘长卿《谪仙怨》句

宁与燕鹊翔，不随鸿鹄飞。
　　　　三国魏－阮籍《咏怀》句

宁作野中之双凫，不愿云间之别鹤。
　　　　南朝宋－鲍照《拟行路难》句

P

蓬山此去无多路，青鸟殷勤为探看。
　　　　唐－李商隐《无题》句

琵琶起舞换新声，总是关山旧别情。
　　　　唐－王昌龄《从军行》句

匹夫无罪，怀璧其罪。
　　　　周－左丘明《左传·桓公十年》句

平林漠漠烟如织，寒山一带伤心碧。冥色入高楼，有人楼上愁。玉阶空伫立，宿鸟归飞急。何处是归程？长亭更短亭。
　　　　唐－李白《菩萨蛮·平林漠漠烟如织》

凭添两行泪，寄向故园流。
　　　　唐－岑参《西过渭州见渭水思秦川》句

屏风有意障明月，灯火无情照独眠。
　　　　南朝陈－江总《闺怨篇》句

葡萄美酒夜光杯，欲饮琵琶马上催。醉卧沙场君莫笑，古来征战几人回。
　　　　唐－王翰《凉州词》

Q

杞国无事忧天倾。
　　　　唐－李白《梁甫吟》句

泣尽继以血，心摧两无声。
　　　　唐－李白《古风》句

千古兴亡多少事，悠悠，
不尽长江滚滚流。
　　　　宋－辛弃疾《南乡子·登京口北固亭有
怀》句

千里黄云白日曛，北风吹雁雪纷纷。莫愁前路无知己，天下谁人不识君。
　　　　唐－高适《别董大》

千里作远客，五更思故乡，
寒鸦数声起，窗外月如霜。
清－沈受宏《客晓》

千山红树万山云，把酒相看日又曛。
一曲离歌两行泪，不知何地再逢君。
唐－韦庄《江上别李秀才》

前不见古人，后不见来者，念天地之
悠悠，独怆然而涕下。
唐－陈子昂《登幽州台歌》

乔木展旧国之思，行云有故山之恋。
唐－刘禹锡《谢裴相公启》句

青鸟不传云外信，丁香空结雨中愁。
南唐－李璟《摊破浣溪沙》句

青青河边草，绵绵思远道。
汉－乐府古辞《饮马长城窟》句

青青子衿，悠悠我心。
纵我不往，子宁不嗣音。
《诗经·郑风·子衿》句
青山一道同云雨，明月何曾是两乡。
唐－王昌龄《送柴侍御》句

清露坠素辉，明月一何朗！
扶枕不能寐，振衣独长想。
晋－陆机《赴洛道中作》

清明时节雨纷纷，路上行人欲断魂。
借问酒家何处有，牧童遥指杏花村。
唐－杜牧《清明》

清瑟怨遥夜，绕弦风雨哀。

孤灯闻楚角，残月下章台。
芳草已云暮，故人殊未来。
乡书不可寄，秋雁又南回。
唐－韦庄《章台夜思》

请君莫奏前朝曲，听唱新翻《杨柳枝》。
唐－刘禹锡《杨柳枝词九首》句

罄南山之竹，书罪无穷；
决东海之波，流恶难尽。
五代后晋－刘昫《旧唐书·李密传》句

秋风吹不尽，总是玉关情。
唐－李白《子夜吴歌》句

秋风秋雨愁煞人。
清－陶澹人《沧江红雨楼诗集·秋暮遣
怀》句

秋风生渭水，落叶满长安。
唐－贾岛《忆江上吴处士》句

屈平词赋悬日月，楚王台榭空山丘。
唐－李白《江上吟》句

去马嘶春草，归人立夕阳。
无知数日别，要使两情伤。
唐－韦应物《答五卿送别》句

去年今日此门中，人面桃花相映红。
人面不知何处去，桃花依旧笑春风。
唐－崔护《题都城南庄》

劝君更尽一杯酒，西出阳关无故人。
唐－王维《送元二使安西》句

劝君莫惜金缕衣,劝君须惜少年时。
花开堪折直须折,莫待无花空折枝。

　　　　　　唐－薛能《金缕衣》

R

人归落雁后,思发在花前。

　　　　　　隋－薛道衡《人日思归》句

人怀千里,思比千秋。　　　　　佚名

人居两地,情发一心。

　　　　　　清－曹雪芹《红楼梦》句

人情怀旧乡,客鸟思故林。

　　　　　　晋－王赞《杂诗》句

人生有新故,贵贱不相逾。

　　　　　　汉－辛延年《羽林郎》句

人世几回伤往事,山形依旧枕寒流。

　　　　　　唐－刘禹锡《西塞山怀古》句

人有悲欢离合,月有阴晴圆缺。

　　　　　　宋－苏轼《水调歌头·明月几时
　　　　　　有》句

人远天涯碧云秋,雨荒篱下黄花瘦。

　　　　　　元－张可久《南吕四块玉》句

人作殊方语,莺为故国声。

　　　　　　唐－王维《晓行巴峡》句

忍泪佯低面,含羞半敛眉。

　　　　　　唐－韦庄《女冠子》句

日暮乡关何处是?烟波江上使人愁

　　　　　　唐－崔颢《黄鹤楼》句

柔情胜似岭头云,别泪多于花上雨。

　　　　　　宋－无名氏《玉楼春》句

如怨如慕,如泣如诉。
余音袅袅,不绝如缕。

　　　　　　宋－苏轼《前赤壁赋》句

若教眼底无离恨,不信人间有白头。

　　　　　　宋－辛弃疾《鹧鸪天·代人赋》句

S

塞花飘客泪,边柳挂乡愁。

　　唐－岑参《武威春暮闻宇文判官西使
　　　　　　还已到晋昌》句

三秋隔别,千里相思。　　　　　佚名

桑条无叶土生烟,箫管迎龙水庙前。
朱门几处看歌舞,犹恐春阴咽管弦。

　　　　　　唐－李约《观祈雨》

山河破碎风抛絮,身世浮沉雨打萍。

　　　　　　宋－文天祥《过零丁洋》句

山有木兮木有枝,心悦君兮君不知!

　　　　　　汉－刘向《说苑·越人歌》句

伤心桥下春波绿,曾是惊鸿照影来。

　　　　　　宋－陆游《沈园二首》句

上穷碧落下黄泉,两处茫茫皆不见。

　　　　　　唐－白居易《长恨歌》句

少年不识愁滋味,爱上层楼,爱上层
楼,为赋新词强说愁。

宋－辛弃疾《丑奴儿－书博山道中壁》句

身无彩凤双飞翼，心有灵犀一点通。

唐－李商隐《无题二首》句

诗穷莫写愁如海，酒薄难将梦到家。

宋－朱弁《春阳》句

食之无味，弃之可惜。

西晋－陈寿《三国志·魏志·武帝纪》句意

试问闲愁都几许？一川烟草，满城风絮，梅子黄时雨。

宋－贺铸《横塘路》句

瘦马恋秋草，征人思故乡。

唐－刘长卿《代边将有怀》句

树树皆秋色，山山唯落晖。

唐－王绩《野望》句

树欲静而风不止，子欲养而亲不待。

汉－韩婴《韩诗外传》卷九句

数行锦字，万缕情思。　　　　佚名

谁家独夜愁对影，何处空楼思月明。

唐－柳中庸《听筝》句

谁家今夜扁舟子，何处相思明月楼。

唐－张若虚《春江花月夜》句

谁家玉笛暗飞声，散入春风满洛城。此夜曲中闻折柳，何人不起故园情。

唐－李白《春夜洛城闻笛》

谁谓波澜才一水，已觉山川是两乡。

唐－王勃《秋江送别二首》句

谁知临老相逢日，悲叹声多笑语稀。

唐－白居易《初见刘二十八郎中有感》句

思归如汾水，无日不悠悠。

唐－李白《太原早秋》句

思旧故以想象兮，长太息而掩涕。

战国楚－屈原《楚辞－远游》句

思君如满月，夜夜减清辉。

唐－张九龄《赋得自君之出矣》句

斯人不重见，将老失知音。

唐－杜甫《苦李常侍峄二首》句

T

他乡生白发，旧国见青山。

唐－司空曙《贼平后送人北归》句

他乡有明月，千里照相思。

唐－李峤《送崔主簿赴沧州》句

太息终长夜，悲啸入青云。

三国魏－曹植《杂诗》句

天苍苍，野茫茫，风吹草低见牛羊。

北齐民歌《敕勒歌》句

天长地久有时尽，此情绵绵无绝期。

唐－白居易《长恨歌》句

天若有情天亦老，月如无恨月常圆。

宋－石延年联语

天涯地角有穷时，只有相思无尽处。

宋－晏殊《玉楼春》句

天涯岂是无归意，争奈归期未有期。
　　　　　宋－晏几道《鹧鸪天》句

同来玩月人何在，风景依稀似去年。
　　　　　唐－赵嘏《江楼感旧》句

同是天涯沦落人，相逢何必曾相识。
　　　　　唐－白居易《琵琶行》句

团圆莫作波中月，洁白莫为枝上雪。
　　　　　唐－温庭筠《三洲词》句

W

外地见花终寂寞，异乡闻乐更凄凉。
　　　　　唐－韦庄《思归》句

万里衡阳雁，今年又北归。
　　　　　唐－杜甫《归雁二首》句

万里江山万里尘，一朝天子一朝臣。
　　　　　明－汤显祖《牡丹亭·虏谍》句

万里人南去，三春雁北飞，
不知何岁月，得与尔同归。
　　　　　唐－韦承庆《南中咏雁诗》

唯余故乡月，远近必随人。
　　　　　南朝梁－朱超《舟中望月》句

惟爱门前双柳树，枝枝叶叶不相离。
　　　　　唐－张籍《忆远》句

惟有相思似春色，
江南江北送君归。
　　　　　唐－王维《送沈子归江东》句

渭城朝雨邑轻尘，客舍青青柳色新。
劝君更尽一杯酒，西出阳关无故人。
　　　　　唐－王维《送元二使安西》

问君能有几多愁，
恰似一江春水向东流。
　　　　　南唐－李煜《虞美人》句

问世间，情为何物，直教生死相许。
　　　　　金－元好问《迈陂塘》句

问余别恨知多少，落花春暮争纷纷。
　　　　　唐－李白《忆旧游寄谯郡元参军》句

我寄愁心与明月，随君直到夜郎西。
　　　　　唐－李白《闻王昌龄左迁龙标遥有此
寄》句

我住长江头，君住长江尾。日日思君
不见君，共饮长江水。
　　　　　宋－李之仪《卜算子·我住长江头》句

无可奈何花落去，似曾相识燕归来。
　　　　　宋－晏殊《浣溪沙》句

无意苦争春，一任群芳妒。
　　　　　宋－陆游《卜算子·咏梅》句

梧桐更兼细雨，到黄昏，点点滴滴。
这次第，怎一个愁字了得。
　　　　　宋－李清照《声声慢》句

物是人非事事休，
欲语泪先流。
　　　　　宋－李清照《武陵春》句

物在人亡无见期，闲庭系马不胜悲。
　　　　　唐－李欣《题卢五旧居》句

X

夕殿萤飞思悄然，孤灯挑尽未成眠。
　　　　　唐－白居易《长恨歌》句

夕阳芳草本无恨，才子佳人空自悲。
　　　　　宋－晁补之《鹧鸪天》句

昔人已乘黄鹤去，此地空余黄鹤楼。
黄鹤一去不复返，白云千载空悠悠。
晴川历历汉阳树，芳草萋萋鹦鹉洲。
日暮乡关何处是，烟波江上使人愁。
　　　　　唐－崔颢《黄鹤楼》

系春心情短柳丝长，
隔花阴人远天涯近。
　　　　　元－王实甫《西厢记》句

细草愁烟，幽花怯露，
凭栏总是销魂处。
　　　　　宋－晏殊《踏莎行》句

细草微风岸，危樯独夜舟，
星垂平野阔，月涌大江流。
名岂文章著，官应老病休。
飘飘何所似，天地一沙鸥。
　　　　　唐－杜甫《旅夜书怀》句

乡泪客中尽，归帆天际看。
　　　　　唐－孟浩然《早寒江上有怀》句

乡路眇天外，归期如梦中。
　　　　　唐－岑参《安西馆中思长安》句

乡书何处达，归雁洛阳边。
　　　　　唐－王湾《次北固山下》句

乡心正无限，一雁度南楼。
　　　　　唐－赵瑕《寒塘》句

相恨不如潮有信，相思始觉海非深。
　　　　　唐－白居易《浪淘沙词》句

相见时难别亦难，
东风无力百花残。
　　　　　唐－李商隐《无题》句

相思长有事，及见却无言。
　　　　　唐－裴说《喜友再面》句

相思无日夜，浩荡若流波。
　　　　　唐－李白《寄远十一首》句

向晚意不适，驱车登古原，
夕阳无限好，只是近黄昏。
　　　　　唐－李商隐《乐游原》

斜抱云和深见月，
朦胧树色隐昭阳。
　　　　　唐－王昌龄《西宫春怨》句

心哀而歌不乐，心乐而哭不哀。
　　　　　汉－刘安《淮南子·缪称训》句

心曲千万端，悲来却难说。
　　　　　唐－孟郊《古怨别》句

心伤安所念？但愿恩情深。
愿为晨风鸟，双飞翔北林。
　　　　　三国魏－曹丕《清河作》句

新松恨不高千尺，恶竹应须斩万竿。
　　唐－杜甫《将赴成都草堂途中有作先
　　　　　　　　　寄严郑公五首》句

行宫见月伤心色，夜雨闻铃断肠声。
　　　　　　唐－白居易《长恨歌》句

寻寻觅觅，冷冷清清，凄凄惨惨戚戚。
　　　　　　宋－李清照《声声慢》句

寻章摘句老雕虫，晓月当帘挂玉弓。
不见年年辽海上，文章何处哭秋风。
　　　　　　唐－李贺《南园十三首》句

雁尽书难寄，愁多梦不成。
　　　　　　唐－沈如筠《闺怨二首》句

雁引愁心去，山衔好月来。
　　　　唐－李白《与夏十二登岳阳楼》句

Y

杨花落尽子规啼，闻道龙标过五溪。
我寄愁心与明月，随君直到夜郎西。
唐－李白《闻王昌龄左迁龙标遥有此寄》

仰头看明月，寄情千里光。
　　　　南朝－乐府民歌《子夜四时歌》句

窈窕淑女，君子好逑。
　　　　　　《诗经·国风·关雎》句

野岸柳黄霜正白，五更惊破客愁眠。
　　　　　　宋－欧阳修《沐河闻雁》句

野花愁对客，泉水咽迎人。
　　　　唐－王维《过沈居士山居哭之》句

野外登临望，苍苍烟景昏。
暖风医病草，甘雨洗荒村。
　　　　　　南唐－李中《春日野望怀故人》

夜长春梦短，人远天涯近。
　　　　　　宋－欧阳修《千秋岁》句

夜深风竹敲秋韵，万叶千声皆是恨。
　　　　　　宋－欧阳修《玉楼春》句

夜醉长沙酒，晓行湘水春。
岸花飞送客，樯燕语留人。
　　　　　　　　唐－杜甫《发潭州》

一别隔炎凉，君衣忘短长。
裁缝无处等，以意忖情量。
　　　　　　　唐－孟浩然《闺情》句

一别音容两茫茫。
　　　　　　唐－白居易《长恨歌》句

一将功成万骨枯。
　　　　　　唐－曹松《己亥岁二首》句

一叫千回首，天高不为闻。
　　　　　唐－李商隐《哭刘司户二首》句

一声雁过，几度蟾圆。　　　　佚名

一时今夕会，
万里故乡情。
　　唐－杜甫《季秋苏五弟缨江楼夜宴崔
　　　　　　十三评事韦少府侄三首》句

一行书信千行泪，寒到君边衣到无。
　　　　　　唐－陈玉兰《寄夫》句

一枝何足贵，怜是故园春。

　　　　　唐－张九龄《折杨柳》句

衣带渐宽终不悔，为伊消得人憔悴。

　　　　　宋－柳永《凤栖梧》句

驿外断桥边，寂寞开无主。已是黄昏
独自愁，更著风和雨。无意苦争春，
一任群芳妒。零落成泥碾作尘，只有
香如故。

　　　　　宋－陆游《卜算子·咏梅》句

有情知望乡，谁能鬓不变？

　　南朝齐－谢朓《晚登三山还望京邑》句

有意栽花花不活，无心插柳柳成荫。

　　明－冯梦龙《古今小说·赵伯升茶肆遇
　　　　　　　　　　　　　　仁宗》句

于今腐草无萤火，终古垂杨有暮鸦。

　　　　　唐－李商隐《隋宫》句

鱼游于沸鼎之中，燕巢于飞幕之上。

　　　南朝梁－丘迟《与陈伯之书》句

玉阶生白露，夜久寝罗袜。
却下水晶帘，玲珑望秋月。

　　　　　唐－李白《北风行》句

玉颜不及寒鸦色，犹带昭阳日影来。

　　　唐－王昌龄《长信秋词五首》句

欲寄彩笺兼尺素，山长水阔知何处。

　　　　　宋－晏殊《蝶恋花》句

欲寄君衣君不还，不寄君衣君又寒，

寄与不寄间，妾身千万难。

　　　　元－姚燧《越调凭阑人》句

远梦归侵晓，家书到隔年。

　　　　　唐－杜牧《旅馆》句

愿普天下有情人都成眷属。

　　　　　元－王实甫《西厢记》句

月落乌啼霜满天，江枫渔火对愁眠。
姑苏城外寒山寺，夜半钟声到客船。

　　　　　唐－张继《枫桥夜泊》

月是故乡明。

　　　　　唐－杜甫《月夜忆舍弟》句

云山万重隔，音信千里绝。

　　　唐－李白《姑苏十咏·望夫山》句

Z

在天愿作比翼鸟，在地愿为连理枝。

　　　　　唐－白居易《长恨歌》句

早秋惊落叶，飘零似客心，
翻飞未肯下，犹言惜故林。

　　　　　唐－孔绍安《落叶》

乍雨乍晴花自落，闲愁闲闷日偏长。

　　　　　宋－晏殊《浣溪沙》句

折戟沉沙铁未销，自将磨洗认前朝。
东风不与周郎便，铜雀春深锁二乔。

　　　　　唐－杜牧《赤壁》

征夫怀远路，游子恋故乡。

　　　　　汉－苏武诗句

只恐双溪舴艋舟，载不动许多愁。
　　　　　　宋－李清照《武陵春》句

朱门酒肉臭，路有冻死骨。
唐－杜甫《自京赴奉先县咏怀五百字》句

朱雀桥边野草花，乌衣巷口夕阳斜。
旧时王谢堂前燕，飞入寻常百姓家。
　　　　　　　　唐－刘禹锡《乌衣巷》

竹坞无尘水槛清，相思迢递隔重城。
秋阴不散霜飞晚，留得枯荷听雨声。
唐－李商隐《宿骆氏亭寄怀崔雍崔衮》

竹影仍偕身影在，墨花尽带泪花飞。
　　　　　　　　　　　　　佚名

庄生晓梦迷蝴蝶，望帝春心托杜鹃。
　　　　　唐－李商隐《哭刘司户二首》句

自寄一封书，今已十月后，
反畏消息来，寸心亦何有。
　　　　　　　　　唐－杜甫《述怀》

自在飞花轻似梦，无边丝雨细如愁。
　　　　　　　宋－秦观《浣溪沙》句

赠 别

B

别经两地，思比三秋。　　　　　佚名

C

长亭外，古道边，芳草碧连天，晚风
拂柳笛声残，夕阳山外山。天之涯，
地之角，知交半零落；一斛浊酒尽余
欢，今宵别梦寒。

近代－李叔同《送别》

城外春风吹酒旗，行人挥袂日西时。
长安陌上无穷树，唯有垂杨管别离。

唐－刘禹锡《杨柳枝词九首》之八

楚江微雨里，建业暮钟时。
漠漠帆来重，冥冥鸟去时。
海门深不见，浦树远含滋。
相送情无限，沾襟比散丝。

唐－韦应物《赋得暮雨送李曹》

春风知别苦，不遣柳条青。

唐－李白《劳劳亭》句

此地一为别，孤蓬万里征。

唐－李白《送友人》句

D

多情自古伤离别，
更哪堪冷落清秋节。

宋－柳永《雨霖铃》句

风送一帆，月随千里。　　　　　佚名

F

风正好扬帆

浮云游子意，落日故人情。

唐－李白《送友人》句

G

高飞远举

故人西辞黄鹤楼，烟花三月下扬州。
孤帆远影碧空尽，唯见长江天际流。

唐－李白《送孟浩然之广陵》

H

海阔随鱼跃，天高任鸟飞。　　佚名

海内存知己，天涯若比邻。

唐－王勃《送杜少府之任蜀州》句

寒蝉凄切，对长亭晚，骤雨初歇。都
门帐饮无绪，留恋处，兰舟催发。执
手相看泪眼，竟无语凝噎。念去去千
里烟波，暮霭沈沈楚天阔。多情自古
伤离别，更那堪，冷落清秋节！今宵
酒醒何处？杨柳岸，晓风残月。此去
经年，应是良辰好景虚设。便纵有千
种风情，更与何人说？

宋－柳永《雨霖铃》

寒雨连江夜入吴，平明送客楚山孤。
洛阳亲友如相问，一片冰心在玉壶。

唐－王昌龄《芙蓉楼送辛渐》其一

391

鸿鹄高飞，一举千里。

汉－刘邦《鸿鹄歌》句

J

剪不断，理还乱，是离愁，
别是一般滋味在心头。

南唐－李煜《相见欢》句

L

蜡烛有心还惜别，替人垂泪到天明。

唐－杜牧《赠别二首》句

李白乘舟将欲行，忽闻岸上踏歌声。
桃花潭水深千尺，不及汪伦送我情。

唐－李白《赠汪伦》

流水清波接吴冈，送君不觉有离伤。
青山一道同云雨，明月何曾是两乡。

唐－王昌龄《送柴侍御》

M

门外若无南北路，人间应免别离愁。

唐－杜牧《赠别》句

明月不谙离恨苦，斜光到晓穿朱户。

宋－晏殊《蝶恋花》句

目送征鸿飞杳杳，思随流水去茫茫。

五代－孙光宪《浣溪沙》句

N

鸟爱碧山远，鱼游江海深。

唐－李白《留别王司马嵩》句

鸟向平芜远近，人随流水东西。

唐－刘长卿《谪仙怨》句

P

鹏程万里

琵琶起舞换新声，总是关山旧别情。

唐－王昌龄《从军行》句

Q

千里黄云白日曛，北风吹雁雪纷纷。
莫愁前路无知己，天下谁人不识君。

唐－高适《别董大》

千山红树万山云，把酒相看日又曛。
一曲离歌两行泪，不知何地再逢君。

唐－韦庄《江上别李秀才》

青山一道同云雨，明月何曾是两乡。

唐－王昌龄《送柴侍御》句

情谊永怀

去马嘶春草，归人立夕阳。
无知数日别，要使两情伤。

唐－韦应物《答五卿送别》句

劝君更尽一杯酒，西出阳关无故人。

唐－王维《送元二使安西》句

R

人居两地，情发一心。

清－曹雪芹《红楼梦》句

柔情胜似岭头云，别泪多于花上雨。

宋－无名氏《玉楼春》句

若教眼底无离恨，不信人间有白头。

宋－辛弃疾《鹧鸪天－代人赋》句

S

十分春色，万里鹏程。　　　　　　　　　佚名

谁谓波澜才一水，已觉山川是两乡。
　　　　　　唐－王勃《秋江送别二首》句

T

他乡有明月，千里照相思。
　　　　　　唐－李峤《送崔主簿赴沧州》句

桃花潭水深千尺，不及汪伦送我情。
　　　　　　　　唐－李白《赠汪伦》句

天清一雁远，海阔孤帆迟。
　　　　　　唐－李白《送张舍人之江东》句

W

渭城朝雨邑轻尘，客舍青青柳色新。
劝君更尽一杯酒，西出阳关无故人。
　　　　　　　　唐－王维《送元二使安西》

问余别恨知多少，落花春暮争纷纷。
　　　　　唐－李白《忆旧游寄谯郡元参军》句

X

相见时难别亦难，东风无力百花残。
　　　　　　　唐－李商隐《无题》句

修竹气同贤者静，春山情若故人长。
　　　　　　　近代－徐铁琴联语

Y

一别音容两茫茫。
　　　　　　　唐－白居易《长恨歌》句

一帆风顺

一路平安

云天厚谊

征夫怀远路，游子恋故乡。
　　　　　　　　汉－苏武诗句

Z

壮志怀远略。
　　　　　　　唐－李白《送张秀才从军》句

致哀缅怀

B

百世流芳

便与先生成永诀，九重泉路尽交期。
　唐－杜甫《送郑十八虔贬台州司户》句

彪炳千秋

彪炳青史

不向炎凉逐世情。
　　　　宋－曾巩《刁景纯挽歌词》句

C

苍松长耸翠，古柏永垂青。　　　佚名

出师未捷身先死，长使英雄泪满襟。
　　　　唐－杜甫《蜀相》句

D

丹心昭日月，刚正泣河山。　　　佚名

德传百世，名耿千秋。

睹物思亲常入梦；训言在耳犹记心。
　　　　　　　　　　　　佚名

F

风流千古

风木含悲

G

功德圆满

功绩永怀

故国三千里，深宫二十年。
一声何满子，双泪落君前。
　　　　　　唐－张祜《何满子》

光照日月，气壮山河。　　　佚名

规律难违自古谁能千年寿，
高风永继而今人仰一世功。　　　佚名

H

浩气长存

浩气还太虚，丹心照千古。
　　　　　　明－杨继盛《就义》句

魂归天上风云惨，名在人间草木香。
　　　　　　　　　　　　佚名

魂魄托日月；肝胆映河山。　　　佚名

J

驾鹤归仙

驾鹤西去

江河大地存忠骨，哀泪悲歌悼英灵。
　　　　　　　　　　　　佚名

教育深恩终身感戴，
浩然正气万古长存。　　　　佚名

近泪无干土，低空有断云。
　　　　唐－杜甫《别房太尉墓》句

精神不死，风范永存。

L

老泪无多哭知己，苍天何遽丧斯人。
　　　　　　　　　　　　佚名

良操美德千秋在，亮节高风万古存。
　　　　　　　　　　　　佚名

临穴频抚棺，至哀反无泪。
　　　　唐－孟云卿《古乐府挽歌》句

零落成泥碾作尘，只有香如故。
　　　　宋－陆游《卜算子·咏梅》句

流芳百世

流芳百世；遗爱千秋。　　　佚名

流芳万古

留得声名万古香。
　　　　　　宋－文天祥《沁园春》句

留正气给天地，遗清名于乾坤。
　　　　　　　　　　　　佚名

绿水长吟芳德，青山永志雅风。
　　　　　　　　　　　　佚名

落红不是无情物，化作春泥更护花。
　　　　清－龚自珍《己亥杂诗》句

M

没而不朽

美德堪称吾辈典范，
遗训长昭后世子孙。　　　　佚名

美德留千古，忠魂上九霄。　佚名

美德遗风

缅怀

名标青史

名垂千古

名垂青史

名留后世，德及乡邻。

P

培养桃李曾尽瘁，光辉竹帛永流芳。
　　　　　　　　　　　　　　佚名

Q

泣尽继以血，心摧两无声。
　　　　　　　唐－李白《古风》句

千古流芳

勤劳美德儿孙永继，
简朴家风后代长传。　　　　佚名

青山绿水长留生前浩气，
翠柏苍松堪慰逝后英灵。　　　佚名

青史流芳

清白一世

R

人间痛伤别，此是长别处。
　　　　　唐－赵征明《挽歌词》句

S

山哀水哭悲长睡，骨动心摧作永别。
　　　　　　　　　　佚名

上穷碧落下黄泉，两处茫茫皆不见。
　　　　　唐－白居易《长恨歌》句

生当作人杰，死亦为鬼雄。
　　　　　宋－李清照《绝句》句

生前忠节似松凌霜雪，
身后高风如水照青天。
　　　　　　　　　　佚名

生如夏花之绚丽，死如秋叶之静美。
　　　　　印度－泰戈尔语

盛德不泯

盛德遗范

室迩人远

寿终德望在，身去笑容存。　　佚名

树欲静而风不止，子欲养而亲不待。
　　　汉－韩婴《韩诗外传》卷九句

树至德于生前，流遗爱于身后。
唐－吴兢《贞观政要－教戒太子诸王》句

双鬓多年作雪，寸心至死如丹。
　　　　　　宋－陆游《感事六言》句

斯人不重见，将老失知音。
　　　　　唐－杜甫《苦李常侍峄二首》句

死得其所

虽死犹生

T

太息终长夜，悲啸入青云。
　　　　　三国魏－曹植《杂诗》句

痛失知音

痛心伤永逝，挥泪忆深情。　　　佚名

W

万古流芳

物是人非事事休，欲语泪先流。
　　　　　　宋－李清照《武陵春》句

物在人亡无见期，闲庭系马不胜悲。
　　　　　唐－李欣《题卢五旧居》句

X

想见音容空有泪，欲闻教训杳无声。
　　　　　　　　　　　佚名

薪尽火传

行宫见月伤心色，夜雨闻铃断肠声。
　　　　唐－白居易《长恨歌》句

姓在名在人不在；思亲想亲不见亲。
　　　　　　　　　　　　佚名

雄风赫赫千秋颂，伟绩昭昭万代传。
　　　　　　　　　　　　佚名

Y

野花愁对客，泉水咽迎人。
　　　　唐－王维《过沈居士山居哭之》句

一叫千回首，天高不为闻。
　　　　唐－李商隐《哭刘司户二首》句

一生行好事，千古纪芳名。　　　佚名

一世风流赢来桃李遍华夏，
几番磨炼铸就丹心颂舜尧。　　　佚名

遗风余烈

遗训在耳

遗志永昭

懿德难忘流痛泪，慈恩未报绕愁肠。
　　　　　　　　　　　　佚名

音容宛在，风骨长存。

音容已杳，德泽犹存

音在容在人不在，痛心伤永逝；
思亲想亲不见亲，挥泪忆深情。
　　　　　　　　　　　　佚名

英灵已作蓬莱客，德范犹薰故里人。
　　　　　　　　　　　　佚名

英灵昭日月，肝胆映河山。　　佚名

英年早逝

永垂不朽

永世其芳

雨洒天流泪，风号地放悲。　　佚名

玉碎珠沉

月露风光人共仰，山颓木朽天增愁。
　　　　　　　　　　　　佚名

云山苍苍，江水泱泱，
先生之风，山高水长。
　　　　宋－范仲淹《严先生祠堂记》句

Z

哲人其萎

正气留千古，丹心照万年。　　佚名

忠骨虽灭浩气存千秋万代，
遗言永铭赞歌传六合八荒。　　佚名

珠沉玉碎

竹死不变节，花落有余香。
　　　　　　唐－邵谒《金谷园》句

竹影仍偕身影在，墨花尽带泪花飞。
　　　　　　　　　　佚名

壮心未与年俱老，死去犹能作鬼雄。
　　　　　　宋－陆游《书愤》句

追思

附　录
文　笔　经

B

八音与政通，而文章与时高下。
　　唐－刘禹锡《唐故尚书礼部员外郎柳
　　　　　　　　　　　　君集纪》句

白也诗无敌，飘然思不群。
　　　　　唐－杜甫《春日怀李白》句

白玉不雕，美珠不文。
　　　　汉－刘安《淮南子·说林训》句

百锻为字，千炼成句。
　　　　唐－皮日休《刘枣强碑》句

板凳要坐十年冷，文章不写一句空。
　　　　　　　　　现代－范文澜语

比不应事，未可谓喻；
文不称实，未可谓是。
　　　　汉－王充《论衡·物势篇》句

比者，以彼物比此物也；兴者，先言
他物以引起所咏之词也；赋者，敷陈
其事而直言之者也。
　　　　宋－朱熹《诗集传》卷一注句

笔补造化天无功。
　　　　　唐－李贺《高轩过》句

笔底诗联能益世，

胸中肺腑敢容天。　　　　　　　佚名

笔端通造化，意表出云霞。　　　佚名

笔落惊风雨，诗成泣鬼神。
　　　唐－杜甫《寄李十二白二十韵》句

笔启自然

笔挟风雷，墨凝忧患。　　　　　佚名

必出于己，不袭蹈前人一言一句。
　　　唐－韩愈《南阳樊绍述墓志铭》句

闭门觅句非诗法，只是征行自有诗。
　　宋－杨万里《下横山滩望金华山》句

博采众长独辟蹊径，
陶铸千古自成一家。　　　　　　佚名

博观而约取，厚积而薄发。
　　　　　　　宋－苏轼《杂说》句

不薄今人爱古人清词丽句必为邻
　　　　唐－杜甫《戏为六绝句》句

不览古今，论事不实。
　　　　汉－王充《论衡·别通篇》句

不泥古法，不执己见，唯在活而已矣。
清-郑板桥《题画》句

不求好句，只求好意。
宋-欧阳修《吊僧诗》句

不学古人，法无一可；
竟似古人，何处着我？
清-袁枚《小仓山房诗文集》句

不以文害辞，不以辞害志。
战国-孟轲《孟子·万章上》句

不著一字，尽得风流。
唐-司空图《二十四诗品·含蓄》句

C

采善不逾其美，贬恶不溢其过。
汉-王充《论衡·感类》句

草就篇章只等闲，作诗容易改诗难。
玉经雕琢方成器，句要丰腴字要安。
宋-戴复古《论诗十绝》之一

长期积累，偶然得之。
现代-周恩来语

陈言务去

持之有故，言之成理。
战国-荀况《荀子-非十二子》句

愁极本凭诗遣兴，
诗成吟咏转悲凉。
唐-杜甫《至后》句

出人意外者，仍须在人意中。
清-袁枚《随园诗话》卷六句

出新意于法度之中，
寄妙理于豪放之外。
宋-苏轼《书吴道子画后》句

捶字坚而难移，结响凝而不滞。
南朝梁-刘勰《文心雕龙·风骨》句

词家从不觅知音，累汝千回带泪吟。
清-龚自珍《己亥杂诗》句

辞必高然后为奇，意必深然后为工。
唐-孙樵《与友人论文书》句

辞尚体要。
《尚书·毕命》句

辞微旨远

辞已尽而势有余。
南朝梁-刘勰《文心雕龙·定势》句

辞约而旨达。
南朝宋-刘义庆《世说新语·文学》句

存志乎诗书，寓辞于咏歌。
唐-韩愈《荆潭唱和诗·序》句

D

大抵文善醒，诗善醉，
醉中语亦有醒时道不到者。
清-刘熙载《艺概·诗概》句

大凡文之用四：事以实之，词以章

之，道以通之，法以检之。

宋－苏洵《史论·上》句

大略如行云流水，初无定质，但常行于所当行，常止于所不可不止。

宋－苏轼《与谢民师推官书》句

大巧若拙。

春秋－老聃《老子》第四十五章句

丹青初炳而后渝，文章岁久而弥光。

南朝梁－刘勰《文心雕龙·指瑕》句

丹青意造本无法，画圣胸中常有诗。

佚名

但伤民病痛，不识时忌讳。

唐－白居易《伤唐衢二首》句

但写真情并实境，任他埋没与流传。

明－都穆《学诗诗》句

道法自然

道通天地有形外，思入风云变态中。

佚名

德进则言自简。

明－薛瑄《薛文清公读书录·慎言》句

德行者本也，文章者末也。

东晋－葛洪《抱朴子·文行》句

德言自简

点画皆有筋骨，

字体自然雄媚。

唐－颜真卿《述张长史笔法十二意》句

雕琢自是文章病，奇险尤伤骨气多。

宋－陆游《读近人诗》句

读千赋则善赋。

汉－桓谭《新论·道赋》句

读书不可无师承，立论不可无依据。

清－王晫《今世说》句

读书破万卷，下笔如有神。

唐－杜甫《奉赠韦左丞丈二十二韵》句

读书万卷始通神。

宋－苏轼《柳氏二外甥求笔迹》句

E

二句三年得，一吟双泪流。

唐－贾岛《题诗后》句

F

发乎情，止乎礼义。　　　《毛诗序》句

发前人所未能发，言腐儒所不敢言。

现代－郭沫若撰王国维故居联

法贵天真

法取兰亭存气韵，书随时代见精神。

佚名

凡是第一流艺术作品大半都没有道德目的而有道德影响。

现代－朱光潜语

凡为文以意为主，以气为辅，以辞采
章句为工兵卫。

唐－杜牧《答庄充书》句

凡作诗文者，宁可如野马，
不可如疲驴。

清－袁枚《小仓山房诗文集》句

繁采寡情，味之必厌。

南朝梁－刘勰《文心雕龙·情采》句

反常的艺术可能是人民所不理解的，
但是好的艺术永远是所有的人都能理
解的。

俄国－列夫－托尔斯泰语

非莫非于饰非，过莫过于文过。

五代－贯休《续姚梁公座右铭并序》句

非求宫律高，不务文字奇，
唯歌生民病，愿为天子知。

唐－白居易《寄唐生》句

非人磨墨墨磨人。

宋－苏轼《次韵答舒教授观余所藏墨》句

非有天马行空似的大精神，即无大艺
术的产生。

现代－鲁迅语

丰而不余一言，约而不失一辞。

唐－韩愈《上襄阳于相公书》句

风入寒松声自古，水归沧海意皆深。

唐－刘威《欧阳方·新诗因贻四韵》句

凤头猪肚豹尾。

元－陶宗仪《南村辍耕录》卷八句

腹有诗书气自华。

宋－苏轼《和董传留别》句

G

改章难于造篇，易字艰于代句。

南朝梁－刘勰《文心雕龙·附会》句

盖文章，经国之大业，不朽之盛事。

三国魏－曹丕《典论·论文》句

感人心者，莫先乎情，莫始乎言，莫
切乎声，莫深乎义。

唐－白居易《与元九书》句

歌以永言，颂以纪德。

唐－卢照临《乐府杂诗·序》句

歌者不期于利声而贵在中节，
论者不期于丽辞而务在事实。

汉－桓宽《盐铁论·相刺》句

隔靴搔痒赞何益，入木三分骂亦精。

清－郑板桥联语

个性飞扬

工画者多善书。

唐－张彦远《历代名画记卷一·论画六
法》句

功夫在诗外。

宋－陆游《示子通》句

古人为诗，贵于意在言外，
使人思而得之。

宋－佚名《迂叟诗话》句

古之能文章者，真能陶冶万物，虽取
古人之陈言，入于翰墨，如灵丹一
粒，点铁成金也。

宋－黄庭坚《答洪驹父书》句

观其文可以知其人。

清－王豫《蕉窗日记》句

国风好色而不淫，小雅怨诽而不乱。

汉－司马迁《史记·屈原贾生列传》句

H

好诗不厌百回改，语不惊人死不休。

佚名

恒患意不称物，文不逮意。

晋－陆机《文赋·序》句

闳其中而肆其外。

唐－韩愈《进学解》句

厚积薄发

话须通俗方传远，语必关风始动人。

《京本通俗小说·冯玉梅团圆》句

挥毫落纸如云烟。

唐－杜甫《饮中八仙歌》句

绘画是没有文字的诗。

古罗马－贺拉斯语

晦塞为深，虽奥非隐；
雕削取巧，虽美非秀。

南朝梁－刘勰《文心雕龙·隐秀》句

J

疾虚妄。

汉－王充《论衡·佚文》句

纪事者必提其要，纂言者必钩其玄。

唐－韩愈《进学解》句

兼收并蓄，待用无遗。

唐－韩愈《进学解》句

简洁是智能的灵魂，
冗长是肤浅的藻饰。

英国－莎士比亚语

简为文章尽境。

清－刘大櫆《论文偶记》句

见鄙无佳文。

清－蒲松龄《聊斋志异·三生》句

借虚事指点实事，托古人提醒今人。

佚名

精诚由中，故其文语感动人深。

汉－王充《论衡·超奇篇》句

精神到处文章老，学问深时意气平。

佚名

精骛八极，心游万仞。

晋－陆机《文赋》句

究天人之际，通古今之变，
成一家之言。
汉－司马迁《报任安书》句

旧句时时改，无妨悦性情。
唐－白居易《诗解》句

句中有余味，篇中有余意，
诗之善者也。
宋－姜夔《诗说》句

绝笔断章，譬乘舟之振楫；
会词切理，如引辔以挥鞭。
南朝梁－刘勰《文心雕龙·附会》句

K

开卷之初，当以奇句夺目，使之一见
而惊。
清－李渔《闲情偶记·大收煞》句

看似寻常最奇崛，成如容易却艰辛。
宋－王安石《题张司业诗》句

口头语言，俱可入诗，
用得合指，便成佳句。
清－钱泳《履园谭诗》句

口则务在明言，笔则务在露文。
汉－王充《论衡·自纪篇》句

苦吟成绝唱。
宋－欧阳修《六一诗话》句

夸而有节，饰而不诬。
南朝梁－刘勰《文心雕龙·夸饰》句

宽心应是酒，遣兴莫过诗。
唐－杜甫《可惜》句

L

劳于读书，逸于作文。
元－程瑞礼《程氏家塾读书分年日程》句

老妪能解

乐而不淫，哀而不伤。
春秋－孔子门人《论语·八佾》句

李杜文章在，光焰万丈长。
唐－韩愈《调张籍》句

理不可以直指也，故即物以明理；
情不可以显出也，故即事以寓情。
清－刘大櫆《论文偶记》句

理性铸成的成见是艺术的致命伤。
现代－闻一多语

理郁者苦贫，辞溺者伤乱。
南朝梁－刘勰《文心雕龙·神思》句

立片言而居要，乃一篇之警策。
晋－陆机《文赋》句

立文之道，唯字与义。
南朝梁－刘勰《文心雕龙·指瑕》句

立意贵约，贵新，贵深。　　　　佚名

丽句与深采并流，偶意共逸韵俱发。
南朝梁－刘勰《文心雕龙·丽辞》句

练辞得奇句，炼意得余味。

宋－邵雍《论诗吟》句

灵感是一个不喜欢拜访懒汉的客人。

俄国－车尔尼雪夫斯基语

凌云健笔。

汉－司马迁《史记·司马相如列传》句

凌云健笔意纵横。

唐－杜甫《戏为六绝句》句

龙文百斛鼎，笔力可独扛。

唐－韩愈《病中赠张十八》句

笼天地于形内，挫万物于笔端。

晋－陆机《文赋》句

镂冰文字费工巧。

宋－黄庭坚《送王郎》句

论如析薪，贵能破理。

南朝梁－刘勰《文心雕龙·论说》句

论山水，则循声而得貌；言节候，则披文而见识时。

南朝梁－刘勰《文心雕龙－辨骚》句

论说之出，犹弓矢之发也；论之应理，犹矢之中的。

汉－王充《论衡·超奇篇》句

落落之玉，或乱乎石；
碌碌之石，时似乎玉。

南朝梁－刘勰《文心雕龙·总术》句

M

美物者贵依其本，赞事者宜本其实。

晋－左思《三都赋序》句

敏捷诗千首，飘零酒一杯。

唐－杜甫《不见》句

明知爱惜终须割，但在流传不在多。

清－袁枚《随园诗话》卷三句

铭博约而温润，箴顿挫而清壮。

晋－陆机《文赋》句

铭者，所以名其善功以昭后世也。

宋－欧阳修《虞部员外郎尹公墓志铭》句

牡丹虽好，绿叶扶持。

明－顾起元《客座赘语》句

N

能读千赋则善赋，能观千剑则晓剑。

唐－马总《意林》卷三句

能够发现问题是识，
能够占有材料是学，
能够驾驭材料是才。

现代－吕叔湘《丁声树同志的学风》句

能探风雅无穷意，始是乾坤绝妙辞。

明－方孝孺《谈诗》句

你用镜子照见你的面孔，你用艺术作品照见你的灵魂。

爱尔兰－萧伯纳语

拟诸形容，则言务纤密；
象其物宜，则理贵侧附。
　　　南朝梁-刘勰《文心雕龙·诠赋》句

浓绿万枝红一点，动人春色不须多。
　　　　宋—王安石《咏石榴花》句

P

片言可以明百意，坐驰可以役万象，
唯工于诗者能之。　　　清-王士禛语

篇中不可有冗章，章中不可有冗句，
句中不可有冗字，亦不可有龃龉处。
　　　　明-吴纳《文章辩体序说》句

品画先神韵，论诗重性情。
　　　清-袁枚《小仓山房诗文集·品画》句

Q

其会意也尚巧，其遣言也贵妍。
　　　　　　晋-陆机《文赋》句

其文直，其事核，不虚美，不隐恶。
　　　　汉-班固《汉书·司马迁传》句

起行之辞，逆萌中篇之意；
绝笔之言，追媵前句之旨。
　　　南朝梁-刘勰《文心雕龙·章句》句

气以实志，志以定言，
吐纳英华，莫非情性。
　　　南朝梁-刘勰《文心雕龙·体性》句

铅黛所以饰容，而盼倩生于淑贤；
文采所以饰言，而辩丽本于情性。
　　　南朝梁-刘勰《文心雕龙·情采》句

清水出芙蓉，天然去雕饰。
　　唐-李白《经乱离后天恩流夜郎忆旧
　　　游书怀赠江夏韦太守良宰》句

清言宣至理，古意发高文。　　　佚名

情以物迁，辞以情发。
　　　南朝梁-刘勰《文心雕龙·物色》句

情以物兴，故义必明雅；
物以情观，故词必巧丽。
　　　南朝梁-刘勰《文心雕龙·诠赋》句

情欲信，辞欲巧。
　　　　西汉-戴德《礼记·表记》句

情在词外曰隐，状溢目前曰秀。
　　　南朝梁-刘勰《文心雕龙·隐秀》句

情者，文之经，辞者，理之纬，经正
而后纬成，理定而后辞畅。
　　　南朝梁-刘勰《文心雕龙·情采》句

区分真正的艺术和虚假的艺术的肯定
无疑的标志，是艺术的感染性。
　　　　俄国-列夫-托尔斯泰语

R

人人意中所有，人人语中所无。
　　　　　　　　　　佚名

人所易言，我寡言之；人所难言，我
易言之；诗便不俗。
　　　　清-袁枚《随园诗话》卷四句

如行云流水，初无定质，但常行于所
当行，常止于所不可不止，文理自
然，姿态横生。

　　　　　宋－苏轼《答谢民师书》句

入妙文章本平淡，等闲言语变瑰奇。
　　宋－戴复古《读放翁先生剑南诗草》句

S

三分春色描来易，一段伤心画出难。
　　　　　明－汤显祖《牡丹亭·写真》句

删繁就简三秋树，领异标新二月花。
　　　清－郑板桥书斋联语

善附者异旨如肝胆，
拙会者同音如胡越。
　　　南朝梁－刘勰《文心雕龙·附会》句

善删者字去而意留，
善敷者辞殊而意显。
　　　南朝梁－刘勰《文心雕龙·熔裁》句

善咏物者，妙在即景生情。
　　　　清－李渔《闲情偶记·戒浮泛》句

设文之体有常，变文之数无方。
　　　南朝梁－刘勰《文心雕龙·通变》句

社会向文学提供素材，文学向社会提
供规范。

　　　　　　现代－郭沫若语

深文隐蔚，余味曲包。
　　　南朝梁－刘勰《文心雕龙·隐秀》句

生活是根，艺术是花。
　　　　　　美国－邓肯语

师其意，不师其辞。
　　　　　唐－韩愈《答刘正夫书》句

师造化，尚自然。　　　　　佚名

诗，可以兴，可以观，
可以群，可以怨。
　　　春秋－孔子门人《论语·阳货》句

诗，三百篇，
大抵圣贤发愤之所为作也。
　　　汉－司马迁《史记·太史公自序》句

诗，言其志也；歌，咏其声也；
舞，动其容也。
三者本于心，然后乐器从之。
　　　　西汉－戴德《礼记·乐记》句

诗不可不改，不可多改。不改，则心
浮；多改，则机窒。
　　　清－袁枚《随园诗话》卷三句

诗从肺腑出，心与水月清。　　佚名

诗改而后工。
　　　　　唐－李沂《秋星阁诗话》句

诗贵情思而轻事实。
　　　　明－李东阳《怀麓堂诗话》句

诗句自是人情性中语。
　　　宋－文天祥《集杜诗·自序》句

诗乃人之行略，人高则诗亦高，人俗则诗亦俗。

清－徐增《而庵诗话》句

诗品出于人品。

清－刘熙载《艺概·诗概》句

诗穷而后工。

宋－欧阳修句

诗人要活在时代里面。

现代－郭沫若语

诗三百，一言以蔽之，曰思无邪。

春秋－孔子门人《论语·为政》句

诗是无形画，画是有形诗。

宋－张舜民《跋百之诗画》句

诗是心声，不可违心而出，也不能违心而出。

清－叶燮《原诗》外篇上句

诗思出门何处无。

宋－陆游《病中绝句》句

诗文不厌改，文章出苦心。　　佚名

诗文之词采贵典雅而贱粗俗，宜蕴藉而忌分明；词曲不然，话则本之街谈巷议，事则取其直说明言。

清－李渔《闲情偶寄·词采·贵显浅》句

诗无达诂。

汉－董仲舒《春秋繁露·精华》句

诗无入俗句，胸有济世心。　　佚名

诗写得精巧是不够的，一定要令人陶醉，夺人魂魄。

美国－霍勒斯语

诗言志，歌永言，声依永，律和声。

《尚书·尧典》句

诗言志，诗缘情。　　佚名

诗要避俗，更要避熟。

清－刘熙载《艺概·诗概》句

诗宜朴不宜巧，然必须大巧之朴；
诗宜淡不宜浓，然必须浓后之淡。

清－袁枚《随园诗话》卷五句

诗以意为主，以辞采为奴婢。

清－袁枚《随园诗话》卷六句

诗有干无华，是枯木也；有肉无骨，是夏虫也；有人无我，是傀儡也；有声无韵，是瓦缶也；有直无曲，是漏卮也。

清－袁枚《随园诗话》句

诗缘情而绮靡，赋体物而浏亮。

晋－陆机《文赋》句

诗则即事生情，即语绘状。

清－王夫之《古诗评选》卷四句

诗者，不可以言语求而得，必将深观其意焉。

宋－苏轼《既醉备五福论》句

诗者，根情，苗言，华声，实义。

        唐－白居易《与元九书》句

诗者，志之所之也，
情动于中，而形于言。　《毛诗·序》句

诗之基，其人之胸襟是也。

        清－叶燮《原诗·内篇上》句

诗之外有事，诗之中有人。

        清－黄遵宪《人境庐诗草自序》句

诗中有画，画中有诗。

        宋－苏轼《题王维兰关烟雨图》句

食古唯能化，传心定有真。

        清－高鹗《陈言务去》句

事莫明于有效，论莫定于有证。

        汉－王充《论衡·薄葬》句

事以简为止，言以简为当。

        宋－陈骙《文则》句

视之则锦绘，听之则丝簧，
味之则甘腴，佩之则芬芳。

    南朝梁－刘勰《文心雕龙·总术》句

书不尽言，言不尽意。

        周－《易经·系辞上》句

书痴者文必工，艺痴者技必良。

        清－蒲松龄《聊斋志异·阿宝》句

书法未必全师古，文章重在能通今。

        佚名

书贵瘦硬方通神。

        唐－杜甫《李潮八分小篆歌》句

书为心画

熟读唐诗三百首，不会吟诗也会吟。

        清－孙诛《唐诗三百首序》句

述而不作，信而好古。

        春秋－孔子门人《论语·述而》句

水性虚而沦漪结，木体实而花萼振：
文附质也。

    南朝梁－刘勰《文心雕龙·情采》句

思风发于胸臆，言泉流于唇齿。

        晋－陆机《文赋》句

思接千载，意通万里。   佚名

思赡者善敷，才核者善删。

    南朝梁－刘勰《文心雕龙·熔裁》句

思索的时间长，笔尖上便能滴出血和
泪来。

        现代－老舍语

思无定契，理有恒存。

    南朝梁－刘勰《文心雕龙·总术》句

颂唯典雅，辞必清铄。

    南朝梁－刘勰《文心雕龙·颂赞》句

颂优游以彬蔚，论精微而朗畅。

        晋－陆机《文赋》句

搜尽奇峰打草稿。

　　　　清－石涛《画语录·山川章》句

搜句忌于颠倒，裁章贵于顺序。

　　南朝梁－刘勰《文心雕龙·章句》句

俗中见雅

所有经得住时间考验的伟大作品，其创作者除了精湛艺术之外，都必具有一颗悲天悯人的心。

　　　　　　　　　现代－萧乾语

T

谈欢则字与笑并，论戚则声共泣偕。

　　南朝梁－刘勰《文心雕龙·夸饰》句

陶钧文思，贵在虚静。

　　南朝梁－刘勰《文心雕龙·神思》句

陶冶性灵存底物，新诗改罢自长吟。

　　　　　　唐－杜甫《解闷》句

体不备，不可以为成人；
辞不足，不可以为成文。

　　　　唐－韩愈《答尉尺生书》句

体要与微辞偕通，正言共精义并用。

　　南朝梁－刘勰《文心雕龙·征圣》句

通古今之变，成一家之言。

　　汉－司马迁《史记·太史公自序》句

W

外师造化，中得心源。

　　唐－张彦远《历代名画记》卷十句

王杨卢骆当时体，轻薄为文哂未休。
尔曹身与名俱灭，不废江河万古流。

　　　　唐－杜甫《戏为六绝句》句

枉为耽佳句，劳心费剪裁，
生平得意处，却自自然来。

　　　　　　清－赵翼《佳句》

为情而造文。

　　南朝梁－刘勰《文心雕龙·情采》句

为人，不可以有我；
作诗，不可以无我。

　　　清－袁枚《随园诗话》卷七句

为文不能关教事，虽工无益也。

　　　　宋－叶适《赠薛子长》句

为文有时趣，做事借古风。　　佚名

唯陈言之务去。

　　　　唐－韩愈《答李翊书》句

唯歌生民病，愿得天子知。

　　　　唐－白居易《寄唐生》句

惟有聪明的人，才善于把许多意思压缩在一句话里。

　　　古希腊－阿里斯托芬语

伟大的艺术作品之所以伟大，正因为它们是所有的人都能理解的。

　　　俄国－列夫－托尔斯泰语

温柔敦厚，《诗》教也。

　　　西汉－戴德《礼记·经解》句

文不按古，匠心独妙。
　　　　唐－王士源《孟浩然集序》句

文不灭质，博不溺心。
　　南朝梁－刘勰《文心雕龙·情采》句

文贵天成

文贵于达而已，繁与简，各有当也。
　　　　宋－罗大经《鹤林玉露》卷三句

文品清时贵，功名晚节难。　　佚名

文情不厌新，交情不厌旧。
　明－汤显祖《得吉水刘年侄同升书唱
　　　　　　　　　　　　然二首》句

文人之笔，劝善惩恶也。
　　　　汉－王充《论衡·佚文》句

文如其人

文若春华，思若涌泉。
　　　　三国魏－曹植《王仲宣诔》句

文善醒，诗善醉。　　　　　　佚名

文尚典实，诗清空；诗主风神，文先
理道。
　　　明－胡应麟《诗薮》外编卷一句

文生于情，情生于文。
　　　　唐－房玄龄等《晋书》句

文似看山不喜平。
　　　　清－袁枚《随园诗话》句

文所以载道也。
　　　　宋－周敦颐《通书·文辞》句

文无定法

文已尽而意无穷。　　　　　　佚名

文以辩洁为能，不以繁缛为巧；
事以明核为美，不以深隐为奇。
　　南朝梁－刘勰《文心雕龙·议对》句

文以纪实，浮文所在必删；
言贵从心，巧言由来当禁。
　　　　清－洪仁玕《戒浮文巧言谕》句

文以气为主，气之清浊有体，
不可力强而致。
　　　　三国魏－曹丕《典论·论文》句

文以行立，行以文传。
　　南朝梁－刘勰《文心雕龙·宗经》句

文以意、趣、神、色为卫。
　　　　明－汤显祖《答吕姜山书》句

文以意为车，意以文为马，
理强意乃胜，气胜文如驾。
　宋－张耒《与友人论文因以诗投之》句

文以意为主。　　　　　　　　佚名

文以真为贵，学以精为贵。　　佚名

文艺作品不仅是一面镜子——反映生
活，而且是一把斧头——创造生活。
　　　　　　　　　　　现代－茅盾语

文章本天成，妙手偶得之。
　　　　　　宋－陆游《文章》句

文章不难于巧而难于拙，不难于曲而
难于直，不难于细而难于粗，不难于
华而难于质。
　　　宋－李塗《文章精义》二十一句

文章不为空言而期于有用。
　　　　宋－欧阳修《荐布衣苏洵状》句

文章当从三易：易见事，一也；易识
字，二也；易读诵，三也。
　北齐－颜之推《颜氏家训·文章篇》句

文章当以理致为心胸，气调为筋骨，
事义为皮肤，华丽为冠冕。
　北齐－颜之推《颜氏家训·文章篇》句

文章功夫不经世，何异丝窠缀露珠。
　　　　宋－黄庭坚《戏呈孔毅文》句

文章合为时而著，歌诗合为事而作。
　　　　唐－白居易《与元九书》句

文章看落笔，论议驰后先，
破石出至宝，决高泻长川。
　　　宋－欧阳修《送荥阳魏主簿》

文章千古事，得失寸心知。
　　　　　　唐－杜甫《偶题》句

文章千古事，亦与时荣枯。
　　　　　　现代－王国维语

文章随世作低昂，

变尽风骚到晚唐。
　　　　宋－戴复古《论诗十绝》句

文章以华采为末，而以体用为本。
　　　　宋－苏轼《答乔舍人启》句

文章自得方为贵，衣钵相传岂是真。
　　　　　金－王若虚《论诗诗》句

文章最忌百家衣。
　　　宋－陆游《次韵和杨伯子见赠》句

文章最忌随人后。
　　　宋－魏庆之《诗人玉屑·鲁直诗》句

文者，言乎志者也。
　　　　宋－王安石《上张太傅书二》句

文者气之所形。
　　　　宋－苏辙《上枢密韩太尉书》句

文争一起。　　　　　　　　　佚名

文至高处，只是朴淡意多。
　　　　　清－刘大櫆《论文偶记》句

我不觅诗诗觅我，始知天籁本天然。
　　　　　　清－袁枚《老来》句

我书意造本无法，点画信笔烦推求。
　　　　宋－苏轼《石苍舒醉墨堂》句

无言先立意，未啸已生风。　　佚名

无征不信。
　　　　西汉－戴德《礼记·中庸》句

物色尽而情有余。
　　南朝梁－刘勰《文心雕龙·物色》句

X

惜墨如金

嬉笑怒骂，皆成文章。
　　　　宋－黄庭坚《东坡先生真赞》句

下笔则烟飞云动，落纸则鸾回凤惊。
　　　　唐－卢照邻《释疾文·粤若》句

闲门觅句非诗法，只是征行自有诗。
　　宋－杨万里《下横山滩头望金华山》句

衔华而佩实。
　　　南朝梁－刘勰《文心雕龙·征圣》句

写得好的本领，就是删掉写得不好的
地方的本领。　　　　俄－契诃夫语

谢朝华于已披，启夕秀于未振。
　　　　　　晋－陆机《文赋》句

心匠自得为高。
　　　　　　宋－米芾《论画》句

心里的真话——有思想感情的话——
是文艺作品的话。
　　　　　　　　现代－老舍语

心神无俗累，歌咏有新声。
　　　　唐－邢象玉《古意》句

心同野鹤与尘远，诗似冰壶见底清。
　　　　唐－韦应物《赠王信御》句

心正则笔正。
　　　宋－苏轼《书唐氏六家书后》句

心之精微，发而为文；
文之神妙，咏而为诗。
　　唐－刘禹锡《唐故尚书主客员外郎卢
　　　　　　　　　　公集纪》句

信达雅。
　　　近代－严复《天演论·译例言》句

行文简浅显，
做事诚平恒。
　　　　　　　现代－启功诗句

形散意不散

胸藏万汇凭吞吐，
笔有千钧任翕张。
　　　　　　　现代－郭沫若诗句

胸中藏宇宙，笔下走风雷。　　佚名

修辞立其诚。
　　　　　　周－《周易·乾》句

修业勤为贵，行文意必高。　　佚名

选材要严，开掘要深。
　　　　　　　现代－鲁迅语

选义按部，考辞就班。
　　　　　　晋－陆机《文赋》句

学古不泥古。
五代后晋－官修《唐书·孙思邈传》句

413

学诗浑似学参禅，不悟真乘枉百年，
切莫呕心并剔肺，须知妙语出天然。
　　　明－都穆《学诗诗》句

学诗须透脱，信手自孤高。
　　　宋－杨万里《和李天麟二首》句

学书在法，而其妙在人。
　　　宋－晁补之《鸡肋集》句

学问文章老更醇。
　　宋－王安石《王文公文集·西垣当直》句

Y

烟华落纸将动，风彩带字欲飞。
　　　南朝梁－庚肩吾《书品》句

言必当理，事必当务。
　　　战国－荀况《荀子·儒效》句

言不贵文，贵于当而已。
　　　宋－杨时《二程粹言·论学篇》句

言不妄发，发必当理。
　　　宋－黎靖德《朱子语类》句

言而不信，何以为言。
　　周－左丘明《左传·僖公二十二年》句

言简意赅

言皆去旧，理必求新。　　　佚名

言皆有物，语不离宗。　　　佚名

言近而旨远，

辞浅而意深。
　　　唐－刘知几《史通·叙事》句

言近旨远

言为心声，文如其人。　　　佚名

言心声也，书心画也。
　　　汉－杨雄《法言·问神》句

言以足志，文以足言。
　　周－左丘明《左传·襄公二十五年》句

言有尽而意无穷。
　　　宋－严羽《沧浪诗话·诗辩》句

言有物。
　　　　周－《易经·家人》句

言有序。
　　　　周－《易经·艮》句

言者志之苞，行者文之根，
所以读君诗，亦如君为人。
　　　唐－白居易《读张籍古乐府》句

言之成理，持之有故。
　　　战国－荀况《荀子·非十二子》句

言之无文，行而不远。
　　周－左丘明《左传·襄公二十五年》句

叶多花蔽，词多语费，
割之为佳，非忍不济。
　　　清－袁枚《续诗品三十二首·割忍》句

一切诗文总须字立纸上，
不可字卧纸上。
　　　　清－袁枚《小仓山房诗文集》句

一日不作诗，心源如废井。
　　　　唐－贾岛《戏赠友人》句

一诗千改始心安。
　　　　清－袁枚《遣兴》句

一语天然万古新，豪华落尽见真淳。
　　　　元－元遗山《论诗三十首》句

一字粗，即一句不雅；
一字腐，则一句不新。
　　　　清－崔学古《学海津梁》卷二句

依傍和模仿决不能产生真艺术。
　　　　现代－鲁迅语

以乐景写哀，以哀景写乐，
倍增其哀乐。
　　　　明－王夫之《姜斋诗话》句

以美储善，以美启真。　　　　佚名

以少总多，情貌无遗。
　　南朝梁－刘勰《文心雕龙·物色》句

以形写神。
　　唐－张彦远《历代名画记》卷十句

以意全胜者，辞愈朴而文愈高；
意不胜者，辞愈华而文愈鄙。
　　　　唐－杜牧《答庄充书》句

义典则弘，文约为美。
　　南朝梁－刘勰《文心雕龙·铭箴》句

义贵圆通，辞忌枝碎。
　　南朝梁－刘勰《文心雕龙·论说》句

艺术的使命在于用感性的艺术形象的
形式去显现真实。
　　　　德国－黑格尔语

艺术的最高境界是善良、纯真和美好。
　　　　法国－罗曼·罗兰语

艺术应当表现人所共有的精神状态，
要能唤起某种心情、情绪。
　　　　俄国－列夫·托尔斯泰语

意必称物，文必逮意。　　　　佚名

意不先立，止以文采辞句绕前捧后，
是言愈多而理愈乱。
　　　　唐－杜牧《答庄充书》句

意存笔先，画尽意在。
　　　　唐－张彦远《历代名画记》句

意得则舒怀以命笔，
理伏则投笔以卷怀。
　　南朝梁－刘勰《文心雕龙·养气》句

意翻空而易奇，言徵实而难巧。
　　南朝梁－刘勰《文心雕龙·神思》句

意贵透澈，不可隔靴搔痒；
语贵脱洒，不必拖泥带水。
　　　　宋－严羽《沧浪诗话·诗评》句

意少一字则义阙，句长一言则辞妨。
南朝梁－刘勰《文心雕龙·书记》句

意授于思，言授于意。
南朝梁－刘勰《文心雕龙·神思》句

意新语工。
宋－欧阳修《留意诗话》句

意在笔前。
晋－王羲之《王右军题卫夫人笔阵图后》句

意在笔先者定则也，
趣在法外者化机也。
清－郑燮《画论》句

因字而生句，积句而成章，
积章而成篇。
南朝梁－刘勰《文心雕龙·章句》句

吟安一个字，捻断数茎须。
唐－卢延让《苦吟》句

吟成五字句，用破一生心。
唐－方干《感怀》句

吟哦出新意，坦率见真情。　　佚名

吟咏之间，吐纳珠玉之声；
眉睫之前，舒卷风云之色。
南朝梁－刘勰《文心雕龙·神思》句

英辞雨集，妙句云来。
汉－钟长统《昌言·杂篇》句

咏物诗无寄托，便是儿童猜谜。
清－袁枚《随园诗话》句

友如作画须求淡，山似论文不喜平。
元－翁朗夫《尚湖晚步》句

有假诗文，无假山歌。
明－冯梦龙《序山歌》句

有生命的艺术常常是野生的，而不是
温室里的。
现代－田汉语

有时忽得惊人句，费尽心机做不成。
宋－戴复古《论诗十绝》句

有想象，艺术只能算是有"才"，有
了判断，艺术才能说得上是"美"。
德国－康德语

有真意，去粉饰，少做作，勿卖弄。
现代－鲁迅《作文秘诀》句

余平生所作文章多在三上，乃马上，
枕上，厕上也。
宋－欧阳修《归田录》卷二句

语必关风始动人。
明－冯梦龙《警世通言·范鳅儿双镜重
圆》句

语不惊人死不休。
唐－杜甫《江上值水如海势聊短述》句

语言太隽难为赏，心迹所便唯是真。
清－郭嵩焘《郭嵩焘日记·联语》句

欲知为诗苦，秋霜若在心。
　　　　　　唐－姚合《心怀霜》句

阅书百纸尽，落笔四座惊。
　　唐－杜甫《赠左仆射郑国公严公武》句

韵外之致，味外之旨。
　　　　唐－司空图《与李生论诗书》句

Z

在心为志，发言为诗。情动于中而形于言。言之不足故嗟叹之，嗟叹之不足，故咏歌之，咏歌之不足，不知手之舞之足之蹈之也。
　　　　　　汉－毛苌《诗序·大序》句

哲人的智能，加上孩子的天真，或者就能成个好作家了。
　　　　　　　　现代－老舍语

真文不媚时，甘受人弹戈。
　　清－孔尚任《长留集·赠关镜邻》句

真与美是构成一件成功的艺术品的两大要素。
　　　　　　　　现代－鲁迅语

真者，精诚之至也。
不精不诚，不能动人。
　　　　战国－庄周《庄子·渔父》句

只有人格比较圆满的人，才能成为真正的诗人。
　　　　　　　　现代－郭沫若语

只有伟大的人格，
才有伟大的风格。
　　　　　　　德国－歌德语

至言不繁。
　　　　　宋－苏轼《与孙运句书》句

至言不文。
　　　汉－刘安《淮南子·说林训》句

志高则言洁，志大则辞宏，
志远则旨永。
　　　　清－叶燮《原诗》外篇上句

志深而笔长。
　　南朝梁－刘勰《文心雕龙·时序》句

志深而喻切，因事以陈词。
　　　　唐－韩愈《答胡生书》句

志者，文之总持。
　　　　清－刘熙载《艺概·文概》句

志足而言文，情信而辞巧。
　　南朝梁－刘勰《文心雕龙·征圣》句

掷地当作金石声。
　　唐－房玄龄等《晋书·孙绰传》句

著书岂在求名利，
提笔总为益世人。　　　　　佚名

状难写之景，如在目前；
含不尽之意，见于言外。
　　　　宋－欧阳修《六一诗话》句

缀文者情动而辞发，观文者披文以入情。
　　　南朝梁－刘勰《文心雕龙·知音》句

准确、鲜明、生动。

酌奇而不失其真，玩华而不坠其实。
　　　南朝梁－刘勰《文心雕龙·辨骚》句

琢雕自是文章病，奇险尤伤气骨多。
　　　　　宋－陆游《读近人诗》句

濯去旧见，以来新意。
　　　　　宋－朱熹《学规类编》句

字删而意缺，则短乏而非核；
辞敷而言重，则芜秽而非赡。
　　　南朝梁－刘勰《文心雕龙·熔裁》句

综学在博，取事贵约，
校练务精，捃理须核。
　　　南朝梁－刘勰《文心雕龙·事类》句

纵横正有凌云笔，俯仰随人亦可怜。
　金－元好问《论诗三十首》之二十一句

奏议宜雅，书论宜理，
铭诔尚实，诗赋欲丽。
　　　　　　晋－陆机《文赋》句

左碍而寻右，末滞而讨前。
　　　南朝梁－刘勰《文心雕龙·声律》句

作品以简短者为上品。
　　　　　　　　　俄国－肖洛姆语

作品越好，
留给读者思考的余地越大。
　　　美国－霍尔布鲁克－杰克逊语

作人，作文，以品为主。
　　　　　清－申居郧《西岩赘语》句

作人要直，而作诗贵曲。
　　　　　清－袁枚《随园诗话》卷四句

作诗火急追亡逋，清景一失后难摹。
　宋－苏轼《腊日游孤山访惠勤惠思二
　　　　　　　　　　　　　僧》句

作诗无古今，唯造平淡难。
　　　宋－梅尧臣《读邵不疑学士诗卷》句

作文勉强为，荆棘塞喉齿，
乃兴勃发处，烟云拂满纸。
　　　　　清－郑板桥《赠胡天游弟》句

作文须要炼意，炼意而后炼句，炼句
而后炼字。
　　　　　宋－龚昱《乐郯语录》卷四句